改革开放40周年：
中国与多边贸易体制的关系变迁

屠新泉 等◎著

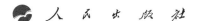

人民出版社

责任编辑:吴炤东

封面设计:肖　辉　王欢欢

图书在版编目(CIP)数据

改革开放 40 周年:中国与多边贸易体制的关系变迁/屠新泉等 著. —北京:
　人民出版社,2019.1(2020.1 重印)
ISBN 978 - 7 - 01 - 020121 - 4

Ⅰ.①改…　Ⅱ.①屠…　Ⅲ.①多边贸易-研究-中国　Ⅳ.①F752

中国版本图书馆 CIP 数据核字(2018)第 270303 号

改革开放 40 周年:中国与多边贸易体制的关系变迁
GAIGE KAIFANG 40 ZHOUNIAN
ZHONGGUO YU DUOBIAN MAOYI TIZHI DE GUANXI BIANQIAN

屠新泉　等　著

人 民 出 版 社 出版发行
(100706　北京市东城区隆福寺街 99 号)

北京中科印刷有限公司印刷　新华书店经销

2019 年 1 月第 1 版　2020 年 1 月北京第 2 次印刷
开本:710 毫米×1000 毫米 1/16　印张:25.5
字数:340 千字

ISBN 978 - 7 - 01 - 020121 - 4　定价:99.00 元

邮购地址 100706　北京市东城区隆福寺街 99 号
人民东方图书销售中心　电话 (010)65250042　65289539

目　录

上　篇

导　论

第一节　改革开放是决定中国命运的关键抉择

1978 年党的十一届三中全会开启了改革开放的新时期，改革开放也成为中国现代化建设进程中具有里程碑意义的重大事件，构成了中国 40年来经济社会发展的基本背景。改革开放在立足中国国情的基础上，通过调整生产关系中与生产力不相适应的内容，不断克服社会主义制度中存在的缺陷和弊端，逐步建立起适合生产力发展要求的新体制；通过不断融入世界经济体系，大胆吸收和利用世界各国包括发达资本主义国家所创造的一切先进文明成果，从而使中国整体面貌发生翻天覆地的变化。改革开放 40 年来的快速发展历程清楚地表明，改革开放是决定中国命运的关键抉择，是发展中国特色社会主义、实现中华民族伟大复兴的必由之路。

一、改革开放是坚持马克思主义唯物辩证法的必然结果

马克思、恩格斯的辩证唯物主义和历史唯物主义第一次科学地阐明了社会发展的客观规律，正确地解决了社会发展的动力问题，不仅为中国改革开放提供了理论基础，也为中国改革开放提供了发展方向。可以说，改革开放是坚持马克思主义、发展马克思主义的必然结果。

（一）社会主义社会处于不断发展变化进程中

马克思主义哲学的物质观不仅正确揭示了物质的本质和存在方式，

还阐明了世界的物质统一性原理。

首先，马克思主义哲学认为，世界是物质的世界，物质是一切事物和现象的共同本质和统一基础。世界是物质的，也就是说，自然界、人类社会和人本身都是物质的，都是客观存在的具体形态。因而，社会存在是由一定物质资料的生产方式以及人口因素、地理环境等条件构成的复杂的物质体系，社会的一切关系，归根结底都是物质或物质派生的关系，因此社会主义社会也是一种物质形态。

其次，马克思主义哲学认为，运动是物质的存在方式和根本属性，即物质世界处在永恒的运动、变化和发展之中；物质与运动具有不可分割的联系，即：物质不能离开运动，世界上任何时候和任何地方都不存在不运动的物质；运动离不开物质，脱离物质的运动是不存在的。

既然社会主义社会是物质的，物质又时刻处于运动变化之中，因此，从马克思主义哲学辩证法看，社会主义社会也一直处于运动、发展和变化之中，即改变事物原有旧状态，使之走向更加完善的新状态。

（二）社会主义社会的发展是社会矛盾产生与解决的过程

马克思主义认为，任何事物自身都是一个联系的整体和系统，事物与事物彼此之间构成另一相对状态的整体和系统，这种相互联系就会产生矛盾，造成事物内部各要素与事物之间相互影响、相互制约和相互作用，因而矛盾是事物发展的源泉和动力，任何事物都是作为矛盾统一体而存在的。

矛盾是事物自身所包含的既相互排斥又相互依存、既对立又统一的关系。所谓对立，是指矛盾双方相互排斥、互相斗争；所谓统一，一方面是指矛盾双方在一定条件下相互依存、一方的存在以另一方的存在为前提，双方共处于一个统一体中，另一方面指矛盾的双方依据一定的条件，各向自己相反的方向转化。事物的发展过程就是矛盾产生与解决的过程。

矛盾具有普遍性，存在于一切事物发展过程中。社会发展的根源在于社会的基本矛盾运动，即生产力和生产关系的矛盾运动、经济基础和上层建筑的矛盾运动。其中生产力决定生产关系，是一切社会发展的最终力量，生产关系反过来作用于生产力；经济基础决定上层建筑，上层建筑反作用于经济基础。这两对基本矛盾存在于一切社会形态之中，贯穿于人类社会发展的始终，同样存在于社会主义社会发展的过程中，正是这些矛盾运动推动了社会主义社会不断完善。

（三）社会主义社会发展是内因与外因共同作用的结果

矛盾推动事物发展是通过矛盾转化实现的，即矛盾双方走向自己的对立面，是具体矛盾暂时的解决或最终的解决和新旧矛盾的交替。矛盾的解决都是事物内因和外因共同作用的结果。既然矛盾推动事物发展，说明事物发展的根本原因在于事物内部的矛盾性，而非事物外部。事物的内部矛盾是事物发展的内因，即内部矛盾是事物存在的基础，是一事物区别于其他事物的内在本质，是事物变化的根据，决定着事物发展的方向，因而是事物发展的根本原因。外因是指事物之间的相互联系、相互影响，是事物变化的条件，能够加速或延缓甚至暂时改变事物发展的进程，它必须通过内因发挥作用。事物内因和外因之间有必然的联系，事物内因与外因共同作用，从而共同推进事物发展。

社会主义社会发展同样是内因和外因相互作用的结果，一方面需要通过改革解决不适应生产力发展的内部因素，另一方面需要通过开放为内因发挥作用提供更有利的外部条件。可以说，社会主义社会的发展需要内因与外因的共同作用，也就是需要改革和开放的共同作用。

二、改革开放是解决社会基本矛盾和促进社会主义发展的必然选择

（一）中国社会的主要矛盾是生产关系不适应生产力的发展

在推动事物发展的矛盾运动过程中，构成事物的多种矛盾以及每一矛盾的各个方面的地位和作用有所不同，即有主要矛盾和非主要矛盾、矛盾的主要方面和非主要方面。其中主要矛盾在矛盾体系中居于支配地位，对事物的发展起到决定性作用；非主要矛盾在矛盾体系中处于从属

地位。解决好主要矛盾，非主要矛盾就比较容易解决；处理好非主要矛盾有利于解决主要矛盾，而且在一定条件下，主要矛盾和非主要矛盾、矛盾的主要方面和非主要方面会相互转化。

在阶级社会，只有通过阶段斗争，推翻反动阶级的统治，改变旧的社会制度，建立新的社会制度，才能解放生产力、发展生产力并推动社会进步。马克思主义解释了社会运动发展的规律，但并没有对社会主义社会基本矛盾的性质和状况以及社会主义社会发展的直接动力作出明确的回答。

在中国社会主义改造基本完成后，毛泽东同志运用马克思主义的基本原理观察社会主义社会，在结合中国实践经验的基础上，在《正确处理人民内部矛盾的问题》中明确指出，在社会主义社会中，基本的矛盾仍然是生产关系和生产力之间的矛盾、上层建筑和经济基础之间的矛盾。但它们不是对抗性矛盾，可以依靠社会主义自身的力量进行自我调整、解决自身矛盾。

党的十一届三中全会以来，邓小平同志充分肯定了毛泽东同志关于社会主义社会基本矛盾的理论，在总结历史经验教训的基础上，结合新的历史条件和社会主义现代化建设的实践经验，科学地区分和正确地阐明了社会主义基本制度和具体体制之间的关系，揭示了当前阶段中国社会基本矛盾的具体表现形式，作出了中国正处于社会主义初级阶段的科学论断，主要矛盾是人民日益增长的物质文化需要同落后的社会生产之间的矛盾，解决这些矛盾要通过改革开放来解放和发展生产力。

（二）改革是解放生产力和发展生产力的必由之路

中国是在经济文化比较落后的基础上进行社会主义建设的。改革开放前，结合当时的国内外条件，中国选择了高度集中的计划经济体制，这种经济体制在实现国家政治经济统一、集中力量建设工业化基础、发展国民经济等方面曾发挥了重要作用。但随着经济社会的不断发展，其内在的弊端逐渐暴露出来，存在与发展生产力不相适应的缺陷，必须通过改革加以完善。

高度集中的计划经济体制下，生产关系严重制约着生产力发展。第一是经济所有制形式过于单一，急于向全民所有制过渡，不允许其他所有制成分存在。第二是政企职能不分，由于都是国有企业，经济决策权集中于国家机关，企业缺乏自主权，从而使得国有企业缺乏生机和活力，国民经济发展缓慢，物资供应匮乏，人民生活得不到明显改善。第三是分配的平均主义不利于调动职工的积极性，长期以来普遍存在的"大锅饭"现象使职工觉得干多干少一个样、干好干坏一个样。第四是未能重视商品经济和价值规律的作用，认为市场是资本主义的，建设社会主义就要消灭市场、消灭商品、消灭价值规律。

针对计划经济体制的弊端，改革就是要在坚持社会主义基本制度的前提下，立足中国基本国情，总结实践经验，根据生产力水平和进一步发展的要求，通过自觉调整生产关系与生产力不相适应的部分，不断克服社会主义制度中存在的缺陷和弊端，扫除生产力发展的障碍，逐步建立起适合生产力发展要求的新体制，不断解放和发展生产力，把中国社会主义现代化建设事业不断推向前进。因此，邓小平同志曾明确指出，改革是中国的第二次革命。一方面，是通过改革把一个经济、文化比较落后的社会主义中国变成一个富强、民主、文明的社会主义现代化国家；另一方面，改革的主要目的是扫除生产力发展的障碍，不是对原有经济体制细枝末节的修修补补，而是对不适应社会主义基本制度的全部旧体制、旧机制进行全面的、深刻的、彻底的革新。

（三）对外开放是实现生产力发展和社会主义现代化的必要条件

当今的世界是开放的世界，中国是世界的一部分，中国的发展离不开世界，可以说，实行对外开放是中国融入全球化潮流的必然，也是中国实现生产力发展和社会主义现代化的必要条件。

马克思、恩格斯曾指出，资产阶级，由于开拓了市场，使一切国家的生产和消费都成为世界性的了。过去那种地方和民族的自给自足和闭关自守状态，被各民族的、各方面的相互往来和各方面的相互依赖所代替了。毛泽东同志认为，中国无论何时也应以自力更生为基本立足点，但中国不是孤立也不能孤立，中国与世界紧密联系的事实，也是我们的立足点，而且必须成为我们的立足点。因此，毛泽东同志认为，中国应加强同世界各国的广泛联系，要通过经济上的对外开放，欢迎外国资本的投资，同外国人做生意，学习外国的科学技术和先进管理经验，并且要吸收外国的先进文化。

对外开放是世界各国实现现代化的普遍经验，世界上经济比较发达的国家都是依靠发展外贸、利用外资和引进技术逐步实现发展壮大的。实践表明，一个国家越开放，参与国际经济合作的领域越广泛，其经济发展也会越迅速。中国长期处于停滞和落后状态的一个重要原因是闭关自守。

对外开放是中国现代化建设的现实需要。邓小平同志指出，长期闭关自守，把中国搞得贫穷落后、愚昧无知。虽然中国是一个大国，但是长期以来存在资金不足、科学技术和设备落后、劳动力文化素质不高、企业管理知识匮乏等问题，因此，关起门来搞建设是不成功的。社会主义要获得较快的发展，必须充分利用国内外两种资源、两个市场；必须大量引进外资，学习借鉴发达国家先进的科学技术和管理技能。

三、实践证明改革开放是决定中国命运的关键抉择

实践是检验真理的唯一标准。邓小平同志在 1992 年指出，判断改革开放中一切工作得失、是非、成效的根本标准，主要看是否有利于发展社会主义社会的生产力、是否有利于增强社会主义国家的综合国力、是否有利于提高人民的生活水平。中国经济社会 40 年来的发展实践充分表明，改革开放是决定中国命运的关键抉择。

（一）改革开放完善了社会主义制度体系，解放和发展了生产力

40 年来中国历史上从未有过的大改革大开放，使中国成功实现了从高度集中的计划经济体制到充满活力的社会主义市场经济体制、从封闭半封闭到全方位开放的伟大历史转折，调动了亿万人民的积极性，极大地解放和发展了生产力。

1. 从高度集中的计划经济体制到社会主义市场经济体制的转变

新中国成立初期，中国实行高度集中的计划经济体制，实行工业国有化和农村的人民公社化，政府掌控产品和生产要素定价，通过计划进行资源配置，市场因素作用极其微弱。改革开放40年，中国已经实现了由计划经济体制到社会主义市场经济体制的转变，政府管控的范围逐渐缩小，在经济运行中进行国家宏观调控，市场在资源配置、产品定价和商品流通中起主要作用。

1978年以前，中国国有企业占所有企业的100%，通过改革开放，中国放宽对经济的管制，进行股份制改革，允许多种所有制企业共存，已形成包括国有经济、集体经济、个体经济、私营经济、中外合资企业和外商独资企业共存的多种所有制经济体制。2017年中国登记注册的企业法人共有18097682家，内资企业占比98.52%，外商及港澳台投资企业占比1.48%。内资企业中，国有控股企业在企业法人总数中占比仅为0.74%，集体企业占比0.86%，股份合作企业占比0.34%，联营企业占比0.09%，有限责任公司占比13.09%，股份有限公司占比0.84%，私营企业占比79.40%。[①]形成了统一开放竞争有序的市场体系，由市场决定产品和生产要素的价格，市场调配资源，实行以按劳分配为主、多种分配方式并存的分配制度，建立了开放型的经济体制。

2. 社会主义初期阶段的主要矛盾已经得到基本解决

改革开放以来，中国生产力飞速发展，物质极大丰富，产品类型多样，供大于求的买方市场已确立，解决了新中国成立初期经济短缺问题，告别了物品凭票供应的"票证"年代。目前，中国已是纺织品、机电产品、煤炭、钢材等的重要出口国，2017年中国煤炭出口817万吨，钢材出口7541万吨，纺织及服装出口总额1.8万亿元。[②]中国的家具玩具、鞋

---

① 国家统计局，见 http://data.stats.gov.cn/easyquery.htm?cn=C01。
② 国家统计局：《中华人民共和国2017年国民经济和社会发展统计公报》，见 http://www.stats.gov.cn/tjsj/zxfb/201802/t20180228_1585631.html。

靴伞等轻工产品和皮革制品箱包分别占美国进口市场的 60.4%、58.3% 和
53.3%，具有绝对竞争优势。① 中国在社会主义初级阶段的主要矛盾已经由
改革开放初期人民日益增长的物质文化需要同落后的社会生产之间的矛盾
转变为人民日益增长的美好生活需要和不平衡不充分的发展之间的矛盾。

（二）改革开放极大地提升了中国的综合国力

1. 中国的社会产出高速增长，对世界经济增长作出巨大贡献

2017 年中国的 GDP 由 1978 年的 3678.7 亿元增加到 827122 亿
元，占世界经济的比重提高到 15.3%，排在美国之后位居世界第二。②
改革开放以来，中国对世界经济增长作出了巨大贡献，逐渐成为世界经
济增长的新引擎。加入世界贸易组织 10 年来，中国对世界经济增长的
贡献率为 22%，高于美国的 17%，2010 年中国对世界经济增长的贡献
更是高达 30%，③2017 年进一步提高到 34%。中国的产业结构取得大幅
优化，三次产业占比由 1978 年的 27.7：47.7：24.6 转变为 2017 年的
7.9：40.5：51.6。④2016 年，在世界 500 多种工业品中，中国有 220 多
种工业品产量居世界首位，其中生铁产量 70227.3 万吨，是 1978 年产量
3479 万吨的 20 倍；粗钢产量 80760.94 万吨，是 1978 年 3178 万吨的 25 倍；
煤炭产量 34.11 亿吨，是 1978 年 6.1 亿吨的约 6 倍。⑤

2. 通过不断放宽市场准入和扩大开放，对外贸易发展迅速

改革开放 40 年来，中国对外贸易发展迅速。货物贸易进出口总额由
1978 年的 206.4 亿美元增加到 2017 年的 41044.7 亿美元，其占世界货物
进出口总额的比重由 1978 年的 0.8% 提升至 2016 年的 11.5%。服务贸易

---

① 商务部：《国别贸易报告——美国》，见 https://countryreport.mofcom.gov.cn/record/qikan110209.asp?id=9967/。

② 世界银行数据库，见 https://data.worldbank.org.cn/indicator/NY.GDP.MKTP.CN?end=2014&locations=CN&name_desc=false&start=1973。

③ 张汉林：《入世 10 年中国积极参与国际秩序重构》，《中国社会科学报》2011 年 12 月 11 日。

④ 国家统计局：《中国统计年鉴 2017》，见 http://www.stats.gov.cn/tjsj/ndsj。

⑤ 国家统计局：《中国统计年鉴 1979—2017》，见 http://www.stats.gov.cn/tjsj/ndsj。

进出口总额由 1978 年的 45 亿美元增加到 2017 年的 6957 亿美元。当前中国是世界第一大外汇储备国，外汇储备额由 1978 年的 1.67 亿美元增加到 2017 年年底的 3.14 万亿美元。[①] 在坚持"引进来"和"走出去"并重的政策指引下，2017 年中国利用外商直接投资达到 1310.40 亿美元，而该数值在 1983 年仅为 9.2 亿美元；2017 年中国非金融类对外直接投资1200.8 亿美元，而 1981 年中国对外投资仅为 0.44 亿美元。[②]

3. 中国已经成为国际体系的重要组成部分

中国是世界贸易组织、国际货币基金组织、世界银行以及金砖国家的重要成员。作为联合国五大常任理事国之一，中国在国际上一直维持负责任大国的形象，积极参与联合国维和行动，自 1990 年开始每年向联合国派遣军事观察员执行维和任务。2013 年中国倡议并发起"一带一路"、亚洲基础设施投资银行，旨在推动各国在政策协调、战略对接和基础设施方面的互联互通，积极推动全球化和多边贸易谈判。近年来，中国积极参与并成功举办二十国集团峰会、亚太经济合作组织峰会，积极扩大国际影响力，在世界上的话语权日益提高。

（三）改革开放极大地提高了人民的生活水平

1. 人均可支配收入大幅增长，贫困人口大幅下降

改革开放以来，中国人均可支配收入大幅增长，居民生活水平大幅提升。2017 年全国居民人均可支配收入高达 25974 元，是 1978 年人均可支配收入 343 元的 75.7 倍，其中城镇居民人均可支配收入更是高达 36396 元。[③] 同时，中国居民消费结构不断改善，1978 年中国农村居民恩格尔系数高达 67.7%，处在绝对贫困阶段；城市居民恩格尔系数为57.5%，仅能维持温饱。[④] 根据国家发展和改革委员会发布的《2017 年中

---

① 国家统计局：《中国统计年鉴 1979—2017》，见 http://www.stats.gov.cn/tjsj/ndsj。
② 国家统计局：《中华人民共和国 2017 年国民经济和社会发展统计公报》，见 http://www.stats.gov.cn/tjsj/zxfb/201802/t20180228_1585631.html。
③ 国家统计局：《中国统计年鉴 2017》，见 http://www.stats.gov.cn/tjsj/ndsj。
④ 黄婧：《以人民为中心的中国特色社会主义政治经济学的立场观点方法研究》，《改革与战略》2018 年第 9 期。

国居民消费发展报告》，2017 年中国居民恩格尔系数降低至 29.3%，进入了联合国划分的 20%—30% 的富足区间。[①]

在人均可支配收入大幅提高的同时，全国贫困人口大幅下降。1978 年中国的贫困人口高达 2.5 亿。按照中国的扶贫标准，1978—2010 年间中国累计减少贫困人口 2.5 亿；[②] 按照国际扶贫标准，中国共减少贫困人口 6.6 亿，共占全球贫困人口减少总数 7.26 亿的 93.3%。[③] 世界银行 2018 年发布的《中国系统性国别诊断报告》称，中国在快速经济增长和减少贫困方面取得了"史无前例的成就"。改革开放 40 年来，成功解决了十几亿人的温饱问题，总体实现了小康，较大程度上实现了"三步走"战略，并会在不久的将来全面建成小康社会。

2. 中国主要社会发展指标大幅改善

改革开放 40 年来，中国居民的生活水平有了极大提高，国家法治、医疗、教育和社会保障不断完善。由于医疗卫生条件的改善，中国人的人均寿命大幅提高。1981 年中国人平均预期寿命为 67.77 岁，2015 年提高到 75.34 岁。1990 年中国每 10 万人中，高等教育在校生数为 326 人，到 2016 年增加到 2530 人，教育水平显著提升。[④]

第二节　融入多边贸易体制是改革开放的重要途径

一、融入多边贸易体制与中国经济改革的目标一致

（一）融入多边贸易体制与社会主义市场经济的目标一致

建立社会主义市场经济体制，就是要使市场在国家宏观调控下对资

---

① 中宏网：《国家发改委〈2017 年中国居民消费发展报告〉发布》，见 http://www.zhonghongwang.com/show-170-86684-1.html。

② 国家统计局：《中国统计年鉴 2017》，见 http://www.stats.gov.cn/tjsj/ndsj。

③ 人民网：《扶贫办：按国际标准　改革开放以来我国贫困人口减少 6.6 亿》，见 http://politics.people.com.cn/n/2014/0127/c1001-24241518.html。

④ 国家统计局：《中国统计年鉴 2017》，见 http://www.stats.gov.cn/tjsj/ndsj/。

源配置起基础性作用。中国进行改革的实质和目标，是要从根本上改革束缚生产力发展的经济体制、政治体制和其他方面的体制，以适应中国现代化建设的需要。

以世界贸易组织为代表的多边贸易体制正是建立在市场经济基础上的，世界贸易组织成员多是实行市场经济的经济体。多边贸易体制的所有基本原则及协定、协议都是建立在以市场经济为基础、市场导向为前提条件下的，其目的在于各成员政府的贸易政策行为不能扭曲市场竞争，不能人为地干预市场交易，要努力减少对国际贸易的限制，大幅度地降低关税、非关税及其他阻碍贸易进行的壁垒。

融入多边贸易体制，有利于中国与世界贸易组织成员在市场经济的原则下进行国际贸易，开展各种形式的经贸合作与竞争，将国内市场与巨大的世界市场融为一体，充分发挥市场对资源配置的基础性作用，这正是建立社会主义市场经济的目标。因此，融入多边贸易体制与社会主义市场经济改革的目标完全一致。

（二）融入多边贸易体制有利于中国市场体系的建立与完善

在中国经济体制由计划经济向市场经济转轨过程中，新旧体制处于"磨合"时，融入多边贸易体制，实行对外开放，按照国际贸易规范积极参与国际交换与国际竞争，必然会将国际市场的价格机制、供求机制、竞争机制引入国内，从而有利于完善中国的市场机制。

第一，融入多边贸易体制有利于加快国内货物市场的形成与发展。融入多边贸易体制要求降低关税、非关税壁垒，意味着中国国内市场进一步对外开放，必然会使国际市场经济的运行机制逐步渗入中国国内市场，从而推进中国价格改革，加快建立主要由市场形成价格的机制。

第二，融入多边贸易体制有利于培育和发展国内要素和服务市场。融入多边贸易体制意味着中国服务贸易市场要逐步实现对外开放，逐渐分阶段开放金融业、保险、电信、零售与批发、旅游、专业服务、医疗服务等领域，在这些市场引进竞争机制。除少数具有垄断性质，对社会主义稳定和经济发展有重大影响的生产要素及服务价格，以及重要基础设施和公益事业的收费由国家确定或核准外，其余生产要素及服务的价格应通过逐渐开放，依国内外市场供求来确定，以利于加快形成金融、房地产、劳动、技术和信息市场等，从而有利于培育和发展中国的市场体系。

第三，融入多边贸易体制有利于建立统一、开放、竞争、有序的大市场。多边贸易体制要求各成员在全国统一的基础上实施对外经贸政策，要求实行贸易政策、法规的透明、公平，给予外国货物、知识产权国民待遇，并努力实现对外国服务及投资的国民待遇，主张公平贸易和公平竞争，制止恶性竞争，并有效地管理贸易自由化带来的风险和压力，使各国货物、服务、知识产权方面的政策措施逐步规范，并使其更趋于合理化。因此，融入多边贸易体制与建立统一、开放、竞争、有序的大市场的目标完全一致。

（三）融入多边贸易体制有利于社会主义市场经济的法制建设

建立社会主义市场经济客观上需要有完备的法制规范各市场主体的行为，并依此维护有关当事人的合法权益。在多边贸易体制发展过程中，已经形成了一套被所有世界贸易组织成员共同接受的经贸协定、协议。这些协定、协议共同构成了国际经济贸易的规范、惯例，已成为各成员制定经贸法律、法规的基础，也是各成员政府贸易行为的指南，成为以市场经济为基础的各世界贸易组织成员间开展国际经贸合作与竞争的"交通规则"，是国际经济贸易法律体系的核心组成部分，也是各国市场经济法律体系的重要组成部分。

（四）融入多边贸易体制加快中国开放型对外贸易体制的建立与完善

建立社会主义市场经济体制，要求坚定不移地实行对外开放政策，加快对外开放步伐，充分利用国际国内两个市场、两种资源，优化资源配置；要求进一步改革对外经济贸易体制，建立适应国际经济通行规则的运行机制，坚持统一政策、放开经营、平等竞争、自负盈亏、工贸结合，推行代理制的改革方向。

融入多边贸易体制与中国开放型外贸体制趋向一致：首先，目标趋于一致。世界贸易组织的目标是通过贸易自由化促进全球经济贸易增长；中国社会主义市场经济体制下的对外贸易体制本质也是通过进一步开放国内市场，以贸易自由化改革发展中国的社会生产力。其次，建立的基础基本相同。世界贸易组织是建立在市场经济基础之上，中国的开放型外贸体制是社会主义市场经济体制的重要组成部分，是建立在社会主义市场经济基础上的，本质上也要求符合市场经济规律。最后，世界贸易组织追求的是开放、公开和无扭曲的竞争，与中国外贸体制一贯坚持的平等互利、互惠、统一政策、放开经营、平等竞争的改革目标完全一致。

二、融入多边贸易体制与中国对外开放一致

（一）融入多边贸易体制与中国对外开放的目标一致

中国实行对外开放是全方位的开放，包括对发达国家的开放，也包括对发展中国家的开放，是对世界所有国家的开放。不仅是经济的开放，还包括科技、教育、文化等的开放；不仅是沿海、沿边、沿江地带的开放，还包括内陆城市和地区的开放。对外开放，既要引进国外资金、资源、技术和管理经验，更要扩大货物和服务出口，开拓国际市场，实现全球化经营，走向世界经济竞技场。

可见，融入多边贸易体制与中国对外开放的目标完全一致。第一，融入多边贸易体制，中国可以与所有世界贸易组织成员开展经贸合作，其中既有发达国家也有转型经济国家、广大的发展中国家，真正实现中国向世界所有国家和地区开放。第二，融入多边贸易体制，实行全国统一的对外开放政策、对外经贸政策，不仅加快沿海、沿边和沿江地区的对外开放，也大大加快中西部及内陆城市、地区的对外开放，形成一个整体的开放格局。第三，融入多边贸易体制，在加快经济贸易对外开放的同时，需要积极努力加强国际间的科技、教育、文化等领域的交流，

吸收一切文明成果。第四，融入多边贸易体制，可以享受世界贸易组织成员的权利，使中国的货物贸易、服务业投资者能够享受更加良好的待遇，使一些国家逐渐取消对中国实行的歧视性政策措施，有利于进一步开拓国际市场，利用其他国家的资源、资金、技术、人力等，在更广泛的范围内获取更大的经贸利益。

（二）融入多边贸易体制是中国对外开放的必然选择

对外开放是中国经济发展必须长期坚持的政策。邓小平同志始终强调，对外开放不是权宜之计，而是长期实行的政策措施，因此，融入多边贸易体制是中国对外开放的必然选择。

第一，以世界贸易组织为代表的多边贸易体制已演变为国际经贸规则的制定者、决策者，并成为各国经贸政策的行为指南，如果不能拥有在其中的决策权、表决权，则中国的利益不能得到良好地维护，更不可能利用世界贸易组织为中国经济的进一步向外发展提供良好的国际环境。

第二，当一国的开放经济在其经济社会发展中的地位不断提高后，与其他国家和地区的经济贸易摩擦必然会增多，如果不能按照一个相对良好、稳定的制度、规则来解决这些经贸争端，经贸摩擦可能会演变为政治冲突，反过来又演变为经贸对抗，进而恶化双边关系，这对一个处于发展中的中国极其不利。

第三，对外开放是中国的一项长期基本国策，如果不能加入开放经济最重要代表的多边贸易体制，我们与世界上主要经贸国家的经贸竞争并未终止，也不可能结束，两者自然处于不同的竞争环境，从竞争中获得的利益也必然会完全不同。

（三）融入多边贸易体制是中国进一步对外开放的重要保证

融入多边贸易体制不是目的，而是实现对外开放目标与战略的重要渠道，是实现中国经济现代化的重要途径。一方面，融入多边贸易体制有利于以效益为中心发展中国的对外经贸事业。融入多边贸易体制，良好的竞争环境和更广阔的市场更有利于中国企业积极调整竞争策略，主动调整进出口货物结构，使中国对外经贸事业按国内外市场竞争的需要真正实现以效益为中心的良性发展。另一方面，融入多边贸易体制有利于实现进出口的良性互动。通过对对外贸易体制的调整，可以使关税更加科学、合理、适度，调整不合理的进口税率结构，扩大税基，规范减免税措施，使中国进口贸易发展处于较少扭曲状态，促进进出口贸易良性发展，有利于改善与主要经贸国家的贸易关系，真正实施市场多元化战略。

中国是否融入多边贸易体制，是否按多边贸易体制进行贸易和处理国家间经贸关系，已经成为国际社会衡量中国及中国经济是否对外开放的重要标准，如果我们一方面积极表示要坚持对外开放，另一方面不积极融入多边贸易体制，则各国对中国对外开放将持怀疑态度，并会立即反映在其制定的国别地区贸易、投资政策及出口管制政策等体系中，对中国的歧视性贸易做法随之增多，对我们发展"外向型"经济、利用外资等均极其不利。

（四）融入多边贸易体制有利于进一步提高中国对外开放水平

融入多边贸易体制要求我们努力实施全国统一的外经贸政策，并可利用世界贸易组织相关协定、协议促进内陆地区的对外开放。世界贸易组织的透明度原则要求各成员的对外经贸政策要在全国统一的基础上加以实施，有利于消除地区间人为的政策差异造成的不平等竞争，有利于抑制地方保护主义的抬头，加快国内统一大市场的建立，形成和发展全方位的对外开放。利用世界贸易组织促进经济发展和改革的原则，政府对经济发展可提供支持，对落后地区经济发展可实行一定程度的倾斜等规定，加大对中西部地区投资的力度，营造良好的利用外资的软、硬环境，加快中西部地区对外开放。进一步加快实施沿边开放战略，促进与周边国家与地区次区域经济一体化和经贸合作。

融入多边贸易体制有利于进一步扩大不同领域的对外开放。由于中国农业产业化发展水平、市场化程度及农村人口素质等均较低，农业生产与销售、新品种研制与开发、信息咨询服务等外资进入不多，农业利用外资始终在三次产业中占据较小的份额，这与中国作为农业大国的地位极不相称，更不利于充分利用世界上其他国家发展现代化农业的经验。通过融入多边贸易体制，使中国农产品市场适度开放，引进外国农业科技、资金、人力资源，通过国内外市场竞争加快农业内部结构调整，迅速提高农业的劳动生产率，加快农村经济体制的改革，促进农业现代化，进一步提高粮食自给率，实现国家的粮食安全。融入多边贸易体制要求中国按《服务贸易总协定》的规定，逐步加大服务贸易市场开放程度，尤其是加快市场经济发展最急需的商业、运输、金融保险及会计、管理咨询、法律服务、建筑工程等专业服务的对外开放，长期处于垄断经营的电信服务也要适度对外开放，文化、科技、教育及医疗服务、旅游服务等也要适当扩大对外开放，这将加快服务业现代化步伐，促进服务贸易发展。

三、改革开放 40 年中国与多边贸易体制关系变迁的过程

　　虽然中国是世界贸易组织前身关税与贸易总协定的创始缔约方，但由于众多原因中断了与关税与贸易总协定的关系长达 30 多年，直到 1981 年 4 月 14 日，中国列席关税与贸易总协定主持的纺织品委员会会议，才实现在台湾退出关税与贸易总协定后与多边贸易体制的第一次非正式握手；1982 年 11 月 24 日，中国首次列席第 38 届关税与贸易总协定缔约方大会，1984 年 4 月 6 日，中国成为关税与贸易总协定特别观察员，1986 年 7 月 10 日，中国正式向关税与贸易总协定提出恢复关税与贸易总协定缔约方席位的申请；1995 年 1 月 1 日世界贸易组织正式成立，由于中国恢复关税与贸易总协定缔约方席位谈判的最后冲刺未能成功，于 1995 年 11 月将中国恢复关税与贸易总协定缔约方席位工作组，更名为中国加入世界贸易组织工作组，我们开始了艰难的加入世界贸易组织谈判，直到

2001 年正式成为世界贸易组织成员。回顾中国改革开放 40 年的进程，中国与多边贸易体制的关系不断变迁，归纳起来共有以下四个阶段。

（一）探索改革开放目标时期开始接触多边贸易体制

1978 年党的十一届三中全会提出要进行经济体制改革，实施对外开放、对内搞活经济的政策，客观上需要积极发展对外经济技术交流与合作，拓展与更多国家的经贸关系。正是在此背景下，中国开始以解放思想、实事求是的态度来认识关税与贸易总协定，通过调查研究，基本上从以下两个方面对关税与贸易总协定有更客观的认识：一方面，关税与贸易总协定是一个事实上存在的国际贸易组织，是规定世界贸易的；另一方面，中国与关税与贸易总协定是割裂不开的，因为当时关税与贸易总协定缔约方的贸易总量占世界贸易总量的 85%，中国与关税与贸易总协定缔约方的贸易量占中国进出口贸易量的 85%，关税与贸易总协定的各种规则对中国具有直接或间接的影响。另外，早在 1971 年中国就恢复了联合国的合法席位，1980 年又先后恢复在世界银行和国际货币基金组织中的合法席位，但却没有恢复在关税与贸易总协定中的席位。由于通过世界银行和国际货币基金组织，中国获得了一些中、长期优惠贷款和技术援助，促进了中国的经济建设和对外开放，但由于在协调国际经济政策方面，国际货币基金组织和世界银行与关税与贸易总协定有密切的关系，所以中国很自然地考虑参加关税与贸易总协定。

由于不是关税与贸易总协定缔约方，中国的出口产品受到来自许多关税与贸易总协定缔约方的不公正对待，融入关税与贸易总协定可以提升中国的谈判地位，维护中国的经贸权益，同时恢复关税与贸易总协定缔约方席位则必须按关税与贸易总协定原则与规则行事，在公平的环境中竞争，可促进中国企业在国际竞争中提高经济效益，更好地参与国际竞争，加快改革的步伐。

（二）建立社会主义市场经济体制时期积极融入多边贸易体制

1992 年，党的十四大确立了中国经济体制改革的目标是建立社会主义市场经济体制，从 1992 年到 1993 年下半年，中共中央和国务院先后召开一系列会议，紧紧围绕建立社会主义市场经济体制，解决发展和经济体制中存在的问题，其中党的十四届三中全会通过《关于建立社会主义市场经济体制若干问题的决定》正式确立社会主义市场经济的改革方向和基本内容，坚持以公有制为主体、多种经济成分共同发展的方针，建立适应市场经济要求、产权清晰、权责明确、政企分开、管理科学的现代企业制度，建立全国统一开放的市场体系，建立以间接手段为主的完善的宏观调控体系，建立以按劳分配为主体，效率优先、兼顾公平的分配体系。

在改革目标探索阶段，中国恢复关税与贸易总协定缔约方席位最大的困难就在于关税与贸易总协定将市场经济奉为其制定的一套国际经济贸易规则的最高准则，然而国内对市场经济基础讳莫如深、谈虎色变，从而决定了谈判局面的僵持。中国建立社会主义市场经济体制改革目标的确立，一方面突破了传统中国经济体制的精神枷锁，卸下了"恢复关税与贸易总协定缔约方席位"谈判的"莫谈市场经济"的包袱，加快了谈判进程；另一方面强化了对市场经济和"恢复关税与贸易总协定缔约方席位"谈判关系的认识，使中国恢复在关税与贸易总协定缔约方席位与实现社会主义市场经济的目标联系起来，中国的"恢复关税与贸易总协定缔约方席位"和"加入世界贸易组织"谈判实质上是使中国的市场与世界的市场逐步融合，使中国的经济和世界的经济逐步接轨，这个"融合"和"接轨"的前提条件就是中国必须搞市场经济。

（三）完善社会主义市场经济体制时期适应多边贸易体制

到 2002 年，中国逐步打破了单一的所有制结构，逐步确立了以公有制为主体、多种所有制经济共同发展的基本经济制度，同时在企业制度改革、市场体系建设、分配制度改革、政府管理体制改革和对外开放体系方面均取得巨大进展，基本形成中国特色社会主义市场经济体制，但这并不表明中国已经建立了完善的市场经济体制。随后党的十六大确立了完善社会主义市场经济体制的任务，党的十六届三中全会通过了《中共中央关于完善社会主义市场经济体制若干问题的决定》，进一步明确了中国特色社会主义市场经济体制建设中的具体任务。

中国已经于 2001 年 12 月 11 日正式成为世界贸易组织成员，这不仅使中国对外开放由区域性的推进转变为全国性的开放，而且为中国特色社会主义市场经济体制的完善提供了强大的推动力。为实现以开放促改革的战略目标，中国通过积极履行加入世界贸易组织承诺逐步适应多边贸易体制，通过取消一般性竞争行业的投资限制，为多种所有制经济的发展创造了空间；探索行政体制改革，提高了宏观经济管理的效率；加快了政府职能转变，实现了政府宏观调控与市场力量的充分融合；按照世界贸易组织的要求建立了社会主义市场经济体系，培育和发展中国特色社会主义市场经济体系，建立了统一、开放、竞争、有序的大市场，建立了符合世界贸易组织规则要求的对外贸易体系，放开了对外贸易经营权，形成全方位、多层次、宽领域的开放格局。

（四）全面深化改革时期积极影响多边贸易体制

在中国特色社会主义市场经济体制逐步完善的基础上，2012 年党的十八大提出要全面深化经济体制改革，核心问题是处理好政府与市场的关系，毫不动摇地坚持社会主义市场经济的改革方向，不断完善中国的基本经济制度和社会主义市场经济体制，形成更加成熟更加完善的经济制度和经济体制。随后党的十八届三中全会发布了《中共中央关于全面深化改革若干问题的决定》，对党的十八大关于全面深化改革的战略进行了部署。

长期以来，中国采取的是一种务实的渐进式改革思路，选择了先易后难的改革路径，在社会主义市场经济体制基本完善后，剩余的改革都是难啃的硬骨头，改革的衍生成本较大，全面深化改革的任务艰巨，同时以往的改革形成了多元的利益格局，新格局下原本的改革者逐渐变成既得利益者，随着经济规模的快速扩张、政府制衡既得利益的决策失效以及为了应对两次金融危机冲击的决策，中国既得利益集团力量快速壮大，成为继续深化改革的阻力，使经济社会发展中的问题被搁置和累积，造成改革难以深入推进，制度效益无法发挥。从国际层面看，由于中国加入世界贸易组织的承诺履行完毕，世界贸易组织新回合谈判停滞不前，中国对外开放的效应降低，外在约束锐减，改革的动力不足。然而，中国是多边贸易体制的最大受益者之一。过去，加入多边贸易体制是中国融入世界经济主流的重要战略选择，如今，维护多边贸易体制仍是中国融入经济全球化和开展国际合作的重要手段。在中国经济贸易实力和综合国力不断提升的背景下，中国开始积极影响多边贸易体制，为全面深化改革注入新的动力。

上　篇

第一章　改革初始阶段对目标的积极探索：接触多边贸易体制

第一节　中国提出改革开放的时代背景

1978 年可以称为中国改革开放的元年。自 1978 年以来，一场深刻的社会变革发生在中华大地——改革开放，这场变革带领中国走出了一条具有中国特色的社会主义现代化道路，社会主义在改革开放过程中重新焕发出勃勃生机。40 年来，这场改革实践历经波澜与艰辛，最终取得了举世瞩目的辉煌成就，创造了极富价值的改革经验。回顾改革开放前的时代背景，可以帮助我们更好地理解改革开放的由来以及发展内涵，将改革开放的事业持续推进下去。

一、困难重重，国内经济社会迫待改观

（一）国内经济萧条落后，人民生活艰苦

改革开放之初，正值"文化大革命"刚刚结束，当时整个国民经济处于濒临崩溃的边缘。中国经济发展水平相当落后，已经落入贫穷国家行列。1977 年世界银行对全世界近 200 个国家和地区进行了统计，按照人均 GDP 水平进行了划分，其中第一类叫作最贫穷国家和地区，标准是年人均产值不到 200 美元，全球一共有 21 个这样的国家和地区。中国则处在第二类，即叫作贫穷国家和地区，这类国家的划分标准是人均产值在 201 美元到 499 美元之间，总共有 39 个。甚至当时的朝鲜经济发展水

平都要高出中国一个档位，排在第三类。①究其原因，由于"文化大革命"及此前中国在经济路线方面的错误决断，国民经济遭到极大破坏。"文化大革命"和"大跃进"等造成的经济损失达数千亿元，甚至超过新中国成立后全部基本建设投资的投入。②正因为如此严峻的经济状况，这种客观实际要求我们必须通过改革开放，增强中国社会主义制度的生机与活力，从而解放和发展社会生产力，改善人民生活。

（二）人们的思想僵化，思维方式故步自封

"文化大革命"结束以后直至改革开放初期，大多数人的思想观念仍然受过去极"左"思维方式的影响和束缚，以阶级斗争为纲，非常僵化与保守。改革开放初期，个体做生意会被认为是"投机倒把"行为，当时还认为"赚钱致富就是资本主义"。人们的思想仍受到"两个凡是"的桎梏，不能完全摆脱"文化大革命"的阴影，因而导致社会主义建设受到严重影响。改革开放初期发生在浙江温州的"八大王事件"，就是当时人们思想观念及国家政策制度剧烈转化的一个典型。改革开放初期温州市乐清县柳市镇的 8 个民营大户，凭着灵活的头脑和敢为天下先的精神率先开始了个人创业，在带动地方经济快速发展的同时，他们本人也很快成为富裕人群的代表。但到了 1982 年，乐清县有关部门便将"八大王"的商品经济行为列为大案要案进行查处，指控"八大王"是在搞"投机倒把"，认为赚很多钱就是资本主义，走资本主义道路。不久，"八大王"除个别人负案外逃之外，其他人先后被关押判刑。"八大王"受到打击之后，柳市镇的经济一落千丈，整个温州地区的经济发展也受到严重冲击。后来，随着国家形势的发展，温州市委深刻感触到必须解放思想，全力摆脱僵化、保守思维观念的禁锢和束缚，否则温州经济无法搞活，经济发展更无从谈起甚至会回到老路上去。③于是，1984 年温州市委及有关部

① 曹普：《当代中国改革开放史》，人民出版社 2016 年版。
② 李元勋：《上世纪 70 年代末实行改革开放的背景》，《兴义民族师范学院学报》2018 年第 3 期。
③ 刘畅然：《我国实行改革开放的背景与基础》，《黑龙江史志》2009 年第 23 期。

门为"八大王"案彻底平反，以此为典型，温州经济又重新走上健康、快速发展的道路。从被打击的对象，再到高调平反，"八大王事件"被深深地打上了从观念僵化到思想解放的时代烙印。

（三）中国政治经济处于百业待兴的状态

"文化大革命"使国家政治混乱，经济萧条，教育、科学、文化事业受到严重摧残。在经济领域，由于连续多年大批"唯生产力论"，鼓吹"不为错误路线生产"，许多生产组织名存实亡，生产者人心涣散。在城市，大批工厂停工停产，机器设备大量损坏。在农村，当时许多农民的生活极为困难，全国有相当多的农民口粮不足。① 在教育、科学、文化、艺术领域，很多大学院校长期停办、停课，全国高考制度被废除。许多中小学设施被砸烂，新文盲大量出现，人才培养被耽误了 10 年之久。面对这种千疮百孔的残破局面，工业生产、农业生产和教育、科学、文化事业各个领域都亟待拨乱反正与恢复发展。②

二、解放思想，改革开放具备有利条件

第一，党的十一届三中全会事实上确立了以邓小平同志为领导核心的中央第二代领导集体，为改革开放的提出和顺利推进奠定了组织基础。邓小平同志一生中"三起三落"，是中国乃至世界政坛的传奇人物。他有丰富的革命经验、卓越的治国才能和高超的领导艺术，对中国国情有清醒的认识，对中国的发展道路进行了正确地分析和总结，真正承担得起中国"改革开放总设计师"的角色。他把马克思主义基本原理和中国社会主义建设的实际相结合，提出的建设中国特色社会主义道路，符合中国国情，而在此过程中形成的关于建设中国特色社会主义理论——邓小平理论，既是这一实践的经验总结，也指导了这一伟大的实践。③

---

① 金春明等：《彻底否定"文化大革命"十讲》，解放军出版社 1985 年版。
② 曹普：《当代中国改革开放史》，人民出版社 2016 年版。
③ 吴继锋：《改革开放国内背景研究》，《中国外资》2011 年第 19 期。

第二，关于真理标准问题所引发的大讨论以及十一届三中全会重新确立"解放思想、实事求是，在实践中检验和发展真理"的思想路线，为改革开放奠定了思想基础。解放思想是指在马克思主义指导下打破习惯势力和主观偏见的束缚，研究新情况，解决新问题，使思想和实际相符合，使主观和客观相符合。实事求是是指我们无论做什么事情，都要从客观实际出发，从中引出其固有的而不是臆造的规律性，作为我们行动的向导，做到按客观规律办事。二者是辩证统一的，解放思想是实事求是的前提和基础，实事求是是解放思想的目的和归宿。要想在实际工作中能有所发现、有所突破、有所创新、有所成就，必须把二者有机结合起来，真正做到"一切以时间、地点、条件为转移"，把马克思主义基本原理和中国社会主义建设的实际相结合，选择适合人类社会发展规律及中国国情的发展道路，才能真正解决现实问题，实现真正的发展。

第三，大规模的拨乱反正、平反冤假错案以彻底纠正新中国成立以来尤其是 10 年"文化大革命"中所形成的大量历史遗留问题和冤假错案，做到有错必纠、彻底平反，使大批在历次运动中被错整的人得以平反昭雪，表明共产党有错必纠、实事求是的决心和态度，缓和了国内社会矛盾，赢得了民心，为改革开放创造了良好的社会氛围和群众基础。通过拨乱反正，平反冤假错案，正确处理人民内部矛盾，恢复正常国内秩序，为改革开放提供了一个和平安宁的国内环境，为改革开放的顺利开展提供了一个必不可少的条件。①

事实上，新中国成立以来党在社会主义现代化建设道路上探索的实践以及在这其中所取得的经验教训，同样为日后的改革开放提供了一定的理论和实践积累。新中国成立以来尤其是党的八大以来对适合国情的建设道路的探索，取得了一些有益的经验，如 1956 年党的八大一次会议前后一年多的探索、1959 年庐山会议以前八九个月的探索和 1960 年冬天

---

① 吴继锋：《改革开放国内背景研究》，《中国外资》2011 年第 19 期。

以后五年调整的探索中所取得的积极成果，为改革开放积累了宝贵的经验；同时错误的趋向，包括急于求成、脱离实际的"左"倾错误及其实践，也为党在今后的工作中避开类似错误提供了难得的教训。实际上，改革开放的许多理论、观点、路线、方针、政策都是在总结以前经验教训的基础上提出来的甚至是直接发展而来的。

三、和平发展，国际形势日新月异

第一，在当时的国际社会，"和平与发展"的时代主题逐渐开始替代"战争与革命"的思维，为中国改革开放决策的出台提供了必要的国际条件。两次世界大战的浩劫给人类留下了深重灾难和沉痛教训，世界各国人民对和平的追求十分强烈。绝大多数殖民地半殖民地都实现了民族独立，建立了独立的民族国家。在这些新独立的国家完成政治革命以后，面临着形势和观念转变的压力，要把工作的重点转向经济发展和国家建设，大力发展民族经济，改善民生，以赢得人民的支持，进而巩固新生的政权。世界经济的发展加深了各国利益的相互交织和相互依赖，世界各种主要力量彼此制衡，对霸权主义战争政策的牵制力量在增加，成为制约战争的一个重要因素；核武器等毁灭世界的战争工具形成的"恐怖平衡"，也成为制约战争的一个重要因素；广大发展中国家力量的发展，对世界和平与发展起着不可低估的作用，通过和平方式解决国际争端越来越受到国际社会的重视。生存与发展是广大发展中国家的首要任务，继续发展和保持优势则是发达国家普遍性的愿望与追求。这样，对内求稳、对外思和，便成了大多数国家的政策取向。①

第二，世界经济快速发展。在中国实行改革开放前后，世界上一些主要国家分别从"经济腾飞"时期进入稳步增长期，在发端于西方资本主义列强并伴随西方殖民历程发展而形成的统一的世界市场的基础上，

---

① 李元勋：《上世纪70年代末实行改革开放的背景》，《兴义民族师范学院学报》2018年第3期。

世界各国的国际分工越来越细化。在市场全球化和国际分工细化的推动下，世界各国的生产要素如资本、科技、原材料、人力资源等交流日益密切，而第三次科技革命的推动、快速交通体系的建立、网络的兴起使得经济全球化不再是纸上谈兵，成了不可抗拒的历史潮流。美国作为世界第一经济大国，经济实力遥遥领先。日本则牢牢锁定亚洲第一经济大国的地位。苏联从 1956 年到 1975 年，经过 20 年时间工农业生产总值翻了两番。与此同时，经济全球化为广大发展中国家提供了难得的机遇。这方面的经典案例，就是亚洲四小龙的快速崛起。经济全球化发展带来的全球市场融合，为中国接下来的改革开放事业提供了难得的经济机遇。

第三，科学技术的日新月异为全球经济社会的发展提供了源源不断的动力。20 世纪 70 年代以后，科技革命引起了社会生产力发展的飞跃。当时的科技进步，主要表现在微电子技术、新材料技术、通信技术、生物技术等方面都出现了新的突破。自 70 年代以来，全世界的知识总量每隔 5 年便翻一番，并且科技成果转化为社会生产力的周期大大缩短。科技对经济增长的基础性作用越来越大，经济的增长有 60%—80% 是依靠采用新的科技成果所获得的，科学技术成了名副其实的第一生产力。[①]

此外，还要提到的一点是中美关系正常化，也为中国改革开放和国家建设提供了有利的和平国际环境。中国在 20 世纪 60 年代曾一度和美苏两个超级大国的关系都十分紧张，国际环境对中国十分不利。在这样一种严峻的国际环境中，中国忙于"备战备荒"，根本无暇顾及"改革"，更难以实施大规模的"对外开放"。70 年代，美国陷入越战泥潭不能自拔，其在世界上的经济地位受到西欧和日本的有力挑战，加之资本主义经济危机的影响使得美国经济陷入"滞胀"的泥淖，面对苏联力量日益壮大和咄咄逼人的攻势，美国希望能通过寻找新的盟友减轻同苏联对抗

---

① 苏戎安：《当代国际政治概论》，广东经济出版社 1999 年版。

的压力。1971年中国恢复联合国合法席位，极大地提高了中国的国际地位和国际影响力。在此背景下，美国总统尼克松访华，中美关系迅速改善，直至1979年两国正式建交。中美关系正常化的同时，苏联也开始缓和与中国的关系，中国周边安全形势获得了根本好转。这就为中国改革开放创造了一个相对和平的国际环境，使中国能把主要精力集中于国内建设，同时也为对外开放、发展对外经济关系提供了良好的国际环境。①

总之，党的十一届三中全会上作出改革开放的决定，符合当时中国发展的必然趋势和客观要求，既是当时中国社会历史发展的必然，也是当前和今后我们必须长期坚持的基本国策。中国在当时只有积极抓住机遇，加快发展，才有可能尽快缩小同发达国家之间的差距，缓解在国际竞争及国际地位中的不利形势。

第二节　改革开放初始阶段的主要内容与特征

党的十一届三中全会开启了改革开放的历史新时期，虽然还没有完全否定和破除计划经济体制，但是已经认识到这种体制的缺陷，并提出简政放权，按经济规律办事、重视价值规律的作用，充分发挥中央、部门、地方企业和劳动者个人四个方面的主动性、积极性、创造性，使社会主义经济的各个部门各个环节普遍地蓬勃发展起来。因此，1978年至1991年的改革开放主要包括以下几个部分：

一、农村经济体制改革

农村改革是中国改革开放的起点，依据市场化程度，可将1978—1991年的农村改革划分为以下两个阶段。

---

① 吴继锋：《改革开放决策出台的国际背景研究》，《商品与质量》2010年第SA期。

（一）1978—1986 年的探索突破阶段

1978 年党的十一届三中全会要求各级组织必须认真执行按劳分配的社会主义原则，克服平均主义，社员自留地、家庭副业和集市贸易是社会主义经济的必要补充部分，任何人不得乱加干涉。各地干部和社员群众开始大胆探索，建立了小段包工定额计酬和包工包产联产计酬等多种形式的生产责任制。其后，1982 年至 1986 年期间中央连续发出了具有里程碑意义的五个"一号文件"，五个"一号文件"初步构筑了农村新经济体制框架。

1982 年 1 月 1 日发布的第一个关于"三农"问题的"一号文件"对迅速推开的农村改革进行了总结。文件明确指出包产到户、包干到户或大包干"都是社会主义生产责任制""是社会主义农业经济的组成部分"。同时，开始改善农村商品流通，调整农产品购销政策，稳定农副产品的收购价格。

1983 年，第二个中央"一号文件"——《当前农村经济政策的若干问题》颁布，从理论上肯定了家庭联产承包责任制。1983 年 10 月，废除"政社合一"的人民公社体制，建立乡党委、乡政府和乡经济合作组织。

1984 年，中共中央发出《关于一九八四年农村工作的通知》，即第三个"一号文件"，强调要继续稳定和完善联产承包责任制，规定土地承包期一般应在 15 年以上，生产周期长的和开发性的项目，承包期应当更长一些。随后，根据以计划经济为主市场调节为辅的原则，进行农村商业体制改革，继续减少农产品统购派购的品种和数量。此后，还将社队企业改为乡镇企业，将其视为国营企业的重要补充，促进城乡经济联合。

1985 年，中共中央、国务院发出《关于进一步活跃农村经济的十项政策》，即第四个"一号文件"。随着改革重点由农村转向城市，取消了30 年来农副产品统购派购的制度，对粮、棉等少数重要产品采取国家计划合同收购的新政策。

1986 年，中共中央、国务院下发《关于一九八六年农村工作的部署》，即第五个"一号文件"，适当减少合同订购数量，扩大市场溢价收购比重。从1986年粮食年度起，对各省、自治区、直辖市实行粮食调拨包干，并对调拨价格和财政补贴办法作适当调整。包干以外需要调出调入的粮食，由各地区自行协商议价购粮。

（二）1987—1991年寻求培育市场机制

随着家庭承包经营制度的确立，农村也转入了市场经济的探索时期，从1987年开始将农村改革引向深入。建立并完善农产品市场体系，成为农村第二步改革的中心任务。实行合同定购与市场收购并行的"双轨制"，即由国家以合同形式按规定价格收购一部分，合同定购以外的按市场价格自由购销。1988年，加强对主要农产品和重要农用生产资料的宏观管理和市场管理，对化肥农药农膜等重要农业生产资料实行专营。1990年积极发展农业社会化服务体系，建立完善国家和省、自治区、直辖市两级粮食储备制度，并有计划地发展粮食批发市场和期货市场。1991年把以家庭联产承包为主的责任制、统分结合的双层经营体制，作为中国乡村集体经济组织的一项基本制度长期稳定下来，并不断充实完善。

此外，继续推进农产品流通体制改革、农产品购销体制改革，缩小指令性计划管理，除粮食及部分特殊农产品还保留国家订购任务外，其他农产品逐步实行市场调节，放开价格，自由购销。鼓励集体和个人进入流通领域，其中粮油等关系国计民生产品的批发经营，必须经过批准。积极发展产销一体化经营组织，建立以批发市场为中心的农产品市场体系。

1978年至1991年，中国农村改革大致经历了由人民公社体制向土地家庭承包经营体制的转变，社队企业向乡镇企业的转变，从而使农村实现了土地经营体制和产业结构的变革，同时市场化的因素也在不断积累，为之后中国农村的改革和发展奠定了基础。

二、城市经济体制改革

邓小平同志指出城市改革实际上是整个经济体制的改革。然而在

1982 年 9 月以前，城市改革整体还比较松散，仅进行了初步改革，主要体现在：将个体经济视为国营经济和集体经济的必要补充，并鼓励其发展；贯彻执行党的国民经济调整、改革、整顿、提高的方针，对企业进行全面整顿，完善经济责任制等。

1982 年 9 月，党的十二大明确提出有系统地进行经济体制改革的任务和计划经济为主、市场调节为辅的原则，改革围绕改革计划体制、发展统一的社会主义市场和财政体制等相关的配套改革三个方面展开，改革步伐逐渐加快，至党的十二届三中全会召开前已经完成利改税的两步改革。

1984 年 10 月，党的十二届三中全会制定了全面改革蓝图，决定推动以城市改革为重点的整个经济体制改革，并将增强企业的活力，特别是增强全民所有制的大中型企业的活力作为以城市改革为重点的整个经济体制改革的中心环节。按照政企职责分开简政放权的原则进行改革，此后各级政府原则上不再直接经营管理企业，至于少数由国家赋予直接经营管理企业的政府经济部门，也必须按照简政放权的精神正确处理同所属企业的关系。

到 1986 年，自 1984 年开始的以厂长负责制为主要内容的企业领导体制改革，在全国部分全民所有制工业企业中进行试点且取得显著效果，并在全国推广。1987 年 10 月，党的十三大进一步提出围绕转变企业经营机制的中心环节，根据企业所有权与经营权分离的原则，实行多种形式的承包经营责任制，分阶段进行分配、财政、金融、外贸等配套改革，特别地针对当时横向经济联合的发展和企业群体、企业集团的兴起，对其因势利导。同时，随着价格对企业生产经营活动的调节作用越来越显著，以关系国计民生的少数重要商品和劳务价格由国家管理，其他一般商品和劳务价格由市场调节为方向的价格改革开展起来。

到 1988 年，已经进行了以公有制为主体的股份制试点和发展企业集团试点，全国已成立一大批新的公司。然而产业结构不平衡、产业质量水平不高的问题日益凸显。1989 年，国务院作出《关于当前产业政策要点的决定》，制定正确的产业政策以明确国民经济各个领域中支持和限制的重点。1990 年，除深化企业改革外，加强宏观调控体系与制度的建设也成为经济体制改革的重点，开始深化计划单列市和其他一些城市的综合改革试点，并整顿经济秩序，特别是流通秩序。

针对 20 世纪 80 年代末至 90 年代初地区之间的市场封锁现象所引发的商品流通不畅，政府进行的流通改革如下：规定生产企业有权在全国范围内自行选购所需要的商品；在完成国家指令性计划后，有权在全国范围内销售其产品。对此，还通过在交通、财税、金融等方面的改革，破除商品流通障碍，切实保障企业的自主权。

1991 年改革工作重点是进一步增强国营大中型企业活力，除继续深化以往的改革内容外，强调从加强企业内部管理和外部环境两个方面采取有力措施，突出表现为对国营大中型企业在微观方面的一系列调整，如增强企业技术改造的投入，酌情减少部分企业的指令性计划任务，扩大企业产品自销权等。同时，把经济工作真正转移到调整结构和提高效益的轨道上来：从内涵上扩大再生产，防止大而全的重复建设和引进，提高产品质量，下决心关停并转那些效益低下没有前途的企业。

经过上述一系列改革，政府放松了对价格及国有企业生产经营和分配的管制，到 20 世纪 90 代初工业消费品、农产品和生产资料基本实现了市场定价，基本建立起有计划的商品经济体制的基本框架：在所有制方面打破了一大二公的格局，初步形成多种经济成分并存发展的多元化所有制结构；市场机制在一些重要领域开始发挥作用，竞争性市场体系建设有了一定进展；宏观经济管理方面，直接调控向间接调控转变取得重要进展，通过财政、税收、金融、投资等体制的改革，以经济手段为主的间接调控体系已经初步形成。

三、对外开放

党的十一届三中全会作出了在自力更生的基础上积极发展同世界各

国的经济合作、努力采用世界先进技术和先进装备的重大决策。1979 年 1 月邓小平同志提出：现在搞建设，门路要多一点，可以利用外国的资金和技术，华侨和华裔也可以回来办工厂，吸收外资可以采取补偿贸易的方法，也可以搞合营，先选择资金周转快的行业做起。1981 年 11 月明确指出"实行对外开放政策，加强国际经济技术交流，是我们坚定不移的方针"。1978—1991 年的对外开放过程可以分为以下四个步骤：

（一）建立经济特区

1979 年 5 月，在深圳、珠海、汕头和厦门试办出口特区，并规定主要是吸收侨资、外资进行建设，中央各部门、各地区除经批准可在特区经营少数中外合资企业外，一般不准在特区办企业。根据半年多筹办特区的工作实践，中央进一步明确，特区应成为技术的窗口、管理的窗口、知识的窗口和对外政策的窗口以及"开放的基地"。因此，1980 年 3 月将"出口特区"改为内涵更为丰富的"经济特区"。创办经济特区迈出了中国对外开放的第一步。到 1988 年 4 月，又建立海南经济特区。

与之相适应，1983 年 9 月，中共中央、国务院作出《关于加强利用外资工作的指示》，指出该阶段中国利用外资的方式主要有两类：一是借用外国资金；二是外商直接投资。为此，应争取利用国际中低利、中长期贷款，加快重点项目和基础设施建设，同时争取多吸收直接投资，以生产性项目为主，以加快现有企业的技术改造。由于利用外资，特别是开办中外合资经营企业还处于探索阶段，要放宽政策，如放宽税收政策和对设备材料进出口限制以及特殊优惠等，抓紧完善立法。

（二）开放沿海港口城市

1984 年 5 月，中国开放大连、秦皇岛、天津、烟台、青岛、连云港、南通、上海、宁波、温州、福州、广州、湛江和北海 14 个沿海港口城市。对于经济特区、沿海开放城市、经济技术开发区等开放先行地区，除给予特殊政策优惠外，还扩大其自主权，让其有充分的活力去开展对外经济活动，实际上是对现行经济管理体制进行若干重要的改革，而改革外贸体制也需要同步跟进。

（三）建立沿海经济开放区

1985 年 2 月，将长江三角洲、珠江三角洲和闽南三角区划为沿海经济开放区，是中国实施对内搞活经济、对外实行开放的又一重要步骤。这三个经济开放区（以及 1988 年开放的辽东半岛和山东半岛）应逐步形成贸—工—农型的生产结构，即按出口贸易的需要发展加工工业，按加工的需要发展农业和其他原材料的生产；应围绕这一中心大力发展出口，增加外汇收入，成为对外贸易的重要基地。同时又要加强同内地的经济联系，带动内地经济发展，成为扩展对外经济联系的窗口。1985 年，中共中央还提出，实行对外开放，关键是增加出口，创造更多的外汇。1986 年年初，提出进一步做好外引内联工作，建立并完善以工业为主、工贸结合的外向型经济。

（四）建立经济技术开发区

1986 年 8 月设立上海闵行和虹桥经济技术开发区，1988 年又设立以发展高新技术为主的漕河泾经济技术开发区，中国的经济技术开发区达到 14 个。1990 年 4 月，开发开放浦东新区。到 1991 年年底，14 个经济技术开发区累计开发土地面积达 30 万平方公里，批准外商投资项目 1501 个，协议吸收外资 27.2 亿美元，投产运营的企业达 821 家，经济技术开发区显示其发展能动性。①

到 1987 年，已初步形成"经济特区—沿海开放城市—沿海经济开放区—内地"这样一个逐步推进的开放格局。对此，党的十三大提出，在巩固和发展这一格局的基础上，进出口战略和利用外资战略应注重提高出口创汇能力，大力发展"两头在外"；进口的重点是引进先进技术和关键设备，积极发展替代进口产品的生产。1988 年，深化外贸体制改革，全面推行对外贸易承包责任制；扩大沿海地区吸收外商直接投资的审批权限；

————————

① 《国家级经济技术开发区的发展历程》，见 http://www.hebjgbz.gov.cn/hebbianban/llyj/llqy/1353039742014003.html。

鼓励采用中外合资合作方式加快老企业技术改造；下放外贸企业审批权。

1990 年开发开放上海浦东，意在充分发挥上海和长江沿岸腹地的经济资源优势和科学技术优势，引进和开发更多的先进技术以及高新技术，推动产业和产品结构优化，以提升中国外向型经济的水平和效益。除此之外，进一步对外开放的重点放在改善出口商品结构和提高出口商品质量上，重点扶持一批在国际市场上有发展前景、竞争力强的拳头产品出口。1991 年，设立天津、福田和沙头角港保税区。同时，在改革和完善对外贸易体制方面，建立自负盈亏机制，统一全国外贸政策；改革外汇分成办法。严格执行国家统一颁布的有关外商投资的法律法规和政策措施，制止违反国家规定，竞相公布优惠措施的做法。

这些政策不仅将东南沿海广大地区造就成为中国对外开放的前沿阵地，也使得中国对外贸易获得空前发展，贸易依存度不断提高。改革开放以前中国的外贸依存度基本保持在 10% 以下的水平波动，改革开放初的 1978 年外贸依存度只有 9.8%，但随着中国对外开放政策的实施，外贸依存度呈现出梯级增长的发展态势，1978—1984 年外贸依存度总体维持在接近 20% 的水平增长。[1]

四、财税制度改革

（一）税收制度改革

中国改革开放初始时期的各项改革中，中国的税收制度在 1979 年至 1983 年间也开始酝酿全新的变革。

对于国营企业，1979 年 7 月开始实行利润留成制度，企业折旧基金的 70% 留给企业。企业这一自主权的扩大，在保证国营企业完成国家计划产出量的基础上激励出一块产出增量，从而起到扩大国民产出的功效。但这种放权的直接后果是国家财政收入水平下降，再加上其他领域改革

---

① 黄凯锋：《历史与现实的交响：改革开放三十年专题研究》，学林出版社 2008 年版，第 67 页。

开放的倒逼，中国税收制度从计划经济体制下单一和简化的税制体系逐步发展成为多税种的复合税制体系。

1980 年中央政府提出中国税制制度史上具有历史性意义的改革措施——利改税，即将新中国成立以后实行了三十多年的国营企业向国家上缴利润的制度改为缴纳企业所得税的制度。利改税在实施过程中采用了两步走的形式。第一步是在 1981 年至 1984 年间实行税利并存，即凡有盈利的国营大中型企业均按照实现利润和 55% 的税率缴纳所得税，税后利润一部分以递增包干上缴、固定比例上缴、缴纳调节税、定额包干上缴等办法上缴给国家，一部分按照核定的留利水平留给企业；凡有盈利的国营小型企业，按照实现利润和八级超额累进税率缴纳所得税。缴税以后企业自负盈亏，国家不再拨款。1984 年第四季度利改税迈开了第二步改革，将国营企业应当上缴国家的财政收入改为 11 个税种向国家缴税，也就是由税利并存逐步过渡到完全的以税代利，实现了以税收制度来明晰国家与国有企业之间的分配关系，国家可以大规模全面铺开对企业的改革，推动经济改革全面深入。

为吸引外资引进技术，从 1980 年 9 月到 1981 年 12 月先后通过并公布《中华人民共和国中外合资经营企业所得税法》《中华人民共和国个人所得税法》和《中华人民共和国外国企业所得税法》，同时明确规定对中外合资企业、外国企业和外国人继续征收工商统一税、城市房地产税及车船使用牌照税，基本确立了中国的涉外税收制度。

利改税的顺利实施使中国的税制改革在起始阶段迈出了稳健的一步。到 1983 年年底，全国实行利改税的国营工业交通商业企业共有 107145 家，占盈利国营企业的 92.7%。这些企业 1983 年共实现利润 633 亿元，比 1982 年增长 11.1%，在增长的利润当中，国家所得占 65.3%，企业所得占 34.7%。[①]

---

① 刘佐：《中国税制改革 50 年》，《当代中国史研究》2000 年第 5 期。

至此，中国初步建成了一套适应社会主义有计划的商品经济要求的新税制体系。这种税制，无论在理论上还是在实践上都实现了三个突破：一是突破了长期以来封闭型税制的约束，逐步向开放型转换；二是在财政分配上突破了国家与国有企业间统收统支的分配关系；三是突破了历次税制改革所遵循的合并税种、简化税制、保障税收的改革原则，确立了税收的经济杠杆作用。

（二）财政分权体制改革

如果说利改税是为解决好国家与企业的分配关系，那么中央和地方之间分配关系的协调则需要依靠其他财政体制的变革。1980 年以前，中国实行统收统支的财政体制，其后至 1991 年，中国经历了多种财政包干体制。

1980 年至 1984 年"划分收支，分级包干"的分权模式。中国政府放弃了改革开放前统收统支的财政体制，转向了财政包干制。1980 年 2 月国务院颁发了《关于实行划分收支分级包干财政管理体制的暂行规定》，决定实行中央与地方"分灶吃饭"的办法，开启了财政分权改革，其基本内容包括：第一，按照隶属关系明确划分中央和地方财政的收支范围；第二，确定地方的财政收支基数和上解补助额；第三，地方上缴比例、调剂收入分成比例和定额补助数由中央核定下达后，原则上五年不变。

1985 年至 1988 年"划分税种、核定收支、分级包干"的分权模式。由于 1984 年第二步企业利改税完成，中央和地方之间需要重新划分税收收入，于是从 1985 年起开始对先前的分权模式进行微调，实行"划分税种、核定收支、分级包干"的财政管理体制，其基本内容有：第一，在第二步利改税的基础上重新划分各级政府财政收入的范围和支出范围；第二，重新确定分成基数和分成办法。新的改革由于按照企业隶属关系重新划分中央和地方的收入归属，使得经济发展较好的地方更多地采取了让利于企业的政策措施，客观上导致了中央财政收入占全国财政收入的比重下降，这为后来的进一步分权改革奠定了基础。

1988 年至 1991 年多种形式财政包干的分权模式。1988 年 7 月 28 日《关

于地方实行财政包干办法的决定》发布。本次改革进一步规范了前期的
财政分权改革实践，并按照各地的具体情况推出了相应的包干办法，试
图强化中央的权力，弱化地方的剩余权力。这次财政体制改革将全国除
广东、陕西以外的 37 个省、自治区、直辖市和计划单列市都纳入财政包
干体系，分别实行以下六种包干办法：收入递增包干、总额分成、总额
分成加增长分成、上解额递增包干、定额上解和定额补助。

总体上看，税制改革突破了统收统支的财力分配模式，重新确立了
国家与企业、中央与地方的分配关系，成为改革得以稳步前进的重要制
度保障，激励了经济发展。

五、改革初始阶段的基本特征

改革的动机是彻底解决原有计划体制缺乏效率的现实，并寻求一种
更加有效率的经济发展模式。改革开放初始阶段，从具体国情出发，中
国选择了一条以开放促改革的渐进式改革道路，逐渐从高度集权的计划
经济体制向市场经济体制过渡，因此该时期中国改革开放的主要特征表
现为渐进性和开放促改革。

（一）改革的渐进性特征

1. 利用已有的组织资源推进市场取向的改革

中国没有像苏联和东欧国家那样采用"推倒重来"的改革方式，而
是不仅完整保留了原先金字塔型的等级构架，而且通过原先等级构架中
的领导人组织市场取向的改革，并在市场机制作用逐渐增强的过程中，
渐渐减少等级规则在资源配置中的作用，因此中国的改革一开始表现为
由放权让利式的改革逐渐过渡到价格改革和产权制度改革，进而导致政
治体制的变革。

2. 在不率先触动既得利益格局的前提下在边际上推进市场取向的增
量改革

改革实际上是利益格局的重新调整，中国是在原有等级构架保持基

本不变的情况下引入市场机制的，这就决定了不可能对利益格局进行颠覆性调整，采取"推倒重来"的方式，而只能采用增量改革方式，即在等级规则作用较小的边际上，选择具有帕累托改进意义的利益调整方式进行体制改革，逐渐向市场经济体制过渡。例如，在所有制结构调整上，先承认集体经济、乡镇企业也是公有制经济，然后逐渐开放个体经济、私营经济、合资经济与外资经济；在价格机制上，先进行双轨价格的改革试点，然后逐渐由双轨价格过渡到市场价格体制；在国有企业改革上，先试行利润留成制度，向企业放权让利，然后推行企业承包经营责任制和股份制，进而开始放开搞活国有企业等。

3. 先在局部范围内取得改革经验然后再在全局范围内推广的试验性改革

在自上而下的改革中，下级逐渐向上级传递改革需求的信息，最后中央政府按照自己的约束条件和目标函数来筛选这些信息并设计一套改革方案加以推广。由于每个下级都有自己独立的利益，在一个等级构架中，传递与接收信息时又都存在信息不对称问题，因此在传递信息和落实改革方案时都有可能出现"失真"的情况。作为机制改革的组织者又是改革风险最后承担者的中央政府，为使市场取向的改革过程不可逆转，又使改革后果的不确定性所引起的风险是可控的，就会选择先试点后推广的改革方式，也就是说在个别企业或地区先行试验，然后评估此项改革到底有多大收益和成本，进而对整体改革收益和成本进行比较，如果收益大于成本就全面推行该项改革方案，否则就终止此项改革。如家庭联产承包责任制、国有企业改革、经济特区、经济技术开发区与股份制等都是先通过试点再逐渐推广开来的改革形式。

（二）显著的开放促改革特征

由于中国的改革开放并没有现成的经验可循，邓小平同志提出了"摸着石头过河"的著名论断，使人们意识到中国的经济改革是一个长期探索的过程。虽然改革的起点是农村改革，但随着农村改革的辐射面有限，改革的切入点很快就被锁定在开放上，通过扩大开放，引入国外先进技术和管理经验，为中国经济改革指明方向。这既是由中国特定的经济转型与发展条件促成的，也是因为在市场长期遭遇中央计划抑制的基础上，在短缺经济条件下国内既缺乏交易主体又缺乏激励因素造成的。因此，通过对外开放寻找学习经验成为指导中国经济改革的重要途径。从这一角度来说，可以把中国早期的改革定义为开放中的改革，通过把市场经济的一些生产要素、经营方式以及体制机制安排引进来，使中国市场经济因素增加的同时，也在开放过程中使其得到进一步培育和成长。其中与关税与贸易总协定接触及进行恢复关税与贸易总协定缔约方席位的谈判，便是引入以开放型的市场经济为特征的机制进而推动国内改革的突出体现。

第三节　中国开始积极接触多边贸易体制

以 1978 年中国实施改革开放为转折点，中国社会经济体制经历了较大程度的变革，改革开放之前中国实行的贸易政策是计划经济下的国家统制贸易（1949—1978 年）。改革开放后，中国下放权力，实行并轨制下的商品经济，实行的贸易政策是贸易作为有计划的商品经济一部分开放（1979—1991 年）。[①] 改革开放推动的国内经济体制改革和贸易体制的变革，使得对关税与贸易总协定的认识和诉求发生变化，又由于中国申请恢复关税与贸易总协定缔约方席位后，为使国内经济规则与国际接轨，也无时无刻不在进行着国内经济的改革和贸易的开放，由此可见，申请恢复关税与贸易总协定缔约方席位是中国改革开放的必然结果，同时中国申请恢复关税与贸易总协定缔约方席位又反过来作用于中国的改革开

---

① 张汉林：《WTO 主要成员贸易政策体系与对策研究》，经济科学出版社 2009 年版，第 275—290 页。

放。1986 年 10 月，时任中国驻日内瓦常驻代表团的钱嘉东大使代表中国政府向关税与贸易总协定提交恢复关税与贸易总协定缔约方席位申请，标志着中国恢复关税与贸易总协定缔约方席位谈判正式开始，然而从中国申请恢复关税与贸易总协定缔约方席位到 2001 年加入世界贸易组织经历了 15 年的时间，作为多边贸易体制历史上接受新成员最漫长的谈判之一，中国经历了太多，究竟是什么样的原因促使中国如此强烈地申请恢复关税与贸易总协定缔约方席位以及加入世界贸易组织，回顾中国恢复关税与贸易总协定缔约方席位决策动机，以及中国恢复关税与贸易总协定缔约方席位谈判历史对于深入了解中国当时所处的形势，把握中国改革开放与中国申请恢复关税与贸易总协定缔约方席位之间的关系具有重要的意义。

一、关税与贸易总协定成立的背景

20 世纪 30 年代大萧条所引致的金融危机影响力持久，全球经济复苏乏力，各国实施以邻为壑的贸易政策，国际经济政策的不协调导致第二次世界大战爆发。在第二次世界大战末期，以英美为首的国家认识到了协调国际经济政策的重要性，缺乏国际合作平台是第二次世界大战的重要导火索，以英美为规则制定者的布雷顿森林体系油然而生，高关税壁垒以及以邻为壑的贸易政策是"割裂"经济一体化进程的主要原因。同时，第二次世界大战崛起的美国，其产品在国际市场上具有较强的竞争力，为削减关税等贸易壁垒，确保美国出口的产品得到公平对待，美国急需构建符合其利益的贸易规则。经过英美之间多次磋商和博弈，关税与贸易总协定于 1947 年诞生。关税与贸易总协定的核心思想是建立一个公平的、非歧视的、互惠的多边贸易规则，换言之，非歧视原则是关税与贸易总协定核心思想的重要体现。[①]

---

① ［美］本·斯泰尔：《布雷顿森林货币战》，符荆捷、陈盈译，机械工业出版社 2014 年版，第 235—251 页。

二、新中国成立初期未及时提出恢复关税与贸易总协定缔约方席位的历史背景

众所周知，关税与贸易总协定于 1948 年开始临时适用，同年 4 月国民党政府签订了关税与贸易总协定《临时适用协定书》，成为关税与贸易总协定 23 个创始缔约方之一，然而 1950 年国民党以"中华民国"的身份退出关税与贸易总协定，中国与关税与贸易总协定的联系从此中断。中国在 1950 年时未能及时恢复关税与贸易总协定缔约方席位，主要由中国当时所处的政治以及经济等形势所决定。

首先，在国际方面，由于冷战思维，以美国为首的少数国家利用自身在国际舞台上的强大影响力，对新中国的经济以及外交实行封锁，当时中国想要恢复在联合国的合法席位尚且不易，申请恢复关税与贸易总协定缔约方席位更是困难重重。中国当时实行的是计划经济，与关税与贸易总协定所提倡的贸易规则相违背，也就是说当时中国的贸易政策体制不具备加入关税与贸易总协定的条件。

其次，新中国成立初期，与中国贸易往来的主要是社会主义国家，20 世纪 50 年代苏联等东欧国家与中国的对外贸易占比达到 70%。[1] 在经济层面，中国面对国外经济封锁时不得不关起门来自己搞经济建设，中国学习苏联模式实行的是计划经济，在贸易政策方面实行的是计划经济下的国家统制贸易。即国家建立集外贸与管理为一体，政企不分、统负赢亏的外贸管理体制。在该制度下中央以指令性计划直接管理少数的专业性外贸公司进行国际贸易，在该时期（1978 年以前），贸易的主要目标是为了维持进出口贸易在总体水平上的平衡，在当时中国计划经济制度下有利于维持国际收支平衡，有利于维持较低的国内价格水平。然而，中央指令性计划的贸易方式造成中国与世界联系的"割裂"，由于计划经

---

[1]　顾国达、陆菁：《中国对外贸易概论》，北京大学出版社 2015 年版，第 68—75 页。

济无法反映出国内市场的真实需求，严重阻碍了国民经济持续发展，更加限制了中国外贸市场的增长，严重束缚了中国当时外贸行业的稳定发展。中国当时实行的外贸政策与关税与贸易总协定所提倡的促进国际贸易自由化的原则相差甚远，并且当时中国外贸占国民收入的比重微乎其微，中国政府并没有将精力投入到恢复关税与贸易总协定缔约方席位这一选择中来，此时提出关税与贸易总协定缔约方席位并不能满足中国实行计划经济政策的客观要求。

中国通过与联合国长期交涉，并且经过漫长和艰辛的征程于 1971 年恢复了在联合国的一切合法权利，虽然关税与贸易总协定并非联合国的一个附属机构，但是关税与贸易总协定与联合国之间存在着种种必然的联系，因而，中国恢复在联合国的合法席位以后，于同年剥夺了台湾在关税与贸易总协定中的观察员地位。然而，由于种种原因，尤其是关税与贸易总协定"契约性"的特点，使中国没有恢复在关税与贸易总协定中的席位。至此，中国中止了与关税与贸易总协定的联系。[①]

三、中国实施改革开放后对关税与贸易总协定认识的转变及中国申请恢复关税与贸易总协定缔约方席位的背景

（一）中国经济体制改革和对外开放政策

随着时间的逐步推移，计划经济弊端逐渐显露出来。生产资料公有制本身违背了市场经济原理，使得一切劳动成果被均分，大大阻碍了生产效率提升和经济增长。计划市场使得居民消费需求无法得到满足成为制约中国经济发展最大的瓶颈，1978 年 12 月 18—22 日，在北京举行的党的十一届三中全会提出改革、开放、搞活的重大方针，明确了中国要从封闭走向开放，要进行改革。正是党的十一届三中全会的召开使得中国重新认识外贸的地位和作用。中国实行的改革开放政策主要包括两个

---

①　梁仁洁：《恢复中国 GATT 缔约国地位是我国改革和开放的必然》，《制造技术与机床》1992 年第 8 期。

部分，首先是对国内经济体制进行改革，其次是对国际市场进行开放。在中国经济体制改革方面，首先从农村开始，实行家庭联产承包责任制；在城市改革方面，主要从扩大企业经营自主权开始入手，减少国家对指令性商品的管理，扩大市场调节的比重和范围；在外贸体制改革方面，中国自1979 年以来下放对外贸易经营权，国家允许工业生产部门和地方经营对外贸易，此外国家改善宏观调控和管理体系，发展出口、获取外汇，由原来的完全性指令转变为指令性计划和指导性计划以及市场调节三个部分。

（二）改革开放前后中国对关税与贸易总协定认识的转变

由于当时国内建设资金短缺、国际收支呈现逆差，对外开放工作重心就体现在对外贸易的发展和从国际金融组织获取资金来源上。由此可见，获取资金和外汇是当时对外开放的首要目标之一。1980 年国际货币基金组织董事会通过决议，恢复了中国在国际货币基金组织中的合法席位，同年 5 月中国恢复了在世界银行的合法席位，中国从国际货币基金组织获得的多笔贷款，以及在世界银行获得的大量资金支持有力地缓解了国际收支压力，促进了中国经济发展。1980 年，中国派代表投票选举了阿瑟·邓克尔作为关税与贸易总协定新任总干事，阿瑟·邓克尔对中国比较友好，多次来中国访问，也正是他与中国领导人的多次沟通，力促中国领导人决定早日恢复在关税与贸易总协定中的合法席位。随着中国迈入世界经济的步伐不断加快，国内形成了不可回避的事实，只要坚持改革开放，就不可避免地要发展对外贸易。外贸事业对中国改革开放和持续发展的重要性，使得中国对关税与贸易总协定有了更深刻的认识，中国的改革开放离不开对外贸易，对外贸易的发展离不开关税与贸易总协定。

（三）中国申请恢复关税与贸易总协定缔约方席位的历史背景

1. 加入关税与贸易总协定是推动中国对外贸易发展的客观要求

1978 年中国提出经济体制改革和对外开放以来，中国打开国门实行对外开放政策原则上需要扩大对外贸易规模，与更多的国家建立对外贸易往来，利用国际市场和外资等资源来推动中国经济发展。1966 年中国

还清了欠苏联所有的债务，与苏联的对外贸易基本停止，到 1979 年中国
与社会主义国家间的贸易额占比下降至 12%，与此同时，中国与西方发
达国家间的贸易往来愈加密切，贸易额占比不断上升，进入 20 世纪 80
年代后，中国贸易额的 90% 均来自关税与贸易总协定缔约方。[①]党的十一
届三中全会的召开进一步解放了思想，推进了以"建立适应社会主义市
场经济和国际贸易规范新体制"为目标的改革。从外贸企业的角度来看，
这一阶段称为外贸放权阶段。随着改革的推进，中国对外贸易得到飞速
发展，企业对外贸易额持续增长，对外贸易规模不断扩大。20 世纪 70 年
代以前，中国推行"进口推进"型的外贸发展战略，也就是先确定必须
进口的物质，然后通过出口的方式换取进口所需的外汇，在贸易上强调
与每一个贸易伙伴之间的贸易平衡。随着中国开放程度的扩大，中国对
外汇的需求不断增长，中国实施了"出口推进"战略，也就是先确定出
口目标，然后决定进口水平，这样外贸战略的重心便转移到出口上来了。

中国自 1978 年实施改革开放以来，外贸得到飞速发展，1979 年到
1986 年中国出口额增长了足足一倍，1986 年中国出口额在发展中国家中
的排名从第 8 位上升到第 4 位，中国俨然成为发展中国家中最大的进口
国之一。改革开放前后中国重要的贸易对象国和对外贸易战略重大的转
变，是推动中国决定恢复关税与贸易总协定缔约方席位的重要因素。商
品进出口额从 1978 年的 206 亿美元上升到 1985 年的 696.1 亿美元，然而
由于中国处于工业化初期阶段，进出口额占全球贸易份额仍然较低，截
至 1985 年中国外贸总额占全球的比例仅为 1.42%，并且出口商品大多为纺
织品以及其他初级产品，机器及其他工业制成品所占份额微乎其微。同时，
随着国内经济进一步发展，中国国内对紧缺的原材料及先进设备的需求
很大。[②]

---

① 宿景祥：《中国申请恢复"关贸总协定"缔约国地位的背景和前景》，《现代国际关系》
1993 年第 5 期。

② 张汉林：《张汉林解读中国入世》，经济日报出版社 2002 年版，第 91—93 页。

非歧视原则是关税与贸易总协定的核心原则，由于中国尚且不是关税与贸易总协定缔约方，在国际贸易中被区别对待，当时中国对外贸易量尚且较少，与贸易大国在进行谈判时，存在谈判的不对等问题，因此，中国急切需要加入关税与贸易总协定，享受和其他缔约方同等的权利，从而通过多边贸易体制可以使中国最大限度地获取无条件的最惠国待遇以及公平稳定的外贸环境，这对促进中国外贸发展的外部环境改善具有举足轻重的作用。

2. 中国对外贸易制度发生转变，加入关税与贸易总协定符合中国外贸发展的诉求

在整体对外贸易体制改革的大背景下，改革之前计划经济下高度集权的国家统制贸易体制经历了几次转变，最终进入"有管理的贸易自由化阶段"：计划经济下的国家统制贸易（1949—1978 年）、贸易作为有计划的商品经济一部分开放（1979—1991 年）、符合国际规范的贸易政策体系改革阶段（1992—2001 年）。

1979—1991 年，中国采取了进口替代和出口导向相混合的政策，一方面促进具有比较优势的劳动力密集型产业产品的出口；另一方面旨在促进优势相对较弱的资本以及技术密集型产业的发展。1978 年以后，以出口促进政策为主的开放型贸易体制与在出口导向部门采取吸引外商直接　投资政策共同推进，促进了大批外资公司的形成。1985 年首次确定出口退税制度，1988 年起国家出台鼓励外向型经济发展的一系列政策，大大促进了加工贸易发展。中国外贸体制转变推动了中国外贸的高速增长，中国绝大多数贸易伙伴均为关税与贸易总协定缔约方，中国外贸体制改革使得中国的外贸制度与关税与贸易总协定更加吻合，这有助于中国政策制定者加深对关税与贸易总协定的了解，更加深刻懂得关税与贸易总协定为中国外贸发展和改革开放带来的"制度红利"。

3. 有利于中国进一步以开放促改革

中国如若加入关税与贸易总协定，在享受关税与贸易总协定所提供

待遇的同时也必须履行关税与贸易总协定所要求的义务，由于关税与贸易总协定在关税削减、营商环境、透明度等各方面有明显的义务要求，通过加入关税与贸易总协定，利用多边贸易体制的压力来加快中国国内经济体制改革，使中国经济贸易规则尽快与国际接轨，有助于为国内企业营造更公平的竞争环境，使国内企业尽早适应国际规则；有利于国内产品尽快尽早地走出去，提高企业在国际市场中的竞争力。总而言之，通过加入多边贸易体制，利用多边贸易体制规则完善国内外贸制度，促进国内统一的外贸制度形成，减少贸易扭曲，消除国内经济的地方壁垒具有重要意义。

4. 提高中国的国际影响力

中国依次恢复了在国际货币基金组织和世界银行的合法席位，获得了上述组织的资金和技术支持，对中国的改革开放和经济发展起到很大的推动作用，而不论是国际货币基金组织还是世界银行均与关税与贸易总协定有千丝万缕的联系，加入关税与贸易总协定便是很自然的事。此外，由于多边贸易体制规则的谈判和制定均需要关税与贸易总协定缔约方，作为发展中的大国，加入关税与贸易总协定便能参与符合自身利益的贸易规则的制定，而不是一味地遵循发达国家所制定的规则。因此，加入关税与贸易总协定有利于增加中国进行对外贸易开放谈判的筹码，提高中国在国际舞台上的影响力和话语权。

5. 为中国的外贸发展营造良好的国际贸易环境

由于中国不是关税与贸易总协定的缔约方，因而在国际贸易过程中，中国受到了美国等西方发达国家贸易保护主义的歧视性待遇。例如，欧共体对中国部分出口产品的数量限制远高于关税与贸易总协定缔约方，在对中国征收反倾销税时征收的比例也高出关税与贸易总协定缔约方很多。中国在加入关税与贸易总协定前，缺少提起诉讼的多边贸易体制，这导致中国在和贸易伙伴国进行谈判时受到不公平的待遇，中国在签订《多种纤维协定》后，这种对比尤为明显，从而加大了中国加入关税与贸易总协定的决心。成为关税与贸易总协定缔约方后，关税与贸易总协定本身的贸易规则便会限制一些贸易强国的行为，在面对贸易争端时，中国可以有更为公正的申诉平台。因此，加入关税与贸易总协定能够使得中国贸易的基本权益得到最大程度的保障，为中国外贸事业的发展营造一个良好的国际贸易环境。同时加入关税与贸易总协定后，中国的外贸体制便得到了多边贸易体制的认可，中国可以在多边贸易体制下与关税与贸易总协定缔约方进行贸易、投资等多个领域的交流，增加了中国利用外资的稳定性，有助于引入资金、技术等促进国内经济发展。

6. 及时获取国际贸易政策法规、国际市场信息

关税与贸易总协定拥有大量经济体的国际贸易政策法规和市场信息，加入关税与贸易总协定对获取市场信息，了解其他经济体的国际贸易政策法规具有重要的意义。中国改革开放采用的是"摸着石头过河"的方式，借鉴其他经济体的国际贸易政策法规对于中国改革开放政策的建立和实施具有重要的意义。同时，中国加入关税与贸易总协定能够及时了解国际市场信息的动态，掌握世界经济中主要关税与贸易总协定缔约方的贸易政策走向和市场动态，根据市场动态制定有利于中国贸易发展的规定，对于及时调整中国外贸政策具有重要的意义。

四、中国申请恢复关税与贸易总协定缔约方席位并开始艰难的谈判

（一）中国申请恢复关税与贸易总协定缔约方席位并进行谈判的第一阶段：顺利进展

1986 年 7 月 10 日，中国正式递交恢复关税与贸易总协定缔约方席位的申请。1986 年 7 月 15 日，在时任关税与贸易总协定总干事阿瑟·邓克尔的提议下，就增加"中国缔约国地位"一项让各缔约方展开讨论，总体上，各缔约方对中国申请恢复关税与贸易总协定缔约方席位持积极态度，正式接受中国的申请，但具体恢复条件需要通过谈判而定。1986 年

9 月中国以特约观察员身份参加了关税与贸易总协定第八轮乌拉圭回合谈判，这次会议各缔约方全体同意中国以观察员的身份全面参与乌拉圭回合谈判，为中国恢复关税与贸易总协定缔约方席位提供了良好的外部环境。

1987 年 2 月，中国大使向关税与贸易总协定总干事递交了《中国对外贸易备忘录》，以供各缔约方了解中国对外经济贸易制度以及相关的政策法规。《中国对外贸易备忘录》对中国的经济体制改革和中国对外开放政策进行了客观的描述。1987 年 7 月 5 日，中国恢复关税与贸易总协定缔约方席位的代表团与关税与贸易总协定工作组主席进行首次会见，标志着中国恢复关税与贸易总协定缔约方席位进入实质性操作阶段。1987 年 10 月 22—24 日，中国恢复关税与贸易总协定缔约方席位工作组召开第一次会议，1987 年 11 月 16 日，中国政府正式向中国工作组提交各缔约方对《中国对外贸易备忘录》所提出的 329 个问题的答卷。

中国给予的答卷明确指出，中国加入关税与贸易总协定并且接受多边贸易体制的义务有助于巩固和促进中国改革开放的政策，使中国最大限度地扩大对外贸易，全面参与国际分工。其中明确指出，中国恢复关税与贸易总协定缔约方席位的目的是为了扩大对外开放和扩大改革。恢复关税与贸易总协定缔约方席位，是为中国更广泛地参与世界经济而实行的开放贸易政策的主要组成部分。中国由于尚处于工业发展的初期，许多工业品、机械、电子设备等需要进口，对内发展仍然表现出强烈的进口需求，然而中国外汇短缺，进口主要依靠出口获取的外汇实现收支平衡，而未加入关税与贸易总协定使得中国的出口成为各种歧视性贸易措施的目标，加入关税与贸易总协定消灭上述歧视性措施才能使得中国更加充分合理地利用资源要素。此外，外汇短缺和其他经济体对中国出口产品所采取的保护措施，是中国对外贸易持续发展的主要"绊脚石"，中国拥有丰富的劳动力以及其他资源禀赋，凭借比较优势生产出在国际市场中具有相对竞争力的产品，贸易伙伴国由于中国不是关税与贸易总协定缔约方对中国实行歧视性待遇，大幅提高了对中国实行反倾销等制裁措施的概率，使中国面临不公平的国际贸易平台，而加入关税与贸易总协定是取消上述单方面或者双边歧视性待遇最有效的途径。1988年2—9月先后召开中国恢复关税与贸易总协定缔约方席位工作组第2次会议、第5次会议，中国恢复关税与贸易总协定缔约方席位工作组前5次会议的召开，基本结束了对中国恢复关税与贸易总协定缔约方席位的答疑工作。1989年3月欧共体明确表示支持中国恢复关税与贸易总协定缔约方席位，1989年4月结束了对中国对外贸易制度的审议。

这期间中国恢复关税与贸易总协定缔约方席位过程较为顺利，主要有以下原因：第一，中国改革开放进程较快，与其他社会主义国家的发展模式差别较大，美欧等西方国家希望通过中国加入关税与贸易总协定进一步加大中国的对外开放，推动中国的社会体制变革。第二，中国当时实行的是有计划的商品经济，与中国的改革步伐相契合，同时，中国与美国、欧洲、日本的关系趋于平稳，并且与上述国家的贸易往来日益频繁，美国主要针对的国家为苏联，有将中国拉入多边贸易体制阵营的诉求。第三，关于中国恢复关税与贸易总协定缔约方席位谈判涉及的范围较少，主要是货物贸易，知识产权、投资措施以及服务业市场等问题还没涉及。[1]

（二）中国恢复关税与贸易总协定缔约方席位谈判的第二阶段：艰难进行

1989年的政治风波使中国面临的国际形势发生巨变，美国、欧共体等西方国家对中国的经济进行制裁，中国和西方国家的贸易摩擦不断，外贸形势极其严峻，而且以美国为代表的西方国家凭借自身在国际组织中的强大影响力，将政治风波作为借口，阻碍中国恢复关税与贸易总协定缔约方席位，中国恢复关税与贸易总协定缔约方席位所面临的形势发生巨变，从此中国走上了困难重重的恢复关税与贸易总协定缔约方

---

[1]　张汉林：《张汉林解读中国入世》，经济日报出版社2002年版，第99—110页。

席位之路，这被称为中国恢复关税与贸易总协定缔约方席位谈判的第二阶段。[①]

1989 年 12 月，第 8 次中国恢复关税与贸易总协定缔约方席位工作组会议在日内瓦举行，该会议原本定在 1989 年 7 月，却无故被推迟到 1989 年 12 月，受政治风波的影响，西方发达国家对中国进行发难，指责中国在 1988 年以来的政治整顿是中国改革开放的倒退，并且提出重新对中国进行审查，对中国的对外贸易制度重新提问，并要求作出回答。1989 年 11 月，中国政府向关税与贸易总协定提交了《关于中国外贸制度最近情况的说明》，着重阐述了中国改革开放和治理整顿二者之间的关系，指出针对中国出现的通货膨胀等一系列问题展开整顿，是为了中国改革开放的持续性以及中国经济持续健康平稳发展，若不进行整顿会严重危害到中国改革开放的成果。

由于政治风波以后，中国与美国副部级以上官员之间的访问均中断，中国与发达缔约方进行沟通的渠道也就不复存在，这也是美国在外交上对中国实施制裁的重要内容之一。由于受美国等国家的影响，其他关税与贸易总协定缔约方与中国高层之间的交流也在不断取消，在中国恢复关税与贸易总协定缔约方席位近乎被搁置的紧急形势下，中国政府派出代表团于 1989 年 12 月重申中国政府的立场，明确指出中国加入关税与贸易总协定是中国实施改革开放的必然结果，同时加入关税与贸易总协定以后也必将更大程度地促进改革开放。虽然该会议并没有达成实质性成果，但其向世界表达了中国实施改革开放和加入关税与贸易总协定的决心。

1990 年 9 月，第 9 次中国恢复关税与贸易总协定缔约方席位会议在日内瓦召开，在此次会议中美欧对中国的态度更加极端，想要推翻近几年来中国在恢复关税与贸易总协定缔约方席位谈判中取得的成果。其中

---

① 杨帆：《从 GATT 到 WTO：加入国际规则符合中国国家利益》，《中国国情国力》1997年第 4 期。

包括美国从技术和政策两个层面提出台湾以单独的名义加入关税与贸易总协定缔约方，此外，以政治风波为改革开放的倒退为借口，对中国的《对外贸易备忘录》提出新的质疑，并且指责中国外贸政策与关税的统一及中国外贸制度透明度问题均不满足关税与贸易总协定的要求，或达不到关税与贸易总协定的标准。另外，美国对中国的发展中国家地位提出挑战。显而易见，中国的人均收入、贫困以及经济发展的其他指标均显示出中国是一个名副其实的发展中国家，而美国却完全将上述问题置之不理。美国和欧洲经济体的联合使其占据上风，最后，工作组要求中国进一步介绍整顿情况，并且审议中国提交的补充文件。由于美欧的发难，第9轮谈判是中国恢复关税与贸易总协定缔约方席位谈判的一个转折，使中国又回到对贸易制度重新审议的阶段。中国政府经过一年多的准备，于1991年10月向关税与贸易总协定提交了《关于中国外贸制度的补充文件》和《关于近两三年中国外贸制度的变化》，对中国1978年改革开放历程和改革开放成果进行总结，并且对治理整顿进行详细阐述。

1991年5月，关税与贸易总协定总干事应中国政府邀请前往北京参加国际榨油商协会年会，这引起了主要关税与贸易总协定缔约方的关注。另外，中国政府对关税与贸易总协定及缔约方表达出改革开放和加入关税与贸易总协定的决心，为中国恢复关税与贸易总协定缔约方席位谈判的困难进行了"破冰"，疏通了中国加入关税与贸易总协定的"航道"。首先，1991年10月中国政府向各缔约方及关税与贸易总协定总干事致信，表示希望中国恢复关税与贸易总协定缔约方席位谈判能够加快进程。其次，1991年12月中国关税与贸易总协定首席谈判代表出访日内瓦，会见了关税与贸易总协定主要缔约方以及部分发展中国家的谈判代表，关税与贸易总协定总干事阿瑟·邓克尔以及中国恢复关税与贸易总协定缔约方席位组工作主席吉拉德等，重点阐述了中国当前改革开放以及经济体制改革的方向与关税与贸易总协定是一致的。同时，1991年中国与关税与贸易总协定缔约方对外经贸关系有了很大改善，中国外贸负责人与其他国家领导人之间就经贸问题展开合作谈判，双边经贸外交取得了较大进步。

1992 年 2 月，中国代表团赴瑞士展开中国恢复关税与贸易总协定缔约方席位的第 10 次谈判会议，正式会议开始前，中国代表团通过外交展开和主要关税与贸易总协定缔约方之间的非正式会谈，其中包括同关税与贸易总协定理事会主席、美国代表团团长商谈敏感问题。经过外交方面的努力，一定程度上为中国恢复关税与贸易总协定缔约方席位的第 10 次会议营造了良好氛围，使之前的紧张局面得到缓和。会议上中国代表团就中国经济体制改革等问题进行了详细地说明，在中国外贸体制改革方面，中国代表团明确指出 1991 年起中国取消了出口补贴，外贸企业实现盈亏自负，并表明中国将出台一系列措施更改中国进口管理体制，尽快制定《外贸法》《反倾销法》；关税削减方面，中国政府承诺实施关税削减，将关税削减到关税与贸易总协定义务下发展中国家的水平，并且依据产业政策和发展水平制定各个行业的削减幅度。

截至 1991 年年末，由政治风波所带来的影响虽未消失殆尽，但影响在持续削弱，中国对外开放的大门不断打开，加大了与关税与贸易总协定缔约方之间的经贸往来，中国改革开放使中国经济取得长足进步，在国际舞台的政治影响力不断提升，中国政府通过外交手段表达中国改革开放以及加入关税与贸易总协定的决心，均为后期的谈判奠定了重要基础。

第二章　构建社会主义市场经济体制：融入多边贸易体制

第一节　社会主义市场经济体制改革目标的确立

一、社会主义市场经济的概念

市场经济的概念兴起于 19 世纪末，新古典经济学派将其定义为资源配置由市场机制来引导的经济，"它是一种经济组织方式，在这种方式下，生产什么样的商品，采用什么方法生产以及生产出来以后谁将得到它们等问题，都依靠供求力量来解决。"①

但是西方近代以来所发育的市场经济和以市场经济为研究对象的经济学体系，始终局限于西方哲学的演绎范式，②而社会主义市场经济理论则告别西方主流经济学的演绎范式和社会学的发展范式，对马克思主义进行了新发展。社会主义市场经济将市场经济与社会主义制度相结合，它是与社会主义基本制度相结合的市场经济。社会主义市场经济除具备上述市场经济平等性、法制性、竞争性和开放性的一般特征外，还具有其特殊性，主要表现在三个方面：

第一，中国的所有制结构是以公有制为主体的、多种经济成分共同发展的生产资料所有制结构，一切符合"三个有利于"的所有制形式都

---

① 格林沃尔德：《现代经济词典》，商务出版社 1981 年版，第 74 页。
② 王程：《社会主义市场经济观念生成的逻辑理路与价值寓意——基于改革开放 40 年实践的经济哲学反思》，《云南社会科学》2018 年第 1 期。

可以而且应该用来为社会主义服务。国有企业和集体企业是市场中的主体参与者，发挥主导作用。不同于以生产资料私有制为基础的资本主义市场经济，这种生产所有制既要符合国际惯例，又要与中国当时的生产力发展水平相适应。

第二，中国的分配制度是以按劳分配为主体、按劳分配与按生产要素分配相结合的多种分配方式并存，它兼顾效率与公平，正确处理国家、集体和个人之间的利益关系。运用市场手段鼓励先进、提高效率、合理拉开收入差距，同时防止两极分化，逐步实现共同富裕。

第三，充分发挥社会主义国家政府宏观调控的作用。结合计划在宏观调控方面的预见性优势和市场在微观领域调节的灵敏性优势，充分发挥社会主义市场经济的协调能力，更好地呈现市场机制运行的自觉性和计划性。同时又有牢固的政治基础和广泛的群众基础，能够把人民的当前利益与长远利益、局部利益和集体利益结合起来。

社会主义市场经济理论是邓小平理论体系中极具创新意义的组成部分，是对马克思主义经济理论的重大发展，社会主义市场经济体制改革是中国改革开放的重要内容之一。随着改革开放程度的加深，社会主义市场经济体制改革逐步推进，党对社会主义市场经济观念的认知随着实践的发展不断深化，这是世界历史进程的普遍规律在当代中国的具体体现，也是中国自身历史发展逻辑的必然要求。

二、社会主义市场经济体制的发展历史

社会主义市场经济的阐述最早可追溯到《资本论》第一卷中，马克思指出，"设想有一个自由人联合体，他们用公共的生产资料进行劳动并且自觉地把他们许多个人劳动力当作一个社会劳动力来使用。在那里，鲁滨逊的劳动的一切规定又重演了，不过不是在个人身上，而是在社会范围重演"[①]。恩

---

① 《马克思恩格斯全集》第 23 卷，人民出版社 1995 年版，第 95 页。

格斯也指出，"一旦社会占有了生产资料，商品生产将被消除，而产品对生产者的统治也将随之消除"[①]。

马克思主义和社会主义理论随着实践的变化而发展，苏联是社会主义市场经济早期的践行者。斯大林在 1952 年写的《苏联社会主义经济问题》中总结了苏联 30 年社会主义建设的经验教训，结合理论研究的成果，提出"在社会主义全民所有制和集体所有制存在的条件下，商品生产和商品流通是工农之间实现经济联系的最好形式，社会主义的商品生产是特种商品生产"的重要论断。苏联的实践和斯大林的研究纠正了市场经济与社会主义公有制不相容的传统观念，推动了马克思主义经济理论的发展。但斯大林的认识仍存在缺陷，他认为价值规律对商品流通在一定的范围内保持着调节者的作用，对生产只有影响作用，其实质是要限制商品生产和价值规律的作用，力图尽快地把集体所有制"提高到"全民所有制水平以便尽快地消灭商品经济。[②] 苏联时期的社会主义市场经济仍然将商品经济与社会主义放在对立的位置。

随着实践的发展而不断深化，中国共产党也不断地丰富和创新马克思主义理论。自从党的十一届三中全会提出实事求是的思想路线、作出实行改革开放伟大决策以来，对社会主义市场经济的认识也进入新的阶段。党的十一届三中全会把全党全国的工作重点转移到现代化建设上来，这需要多方面地改变生产关系、改变上层建筑、改变社会结构、改变工农业企业的管理方式和国家的管理方式、改变人们的活动方式和思想方式。全会公报提出，"应该坚决实行按经济规律办事，重视价值规律的作用"。《中共中央关于建国以来党的若干历史问题的决议》指出，必须在公有制的基础上实行计划经济，同时发挥市场调节的辅助作用，大力发展社会主义的商品生产和商品交换。社会主义市场经济的概念虽然没有

---

① 《马克思恩格斯全集》第 20 卷，人民出版社 1995 年版，第 307 页。
② 葛光前：《论社会主义市场经济理论的由来与意义》，《对外经济贸易大学学术报告会论文集》，1992 年。

完全形成，但解放思想的精神和重新学习的态度使得商品经济和市场作用开始被学习和讨论。

党的十二届三中全会通过了《关于经济体制改革的决定》，第一次明确提出中国社会主义经济是公有制基础上的有计划的商品经济。党的十二届三中全会公报指出，这个决定是"根据马克思主义基本原理同中国实际相结合的原则，阐明了加快以城市为重点的整个经济体制改革的必要性、紧迫性，规定了改革的方向、性质、任务和各项基本方针政策，是指导我国经济体制改革的纲领性文件"。经济体制改革的决定突破了传统意义上计划经济与商品经济的对立和割裂关系，阐述了商品经济是发展社会主义经济的内在需求。之后，党的十三大报告提出并系统阐述了社会主义初级阶段理论，制定了党在社会主义初级阶段的基本路线，明确指出"社会主义有计划商品经济的体制，应该是计划与市场内在统一的体制""社会主义商品经济与资本主义商品经济本质区别在于所有制基础不同"，需要善于运用计划调节和市场调节两种手段，逐步建立国家调节市场、市场引导企业的机制。

虽然党的十二大、十三大都强调了市场调节的作用，但国内关于市场经济和资本主义的顾虑仍然存在。1992 年年初邓小平同志南方谈话，给改革的先驱者们吃了一颗定心丸。在谈到姓"资"姓"社"问题上，邓小平同志指出，"计划多一点还是市场多一点不是社会主义与资本主义的本质区别""计划经济不等于社会主义，资本主义也有计划，市场经济不等于资本主义，社会主义也有市场""计划与市场都是经济手段"。邓小平同志南方谈话从根本上解除了将市场经济等同于资本主义的思想桎梏，深化了对社会主义根本任务的认识，使中国在市场经济和计划经济问题的认识上有了新飞跃。正是邓小平同志 1992 年年初的南方谈话，为社会主义市场经济体制改革目标的形成奠定了坚实基础。

1992 年 10 月，党的十四大正式宣布建立社会主义市场经济体制，"我国经济体制改革的目标是建立社会主义市场经济体制，以利于进一步解放和发展生产力"，并明确指出"社会主义市场经济体制，就是要使市场在社会主义国家宏观调控下对资源配置起基础性作用"。围绕计划与市场、计划经济与市场经济长达十几年的争论画上了休止符。党的十四大报告是社会主义经济理论在中国实践下的重要发展，是党的十一届三中全会以来改革开放经验的科学总结，它明确了中国经济体制改革的目标和方向，对加快中国改革开放进程和现代化建设步伐具有极其重要的理论意义和实践意义；同时，它为计划经济和市场经济姓"资"姓"社"问题给出了最终结论，解放了思想，消除了改革的疑虑。

随后，党的十四届三中全会作出了《关于建立社会主义市场经济体制若干问题的决定》，将党的十四大确立的社会主义市场经济体制改革目标进一步具体化。《关于建立社会主义市场经济体制若干问题的决定》进一步明确了社会主义市场经济体制的基本框架，即中国社会主义市场经济体制的四梁八柱。《关于建立社会主义市场经济体制若干问题的决定》指出，"建立社会主义市场经济体制，就是要使市场在国家宏观调控下对资源配置起基础性作用。为实现这个目标，必须坚持以公有制为主体、多种经济成分共同发展的方针，进一步转换国有企业经营机制，建立适应市场经济要求，产权清晰、权责明确、政企分开、管理科学的现代企业制度；建立全国统一开放的市场体系，实现城乡市场紧密结合，国内市场与国际市场相互衔接，促进资源的优化配置；转变政府管理经济的职能，建立以间接手段为主的完善的宏观调控体系，保证国民经济的健康运行；建立以按劳分配为主体，效率优先、兼顾公平的收入分配制度，鼓励一部分地区一部分人先富起来，走共同富裕的道路；建立多层次的社会保障制度，为城乡居民提供同我国国情相适应的社会保障，促进经济发展和社会稳定"。这些主要环节是相互联系和相互制约的有机整体，构成社会主义市场经济体制的基本框架。

把中国经济体制改革的目标确定为建立和完善社会主义市场经济体制，是邓小平经济理论的核心内容，是对马克思主义的重大发展。以邓小平同志 1992 年南方谈话和党的十四大为标志，中国改革开放和现代化建设事业进入了一个新的发展阶段。党的十四大明确提出建立社会主义市场经济体制，这是建设有中国特色社会主义理论的重要组成部分，对于进一步解放和发展生产力，推进改革开放和现代化建设具有深远的意义。党的十四大之后，社会主义市场经济体制改革目标确立，中国的市场化改革大步推进，中国经济在之后连年高速发展。这一方面离不开中国共产党对于国际形势的科学分析，正确地把握了和平与发展这两大当代全球战略性的时代主题，将经济建设作为巩固和发展社会主义的核心问题；另一方面也是由于社会主义经济运行从计划主导型转为市场主导型，更好地发挥了市场的调节作用和政府的宏观调控作用，为具有中国特色的社会主义市场经济发展增添活力，让中国经济发展如火如荼。

三、社会主义市场经济体制的构建与融入多边贸易体制

党的十四大之后，中国开始了恢复关税与贸易总协定缔约方席位谈判的冲刺（1992—1994 年），世界贸易组织成立后，中国转为加入世界贸易组织谈判（1995— 2001 年），并于 2001 年成功加入世界贸易组织，成为第 143 个成员。

改革和开放是相辅相成、相互促进的关系，改革必然要求开放，开放也离不开改革。社会主义市场经济体制改革目标和基本内容的确定对中国进一步扩大对外开放、沟通国内国际两个市场具有重要的促进作用，对中国加入世界贸易组织谈判有推进作用。党的十四届三中全会作出了《关于建立社会主义市场经济体制若干问题的决定》，明确了社会主义市场经济体制改革的内容，主要包括：转换国有企业经营体制；建立现代企业制度；培育和发展市场体系；深化对外经济体制改革，进一步扩大对外开放；加强法律制度建设。这些改革有效地推动了中国扩大开放，进一步与国际规则接轨。同时，中国在恢复关税与贸易总协定缔约方席位谈判和加入世界贸易组织谈判中不断遇到国际规则和国际社会的挑战，

融入多边贸易体制的过程也有效地推动了中国经济体制改革。

扩大对外开放并加入世界贸易组织是中国融入世界经济主流的标志，它为改革不断输送动力，打破既得利益集团对改革取向的扭曲，增强中央政府驾驭改革的能力，破解渐进式改革难题。[①] 世界贸易组织是建立在市场经济体制下的多边制度框架，它为成员提供了一整套透明、规范的准则和要求，为中国完善社会主义市场经济体制提供了有益的制度参照。

因此，以扩大开放促进深化改革，以深化改革带动扩大开放，渐进式开放与渐进式改革相互配合，打破高度集权的计划经济体制，扩大了中国的对外开放，为中国经济发展增添新活力、注入新动力，推动经济起飞奠定了基础。

第二节 社会主义市场经济体制改革的内容与主要特征

一、社会主义市场经济体制的主要特征

党的十四大正式提出，要把建立社会主义市场经济体制作为中国经济体制改革的目标。社会主义市场经济是指同社会主义基本社会制度结合在一起的市场经济，是使市场在社会主义国家宏观调控下对资源配置起基础性作用的经济体制。它使经济活动遵循价值规律的要求，适应供求关系的变化；通过价格杠杆和竞争机制，把资源配置到效益最好的环节中去，并使企业优胜劣汰；运用市场对各种经济信号反应灵敏的特点，促进生产和需求的及时协调。在社会主义市场经济体制确立后到加入世界贸易组织这一段时间中，中国的经济改革从总体上确立了方向。

社会主义市场经济具有市场经济的一般共性，主要是：承认个人和企业等市场主体的独立性，它们自主地作出经济决策，独立地承担经济风险；建立具有竞争性的市场体系，由市场形成价格，保证各种商品和

---

① 桑百川：《30 年对外开放促进经济改革的路径》，《国际贸易》2008 年第 8 期。

生产要素的自由流通，由市场对资源配置起基础的作用；建立起有效的宏观经济调控机制，对市场进行导向和监控弥补市场本身的弱点和不足；建立完备的经济法规，保证经济运行的法制化；遵守国际经济交往中通行的规则和惯例。但是，社会主义市场经济也具有特殊性，主要是：从经济上说，是以公有制为主体，各种经济成分同时并存、共同发展，这就还需要进一步转换国有企业的经营机制，建立适应市场经济要求的，产权清晰、权责明确、政企分开、管理科学的现代企业制度；从政治上说，是坚持共产党的领导，坚持社会主义发展方向；从意识形态上说，它是与社会主义精神文明相联系的。这种市场经济的目的，是促进生产力发展，提高经济效益，实现中国的社会主义现代化，实现全体人民的共同富裕。在强化市场机制作用的同时，社会主义市场经济内在地要求加强和改善国家对经济的宏观调控。

二、财政税收体制

政府间收入分配关系稳定的基础是政府与市场边界的明晰化。财政的第一要义是作为整体的政府收支行为，首先涉及政府与市场关系。新中国成立至改革开放之前，中国的财政体系处于高度集中的状态。党的十一届三中全会后，财政体制改革成为推动中国改革开放的重要突破口。在三十多年的财政体制改革过程中，主要经历了从"分灶吃饭"到"包干制"再到"分税制"的变化。1978 年以前的财政体系基本等同于"统收统支"的模式，即"总额分成、一年一定"。改革的方式则是变"分灶吃饭"为"划分收支、分级包干""一定五年不变"。

由于财政包干体制的多样化与不稳定性，新财政收入体制中的税种、税率和征管以所有制为基础，名目繁多。企业所得税分外资、外国、国有、集体、私营、个体工商户，还有国有企业、集体企业、事业单位奖金税等，仅工商税种就有 32 个。间接税中内外资企业税种税率差别巨大，内资企业增值税税率 13 个（8%—45%），产品税税率 21 个（3%—

60%），营业税税率4个（3%—15%），外资企业工商统一税率40个（1.5%—69%）[1]。这些复杂的税种和税率，都是应转型过程中的分配关系而特别设立的，"一事一议"特征掩盖了制度所应该具有的非歧视性，也更不利于公平竞争和市场经济发展。相对于繁多的税种税率，税收征管更加混乱，在复杂税制和税率的基础上，地方政府利用其税收减免权，通过税收减免来实现"藏富于企业"。

1992年10月，党的十四大正式确立社会主义市场经济体制后，随着社会主义市场经济的全面建构，财政包干体制已明显落后于时代的发展要求。市场经济客观上需要财政分权进一步深化和改革，同时要建立更加适应市场经济需要的财政管理体制及其协调配套制度。1993年12月，国务院发布《关于实行分税制财政管理体制的决定》。分税制的思路是按照中央政府与地方政府的事权合理划分各级政府的支出范围，并根据财权与事权相统一的原则，明确划分中央政府和地方政府的财权，进一步规范了政府间财政分配关系。分税制改革实施后，国家根据分税制运行情况以及宏观调控的需要，对分税制财政体制作出了一些调整，包括所得税收入分享改革、出口退税负担机制改革等。1994年财政分税制的实施，成为支撑中国市场经济政府宏观调控的基本框架。从"分灶吃饭"到"分级包干"，再到"分税制"，中国财税制度的改革在逐渐适应了经济发展需要的同时，也实现了市场化改革的转变。财政体制完成了从集权到行政性分权再到经济性分权的跨越。分税分级财政体制框架初步建立，为中国经济长期高速增长提供了强大的激励和动力。

1994年，工商税制改革立足于统一税法、公平税负和简化税制，税制改革使得企业竞争的统一制度环境越来越清晰。通过引入新税种，大幅度归并旧税种和税率，中国的税种下降到分税制改革后的25个（实际征收23个）。增值税17%和13%两档税率，取代了诸多的产品税税率。

---

① 付敏杰：《分税制二十年：演进脉络与改革方向》，《社会学研究》2016年第5期。

在增值税的基础上通过对部分高税率产品（烟、酒、化妆品、珠宝首饰等）加征消费税，来弥补这些产业由于产品税改增值税后的税率下降而造成的实际大幅度减税，从而实现了税后实际税率和利润率的均等化。增值税作为主体税种的税制，将税制的主体税基从不断萎缩的国有企业的利润拓宽为所有企业的销售额减外购项目金额，税基得以大幅度拓宽。农村税费改革、取消农业税、内外资企业所得税并轨、增值税转型、燃油税改革等，进一步将税种下降到 17 个。

分税制使得政府与市场的边界更加清晰，这给经济增长带来了很大的益处，主要表现在政府间财力的重新分配激发了经济的活力并提高了资源配置的效率。财政收入的上移使得地方本级财力捉襟见肘，不得不隔断与国有企业之间的非税资金联系，从而解决了计划体制下的国有企业"预算软约束"问题，并推动了中国 1998 年的大规模国有企业改革。财税体制改革通过企业改革而向市场注入了效率与公平理念，不但推动了最有效率的市场部门发展，也使得国有企业在与市场部门的激烈竞争中不断提高自身效益。随后的金融体制改革以及《预算法》和《担保法》的实施，进一步规范了政府行为，使产权更加明晰。一系列的改革措施，促进了经济周期变长、波幅变缓、中枢上移，实现了高位平滑化。通货膨胀水平开始可控，为加入世界贸易组织后经济的稳定发展奠定了基础。

三、金融体制改革

党的十一届三中全会以前，中国金融业的基本特点是机构单一、行政主导、管理体制高度集中。中国人民银行既行使中央银行职能，又行使商业银行职能。建立工业部门的现代企业制度成为中国经济体制改革的重心，与之相适应，金融部门的改革目标主要是建立独立于财政体系市场取向的，同时满足经济发展需求的多元化金融机构体系，并创造与企业改革相适应的外部环境。

1979 年中国农业银行、中国银行恢复设立，1984 年中国工商银行从中国人民银行分出，中国初步形成了中央银行与商业银行分设的二级银行体制。其间，其他商业银行和非银行金融机构也获得较快发展。1994年，在4家专业银行政策性金融业务基础上，成立国家开发银行、中国进出口银行和中国农业发展银行三大政策性银行，四大专业银行开始向商业银行转变。至此，中国建立了以中国人民银行为领导，国有独资商业银行为主体，包括政策性银行、其他商业银行、城乡信用社、非银行金融机构和外资金融机构在内的种类齐全、功能互补的现代金融机构体系。1995年《中华人民共和国人民银行法》颁布实施，首次以国家立法的形式确立了中国人民银行作为中央银行的地位。

在传统金融体制下几乎没有金融市场，取而代之的是银行的存贷款活动场所而已。随着金融体制改革，金融市场开始萌芽。有计划、有步骤地开放金融市场是中国经济体制改革深化、社会经济格局发生转变的必然结果和客观要求。伴随现代金融机构体系的建立，有序竞争、统一开放的货币市场也稳步发展起来。

从1994年下半年开始，中国人民银行针对一些重点企业拖欠货款、资金周转困难的状况，开始在国内部分行业和领域大力推广使用商业汇票，并于1996年实施了《票据法》。经历1993年同业拆借市场的整顿和1995年债券回购市场的清理，中国货币市场逐步规范。1996年1月，中国人民银行建立了全国统一的银行间同业拆借市场，同年4月放开了对同业拆借利率的管制。1997年6月，又建立了银行间债券市场，初步形成了全国货币市场的格局。中国的金融市场从无到有，在深化金融体制改革过程中，初步建立了多层次的货币市场和资本市场体系。2000年9月，中国工商银行在上海成立第一家票据营业部，此后，各票据专营机构纷纷建立。

1990年后，随着证券市场的推出，债券交易出现场内交易和场外柜台交易并存的格局。1990年11月，经中国人民银行批准，改革开放以来第一家证券交易所——上海证券交易所宣告成立，并于同年12月正式营业。1989 年 11 月开始筹建的深圳证券交易所经中国人民银行批准于 1991 年 7 月正式营业。以上海、深圳两个交易所成立为标志，中国资本市场逐步进入规范发展的阶段。1992 年 10 月，国务院决定成立国务院证券委员会和证券监督管理委员会。国务院对证券监督管理委员会和中国人民银行在证券经营机构监管方面的职责进行了明确的分工，形成了由中国人民银行和证券监督管理委员会共同对证券市场实施监管的体制。在加入世界贸易组织谈判中，中国政府按世界贸易组织规则，制定和完善法律法规。首先是对当时正在实行的金融机构监管法规进行清理。凡与世界贸易组织规则有直接冲突、与中国加入世界贸易组织承诺相违背的予以废止，存在缺陷的予以完善。在清理原有法规的基础上，中国开始大规模制定新的法律法规，这个过程与中国自身的法律修订进程相伴而行，促进了中国金融法律法规体系的完善。

1997 年，为遏止银行资金违规进入股市导致股价异常波动的现象，商业银行被要求退出交易所市场，同时建立银行间债券市场。1997 年 11 月，全国金融工作会议提出建立和健全集中统一的证券市场监管体制。1998 年 6 月，原国务院证券委员会与原证券监督管理委员会合并为正部级的中国证券监督管理委员会，中国人民银行将其对证券市场的监管职责全部移交给证券监督管理委员会，真正形成了银行与证券的分业监管。1998 年 11 月 8 日，中国保险监督委员会成立，统一监管保险市场。经过 10 年的发展，中国银行间债券市场基本形成相对完善的市场体系，市场规模不断扩大，产品不断丰富，债券品种包括国债、中央银行票据、政策性金融债、金融债、企业债等，交易类型分为现券交易、远期交易和回购交易（包括质押式回购和买断式回购）。

四、外汇管理体制

1994 年以前的经济体制转轨时期，中国实施的是双轨制汇率机制，除官方汇率外，还规定一种适用于贸易结算的外汇内部结算价格。1994

年 1 月的汇改取消了双轨制汇率制度，以银行结售汇为基础并建立了外汇交易中心，实施以外汇市场供给和需求为基础的有管理的浮动汇率制度，并初步奠定了人民币汇率市场化的基础。

1993 年 12 月 29 日，中国人民银行公布了《关于进一步改革外汇管理体制的公告》，宣布从 1994 年 1 月 1 日起，对中国外汇体制进行重大改革。1994 年的汇率制度改革，是人民币汇率形成机制的重要转变，通过这次改革：（1）以银行结售汇制度、建立外汇交易中心等为基础，形成了外汇交易市场，使得人民币汇率形成机制进一步实现了市场化。（2）人民币汇率水平更为合理。自 1994 年 1 月 1 日开始，以 1 美元兑换 8.72 元人民币作为全国统一的人民币市场汇率，这一汇率水平比 1993 年年末的 1 美元兑换 5.7 元人民币贬值了约 35%。但这一币值并没有引起市场恐慌，相反，在 1994 年至 1997 年间，人民币汇率却渐进升值了 4.5%。市场对人民币汇率水平形成了稳定的预期，同期的出口贸易也显著受益，国际收支也有明显改善。因此，1994 年的汇改，在改革人民币汇率形成机制及其水平的同时，也保持了市场稳定，取得了较为理想的效果。

此后，由于亚洲金融危机爆发，为防止亚洲周边国家和地区货币轮番贬值使危机深化，中国作为一个负责任的大国，主动收窄了人民币汇率浮动区间。人民币对美元汇率保持相对稳定，这种状态持续到 2005 年 7 月。其间，中国经济逐步开始面临以下问题：（1）国际收支失衡严重。2000 年以来，中国经常项目和资本项目失衡持续放大，外汇储备激增。（2）货币政策独立性受到影响。由于外汇储备持续增加，带来大量的基础货币投放，央行被动进行对冲操作，发行了大量的央行票据，货币政策的独立性受到影响，宏观调控的政策空间也受到了约束。（3）出口企业形成了对低价优势的路径依赖，造成了粗放式的出口扩张，并带来了劳动力收入难以提高，资源、环境损耗严重等问题。（4）在国际贸易交往中，中国与其他国家的摩擦日益频繁，中国产品经常成为其他国家反倾销的对象，人民币汇率政策也越来越受到贸易伙伴的指责；另外，这一时期，中国经济体制改革不断深化，金融领域改革取得了新的进展，外汇管制进一步放宽，外汇市场建设的深度和广度不断拓展，这为完善人民币汇率形成机制创造了条件，最终促成了 2005 年 7 月的汇制改革。

五、国有企业改革

改革开放以前，国家对国有企业统一下达生产经营活动计划，国有企业没有经营自主权，国有企业的资金统贷统还，生产物资统一调配，产品统收统销，就业统包统揽，盈亏都由国家负责，国有企业自身积极性不足，长期处于低效率的运行状态。国有企业改革也成为中国市场经济改革的核心问题之一。

1992 年党的十四大报告中，对于当时被称为"建立社会主义市场经济体制的中心环节"的国有企业并无特别的规定，只是强调"转换国有企业特别是中大型企业的经营机制，把企业推向市场，增强它们的活力，提高它们的素质"，简称"转机"。这个提法是延续党的十四大召开数月之前通过的《全民所有制工业企业转换经营机制条例》的精神，此文件在落实企业的经营自主权方面有新的突破。1993 年秋，党的十四届三中全会通过的《中共中央关于建立社会主义市场经济体制若干问题的决定》中提出现代企业制度，强调的是以规范和完善企业法人制度为核心的产权清晰、权责明确、政企分开、管理科学的制度。

1994 年 11 月 2 日至 4 日，全国建立现代企业制度试点工作会议在北京举行。此前国家经济体制改革委员会提出了《关于选择百家企业进行现代企业制度试点的意见（征求意见稿）》，设想在 100 户企业搞现代企业制度的试点，同时制订一个统一的试点方案。试点工作会议决定，在试点的 100 户企业中，国家经济贸易委员会负责联系 70 户，国家经济体制改革委员会负责联系 30 户。随着经济体制改革的深入和宏观经济环境的变化，中国经济发展迅速，但国有企业亏损却呈现出越来越严重的趋势。1994 年，国有企业总体净盈利有 900 多亿元，1995 年基本没有盈利，

1996 年上半年净亏损 130 多亿元。[①] 就试点企业而言，中国以往都是采取"计划点菜，财政买单，银行掏钱"的资源配置方式，国有企业很少体验到生存压力，而现在真要把它们推向市场，让它们去实现自我生存、自我发展，这对国有企业而言，是非常大的考验。

1995 年，党中央、国务院确定将国有企业改革作为这一年经济体制改革的重点。为了摸清情况，中央领导进行了广泛的调研。在摸索的过程中，中央意识到，每一个企业都搞好，既没有这个可能，也没有这个必要。据当时国家经济贸易委员会负责人的统计，当时 60000 户国有企业中，有 1200 多户从 20 世纪 50 年代后期起就没有盈利过。[②] 在此情况下，1995 年 9 月党的十四届五中全会通过的《中共中央关于制定国民经济和社会发展"九五"计划和 2000 年远景目标的建议》提出，使大多数国有大中型骨干企业在 20 世纪末初步建立现代企业制度，要着眼于搞好整个国有经济，搞好大的，放活小的。

1997 年 7 月 18 日至 24 日，时任中央政治局常委、国务院副总理的朱镕基同志在辽宁考察国有企业时强调，为实现党中央、国务院确定的使大多数国有大中型骨干企业到 20 世纪末初步建立现代企业制度的目标，必须坚定信心，扎实工作，用三年左右时间使大多数国有大中型亏损企业走出困境，这是今后几年经济工作的重要任务。这是中央领导人对"三年两目标"的最早阐述。此前时任国务院副总理的吴邦国作了《关于国有企业改革与发展的几个问题》的讲话。他指出，国有企业改革的方向，是建立产权清晰、权责明确、政企分开、管理科学的现代企业制度；改革的目标，是到"九五"末在大多数国有大中型骨干企业中初步建立现代企业制度；改革的路子，就是抓大放小、三改一加强、减人增效、分离分流、兼并破产、建立社会保障体系、实施再就业工程等。

1997 年 9 月，党的十五大报告指出，力争到本世纪（20 世纪）末大

---

① 石建国：《1998—2000 年国企改革的回顾》，《百年潮》2017 年第 1 期。
② 石建国：《1998—2000 年国企改革的回顾》，《百年潮》2017 年第 1 期。

多数国有大中型骨干企业初步建立现代企业制度，经营状况明显改善，开创国有企业改革和发展的新局面。党的十五大和十五届一中全会提出并确立了大多数国有大中型企业改革和脱困的三年目标。1997 年年底，国家经济贸易委员会上报国务院并经国务院批准的《关于深化国有大中型企业改革的意见（要点）》，对三年两目标进行了明确。1999 年 9 月，党的十五届四中全会通过《中共中央关于国有企业改革和发展若干重大问题的决定》，对国有企业改革攻坚战作出明确表述，用三年左右的时间，使大多数国有大中型亏损企业摆脱困境，力争到 20 世纪末大多数国有大中型骨干企业初步建立现代企业制度。至此，"两个大多数"的三年两目标正式向社会公布。

两个目标中，讲得较多的还是三年摆脱困境。朱镕基同志在辽宁考察时提道：三年脱困不是要求所有的企业都脱困，而是国有大中型企业脱困；也不是要求所有大中型亏损企业脱困，而只是大多数或者一半以上扭亏为盈。党中央、国务院首先将名列亏损榜首位的纺织行业作为突破口，按照"鼓励兼并，规范破产，下岗分流，减员增效，实施再就业工程"的改革思路，"三年脱困"战役全面打响。随后，中央通过停止重复建设、关闭"五小"、淘汰落后产能、打击走私、债转股、增资减债、技术改造、成立中央企业工作委员会等一系列配套举措，领导国有企业改革向纵深发展。

2000 年 12 月 11 日，全国经贸工作会议在北京召开，其中 6599 户大中型亏损企业已减少 4098 户，占总数的 62.1%。列入 520 户国家重点企业的 514 户国有及国有控股企业中，作为国有大中型骨干企业，已有 430 户进行了公司制改革，占 83.7%。[1]据此，2001 年 1 月 9 日，时任国家经济贸易委员会主任的盛华仁同志在国务院新闻办召开的新闻发布会上正式宣布：国有企业改革与脱困三年目标已经基本实现。

---

[1]　新华社：《写在国企改革与脱困三年基本实现之际》，2000 年 12 月 12 日。

六、市场机制改革

市场机制指在市场上直接发生作用的价格、供求和竞争等市场因素相互适应、相互制约、自行协调、自行组织的有机统一的市场体系。现代市场体系是现代市场经济的重要组成部分，也是中国社会主义市场经济体系的重要构成内容。以市场为基础的价格形成机制是现代市场体系的核心，也是市场配置资源的中心环节。现代市场经济必须借助于完整的市场体系，才能有效地配置资源。因为市场经济中的市场机制具体是通过市场体系来发挥调节作用的，市场运行过程、市场秩序的形成和治理也需要通过市场体系来实现，发挥市场机制在资源配置中的基础性作用，必须培育、发展和完善市场体系。

1992 年后，在工业生产资料价格双轨制合并为市场价格单轨制的基础上，进一步放开消费品价格和服务价格，大部分实物商品和服务的价格均由市场形成，基本形成了由政府定价体制向市场价格体制转轨。生产要素价格的市场化改革也取得了明显进展，资本、产权、土地、技术、劳动力等要素的价格形成由市场决定，通过市场价格引导和调节资源流动，使价值规律发挥作用，增强了市场在资源配置中的基础性作用。中国市场机制改革取得了一定成效，但是仍存在运作不规范、价格信号系统不灵敏不准确等问题。

从 1992—1999 年的市场体系配套发展阶段，党的十四大明确提出建立社会主义市场经济体制的改革目标，肯定了市场对资源配置的基础性作用。党的十四届三中全会通过了《关于建立社会主义市场经济体制若干问题的决定》，把党的十四大提出的经济体制改革的目标和基本原则加以具体化，制定了社会主义市场经济体制的总体规划，提出建立全国统一开放的市场体系，以实现城乡市场紧密结合，国内市场与国际市场相互衔接，促进资源优化配置的目标。明确提出培育和发展市场体系的任务，即当前要着重发展生产要素市场，规范市场行为，打破地区、部门的分割和封锁，反对不正当竞争，创造平等竞争的环境，形成统一市场。

1997 年，党的十五大报告提出，加快国民经济市场化进程，要充分发挥市场机制作用，健全宏观调控体系，继续发展各类市场，进一步发挥市场对资源配置的基础性作用。这进一步推进了中国经济的市场化进程。

中国加入世界贸易组织也为促进中国市场机制改革作出了重要贡献。世界贸易组织在法制的基础上建立了一套统一的市场规则和良好的市场秩序，中国在国际贸易中按照世界贸易组织成员共同遵守的规范和准则进行市场活动，比如世界贸易组织要求成员增加其政策透明度和外贸政策法规的全国统一性等，必然对国内自成体系和按"条块"分割形成的经济格局产生巨大的冲击，有利于打破地区封锁、地方保护主义和行业保护，促进公平竞争从而推动国内经济秩序的整顿和统一、规范的全国性市场体系的建立。

七、该时期的改革特征

中国由计划经济向市场经济的转型中，部分经济成分按照市场经济的原则运行，但整体看，1991—1999 年中国经济依然处于计划经济的运行规则体系中。具体表现在：第一，宏观经济的管理方面，政府干预经济的工具是宏观经济杠杆加上行政管理手段。第二，微观企业方面，国有企业的经营主要按计划经济时代的特征运行。市场经济和计划经济的一个十分重要的区别在于政府是否通过市场的手段进行宏观调控。在计划经济体制下，政府往往采用行政管理的手段直接干预和管理经济活动。党的十四大确立社会主义市场经济体制到加入世界贸易组织前，中国宏观管理体制主要经历了包括财政、税收、金融、外汇、计划和投融资等体制的改革。

这段时期的财税体制改革主要是建立分税制的财税体系，主要按税收来划分各级政府的预算收入，各级预算相对独立，负有明确的平衡责任，各级次间和地区间的差别通过转移支付制度进行调节。分税分级财政体制框架初步建立，为中国经济长期高速增长提供了强大的激励和动力。金融体系改革基本形成一整套分工明确、功能互补的金融机构体系及健康平稳的金融市场体系和完善的金融监管体系。

加入世界贸易组织前，中国国有企业改革虽然是整个经济体制改革的中心环节，但其改革进程都是伴随整个经济体制改革进行的，仍然是推行渐进式改革，采取的路径也主要是由点到面、由局部到整体、由易到难、由浅层到深层的方式逐渐进行的。这种改革方式可以避免剧变的震动与剧痛，容易被社会所承受，但问题在于渐进式将改革的整体进程拉长，由于双轨制并存时间过长，各种问题和矛盾日益累积增多并逐渐复杂，从而加大了改革难度。按照世界贸易组织规则要求，国有企业的生产经营行为必须在过渡期结束前同国际规则接轨。在这一时期国有企业改革方面最值得一提的是国有企业的脱困三年目标。

中国寻求加入世界贸易组织，国际市场对中国进一步开放，同时也意味着中国的国内市场按照世界贸易组织的要求逐步开放。这就要求中国本土市场遵循国际市场规律，按照国际市场的价格机制、供求机制和竞争机制参与国际交换和国际竞争。其中最为关键的是将世界贸易组织的规则作为中国经济体制改革和进一步扩大开放的重要参照。把国际的市场机制引入国内，就需要加快建立市场形成价格的机制，逐渐打破垄断和割据状况，进行公平竞争，并使竞争范围不断扩大。

第三节　中国开始积极融入多边贸易体制

一、乌拉圭回合谈判结束与中国恢复关税与贸易总协定缔约方席位冲刺

（一）中国恢复关税与贸易总协定缔约方席位谈判的第三阶段：柳暗花明

1992年9月底，关税与贸易总协定理事会主席根据中国与主要缔约方谈判达成的谅解，就处理台湾加入关税与贸易总协定的问题发表声明，

声明中基本反映出了中国政府关于处理台湾加入关税与贸易总协定问题的三项原则。1992 年 10 月 10 日，中美达成《市场准入备忘录》，美国承诺"坚定地支持中国取得关税与贸易总协定缔约方席位"①。同时，关于中国缔约方席位工作组第 11 次工作会议作出决定，结束对中国经济贸易体制的审议，中国恢复关税与贸易总协定缔约方席位谈判迈出关键性步伐。随后，中国代表在关税与贸易总协定第 12 次中国工作组会议上正式宣布，中国经济体制改革的目标是建立社会主义市场经济。

中国恢复关税与贸易总协定缔约方席位日程与新一轮乌拉圭回合多边贸易谈判几乎同时启动，如果谈判成功中国可以直接成为世界贸易组织创始成员，融入到新的多边贸易体制中。然而自中国提出恢复关税与贸易总协定缔约方席位申请后，恢复关税与贸易总协定缔约方席位之路并没有天堑变通途，在谈判过程中中国所面临的国际形势反而趋于复杂化。从其他国家的情况来看，这个阶段的工作比较轻松，不会耗掉很长的时间。但中国完成这一阶段却整整用了 6 年时间，直到 1993 年关税与贸易总协定才结束了对中国外贸体制的审议，进入到实质性谈判阶段。

从这一时期的谈判内容来看，中国的工作要点是使关税与贸易总协定的主要缔约方承认中国是实行市场经济体制的国家。关税与贸易总协定是一个以市场经济为基础的、倡导全球贸易投资自由化的组织，根据关税与贸易总协定的规定，任何想要加入关税与贸易总协定的国家或经济体，都需要通过对其经济贸易体制的审查，看是否实行了市场经济体制。关税与贸易总协定认为，只有实行市场经济体制才能遵守关税与贸易总协定的规则。在当时的国际社会中，有很多的社会主义国家并没有实行市场经济体制，这一类国家在加入关税与贸易总协定的过程中，需要按照谈判达成的时间表进行以市场经济体制为目标的国内改革。显然，是否是市场经济国家，其加入的条件有着很大的差别。当时中国正处于

①　《中国复关及入世谈判大事记》，《市场观察》2002 年第 1 期。

由计划经济向市场经济转轨的过程中，距离 1992 年公开宣布实行社会主义市场经济体制还有几年的时间。这段时期中最大的问题就是中国不承认要实行市场经济体制，但又无法绕开关税与贸易总协定要求加入方必须实行市场经济体制这一要求。

根据经济理论和国际实践，论证一个国家是否实行市场经济体制，主要考虑两个标准：首先是政府管理经济和企业的政策与实践；其次是企业本身运作过程中，是按市场经济的客观规律发展还是会受其他因素的深刻影响。在对中国经济体制进行审查的过程中，关税与贸易总协定中国工作组认为中国的经济体制和企业运作方式与西方发达国家通行的市场经济管理模式和运行机制格格不入。正是在是否进行市场经济的改革这一问题上，中国恢复关税与贸易总协定缔约方席位的工作遇到了一个似乎不可逾越的障碍。根据对自身实际情况的认知，中国确信可以在当时的制度下执行多边规则的要求。对此，中国在谈判中反复解释，虽然不能公开实行市场经济体制，但可以承诺并实施市场经济规则，承担规范市场经济规则的相应义务，因为中国实行的是计划经济和市场经济相结合的商品经济体制。然而，关税与贸易总协定有关缔约方对于这样的表态疑惑重重，认为一个经济体只能选择一条明确的经济体制路线，市场经济和计划经济并存的经济体制会具有较大的不稳定性和不可预测性，而中国恢复关税与贸易总协定缔约方席位必须要采取市场经济体制。实行市场经济的表态对当时中国而言还没有足够的政治环境基础。这样僵持的情况一直持续到 1992 年。

1992 年年初，邓小平同志在南方谈话中提出，在社会主义条件下也可以搞市场经济。同年 10 月，党的十四大提出，中国经济体制改革的最终目标是建立社会主义市场经济体制，中国恢复关税与贸易总协定缔约方席位谈判审议阶段的核心问题迎刃而解。1993 年 3 月，第八届全国人民代表大会第一次会议通过了宪法修正案，明确规定中国实行社会主义市场经济。中国加入多边贸易体制谈判迎来了第一个重大转折，公开承诺可以遵守市场经济的基本规则。

（二）恢复关税与贸易总协定缔约方席位市场准入谈判阶段：抱憾而归

在完成经济贸易政策审议阶段后，工作组着手准备加入议定书起草和谈判阶段，其中比较重要的时间节点如下：

1994 年 4 月 12 日至 15 日，关税与贸易总协定部长级会议在摩洛哥的马拉喀什举行，乌拉圭回合谈判结束，与会各方签署《乌拉圭回合谈判结果最后文件》和《建立世界贸易组织协定》。中国代表团参会并签署《乌拉圭回合谈判结果最后文件》。8 月底，中国提出改进后的农产品、非农产品和服务贸易减让表。作为解决恢复关税与贸易总协定缔约方席位问题的一揽子方案，并从 9 月至 10 月派出市场准入代表团在日内瓦与缔约方进行了 50 多天的谈判。10 月 20 日，关税与贸易总协定中国工作组第 19 次工作会议在日内瓦举行。中国政府代表团团长、对外贸易经济合作部副部长谷永江在会上严厉谴责少数缔约方漫天要价，无理阻挠，致使恢复关税与贸易总协定缔约方席位谈判未能达成协议。11 月 28 日，对外贸易经济合作部部长助理龙永图会见关税与贸易总协定总干事萨瑟兰。与此同时，中国驻美国、欧共体和日本大使分别约见驻在国高级官员，通报中国政府关于恢复关税与贸易总协定缔约方席位谈判最后时限的决定。从 11 月 28 日至 12 月 19 日，龙永图率中国代表团在日内瓦就市场准入和议定书与缔约方进行谈判，但谈判未能达成协议。①

从 1993 年开始，中国恢复关税与贸易总协定缔约方席位谈判进入到第二个部分，围绕市场准入问题展开多边谈判及同主要缔约方之间的双边谈判。双方谈判的焦点在于中国市场的开放范围、速度和条件。按照关税与贸易总协定的规定，发展中国家和发达国家参与多边贸易体制的开放要求有很大不同。中国始终坚持按照发展中国家的标准参与谈判，接受关税与贸易总协定对发展中国家的一般要求。但个别关税与贸易总

---

① 《中国复关及入世谈判大事记》，《市场观察》2002 年第 1 期。

协定缔约方尤其是西方发达经济体认定中国属于经济大国，对中国的要求不断加码。在 1994 年 6 月举行的第 17 次中国工作组会议上，中国代表针对有关主要缔约方过高的谈判要价，重申中国恢复关税与贸易总协定缔约方席位的两项原则：一是不得剥夺中国享受关税与贸易总协定和未来世界贸易组织赋予各成员的任何权利；二是必须确保中国恢复关税与贸易总协定缔约方席位权利与义务的平衡，中国承担的义务原则上不能超过一个发展中国家所承担的义务。然而，1994 年 12 月举行的中国工作组第 19 次会议上，中国与其他缔约方最终未能就有关问题达成一致，恢复关税与贸易总协定缔约方席位谈判宣告失败。自此中国加入多边贸易体制的进程由恢复关税与贸易总协定缔约方席位逐渐向加入世界贸易组织阶段转变。

二、1995—2001 年的加入世界贸易组织谈判

1995 年 1 月世界贸易组织正式成立。由于中国恢复关税与贸易总协定缔约方席位谈判失败，未能恢复中国关税与贸易总协定创始缔约方席位，中国不能以关税与贸易总协定缔约方的身份成为世界贸易组织创始成员。1995 年 3 月 11 日至 13 日，美国贸易代表坎特访华，与时任对外贸易经济合作部部长的吴仪就恢复关税与贸易总协定缔约方席位问题达成 8 点协议，同意在灵活务实的基础上进行中国加入世界贸易组织谈判，并同意在乌拉圭回合协议基础上实事求是地解决中国发展中国家地位的问题。5 月 7 日至 19 日应关税与贸易总协定中国工作组主席吉拉德的邀请，对外贸易经济合作部部长助理龙永图率中国代表团赴日内瓦与缔约方就中国恢复关税与贸易总协定缔约方席位进行正式双边磋商。此次磋商被西方媒体称为"试水"谈判。6 月 3 日，中国成为世界贸易组织观察员。从 7 月起，中国的恢复关税与贸易总协定缔约方席位谈判转为加入世界贸易组织谈判。

中国加入世界贸易组织谈判从 1995 年开始，一直持续到 2001 年。

谈判的焦点依然是恢复关税与贸易总协定缔约方席位谈判最后阶段悬而未决的市场准入问题。此前中国参加了乌拉圭回合谈判的全过程，并在《乌拉圭回合谈判结果最后文件》上签了字，用行动显示出中国在加入世界贸易组织和承担相关国际义务方面的决心与意愿。但在加入世界贸易组织谈判过程中，随着中国经济、外贸的高速增长和经济实力的不断增强，一些主要谈判成员开始要求中国必须承担更大的开放市场义务，提出中国应"基本按发达国家条件加入世界贸易组织"等要求。所以市场准入谈判的核心问题即简化为将中国视为发展中国家还是发达国家。整个加入世界贸易组织谈判始终围绕着市场准入问题进行讨论，根据谈判进程的推进情况，谈判同样可以划分为三个阶段。

（一）中美谈判缓慢推进，同部分经济体达成共识

1995 年 11 月，中国政府照会世界贸易组织总干事鲁杰罗，把中国恢复关税与贸易总协定缔约方席位工作组更名为中国加入世界贸易组织工作组。11 月 28 日，美国向中国递交了一份"关于中国加入世界贸易组织的非正式文件"，即所谓的"交通图"，罗列了对中国加入世界贸易组织的 28 项要求。

1996 年 2 月 12 日，中美就中国加入世界贸易组织问题举行了第 10 轮双边磋商。中国对美国的"交通图"逐点作了回应。同年 3 月 22 日，龙永图率团赴日内瓦出席世界贸易组织中国工作组第一次正式会议，并在会前和会后与世界贸易组织成员进行双边磋商。1997 年 8 月 6 日，中国与新西兰在北京就中国加入世界贸易组织问题达成双边协议，这是中国与主要发达国家达成的第一份加入世界贸易组织双边协议。8 月 26 日，中国与韩国在汉城就中国加入世界贸易组织问题达成双边协议。

1997 年 10 月 13 日至 24 日，龙永图副部长率团在日内瓦与欧盟、澳大利亚、挪威、巴西、印度、墨西哥、智利等 30 个世界贸易组织成员进行了双边磋商；与匈牙利、捷克、斯洛伐克、巴基斯坦签署了结束中国加入世界贸易组织双边市场准入谈判协议，并与智利、哥伦比亚、阿根

廷、印度等基本结束了中国加入世界贸易组织双边市场准入的谈判。10月26日至11月2日，江泽民同志应邀访美，在与克林顿总统发表的联合声明中，重申加快中国加入世界贸易组织谈判，争取尽早结束。江泽民同志还宣布了中国参加《信息技术协议》的意向。11月1日至16日，随同李鹏同志访问日本的龙永图副部长与日本外务省副外相原口就中国加入世界贸易组织问题发表联合声明，重申中日双方已在服务业市场准入谈判方面取得重大进展，从而表明中日两国关于中国加入世界贸易组织双边市场准入谈判已基本结束。12月1日至12日，以对外贸易经济合作部首席谈判代表龙永图副部长为团长的中国代表团，在日内瓦出席了世界贸易组织中国工作组第6次会议，就议定书和工作组报告的绝大部分内容达成了谅解，其间还与美国、欧盟、日本、澳大利亚、巴西、墨西哥等国进行了双边磋商。

在1998年3月28日至4月9日召开的世界贸易组织中国工作组第7次会议上，中国代表团向世界贸易组织秘书处递交了一份近6000个税号的关税减让表，得到主要成员的积极评价。6月17日，江泽民同志接受美国记者采访时提出了中国加入世界贸易组织的三项原则：第一，世界贸易组织没有中国参加是不完整的；第二，中国毫无疑问要作为一个发展中国家加入世界贸易组织；第三，中国加入世界贸易组织是以权利和义务的平衡为原则的。11月16日，江泽民同志和美国副总统戈尔在亚太经济合作组织吉隆坡会议上会晤，双方都表示希望在1999年早些时候结束中美双边谈判。①

这一阶段，中国的工作重心在双边谈判上。谈判解决的主要问题是关税逐步降低、进口限制逐步取消、服务业逐步开放三个问题，谈判的关键是中国能否以发展中国家身份加入从而获得区别于发达国家的差别和优惠待遇，特别是过渡期待遇。在双边市场准入谈判中，37个成员提

① 《中国复关及入世谈判大事记》，《市场观察》2002年第1期。

出与中国谈判，其中中美双边谈判是最艰难的同时也是最重要的。美国是世界第一经济大国，是世界贸易组织中最重要的成员，在世界贸易格局和多边贸易治理体系中发挥着无可替代的作用。如果中美之间的谈判能够达成一致，根据世界贸易组织最惠国待遇原则，相应的谈判协议可以直接适用于 100 多个成员。因此，中国和美国的谈判相当于和世界贸易组织中 100 多个成员的谈判。同时，由于开放市场的谈判涉及国务院系统几十个部门，国内协调工作日趋复杂。国内外面临的压力骤增，谈判进入到一个十分艰苦的阶段。

随着谈判议程的推进，中国政府在出价方面逐渐形成了清晰的思路与立场，国内市场开放程度得到了大幅度提升，包括美国在内的各谈判方对于中国的出价也趋于认同。同时中国坚守谈判立场与底线，有效的谈判空间越来越小，中美之间开始在个别领域达成共识。实际上，到 1998 年中美之间谈判的技术性内容已经达成了一致，只是由于美国国会程序的原因使议程拖沓，没能尽快签署协议。中美双方在当时都乐观地认为在即将到来的 1999 年能很快地达成协议。然而接下来一系列突发情况的出现和美国诉求的一再升级打断了良好的势头，中美双边谈判再次拖延。

（二）中美双边谈判一波三折，双边谈判迎来密集收获

1999 年 3 月 15 日，朱镕基在中外记者招待会上对中国加入世界贸易组织问题作出了明确的表态：中国进行恢复关税与贸易总协定缔约方席位和加入世界贸易组织谈判已经 13 年，黑头发都谈成了白头发，该结束这个谈判了。现在存在这样几种机遇：第一，世界贸易组织成员已经知道没有中国的参加世界贸易组织就没有代表性，就是忽视了中国这个潜在的最大市场。第二，中国改革开放的深入和经验的积累，使我们对加入世界贸易组织可能带来的问题提高了监管能力和承受能力。因此，中国准备为加入世界贸易组织作出最大的让步。

4 月 6 日至 13 日，朱镕基访问美国。其间双方签署了《中美农业合

作协议》，并就中国加入世界贸易组织发表联合声明，美国承诺坚定地支持中国于1999年加入世界贸易组织。在谈判会议未达成预期协议后，克林顿与朱镕基通过电话达成一致：双方应进行紧张的谈判来解决中美关于中国加入世界贸易组织会谈中的遗留问题。4月底，美国首席谈判代表卡西迪率团来京，就双方遗留下来的问题继续谈判。

1999年5月8日，以美国为首的北约袭击中国驻南斯拉夫大使馆，中国政府被迫中断了加入世界贸易组织的谈判。

1999年9月6日，中美恢复谈判。9月8日，江泽民在澳大利亚重申了中国加入世界贸易组织的三原则，并指出中美双方应该根据平等互利的原则进行谈判，中美之间谈得好不好，能不能达成协议，很大程度上取决于美国。9月11日，江泽民与克林顿在亚太经济合作组织第七次会议上正式会晤，双方均表示出希望尽快结束谈判达成双边协议的态度。11月8日至15日，由巴尔舍夫斯基和斯珀林率领的美国谈判代表团在北京同中国代表进行了6天6夜的谈判，最后时刻江泽民委托朱镕基亲自参与谈判，中美双方冲刺达成双边协议，中国与美国之间的双边谈判就此正式结束。

中美双边协议的达成直接推动了中国同其他经济体的双边谈判迎来大范围收获。从1999年12月到2000年9月，中国先后同加拿大、古巴、印度、泰国、马来西亚、拉脱维亚等经济体达成并签署了关于中国加入世界贸易组织的双边协议。同期，经过多轮的谈判努力，中国同另一个重要的经济贸易伙伴——欧盟之间达成了双边共识。

回顾这一阶段，1999年可以说是中国恢复关税与贸易总协定缔约方席位和加入世界贸易组织15年谈判过程中最关键、最曲折的一年。这一年的谈判受到的政治干扰最多，面临的考验最大。[①]3月江泽民同志访问欧洲期间，美国轰炸科索沃，中美关系出现了不确定性因素，中美双边谈

---

① 《入世一波三折——回忆中国复关／入世历程中的关键节点》，《紫光阁》2009年第S1期。

判也笼罩了一层阴影。4 月朱镕基访美期间，最初中美双方就中国加入世界贸易组织顺利地达成了联合声明，双方都热切地希望这次行程能够达成双边协议。但美国国会和工商界对于形势的判断有所偏差，还希望通过在一些问题上进一步施压来获取更多利益，但中国对此立场十分坚决，达成协议的愿望也再次落空。在中国代表即将离开之际，美国总统克林顿对朱镕基表达了继续谈判的希望，并在中国代表团回国之前主动提前抵达了北京。但美国的立场仍未改变，谈判并没有取得实质性突破。随后，北约袭击中国驻南斯拉夫大使馆事件爆发，加入世界贸易组织谈判直接中断。

在美国的积极行动下，中美双边谈判于 9 月 6 日恢复进行。11 月的 6 天谈判冲刺中，朱镕基多次连夜组织国务院会议研究开放问题，并直接向美国代表团表达了想在这轮谈判达成协议的意愿。谈判一直持续到美国预定离开日期的上午，最后阶段江泽民委托朱镕基，将当天中央经济工作会议的主持工作转交其他人，让其直接来到谈判现场和美国代表谈判。持续近 10 个小时的谈判，双方领导人都直接参与授意谈判意见，最终协议达成。1999 年中美谈判历经艰难曲折终成正果，极大地推进了中国加入世界贸易组织的进程。

（三）谈判重点转向多边

在同主要成员之间达成了双边共识后，中国加入世界贸易组织的谈判重点由双边转向多边谈判。这一阶段的任务主要是起草两份文件，一个是中国加入世界贸易组织议定书及其附件，另一个是中国加入世界贸易组织工作组报告书。

2001 年 1 月 10 日，中国加入世界贸易组织的谈判在瑞士重新开始。6 月 14 日，中美就中国加入世界贸易组织所遗留问题的解决达成了全面的共识。6 月 20 日，中国与欧盟就中国加入世界贸易组织问题达成全面共识。7 月 3 日，对外贸易经济合作部副部长、中国加入世界贸易组织谈判首席谈判官龙永图宣布，有关中国加入世界贸易组织的所有重大问题都已解决。世界贸易组织成员就中国正式加入世界贸易组织问题达成一致。11月10日，在卡塔尔首都多哈，世界贸易组织第四届部长级会议审议通过了中国加入世界贸易组织的决定。11月11日，时任对外贸易经济合作部部长的石广生代表中国政府签署了中国加入世界贸易组织议定书并向世界贸易组织总干事迈克尔·穆尔递交《中国加入世界贸易组织议定书》，标志着中国加入世界贸易组织的所有法律程序履行完毕。2001年11月20日，迈克尔·穆尔总干事致函世界贸易组织成员，宣布《中国加入世界贸易组织议定书》12月11日生效，中国也于同日正式成为世界贸易组织第143个成员。

这一阶段的多边谈判主要解决了四类问题：一是中国承诺遵守世界贸易组织的基本原则和要求，包括透明度、国民待遇、统一性等；二是明确中国在世界贸易组织相关协议中享受发展中国家权利；三是世界贸易组织成员承诺取消对华歧视性贸易限制和措施；四是中国根据世界贸易组织要求进一步改革外贸权、与贸易有关的投资措施等管理规定。

多边谈判法律性强、专业性强、内容复杂。在多边谈判中，中国始终坚持了权利和义务平衡的原则，努力使多边谈判的结果不与中国法律的基本原则相违背；不与中国的社会、政治制度相抵触；努力使所做的承诺与世界贸易组织协议的原则和规定相一致；与中国建立和完善社会主义市场经济体制的需要相一致；与中国经济发展水平和产业的承受能力相一致。①

正式成为世界贸易组织成员后，中国全面参与了世界贸易组织的各项工作，并向世界贸易组织总部所在地日内瓦派出了中华人民共和国常驻世界贸易组织代表团和大使。加入世界贸易组织后中国全面享受世界贸易组织赋予其成员的各项权利，并遵守世界贸易组织规则，认真履行加入世界贸易组织谈判时的承诺和作为世界贸易组织成员的义务。

---

① 石广生：《历尽坎坷直面挑战——关于我国加入世贸组织的基本情况》，《时事报告》2001年第12期。

　　加入世界贸易组织是中国改革开放进程中具有历史意义的一件大事，是中国改革开放和现代化建设的历史必然，标志着中国对外开放进入了一个新的阶段。加入世界贸易组织有利于中国社会主义市场经济体制的建立和完善，有利于中国国际地位的进一步提高，有利于中国经济全面地融入全球经济，对中国经济发展和社会进步产生了重要而深远的影响。

三、加入世界贸易组织与中国改革开放事业共前进

（一）加入世界贸易组织是中国实行改革开放的必经之路

　　从党的十一届三中全会起，中国逐渐形成了一条以改革开放为核心内容的基本路线，对外开放格局的不断扩大，有力地推动了中国经济与国际市场的衔接，极大地促进了中国经济的发展，使中国在 20 世纪最后 20 年里成为全球经济发展最稳定最迅速的国家。与此同时，中国经济社会的快速发展打破了国际经贸关系中的原有格局，导致中国与其他各国尤其是以美国为首的西方国家在经贸关系上的竞争、矛盾、摩擦与日俱增。对外开放是中国的长期国策，随着中国经济的增长，中国在国际经济贸易中的份额将不断增加，地位将不断提高，与世界主要经贸国家的竞争与矛盾也会长期存在并不断增加，寻找平等公正透明的国际贸易环境刻不容缓。加入世界贸易组织后，中国将作为成员享受相应的权利，从而有利于改善中国经济发展的外部环境；有利于中国主动参与经济全球化进程，趋利避害；有利于社会主义市场经济体制的建立与完善。[1] 从这一角度分析，加入世界贸易组织是中国对外开放的必然结果与客观要求，给中国经济发展提供了新的契机。

（二）加入世界贸易组织可以帮助中国吸收、借鉴先进的经营方式和管理经验，加速建立符合国际规范的社会主义市场经济

　　多边贸易体制经过半个多世纪的发展，在广泛吸收和借鉴各缔约方

---

[1]　石广生：《历尽坎坷直面挑战——关于我国加入世贸组织的基本情况》，《时事报告》2001 年第 12 期。

和成员长期以来建立和发展市场经济与自由贸易的成功经验和优秀成果的基础上，逐渐形成了一整套全面、系统、权威和可操作性的贸易规则和规范。这一系列的规则和规范及时、客观和比较公正地反映了各成员的利益要求和关切以及世界经济区域化和全球化发展的现实。加入世界贸易组织后中国作为世界贸易组织的一员，可以根据自身的经济发展需要，有理有据有节地向其他成员陈述自己发展经济、制定与增补规则的立场与原则，同时也有条件参考、吸收甚至拿来其他成员发展经济和扩大贸易的成功经验与模式。

（三）加入世界贸易组织可以推动和加速中国产业结构调整、优化与升级

加入世界贸易组织意味着中国在更广、更宽和更深的层面参与国际分工，实现市场多元化的发展战略。随着体制环境、政策环境、市场环境以及对外环境与国际分工条件的巨大变化，旧有的产业结构所形成的竞争格局将发生变化，基于新的国际分工的新的比较优势产业将逐渐形成。这种基于自由贸易和市场经济规律而形成的国际分工和比较优势，通过优胜劣汰自然加速资源的优化配置与重组，推动产业结构调整与升级。

（四）加入世界贸易组织可以推动国内立法与司法体制的改革

虽然世界贸易组织的各项协议是规范成员间的贸易行为与经济关系，不能直接适用于各成员国内的司法体系，而只能是通过国内立法机关的"转化"才能在国内直接适用。但在实现"转化"后的适用过程中，中国会对照世界贸易组织各项协议完成涉外经济法律法规的清理、修改和增补。这其中所涉及的法律法规、行政规定与命令以及部分司法解释的废、改、立工作，无疑会加速中国立法与司法体制的重大改革，推动符合通行的国际规则与规范的法律体系的建立与完善。①

---

① 刘光溪：《入世——"改革开放"到"开放改革"的重大转折》，《管理与财富》2001年第8期。

第三章　完善社会主义市场经济体制：
适应多边贸易体制

党的十一届三中全会以来，中国开始实行改革开放，确立了社会主义初级阶段理论和基本路线。1992 年党的十四大确立了社会主义市场经济体制的改革目标，改革开放迈出了更大的步伐。到 2002 年，中国社会主义市场经济体制框架基本建立，社会主义市场经济理论初步形成，然而这并不等于中国已经建立了完善的市场经济体制，在中国社会主义市场经济体制初步建成的基础上，根据中国所面临的国际国内环境，结合中国加入世界贸易组织的承诺要求，党的十六大确立了完善社会主义市场经济体制的任务，党的十六届三中全会通过了《中共中央关于完善社会主义市场经济体制若干问题的决定》，进一步明确了中国特色社会主义市场经济体制建设的具体任务。此后，中国改革开放进入社会主义市场经济体制的完善阶段，由于中国已经正式成为世界贸易组织成员，在改革开放过程中也需要适应多边贸易体制的要求。

第一节　部署建设完善的社会主义市场经济体制

虽然中国社会主义市场经济体制基本形成，但由于中国经济体制刚从计划经济向市场经济转轨，其中依然存在着需要磨合的地方，依然需要一个逐渐建立和完善的过程，所以并不意味着中国资源配置就可以自动优化，中国经济可以自动实现繁荣发展。同时，由于中国已经正式成为世界贸易组织成员，根据中国加入世界贸易组织的承诺，需要按照世界贸易组织的规则办事。根据中国国内外经济政治环境以及中国加入世界贸易组织承诺内容，结合中国社会主义市场经济建设的实际情况，党的十六大和十六届三中全会对中国社会主义市场经济体制的完善进行了全面部署。

一、中国特色社会主义市场经济体制基本形成

党的十一届三中全会以来，尤其是 1992 年党的十四大正式确立中国经济体制改革的目标是建立社会主义市场经济体制以及党的十四届三中全会发布《中共中央关于建立社会主义市场经济若干问题的决定》以来，中国社会主义市场经济体制建设进程不断加快，到 2002 年已经基本形成中国特色社会主义市场经济体制，在所有制和企业制度改革、市场体系建设、分配制度改革、政府管理体制改革和对外开放体系方面均取得巨大进展。

（一）社会主义市场经济的基本经济制度已经确定

1. 公有制为主体、多种所有制经济共同发展的基本经济制度已经确立

所有制结构和企业制度是经济关系的基础。改革开放以来，尤其是党的十四大以来，按照社会主义市场经济制度建设的要求，中国逐步打破了单一的所有制结构，在发展公有制经济的同时，个体经济、私营经济、外资经济等非公有制经济也得到迅速发展，逐步确立了以公有制为主体、多种所有制经济共同发展的基本经济制度，从而形成社会主义市场经济体制的微观基础。

不同类型所有制企业产出规模呈现结构性变化。从规模以上工业企业数据看，除集体所有制企业外，其他所有制企业工业增加值都实现增长。其中，股份制企业的工业增加值大幅增长，由 2000 年的不足 5000

亿元上升为 2002 年的 11570 亿元。[①] 仅 2000—2002 年的三年间，规模以上的工业企业数量由 407989 个下降到 182000 个，其中国有工业企业数由 42426 个下降到 29449 个，集体工业企业数由 37841 个下降到 27477 个。[②] 1998—2002 年间，公有制企业就业人员缩减 2736 万人，2002 年仅为 8284.9 万人。从 1992—2002 年十年间，私营企业就业人数由 231.7 万人扩大到 3409.3 万人，个体户就业人员增幅高达 92.2%。[③]

2. 现代企业制度基本形成

为建立社会主义市场经济体制，1993 年明确提出建立现代企业制度。按照"产权清晰、权责明确、政企分开、管理科学"的基本要求，1994 年进行了现代企业制度的试点工作。1997 年，党的十五大针对国有企业体制改革作出了重大部署，实行"鼓励兼并、规范破产"，形成优胜劣汰的企业竞争机制。经过近十年的发展，到 2002 年大多数企业采取了股份有限公司或有限责任公司的形式，逐步建立了现代企业制度的框架。根据原国家经济贸易委员会提供的数据，2001 年全国国有企业"改制"面达 81.4%。[④] 国家统计年鉴的数据显示，2002 年国有及国有控股企业数量由 1998 年的 64737 家减少为 41125 家，利润总额由 525.14 亿元增长到 2632.94 亿元。[⑤] 1998—2002 年期间，国有及国有控股企业重组上市的数量达到 442 家，累计筹资高达 7436 亿元，其中境外筹资也达到 352 亿美元。同时，11 家国有及国有控股企业挤入世界 500 强的行列。[⑥] 可见，现代企业制度的建立，不仅实现了国有企业的数量优化和质量提高，还增

---

① 国家统计局：《中华人民共和国 2002 年国民经济和社会发展统计公报》，2003 年 2 月 28 日，见 http://www.stats.gov.cn/tjsj/tjgb/ndtjgb/qgndtjgb/200302/t20030228_30016.html。

② 国家统计局年度数据，见 http://data.stats.gov.cn/easyquery.htm?cn=C01。

③ 国家统计局：《中国统计年鉴 1993—2003》，见 http://www.stats.gov.cn/tjsj/ndsj/。

④ 国务院国有资产监督管理委员会：《国有企业改革和工业结构调整实现"十五"良好开局》，2002 年 3 月 8 日，见 http://www.sasac.gov.cn/n2588035/n2588320/n2588335/c4257891/content.html。

⑤ 国家统计局：《中国统计年鉴 1993—2003》，见 http://www.stats.gov.cn/tjsj/ndsj/。

⑥ 人民网：《继续调整中国国有经济布局和结构》，2003 年 11 月 19 日，见 http://www.people.com.cn/GB/jingji/8215/30588/30590/2198707.html。

强了中国企业的国际竞争力。

3. 农村土地流转取得较大进展

农村改革中另一值得重视的现象是农村土地的流转。近年来，随着市场化推进，农村土地流转的发展速度加快。农民在实践中创造了转包、转让、租赁（包括反租倒包）、置换及土地入股等多种流转方式。

20 世纪末，中国开始实行对农村土地流转的早期实践。2000 年以后中国农村土地改革的政策和制度发生了很大变化，土改也由地方试点逐步向全国范围内铺开，据统计，到 2001 年上半年，流转面积已达 6800 万亩，占农村承包地总面积的 5% 左右。在全部流转面积中转包占 48.3%，转让占 10.7%，租赁占 17.3%，置换占 7.35%，土地入股占 5.5%。[①] 2002 年中国颁布《中华人民共和国农村土地承包法》，对家庭承包进行了界定，规定土地流转双方的权利和义务、土地承包的原则和程序、期限和承包合同，同时对经营权的保护、流转等作出详细规定，填补了农村土地改革的法律空白。2008 年以后，中国农村土地改革进入快速发展的新时期。根据农业部的数据，截至 2014 年年底，全国共有 2.3 亿多农户承包了近 13.3 亿亩耕地，占农村集体耕地的 92.8%，签订承包合同 2.21 亿份，颁发土地承包经营权证 2.06 亿份；全国家庭承包耕地流转面积 4.03 亿亩，流转面积也达到家庭承包经营耕地面积的 30.4%。[②]

（二）社会主义市场经济体系建设取得重大进展

改革开放的一项重要任务就是培育市场体系，发挥市场在资源配置中的重要作用。经过长期努力，无论是市场的价格调节机制还是要素市场的形成都取得重大进展，市场竞争局面基本形成，市场对资源配置的基础性作用日益增强。

---

① 常修泽：《中国建立社会主义市场经济体制进程的基本判断及思考》，《改革》2002 年第 4 期。

② 中国人大网：《国务院关于稳定和完善农村土地承包关系情况的报告》，见 http://www.npc.gov.cn/npc/xinwen/2015-08/29/content_1945073.htm。

1. 产品价格市场化机制不断完善

1992 年 8 月国家物价局颁布了新的价格管理目录，放开了绝大多数商品的价格，到 1993 年各类商品价格中国家定价比重已不足 20%，社会商品零售额中市场调节价比重上升到 90%。生产资料领域除少数（10 种）物资尚需按计划分配供应外，基本实现生产资料自由购销。[①] 据原国家计划委员会价格司提供的数据，在消费品零售环节，市场调节价所占比重由 1978 年的 3% 提高到 2000 年的 95.8%；政府定价比重由 1978 年的 97% 锐减到 2000 年 3.2%（另有政府指导价 1%）。[②] 同时，政府加强对价格管理体制改革，原油价格接轨国际市场，农村电力价格管理体制进一步完善，粮食、棉花价格机制初见成效，供水、运输、石化产品价格改革逐步推进。另外，将价格决策听证会制度和专家审议制度引入电信、交通运输、药品及医疗服务等价格制定程序中，提升了政府价格决策的透明度和科学性。

2. 要素市场逐步形成并实现了规范化发展

在商品市场进一步发展的同时，资本、劳动力、技术、房地产等要素市场的发展步伐加快。《关于建立社会主义市场经济体制若干问题的决定》不仅肯定了土地、劳动力、资本等生产要素的商品性，而且明确了劳动力的商品性，提出劳动力市场的问题，强调指出"当前要着重发展生产要素市场"。[③]1996 年，中国各级政府人事部门挂牌的劳动力市场达 1956 个，行业性或民办性中介机构 1242 个，从业人员达 14000 多人。[④]1998 年，朱镕基同志提出劳动力市场建设科学化、规范化、现代化的发展目标，各地区都因地制宜地出台了针对本地劳动力市场发展的规划方案，有力促

---

① 陈甬军、张小京、庄尚文：《中国现代市场体系建设三十年》，《社会主义经济理论研究集萃——纪念中国改革开放 30 周年》，2008 年。

② 常修泽：《中国建立社会主义市场经济体制进程的基本判断及思考》，《改革》2002 年第 4 期。

③ 杨圣明：《论大力发展生产要素市场》，《经济论坛》1996 年第 4 期。

④ 赵晓雷：《中国现代经济理论》，上海人民出版社 2001 年版。

进了劳动力市场发展，推进了要素市场进一步规范化发展。

（三）新型分配制度和社会保障制度体系的雏形正在建立中

1. 分配制度

1992年召开的党的十四大确立了中国改革的目标是建立有中国特色的社会主义市场经济体制。1993年11月召开的党的十四届三中全会作出了《关于建立社会主义市场经济体制若干问题的决定》，进一步推进了中国收入分配体制改革。1992—2002年，中国收入分配体系的特征或变化是：

（1）国民收入宏观分配形成新的格局。按照社会主义市场经济"效率优先、兼顾公平"的原则，不断调整国民收入在居民、企业与政府之间的分配关系。中国国民总收入在居民、企业和政府间分配的格局大体不变。初次分配环节中，政府所得占比由1992年的15.53%上升至2000年的16.69%，企业所得占比由1992年的19.06%下降到2000年的18.94%，居民所得占比由1992年的65.41%下降到2000年的64.36%。再次分配环节中，2000年政府所得占比为30.57%，企业所得占比为6.62%，居民所得占比为63.37%，与1992年水平相比有小幅变动。综上所述，1992年到2000年前后，居民所得占比尽管略有下降，但在两次分配格局中均占首位；政府和企业次之。收入分配体制逐步向适应社会主义市场经济的方向转变。[①]

表3.1 1992—2000年国民收入分配情况

年份	初次分配格局			再次分配格局		
	政府	企业	居民	政府	企业	居民
1992	15.53	19.06	65.41	28.51	5.18	66.31
2000	16.69	18.94	64.36	30.37	6.26	63.37

资料来源：国家发展和改革委员会宏观经济研究院课题组：《我国国民收入分配格局：变化、原因及对策》，《经济学动态》2010年第5期。

---

① 常修泽：《中国建立社会主义市场经济体制进程的基本判断及思考》，《改革》2002年第4期。

（2）按劳分配与按要素分配开始结合。1993 年 11 月召开的党的十四届三中全会作出了《关于建立社会主义市场经济体制若干问题的决定》，按劳分配为主、多种分配方式并存的分配制度基本确立。此后，2000 年 10 月党的十五届五中全会后，除了资本、土地等传统生产要素外，新兴的生产要素如技术和管理，也逐步参与到了分配过程中。

（3）个人收入分配调节机制逐步建立。据国家统计局的资料，中国农村居民基尼系数由 1992 年的 0.3134 上升到 1999 年的 0.3361，城镇基尼系数由 0.25 上升到 0.295，城乡居民收入差距均有扩大的趋势，并且逼近国际警戒线 0.4。

表 3.2　1992—1999 年中国城乡居民基尼系数

	1992	1999
农村	0.3134	0.3361
城镇	0.25	0.295

资料来源：国家统计局：《从基尼系数看贫富差距》，《中国国情国力》2001 年第 1 期。

2. 社会保障制度

1991—2002 年是中国社会保障制度的探索性改革阶段，也是中国社会保障制度框架形成的重要时期，其标志是 4 个重要的法规文件[①]。

根据为市场经济提供"减震器"和"安全网"的总要求，同时与新型分配制度相结合，中国着力推进以职工养老保险、失业保险和医疗保障三个方面为重点的社会保障制度创新：

养老保障方面，1997 年中国政府制定了《关于建立统一的企业职工基本养老保险制度的决定》，开始在全国建立统一的城镇企业职工基本养

---

①　4 个法规文件分别是 1991 年 6 月国务院发布的《关于企业职工养老保险制度改革的决定》、1993 年党的十四届三中全会通过的《中共中央关于建立社会主义市场经济体制若干问题的决定》、1995 年国务院发布的《关于深化企业职工养老保险制度改革的通知》和 1997 年 7 月国务院颁布的《关于建立统一的企业职工基本养老保险制度的决定》（来源：国务院新闻办：《中国的劳动和社会保障状况》，2002 年 4 月，见 http://www.scio.gov.cn/zfbps/ndhf/2002/Document/307926/307926.htm ）。

老保险制度。截至 2001 年年末，基本养老保险的参保职工已由 1997 年年末的 8671 万人增加到 10802 万人；领取基本养老金人数由 2533 万人增加到 3381 万人，平均月基本养老金也由 430 元增加到 556 元。[①]

医疗保险制度方面，1998 年中国政府颁布《关于建立城镇职工基本医疗保险制度的决定》，开始在全国建立城镇职工基本医疗保险制度。到 2001 年年底，全国 97% 的地市启动了基本医疗保险改革，参加基本医疗保险的职工达 7629 万人。

失业保险制度方面，1999 年中国政府颁布《失业保险条例》，把失业保险制度建设推进到一个新的发展阶段。从 1998 年到 2001 年，失业保险参保人数由 7928 万人扩大到 10355 万人，2001 年年末领取失业保险金的人数为 312 万人。[②]

（四）以间接调节为主的宏观调控体制初步形成

1993 年 11 月，党的十四届三中全会通过的《中共中央关于建立社会主义市场经济体制若干问题的决定》提出，社会主义市场经济必须有健全的宏观调控体系。宏观调控主要采用经济办法，在财税、金融、投资和计划体制的改革中迈出重大步伐。[③]

1. 财税体制改革

1994 年的分税制财政体制改革基本上确立了中央与地方之间规范的事权与财力划分关系，开始实施比较规范的转移支付制度。分税制实施后，据统计，2002 年，总税收收入为 17636.5 亿元，比税制改革前 1993 年的 4255.3 亿元增长了 3.1 倍，年平均增长率为 17.1%；税收总额占国内生产总值的比重为 16.8%，比 1993 年的 12.3% 上升了 4.5 个百分点；

① 国务院新闻办：《中国的劳动和社会保障状况》，2002 年 4 月，见 http://www.scio.gov.cn/zfbps/ndhf/2002/Document/307926/307926.htm。

② 国务院新闻办：《中国的劳动和社会保障状况》，2002 年 4 月，见 http://www.scio.gov.cn/zfbps/ndhf/2002/Document/307926/307926.htm。

③ 常修泽：《中国建立社会主义市场经济体制进程的基本判断及思考》，《改革》2002 年第 4 期。

中央税收收入占税收总额的比重为 58.0%，比 1993 年的 20.8% 上升了 37.2 个百分点。[①]

2. 金融体制改革

这一阶段金融基本制度进行了一系列的制度创新，这为金融市场的发展建立了基本的框架。改革的主要内容有以下五个方面：（1）1993 年 5 月《中华人民共和国中国人民银行法》颁布，中央银行制度得到了巩固。（2）多元化金融组织机构的发展。继 20 世纪 80 年代农村信用社、城市信用社、商业银行和保险公司的出现，自 1990 年年底开始，证券业也迅速崛起，伴随着信托投资公司、财务公司以及各种外资银行的纷纷设立，中国金融市场得到极大丰富。（3）金融宏观调控向间接调控转变，由单一的行政性调控向运用经济手段调控转变。（4）随着中国经济体制改革深化和对外开放不断扩大，中国外汇市场产生并发展起来。1994 年 4 月，中国外汇交易中心在上海成立，银行间外汇市场正式开始运行。（5）完善分业监管体系，建立分业监管机制。1992 年证券监督管理委员会成立；1998 年保险监督管理委员会成立；2003 年中国银行业监督管理委员会成立。自此，中国人民银行宏观调控和银行监管"大一统"的管理模式正式结束，中国金融业由银行业监督管理委员会、证券监督管理委员会、保险监督管理委员会"三匹马车"共同监管的格局正式形成。[②]

3. 投资体制改革

此阶段中国主要在宏观调控、项目决策体制、资金管理和筹措以及建设实施管理共 4 个方向进行了深化改革。以固定资产投资为例，主要的成绩是由计划经济时代的单一投资主体（中央政府）变成更为多元的投资主体（如各级地方政府、国内外各类企业、个人等），由此也实现了资金来源的多渠道。据国家统计局的数据显示，2000 年中国固定资产投

[①]　国家税务总局税收科学研究所：《社会主义市场经济中的中国税制改革——1992 年以来中国税制改革的回顾与展望》，《经济研究参考》2004 年第 2 期。

[②]　邹东涛、欧阳日辉等：《中国经济发展和体制改革报告第一卷：中国改革开放三十年》，社会科学文献出版社 2008 年版，第 232 页。

资资金来源比例分别为：国家预算内资金 6.4%，国内贷款 20.3%，利用外资 5.1%，自筹和其他资金 68.2%。此前国有投资"一家独大"的格局已经被打破，同时也实现了投资方式的多样化、国有投资项目的民主科学决策和市场化运作等。[①]

4. 计划体制改革

以生产领域为例，截至 2001 年，指令性计划指标已经基本取消，同类指标仅剩食盐、天然气、黄金、木材和卷烟 5 种限额。

（五）多层次的对外开放格局基本形成

1992—2002 年，中国继续坚定实行对外开放政策，主动参与到经济全球化进程中，积极推动开放型经济体制发展，对外开放水平和对外开放程度显著提高，全方位、多层次、宽领域的对外开放格局逐步形成。

继 20 世纪 80 年代中国兴办的 5 个经济特区和 14 个沿海开放地区后，1992 年对外开放的地域又向内地推进，相继开放重庆、武汉、九江等 6 个沿江港口城市和 13 个内陆城市，中国全方位的开放格局基本形成。2001 年 12 月 11 日中国正式成为世界贸易组织成员，对外开放领域由传统劳动力密集型产业逐步转向资金和技术密集型产业，由货物贸易领域逐步转向服务贸易领域。至此，中国由一定程度、有限领域和范围的开放，逐步形成全方位、多层次、宽领域的对外开放格局。[②]

二、党的十六大报告对社会主义市场经济体制改革提出了新要求

虽然中国已经初步建立社会主义市场经济体制，但依然存在诸如产权改革滞后、要素市场不规范等问题，同时在加入世界贸易组织后，中国需要履行加入世界贸易组织承诺、按照世界贸易组织的基本规则办事。

---

① 邹东涛、欧阳日辉等：《中国经济发展和体制改革报告第一卷：中国改革开放三十年》，社会科学文献出版社 2008 年版，第 232 页。

② 邹东涛、欧阳日辉等：《中国经济发展和体制改革报告第一卷：中国改革开放三十年》，社会科学文献出版社 2008 年版，第 289 页。

在此背景下，党的十六大高扬改革开放旗帜，提出"发展要有新思路，改革要有新突破，开放要有新格局，各项工作要有新举措"，制定了 2020 年全面建设小康社会、建成完善的社会主义市场机制的改革目标，并提出了几项具体要求：

（一）推进新型工业化道路

经历了二十多年的高速增长后，中国经济如何在今后 20 年乃至更长一个时期保持较快的增长速度，是改革开放对中国经济提出的新课题。党的十六大报告为中国经济设定了 GDP 到 2020 年翻两番的宏伟目标，并提出"走新型工业化道路，大力实施科教兴国战略和可持续发展战略"的要求，即走出一条科技含量高、经济效益好、资源消耗低、环境污染少、人力资源优势得到充分发挥的新型工业化路子。

推动新型工业化道路，第一需要发展科技和提升劳动力素质。以科教兴国战略为支撑，提升劳动力素质、加强国内研究和人力资源开发，并充分利用全球科技资源，加大技术引进和技术交流的力度，为高技术含量、高附加值工业产业的发展提供保障。第二需要切实推进产业结构的优化升级。以可持续发展战略为支撑，在人均自然资源占有量不多的基本国情下，推动产业结构优化升级，保证中国的长期可持续发展能力，保证国内居民消费到低价高质的商品。产业结构的优化升级还有助于提升中国产业的国际竞争力，促进商品出口的持续增长，同时提升国内企业在开放环境下与外资企业竞争的能力。第三需要充分利用国际国内两个市场。全球范围内的产业重组正在扩展和深化，要抓住生产全球化到科技全球化转变的重要机遇，把中国的市场、制造、产业基础优势与发达国家的资金、技术、管理优势充分地结合起来，实现全球范围内的资源优化配置。

（二）全面繁荣农村经济

解决"三农"问题，统筹城乡发展，发展现代农业，是全面建设小康社会的重要任务。在农村体制僵化、城乡发展不平衡背景下，党的十六大报告提出"全面繁荣农村经济，加快城镇化进程"，以跳出"三农"问题，解决"三农"问题，为农村改革指明了方向。

党的十六大报告认为解决"三农"问题，不仅需要从农村内部着手，也应切入到宏观体制改革中，发展思路为：既加强农业基础地位，坚持党在农村的基本政策，发展现代农业、提升农业活动效益，又明确要求走中国特色的城镇化道路，引导农村劳动力合理有序流动，把农村富余劳动力向非农产业和城镇转移。21世纪初，中国超过60%的人口居住在农村，50%以上劳动力从事农业，创造的GDP只占到0.2%，这一举措的提出适应了中国农村发展阶段和工业化现代化的必然趋势，是提高农民收入、推动农民实现小康生活的必然抉择，也必将破除城乡二元结构带来的问题，推动解决各类社会问题。

（三）促进区域经济协调发展

深化改革开放，农村是难点，西部是重点。党的十六大报告明确指出中国"地区差距扩大的趋势尚未扭转"，因此将"积极推进西部大开发，促进区域经济协调发展"作为重大举措，并上升到"关系到全国发展的大局，关系到民族团结和边疆稳定"的战略高度。在此思路下，党的十六大报告除继续坚持中、东、西部和老、少、贫地区的产业结构调整和重点政策扶持等发展策略外，提出实施统筹城乡经济社会发展；坚持大中小城市和小城镇协调发展；实施西部大开发战略；推进重点地带开发；加强东、中、西部经济交流和合作，实现优势互补和共同发展；形成若干各具特色的经济区和经济带等促进区域协调发展的策略。从党的十六大所确立的区域发展总体战略框架看，是将区域协调发展纳入可持续发展方式之中，以可持续发展方式来统筹区域发展，区域之间、城乡之间、发达地区和不发达地区之间相互协调的内涵更加突出，政策措施更加系统。①

---

① 吴昕春：《区域协调发展战略的历史演进》，《池州学院学报》2008年第6期。

（四）坚持和完善基本经济制度，深化国有资产管理体制改革

大力推进所有制改革是中国经济持续发展的重要动力和源泉。对此，党的十六大报告提出三个方向：

一是毫不动摇地巩固和发展公有制经济。公有制是社会主义经济制度的基础，是推动经济和社会发展的基本力量，是实现最广大人民根本利益和共同富裕的重要保证；公有制经济是国民经济的支柱。报告进一步巩固了公有制经济的地位和作用，有助于发挥社会主义制度的优越性，巩固社会主义市场经济，增强国家的经济实力、国防实力和民族凝聚力。

二是毫不动摇地鼓励、支持和引导非公有制经济发展。这一论述把非公有制经济有机地融入基本经济制度、社会主义现代化建设和中华民族伟大复兴的进程中，突出了非公有制经济的历史地位。报告明确指出各类非公有制经济主体"都是中国特色社会主义事业的建设者"，将其有机融入中国政治生活和社会大家庭。报告也特别指出："依法加强监督和管理，促进非公有制经济健康发展。完善保护私人财产的法律制度。"这是首次在党代会报告中明确提出的新思想，在制度法律上实现了对非公有制经济的新突破。

三是坚持公有制为主体，促进非公有制经济发展，统一于社会主义现代化建设的进程中，不能把这两者对立起来。这就为各种所有制经济提供了充足的发展空间，在市场竞争中发挥各自优势，相互促进，共同发展，进一步激发各类市场主体的活力。

改革开放以来始终重视国有资产管理体制的改革问题。党的十六大报告提出了新的国有资产管理体制的基本框架，即"建立中央政府和地方政府分别代表国家履行出资人职责，享有所有者权益，权利、义务和责任相统一，管资产和管人、管事相结合的国有资产管理体制""中央政府和省、市（地）两级地方政府设立国有资产管理机构""坚持政企分开，实行所有权和经营权分离"。报告对长期有争议的地方政府能否代

表国家行使出资人职责、享有所有者权益的问题作了肯定的结论，有助于调动地方政府发展国有经济的积极性。新的体制不是原来的国有资产管理局的再现或重组，其主要创新点在于：中央政府与地方政府分别代表国家履行出资人资格，享有所有者权益；管资产和管人、管事相结合；权利、义务和责任相统一；中央、省、市（地）三级管理机构等。① 根据党的十六大精神，中国国有资产管理体制改革的基本思路就是：改革原先由国务院作为国有资产的唯一代表，由多个部委分割行使权利的体制；在坚持国家所有的前提下，充分发挥中央和地方两个积极性，分级管理；国民经济命脉和国家安全的重要资产由中央政府履行出资人职责；坚持政企分开，实行所有权和经营权分离。

（五）健全现代市场体系，加强和完善宏观调控

经过改革开放二十多年的发展，中国的商品市场发展较为成熟，而要素市场的发展则较为滞后。党的十六大报告提出："在更大程度上发挥市场在资源配置中的基础性作用，健全统一、开放、竞争、有序的现代市场体系。"健全现代市场体系的重点是要建立和健全生产要素市场，报告将培育和发展土地、劳动力、技术等要素市场作为健全现代市场体系的工作重点。同时，报告单独提出要"推动资本市场的改革开放和稳定发展""正确处理虚拟经济和实体经济的关系"。报告破除社会对资本市场、虚拟经济持否定态度或负面情绪的问题，指明了虚拟资本发展的方向：一是虚拟经济不要脱离实体经济，二是要注意发挥虚拟经济对实体经济发展的促进作用。这就要求要发展股票市场、债券市场，培育个人投资者、机构投资者，完善发行市场、交易市场，同时，也要开放资本市场，包括资本市场服务业的开放和通过资本市场实行资本流动的对外开放。

过去中国经济是在开放度有限的条件下进行调控，加入世界贸易组织走向全面开放后，要在世界贸易组织框架下按照国际经贸规则进行调

---

① 杨圣明：《新两番论兼论"十六大"经济理论创新》，《中国工商管理研究》2003 年第 1 期。

控，既要保持宏观经济的内部平衡，也要重视对外平衡。党的十六大报告明确要求"完善政府的经济调节、市场监管、社会管理和公共服务的职能"，并明确宏观调控的主要目标是促进经济增长、增加就业、稳定物价和保障国际收支平衡四个方面。只有实现经济持续快速发展，才能如期实现全面小康，扩大内需是宏观调控的基本取向，促进经济增长仍是宏观调控的首要目标。在中国面临经济调整期的结构性失业和城乡二元结构等问题、存在大量剩余劳动力的基础上，党的十六大报告首次将就业问题明确纳入宏观调控的目标体系，并将扩大就业、改善民生作为全面建设小康社会的八项举措之一。调控物价与调控就业相辅相成，互为推动，有助于调节经济结构、防止市场扭曲。加入世界贸易组织进一步融入国际经贸体系，如果不有效实行调控，确保国际收支平衡，会对整个国民经济带来很大冲击。因此，确立的宏观调控的目标是同国际市场经济接轨的，是在开放的市场经济条件下保持宏观经济总量平衡的内在要求，符合基本国情和现实需要。

（六）深化分配制度改革，健全社会保障体系

改革的目的是为充分调动社会主义市场经济各方面的积极性、创造性；深化分配制度改革，是市场经济发展的必然要求和必然趋势。党的十六大报告确立了"劳动、资本、技术和管理等生产要素按贡献参与分配的原则，完善按劳分配为主体、多种分配方式并存的分配制度"，并坚持"效率优先，兼顾公平"。与过去经济政策相比，报告不仅把按劳分配外的多种分配方式从"补充"提高到了"并存"的地位和"制度"的方式，而且把对生产要素参与分配的表述从"允许"到"允许和鼓励"发展到确立为"原则"，表明各种生产要素在收入分配领域的地位愈加突出。尤其是强调生产要素参与收益分配，其最大好处是促进各种资源得到合理地使用，有利于稀缺资源的优化配置和有效利用，实现人尽其才、物尽其用、地尽其力，促进经济的高效率发展。这一分配制度的确立，既有利于调动各个方面的积极性，使社会特别是生产单位保持较高的活力和

效率，又顾及了全社会的公平、公正和稳定。

为维护更大范围的社会公平，报告提出要"进一步建立健全社会保障体系"，这既是贯彻"三个代表"思想、全面建设小康社会的奋斗目标和必然要求，也是保持社会稳定和国家长治久安的重要保证。为此，必须切实采取措施改善民生：要全面落实城市居民最低生活保障；积极推进医疗体制改革；积极探索建立农村和城镇养老、医疗和最低生活保障制度；合理确定社会保障标准和水平；加大力度探索和加强城市集体、个体私营和外企职工、自由职业者、进城务工农民的社会保障。

（七）全面提高对外开放水平

党的十六大报告提出："坚持'引进来'和'走出去'相结合，全面提高对外开放水平。"其总的指导思想是，要适应经济全球化和加入世界贸易组织的新形势，实施"走出去"的战略，在更大范围、更广领域和更高层次上参与国际经济技术合作和竞争，充分利用国际国内两个市场，在世界范围优化资源配置，拓展发展空间。这一要求揭示了"以开放促改革促发展"这一建设社会主义的客观规律，提高了对外开放在实现社会主义现代化中的地位和作用。从"引进来"到"走出去"标志着中国的改革开放达到新的高度，"走出去"战略是对外开放新阶段的重大举措。为此，需要进一步扩大商品和服务贸易；进一步吸引和利用外商直接投资；深化外贸体制改革，建立和完善符合国际市场要求和中国国情的外贸管理体制；根据世界市场的情况及其发展趋势，加快结构调整和产业升级，发展壮大优势产业，增强世界市场竞争能力和抵御风险的能力。

三、党的十六届三中全会对完善社会主义市场经济体制的部署

党的十六届三中全会是在中国社会主义市场经济体制已经初步建立、改革开放和现代化建设进入关键时期的重要历史阶段召开的十分重要的会议。全会审议通过了《中共中央关于完善社会主义市场经济体制若干问题的决定》，在充分肯定党的十一届三中全会以来中国社会主义经济体

制改革的成就的同时，明确了完善社会主义市场经济体制的目标、任务、指导思想和原则，对深化经济体制改革进行了全面部署。《中共中央关于完善社会主义市场经济体制若干问题的决定》在重大理论观点、方针政策和体制架构方面有许多新的突破。

（一）按照"五个统筹"的要求和"五个坚持"的原则完善体制

全面建设小康社会，必须进一步完善社会主义市场经济体制，更大程度地发挥市场在资源配置中的基础性作用，进一步克服影响发展的体制性障碍，全面解放一切生产要素。《中共中央关于完善社会主义市场经济体制若干问题的决定》提出完善社会主义市场经济体制的目标和 7 项任务，并要求：按照统筹城乡发展、统筹区域发展、统筹经济社会发展、统筹人与自然和谐发展、统筹国内发展和对外开放的要求，为全面建设小康社会提供强有力的体制保障；要坚持社会主义市场经济体制的改革方向，坚持尊重群众的首创精神，坚持正确处理改革发展稳定的关系，坚持统筹兼顾，坚持以人为本。这些基本要求和原则，充分体现了经济、社会和人的全面协调和谐的发展，体现了改革发展稳定三者的紧密结合、相互统一的战略思想，标志着中国共产党进一步深化了对社会主义市场经济规律性的认识，明晰了完善社会主义市场经济体制的大思路。对《中共中央关于完善社会主义市场经济体制若干问题的决定》的贯彻实施，将进一步解放和发展生产力，为经济社会发展全面进步注入强大动力。

（二）坚持和完善社会主义初级阶段的基本经济制度，建立现代产权制度

以公有制为主体、多种所有制经济共同发展的基本经济制度，是社会主义市场经济的根本属性，因此，必须坚持该制度，并推动各种所有制的实现形式与市场经济体制相契合。《中共中央关于完善社会主义市场经济体制若干问题的决定》第一次提出，大力发展国有资本、集体资本和非公有资本等参股的混合所有制经济，实现投资主体多元化，使股份制成为公有制的主要实现形式。这一提法确立了股份制在社会主义市场

经济中的重要地位，将推动"公""私"资本融合，加速国有企业的多元化改革，为民营资本和外资投资国有资产创造条件。

随着社会主义市场经济的发展，混合所有制经济的比重将越来越大。《中共中央关于完善社会主义市场经济体制若干问题的决定》对国有资本和国有企业改革提出了明确的要求，在理论和政策上系统解决了如何使公有制经济适应市场经济的问题。《中共中央关于完善社会主义市场经济体制若干问题的决定》明确提出，要大力发展和积极引导非公有制经济，消除体制性障碍，允许非公有资本进入法律法规未禁入的行业和领域，在投融资、税收、对外贸易等方面与其他企业享受同等待遇，为非公有制经济的发展、混合所有制结构的建立提供了强有力支持。

产权是所有制的核心和主要内容，如何培育各类市场主体的关键是建立健全的产权制度。《中共中央关于完善社会主义市场经济体制若干问题的决定》第一次提出建立现代产权制度。这是对产权清晰、权责明确、政企分开、管理科学的现代企业制度的重大创新和突破，将落实各类市场主体对生产要素的支配权和收益权，激活各类劳动、知识、资本、技术等生产要素的活力，正如《中共中央关于完善社会主义市场经济体制若干问题的决定》所指出的，将有利于维护公有财产权，巩固公有制经济的主体地位；有利于保护私有财产权，促进非公有制经济发展；有利于各类资本的流动和重组，推动混合所有制经济发展。同时，《中共中央关于完善社会主义市场经济体制若干问题的决定》还对保护产权作出要求，健全产权交易规则和监管制度，推动产权有序流转，保障所有市场主体的平等法律地位和发展权利。从更宏观的角度看，企业改革由建立现代企业制度到建立现代产权制度，表明中国企业的改革已进入一个新的阶段，通过产权转换，促进推动资本流动和重组，使资本等生产要素根据市场要求流向效益高的部门、产业和企业中，这对于民企进入和重组国有股权上市公司给予了肯定。国有股权转让表现在资本市场上，将使民企在购买和重组上市公司中发挥更大的作用。①

（三）正确处理社会主义市场经济中的效率与公平的关系

效率是公平的物质基础和根本途径，公平是效率的必要条件和力量源泉。完善社会主义市场经济体制，是实现效率和公平相统一的正确途径，因此必须加快建设市场机制与调控机制相结合的现代市场体系。《中共中央关于完善社会主义市场经济体制若干问题的决定》要求大力推进市场对内对外开放，发展现代流通方式，积极推进农业产业化经营，完善农产品市场体系，大力发展资本和其他要素市场，打破行业垄断和地区封锁，发展专业化市场中介服务机构和自律性组织，完善市场监管体系，建立健全社会信用体系，促进商品和各种要素在全国范围自由流动和充分竞争，规范市场秩序，深化涉外经济体制改革，完善对外开放的制度保障。更为重要的是，同党的十六大报告相比，《中共中央关于完善社会主义市场经济体制若干问题的决定》更加突出金融的作用，对发展资本市场、深化金融改革作出了重大部署。明确提出大力发展资本市场，把资本市场提到其他要素市场之先的高度，为中国资本市场长期稳定发展提供重要保障；提出深化金融企业改革，健全金融调控机制，完善金融监管体制，建立健全货币市场、资本市场、保险市场有机结合、协调发展的机制。这些部署将在更大程度上保证市场在资源配置中的基础性作用，有助于提升市场效率，但也会扩大经济主体间的差距。

为保障社会主义市场经济的公平性，《中共中央关于完善社会主义市场经济体制若干问题的决定》对宏观调控和政府调节提出了有力措施。比如，进一步健全国家计划和财政政策、货币政策等相互配合的宏观调控体系；加强对区域发展的协调和指导，积极推进西部大开发，支持中西部地区加快改革发展，振兴东北地区等老工业基地；加大国家对农业的支持保护，增加对农业和农村的投入，完善扶贫开发机制，改革对农

---

① 李连仲：《党的十六届三中全会关于经济体制改革有哪些重大突破和创新》，《党的建设》2003 年第 11 期。

民的补贴发放，切实保护种粮农民的利益，深化农村税费改革，切实减轻农民负担；建立有利于逐步改变城乡二元经济结构的体制，大力发展县域经济，加快城镇化进程，逐步统一城乡劳动力市场，形成城乡劳动者平等就业的制度。这些措施将着力解决中国的城乡不平衡、地区不平衡问题，促进共同富裕的实现。《中共中央关于完善社会主义市场经济体制若干问题的决定》还就完善财税体制作出部署。第一次提出"增值税由生产型改为消费型，将设备投资纳入增值税抵扣范围"。这一举措不在生产环节征税，鼓励企业进行生产投入，不仅符合国际通行惯例，同时扩大了税基，保证了税收收入。《中共中央关于完善社会主义市场经济体制若干问题的决定》还要求进一步完善转移支付制度，加大对中西部地区和民族地区的财政支持，有助于维护区域协调发展。

（四）坚持以人为本，突出改善民生

维护最广大人民的根本利益是社会主义市场经济体制的落脚点。《中共中央关于完善社会主义市场经济体制若干问题的决定》坚持以人为本，突出解决民生问题，在就业、收入分配和社会保障方面提出了一系列重大举措，切实解决了人民群众的生产生活现实需要。扩大就业方面，《中共中央关于完善社会主义市场经济体制若干问题的决定》提出，把扩大就业放在经济社会更加突出的位置，努力改善创业和就业环境，改革发展和结构调整都要与扩大就业紧密结合。分配制度改革方面，《中共中央关于完善社会主义市场经济体制若干问题的决定》提出，完善按劳分配为主体、多种分配方式并存的分配制度，整顿和规范分配秩序，加大收入分配调节力度，解决部分社会成员收入差距过分扩大问题。社会保障方面，《中共中央关于完善社会主义市场经济体制若干问题的决定》提出，加快建设与经济发展水平相适应的社会保障体系，完善企业职工基本养老保险制度，健全失业保险制度，继续改革基本医疗保险制度，完善城市居民最低生活保障制度，积极探索机关和事业单位社会保障制度改革，有条件的地方探索建立农村最低生活保障制度等。

（五）健全法律，为社会主义市场经济服务

完善的社会主义市场经济需要法律的规范和保障，《中共中央关于完善社会主义市场经济体制若干问题的决定》提出要完善经济法律制度，全面推进经济法制建设，对进一步完善市场经济法律体系作出了明确指示。行为主体方面，要完善市场主体和中介组织法律制度，使各类市场主体真正具有完全的行为能力和责任能力；产权保护方面，要完善产权法律制度，规范和理顺产权关系，保护各类产权权益；交易保护方面，要完善市场交易法律制度，保障合同自由和交易安全，维护公平竞争；政府调控方面，要完善预算、税收、金融和投资等法律法规，规范经济调节和市场监管；社会保障方面，要完善劳动、就业和社会保障等方面的法律法规，切实保护劳动者和公民的合法权益；社会发展方面，要完善社会领域和可持续发展等方面的法律法规，促进经济发展和社会全面进步。《中共中央关于完善社会主义市场经济体制若干问题的决定》还对执法监督作出要求：加强对法律法规的解释工作，提高行政执法、司法审判与检察的能力和水平；建立权责明确、行为规范、监督有效、保障有力的执法体制；改革行政执法体制，推进司法体制改革，实行执法责任制和执法过错追究制，做到严格执法、公正执法、文明执法。

综上所述，在建立社会主义市场经济体制后，党的十六大和十六届三中全会是对党的十四大以来经济建设的延续和发展，对经济体制的部署体现在"深化"和"完善"上，更加适应加入世界贸易组织后的开放环境和经济全球化的竞争环境，为中国经济的持续健康发展指明了方向。

第二节　完善社会主义市场经济体制需要适应多边贸易体制

加入世界贸易组织为中国经济的发展提出了新要求，按照党的十六大和十六届三中全会的部署，社会主义市场经济体制在开放环境下进行了深层次改革，以促使中国经济更好地适应多边贸易体制，推动经济持续健康发展。

一、多边贸易体制对完善社会主义市场经济体制的新要求

多边贸易体制的核心是《建立世界贸易组织协定》，基本职能是实施《建立世界贸易组织协定》，促进多边贸易活动，组织贸易谈判，解决贸易争端以及审议各成员贸易政策。加入世界贸易组织意味着中国在享受各种多边贸易体制下的权利的同时，也必须遵守相应的规则，承担相应的义务，并履行加入世界贸易组织的承诺。为达到这些要求，中国的经济发展和管理的方式、方法必须作出相应的调整。参与多边贸易体制要求中国必须遵守非歧视性原则（包括最惠国原则和国民待遇原则）、透明度原则、市场准入原则、贸易自由化原则等，对中国现行市场经济体制提出了一系列新的要求。总体上看，要按市场经济的一般规律，调整和完善社会主义市场经济的行为规范和法律体系，依法办事，转变政府职能，建立和完善全国统一、公平竞争、规范有序的现代市场体系，为经济发展创造良好的体制环境。结合中国市场经济体制，具体而言，包含如下新的要求：一是按照非歧视性原则，对进入中国市场的货物和投资者给予国民待遇。这即是中国的所有制改革必须完成的任务，为此必须调整法律、法规，鼓励多种所有制经济共同发展，对国内外投资企业一律实行国民待遇。二是降低关税水平。根据要求，在3—5年内，中国的关税总水平应从2000年的15.6%逐步下降到10%左右，因此需要建立一整套可靠的信息、监管机制，发挥关税的保障和调节职能作用。[①] 三是推动服务业发展并逐步放开服务贸易。中国需要优化产业结构，大力发展服务业，有步骤地开放电信、银行、保险、证券、分销等服务领域，

---

① 牛根颖：《深化经济体制改革，应对入世挑战》，《经济研究参考》2002年第19期。

并建立有效的运转和监管体制。四是完善法律体系。中国需修改、完善现行的相关法律法规，废除和停止实施与多边贸易规则相抵触的法律法规和规章，及时建立一批新的法律法规。五是提高法律法规和外资政策的透明度。

对标多边贸易体制的新要求，中国社会主义市场经济体制仍存在不少不适宜的地方，较为突出的表现在以下几个方面：一是市场体系需完善。市场对资源配置的基础性作用未得到充分发挥，地区、行业、部门间相互封锁、分割的现象依然存在。市场运作规则不健全，财税、金融等工具的协调引导作用未能充分发挥，法律缺失现象明显，且有法律法规与多边贸易规则相冲突，经济运行和管理中有法不依、执法不严的现象比较严重。二是所有制改革进程需加快。国有资产管理相对混乱，国有企业改革步伐缓慢，民营、外资企业未能充分发挥作用，社会对股份制仍存在偏见，企业的市场主体地位没有完全确立起来。三是政府职能定位需准确。宏观调控力度不符合市场发展，政府缺位与越位现象共生，有法不依、机构重叠臃肿等现象与市场经济发展的要求不相适应。四是对外经济管理体制需完善。在市场准入、国民待遇、公平竞争、政策透明等方面亟须作出调整，对外经济贸易活动多头管理，缺乏协调，缺乏解决国际贸易纠纷的应对机制。五是社会保障体系需完善。劳动力人口的医疗、养老、失业保险等改革迫在眉睫，社会保险业仍处于起步阶段，建立保障制度规范化、管理服务社会化的社会保障体系任务紧迫。

二、社会主义市场经济体制完善的内容

党和政府从战略高度出发，按照党的十六大和十六届三中全会精神和要求，积极适应世界贸易组织规则和履行中国加入世界贸易组织的承诺，制定了一系列政策，完善社会主义市场经济体制。

（一）金融体制改革

以 2002 年中央第二次金融工作会议和 2007 年第三次金融工作会议

为指导，对金融开放环境下的金融体系进行改革。

1. 金融市场和监管改革

2003 年中国银行业监督管理委员会正式成立，形成了与证券监督管理委员会、保险监督管理委员会分工明确、相互协调的监管体制。经多年酝酿，2004 年《国务院关于投资体制改革的决定》正式发布，成为投资体制发展的指导性文件。2004 年国务院发布《关于推进资本市场改革开放和稳定发展的若干意见》，将发展资本市场提升到国家战略任务的高度。2005 年证券监督管理委员会发布《关于上市公司股权分置改革试点有关问题的通知》，启动股权分置改革，推动中国股市制度朝着更完善更健康的方向发展。2006 年新修订的《公司法》《证券法》开始实施，有关资本市场监管法规和部门规章得到相应调整与完善。对建设银行、中国银行等国有商业银行进行重组并上市；三大政策性银行也进行改革，2008 年国家开发银行以全面推行商业化运作为方向，率先推进改革，进出口银行和农业发展银行按照"分类指导、一行一策"的原则推进改革。2003 年国务院下发《深化农村信用社改革试点方案》，推动农村信用社改革进入新阶段。[①]

2. 汇率改革

按照主动、渐进、可控的原则，2005 年 7 月开始实施"以市场供求为基础、参考一篮子货币进行调节、有管理的浮动汇率制度"，改变了1994 年以来的单一的有管理的浮动汇率制度，人民币汇率不再盯住单一美元，中国人民银行在每个工作日闭市后公布单日银行间外汇市场交易货币对人民币汇率的收盘价，作为下个工作日对人民币交易的中间价，银行间外汇市场美元对人民币的交易价在中间价 0.3% 的幅度内浮动，非美元货币对人民币的交易价在中间价上下一定幅度内浮动。[②]2008 年国际金融危

---

① 《国务院关于印发深化农村信用社改革试点方案的通知》（国发〔2003〕15 号），见 http://www.gov.cn/zwgk/2005-08/13/content_22249.htm。

② 《中国人民银行关于完善人民币汇率形成机制改革的公告》（中国人民银行公告〔2005〕第 16 号）。

机全面爆发，中国适当收窄了人民币波动幅度。2010 年 6 月 19 日，中国人民银行宣布进一步推进人民币汇率形成机制改革，增强人民币汇率弹性。[①]

（二）财税体制改革

以税制改革、财政管理制度改革为核心，构建公共财政体制框架的各项财税体制改革稳步推进，财税体制改革逐渐步入深水区。

1. 税制改革

按照党的十六届三中全会提出的"简税制、宽税基、低税率、严征管"的思路，启动新一轮税制改革：第一，在 2006 年全面取消农业税。第二，在全国范围内推行由生产型增值税到消费型增值税的转型改革，在扩大税基的同时也为企业的生产经营活动进行了减负，以激发企业活力，提升竞争力。[②] 第三，完善消费税，2006 年调整消费税的征税范围，新增、取消了一些税目，2008 年改革乘用车消费税并修改其消费税条例，2009 年对烟类产品消费税税率进行调整。第四，企业所得税改革，2008 年起《中华人民共和国企业所得税暂行条例》和《中华人民共和国外商投资企业和外国企业所得税法》正式合并为《中华人民共和国企业所得税法》，对内外资企业的所得税合并，实行公平税收待遇。第五，个人所得税改革，自 2005 年、2007 年、2011 年连续三次对工资所得减除费用标准做了调整，由 800 元提高到 3500 元，同时改进了工资所得、个体工商户生产经营所得税率结构，以缩小居民收入差距。第六，按照"新账不欠，老账要还，完善机制，共同负担，推进改革，促进发展"的原则，2004 年实施出口退税负担机制改革。[③]

2. 财政管理制度改革

第一，改革预算管理，全面推进全口径预算管理体系，将按资金性

[①] 《人民银行宣布进一步推进人民币汇率形成机制改革》，见 http://www.gov.cn/gzdt/2010-06/19/content_1631423.htm。

[②] 《中华人民共和国增值税暂行条例》（中华人民共和国国务院令第 538 号，2009 年）。

[③] 《国务院关于改革现行出口退税机制的决定》（国发〔2003〕24 号），见 http://www.gov.cn/gongbao/content/2003/content_62499.htm。

质划分的一般公共预算、国有资本经营预算、政府性基金预算和社会保险基金 2011 年各级政府所有非税收入全部纳入预算管理，全面取消预算外资金，初步建立政府收入的四本账，并保证四本账规范操作。第二，完善转移支付制度，2002 年的所得税收入分享改革增加了所得税基数返还，财政支出更多向以教育、就业、医疗、社会保障和住房为代表的基本民生事项和中西部地区倾斜。①

（三）国有企业改革

以 2003 年国务院国有资产监督管理委员会成立为标志，重点推进国有资产管理体制与股份制改革，目标在于推动股份制成为公有制的主要实现形式。国有资产监督管理委员会正式成立，中国国有资本初步实现了出资人的职能一体化和集中化，从政府层面清晰了责任义务。国有资产监督管理委员会的成立旨在集中权力，同时也拉开了政企分开的改革过程。

1. 稳步推进国有资产管理体制改革

2004 年国有资产监督管理委员会发布《关于中央企业建立和完善国有独资公司董事会试点工作的通知》，正式在国有企业引进董事会制度。2006 年国务院转发国有资产监督管理委员会起草的《关于推进国有资本调整和国有企业重组的指导意见》，推动国有资本向涉及国家安全的行业、重大基础设施和重要矿产资源、提供重要公共产品和服务的行业、支柱产业和高新技术产业中的重要骨干企业等重要行业和关键领域集中，增强国有经济控制力，发挥主导作用。②《企业国有资产监督管理暂行条例》（2003 年）、《企业国有资产法》（2008 年）等法规规章相继出台，在国有企业逐步实施了企业负责人经营业绩考核，为建立起真正有效的国有资产出资人制度提供了强有力的法律依据，国有资产保值增值责任层层落

---

①　《国务院关于印发所得税收入分享改革方案的通知》（国发〔2001〕37 号）。

②　《国务院办公厅转发国资委关于推进国有资本调整和国有企业重组指导意见的通知》（国办发〔2006〕97 号），见 http://www.gov.cn/gongbao/content/2007/content_503385.htm。

实，国有资产监管进一步加强。

2. 深化对国家控股的股份公司特别是上市公司内部的改革

改革前国有股（包括国有的法人股）属于非流通股，造成中国股市的两个市场、两个价的现象，引发寻租、价格信号失真、割裂的市场失去有效引导资源优化配置的作用等各种问题。2005 年启动股权分置改革后，资本市场成为一个全国优质资产的过滤器，在全国范围内为国有企业改革提供了资源配置平台，企业之间的大额换股并购有了可能。2006 年首次公开发行实现了全流通，并恢复了资金申购制度，中国工商银行、中国建设银行、中国国航等央企大盘股成功登陆 A 股。这些措施对于国有经济的战略性结构调整、非公资本参与国有企业改制、产业整合以及上市公司做优做强都有积极的影响；同时，国有资本的市场价值和市场价格可以在资本市场获得公允的定价，成为新的绩效考核标准。

（四）非公有制经济发展

加入世界贸易组织为非公有制经济、公有制经济和外资经济更平等地融入社会主义市场经济提供了重要机遇，非公有制经济在得到支持后实现转型升级。

1. 法律层面

2004 年 3 月，十届全国人民代表大会二次会议审议并通过了《中华人民共和国宪法修正案》，第十一条规定"国家保护个体经济、私营经济等非公有制经济的合法的权利和利益。国家鼓励、支持和引导非公有制经济的发展，并对非公有制经济依法实行监督和管理"，首次在中国法律中使用"非公有制经济"的概念。第十三条将"公民的合法的私有财产不受侵犯"写入宪法修正案。[①]2007 年，历经七次审议后《物权法》终获通过，将保障一切市场主体的平等法律地位和发展权作为基本原则。此外，《行政许可法》（2004 年）、《反垄断法》（2008 年）、《企业所得税法》（2008 年）

---

① 《中华人民共和国宪法修正案》，见 http://www.npc.gov.cn/npc/zt/qt/gjxfz/2014-12/03/content_1888091.htm。

等一批涉及非公有制经济领域的其他法规密集出台或修订，法律体系日趋完善。

2. 政策层面

2005年2月国务院发布《关于鼓励支持和引导个体私营等非公有制经济发展的若干意见》，是新中国成立以来首部以促进非公有制经济发展为主题的中央政府文件，重点内容主要包括：第一，放宽市场准入，允许非公有资本进入法律法规未禁入的行业和领域、垄断行业和领域、公用事业和基础设施领域、社会事业领域、金融服务业、国防科技工业建设领域，鼓励参与国有经济结构调整和国有企业重组、参与西部大开发、东北地区等老工业基地振兴和中部地区崛起；第二，加大财税金融支持，加大财税、信贷支持力度，拓宽直接融资渠道，鼓励金融服务创新，建立健全信用担保体系；第三，完善社会服务，大力发展社会中介服务，积极开展创业服务，支持开展企业经营者和员工培训，加强科技创新服务，支持企业开拓国内外市场，推进企业信用制度建设。[①]2008年8月财政部、国家发展和改革委员会和国家工商行政管理总局联合下发了《关于停止征收个体工商户管理费和集贸市场管理费有关问题的通知》，决定从2008年9月1日起在全国统一征收个体工商户管理和集贸市场管理费，这有利于实现市场主体公平竞争，促进个体、私营等非公有制经济持续健康发展。[②]2009年国务院出台《国务院关于进一步促进中小企业发展的若干意见》，2010年国务院制定了《鼓励和引导民间投资健康发展的若干意见》，两份文件为非公有制经济发展构建了更为完备的扶持性政策体系。

（五）收入分配制度改革

按劳分配和按生产要素分配相结合的政策，更加重视收入分配差距

---

① 《关于鼓励支持和引导个体私营等非公有制经济发展的若干意见》（国发〔2005〕3号），见 http://www.gov.cn/zwgk/2005-08/12/content_21691.htm。

② 《财政部　国家发展改革委　国家工商总局关于停止征收个体工商户管理费和集贸市场管理费有关问题的通知》（财综〔2008〕61号），见 http://www.gov.cn/zwgk/2008-08/27/content_1080758.htm。

的问题。

1. 以农民增收为核心的农业改革

第一，财税支持。除取消农业税，中央财政加大对粮食直补、农资综合补贴、良种补贴、农机具购置补贴等"四大补贴"的支持力度。第二，完善农村社会保障体系，解决中国近 8 亿农民"病有所医、老有所养"的问题。第三，完善农村土地流转制度，2004 年政府出台《国务院关于深化改革严格土地管理的决定》，强调在土地严格管理的前提下，村庄、集镇、建制镇中的农民集体所有建设用地使用权可以依法流转。① 在土地公有的基本制度不改变的前提下，中国开始土地确权登记，进行土地承包经营权试点工作，2007 年 6 月成都与重庆被国务院批准设立全国统筹城乡综合配套改革试验区。② 通过确权认定，承认农民拥有土地承包经营权、宅基地使用权、集体收益分配权，并为农民颁发《农村土地承包经营权证》《集体建设用地使用证》和《房屋所有权证》，并据此获得流转收益。③ 2008 年党的十七届三中全会提出"允许农民以转包、出租、互换、转让、股份合作等形式流转土地承包经营权""有条件的地方可以发展专业大户、家庭农场、农民专业合作社等规模经营主体"。④ 通过土地确权、登记、颁证制度，使农民获得长久稳定的土地承包权，建立了农民土地承包收益的顶层设计框架。第四，免除农村义务教育学杂费，2006 年在西部地区农村实施，2007 年范围扩展至全国。2006 年中央财政对西部地区农村义务教育阶段中小学安排公用经费补助资金，提高公用经费保障水平，同时启动全国农村义务教育阶段中小学校校舍维修改造资金保障

---

① 《国务院关于深化改革严格土地管理的决定》（国发〔2004〕28 号），见 http://www.mlr.gov.cn/zwgk/flfg/tdglflfg/200601/t20060112_642080.htm。

② 参见《国家发展改革委关于批准重庆市和成都市设立全国统筹城乡综合配套改革试验区的通知》（发改经体〔2007〕1248 号），见 http://www.sdpc.gov.cn/fzgggz/tzgg/zhdt/201005/t20100511_351863.html。

③ 付丽琴、刘青林：《2003—2013 年我国收入分配制度改革回顾及启示》，《经济研究参考》2013 年第 29 期。

④ 党的十七届三中全会《中共中央关于推进农村改革发展若干重大问题决定》。

长效机制。①

2. 提升城镇居民收入

除完善城镇社会保障制度，为缓解不同群体间的收入差距，2004 年劳动和社会保障部颁布了《最低工资规定》，2008 年起实施《劳动合同法》《就业促进法》，设立各类就业和人才服务机构，通过法律手段保障劳动者合法权益，增加劳动者收入。

（六）社会保障制度发展

1. 医疗保险

2003 年，劳动和社会保障部下发《关于进一步做好扩大城镇职工基本医疗保险覆盖范围工作的通知》，提出加快建设和完善城镇职工基本医疗保险制度；同年，国务院下发《关于建立新型农村合作医疗制度意见的通知》，启动新型农村合作医疗的试点工作；2004 年，医疗保险制度扩展到城镇灵活就业人员；2007 年，医疗保险又由职业人群拓展到城镇非从业居民；② 2009 年发布《关于全面开展城镇居民基本医疗保险工作的通知》，标志着中国从制度设计上实现了基本医疗保险对城乡居民的全面覆盖。

2. 养老保险

自 2005 年开始，扩大做实企业职工基本养老保险个人账户试点，积极推进养老保险覆盖范围由职工向城镇灵活就业人员的拓展，改革养老金计发办法，强化激励约束机制，建立长效机制。2009 年，国务院颁发《关于开展新型农村社会养老保险试点的指导意见》，探索建立个人缴费、集体补助、政府补贴相结合的新农保制度。2009 年，《城镇企业职工基本养老保险关系转移接续暂行办法》的颁布，标志着社会保险关系首次实现了跨省区的顺畅转续，适应了劳动者的流动性。2011 年，国务院决定

---

①《国务院关于深化农村义务教育经费保障机制改革的通知》（国发〔2005〕43 号），见 http://www.gov.cn/gongbao/content/2006/content_185157.htm。

②《国务院关于开展城镇居民基本医疗保险试点的指导意见》（国发〔2007〕20 号），见 http://www.gov.cn/zhuanti/2015-06/13/content_2878973.htm。

开展城镇居民社会养老保险试点，要求 2012 年基本实现城镇居民养老保险制度全覆盖，标志着中国从制度设计上又实现了养老保险对城乡居民的全面覆盖。①

3. 社会救助

2003 年，国家对建立和实施农村医疗救助制度进行安排，救助对象是农村五保户和农村贫困户家庭成员。2006 年国务院颁布新的《农村五保供养工作条例》，农村五保制度实现了由农民供养向财政供养的重大转变。2007 年，国务院发布《关于在全国建立农村最低生活保障制度的通知》，指出全国要建立兜底性的城乡最低生活保障制度，标志着中国从制度设计上实现了最低生活保障对城乡居民的全面覆盖。

4. 保障农民工机制

2006 年，国务院发布《关于解决农民工问题的若干意见》，提出优先解决农民工工伤保险和大病医疗保障问题，逐步解决养老保障问题，探索适合农民工特点的养老保险办法。2008 年，党的十七届三中全会提出，要解决好被征地农民的就业、住房保障问题，使被征地农民基本生活长期有保障。此外，2008 年组建人力资源和社会保障部，将给劳动者的社会保险管理纳入一个行政部门；2011 年 7 月 1 日，《中华人民共和国社会保险法》正式施行，成为社会保障体系建设最重要的法律，极大地促进了中国社会保险制度的定型化。

（七）对外贸易改革

为更好参与多边贸易体制，中国实施了"出口导向"的战略目标，给予外资企业国民待遇，提高政策透明度，鼓励企业"走出去"。

在管理机构层面。2003 年撤销对外贸易经济合作部和国家经济贸易委员会，组建商务部，具体管理中国的外贸活动，研究制定贸易政策。

在对外贸易法律层面。中国清理并修订了国内的相关法律法规，

---

① 《国务院关于开展城镇居民社会养老保险试点的指导意见》（国发〔2011〕18 号），见 http://www.gov.cn/zhengce/content/2011-06/13/content_7241.htm。

2004 年 7 月起实施的《中华人民共和国对外贸易法》详细规定了对外贸易促进机制，包括金融支持机构和贸易基金支持、公共信息服务体系建设、拓展国际市场和国际经济合作、鼓励发挥行业协会商会作用、支持中小企业以及民族自治和不发达地区的贸易发展。[1]

在货物进出口管理制度层面。2002 年起实施《中华人民共和国货物进出口管理条例》和与之配套的多项部门规章，涵盖了中国进出口管理的全过程。对非关税措施进行大幅削减和规范，取消部分商品的进出口数量限制，对于重要农产品以关税配额管理代替原来的绝对配额管理。

在利用外资方面。2002 年修订并颁布了《指导外商投资方向规定》《外商投资产业指导目录》，鼓励外资购并国有企业，扩大服务业等领域的外商投资准入。完成了世界贸易组织知识产权理事会对中国加入世界贸易组织以来执行《与贸易有关的知识产权协定》和相关承诺的审议工作，使市场准入程度不断加大。[2]

在科技兴贸层面。2003 年 11 月《关于进一步实施科技兴贸战略若干意见》正式实施，对加快高新技术产品出口促进体系建设、进一步开拓国际市场和大力支持高新技术产品出口、提高企业技术创新能力作出部署，是中国实施科技兴贸战略的第一个纲领性文件。[3]

从以上分析可知，中国在此阶段对社会主义市场经济制度的完善延续了改革开放以来的渐进式的改革方式，进一步深化了"以开放促改革促发展"的社会主义客观规律，为加入世界贸易组织后中国经济的转型发展提供了坚实的制度保障。

---

① 《中华人民共和国对外贸易法（2004 修订）》，见 http://www.fdi.gov.cn/1800000121_23_66563_0_7.html。

② 郝璐：《中国对外贸易制度研究》，吉林大学，博士论文，2017 年。

③ 《国务院办公厅转发商务部等部门关于进一步实施科技兴贸战略若干意见的通知》（国办发〔2003〕92 号），见 http://www.most.gov.cn/fggw/zfwj/zfwj2003/200512/t20 051214_54959.htm。

第三节　积极履行加入世界贸易组织承诺，完善社会主义市场经济体制

2001 年 12 月 11 日，中国终于在历经 15 年谈判后正式成为世界贸易组织第 143 个成员。按照加入世界贸易组织的承诺，中国在加入世界贸易组织后便着手全面清理、修订与贸易相关的法律法规，进一步完善外贸法律法规体系，扩大了在工业、农业、服务业等领域的对外开放。与此同时，中国加快深化外贸体制改革，促进社会主义市场经济体制的建立和完善。

一、加入世界贸易组织以来中国切实履行了相关承诺

（一）货物贸易：关税大幅降低，非关税壁垒显著减少

1. 关税水平大幅降低，税则税目更为精细，结构不断优化

2001 年 12 月 11 日正式成为世界贸易组织成员后，中国遵守约定，全面履行关税减让承诺，从降低税率、精细税目、优化税收结构三方面同时入手，经过多年的不断调整，有效发挥了关税的宏观调控职能，并逐步建立起适应国内外经济发展趋势、体系较为完备的关税制度。

（1）关税水平大幅度降低。2001 年以来，按照加入世界贸易组织的承诺，中国政府于 2002 年 1 月 1 日起开始全面下调关税，分 10 年逐步实施。其中，对绝大部分进口产品的降税承诺在 2005 年 1 月 1 日已经履行完毕；所有产品的降税承诺在 2010 年 1 月 1 日前已经全部完成。中国的平均关税总水平从加入世界贸易组织前的 15.3% 降到 2010 年的 9.8%，降幅达 36%。①

（2）税则税目进一步精细。1992 年，中国依据世界海关组织《商品名称及编码协调制度》开始设置与国际接轨的税则税目，将税则税目设为 8 位编码，之后又分别在 1996 年、2002 年和 2007 年多次改版，使得

---

① 中华人民共和国财政部《入世以来关税制度建设情况》，见 http://www.mof.gov.cn/zhuantihuigu/czjbqk2011/czsr2011/201208/t20120831_679826.html。

中国的改版与世界海关组织协调制度同步，步伐明显快于大多数发展中国家。同时，为适应科技进步，便利产业结构调整，加强海关进出口管理的需要，针对中国部分特有的贸易量较大或增长较快的产品、新技术产品以及实施进出口管理措施的商品，增设了 1183 个本国子目，8 位税目数由 2001 年的 7111 个逐步增至 2016 年的 8294 个。[1]

（3）关税结构不断优化。加入世界贸易组织后中国不仅切实履行承诺，逐步降低关税水平，而且不断优化关税税率结构，使关税体系更加合理。中国大幅降低了能源、资源、原材料等初级产品的进口关税，并有选择地降低了部分关键零部件等中间品以及重要机电设备等制成品的进口关税。以汽油、柴油为例，进口关税由加入世界贸易组织前 1996 年的 9% 降至目前实施的 1% 和 0%。目前，中国进口能源、资源类产品税率一般不超过 5%，其中原油、煤炭、铁矿石等重点大宗商品均已实行了零关税。中国大幅度地降低了消费品进口关税。如对汽车进口整车和零部件降税承诺在 2006 年 7 月 1 日执行到位，汽车整车关税税率从加入世界贸易组织前的 70%—80% 降到 25%，汽车零部件关税税率从加入世界贸易组织前的 18%—65% 降至 10%[2]。精细调整后的关税，不仅税率大幅降低，而且税收结构明显改善，形成了较为合理的税率结构。

2. 以实际行动减少非关税壁垒

在非关税壁垒方面，中国在加入世界贸易组织时签署的《中国加入议定书》附件 3 中承诺取消进口配额、进口许可证和特定招标等 424 个税号产品的进口非关税措施，已于 2005 年 1 月 1 日全部取消完毕，并于 2005 年 9 月起开始正式实施新的进口许可制度，[3] 包括关税配额、非自动

① 中华人民共和国财政部：《中国财政基本情况（2012—2013）》，见 http://jgdw.mof.gov.cn/mofhome/mof/zhuantihuigu/czjbqk1/czsr/201405/t20140505_1075168.htm。
② 新华网、商务部：《加入世贸组织 15 年保护期到期后我国关税总水平将保持继续平稳》，见 http://news.xinhuanet.com/fortune/2015-06/18/c_1115661580.htm。
③ 陈泰锋：《中国对外开放新进展：基于 WTO 承诺履行的视角分析》，《国际经济合作》2008 年第 5 期。

进口许可和自动进口许可。其中，关税配额方面，中国仅对少数农产品和化肥贸易实施关税配额；在进口许可方面，取消原来以业绩为基础颁发许可的制度，明确规定以透明、可预见、统一、公平和非歧视为基础实施进口许可的管理。

在贸易经营许可方面，全面放开贸易经营权。加入世界贸易组织前，中国对外贸易采取"指定贸易的方式"，仅有少数指定企业可以从事对外贸易的经营活动。加入世界贸易组织后，2003 年取消了"指定贸易"方式。2004 年 4 月完成外贸法的修订，除对少数农产品和能源资源采取国营贸易外，全面放开贸易经营权，将实行了 50 年的外贸审批制改为备案登记制，规定所有合法的对外贸易经营者均可以按照规定从事对外贸易；2009 年对旅游、金融、信息服务等部门进一步放开。[①]

政府采购方面，逐步开放中国的政府市场。中国从 2002 年起正式成为世界贸易组织《政府采购协议》的观察员；2003 年中国开始实施《政府采购法》，使中国的政府采购更加法制化、规范化，并增加政府采购行为在国内外的透明度；2009 年承诺在政府采购领域给予外资企业国民待遇。

出口限制方面，减少限制，扩大开放领域。从 2005 年 1 月起中国开始实施新的出口许可管理办法，其中包括出口配额和出口许可证，出口许可证又包括自动与非自动出口许可。新的出口许可管理办法中规定，对农产品、木材、煤炭、原油和成品油、金属矿物、丝绸等实施出口配额，取消纺织品和服装的出口配额管制。[②]

出口补贴方面，中国逐步取消部分产品的直接补贴和间接补贴，促进市场健康发展。2004 年中国调整了出口退税率，分为 5%、8%、11%、

---

① 盛斌等：《入世十年转型：中国对外贸易发展的回顾与前瞻》，《国际经济评论》2011 年第 5 期。

② 盛斌等：《入世十年转型：中国对外贸易发展的回顾与前瞻》，《国际经济评论》2011 年第 5 期。

13% 和 17% 5 档；[①]2005 年调低和取消了对部分"高能耗、高污染、资源型"产品的出口退税率，并降低了较易引起贸易摩擦的部分产品（如纺织品）的出口退税率；2009 年提高部分高技术含量、高附加值的机电产品的出口退税率；2010 年财政部、国家税务总局联合发文取消 406 个税则号的出口退税，如部分塑料及制品、橡胶及制品、玻璃及制品、部分钢材、部分农药、医药及化工产品。[②]

（二）服务贸易：全方位开放

在《中国加入议定书》中，中国政府承诺将全方位、有步骤地开放国内服务业市场。加入世界贸易组织以来，中国相继颁布了四十多个开放服务贸易领域的法规和规章，涵盖金融、旅游、建筑等几十个领域，进一步完善了服务贸易对外开放的法律体系，使得中国服务贸易开放领域更为广泛，服务贸易结构日趋合理，开放承诺水平高于一般发展中国家，并接近发达成员。

1. 服务贸易开放领域更为广泛

过渡期结束后，中国全部的市场准入承诺的平均数为 57.4%，平均比例为 38%；在国民待遇方面承诺的平均数和平均比例分别为 57.4% 和 45%，[③]皆高于其他国家；银行、保险、证券、电信、分销等服务贸易部门也全部向外资开放，开放度远高于发展中国家平均水平。此外，中国在自由贸易区框架下的服务贸易开放也不断增多，加入世界贸易组织以来，先后与东盟、智利、澳大利亚签署了《服务贸易协议》，内地也分别与香港、澳门签署了《关于建立更紧密经贸关系的安排》等。2005 年以来，随着《外商投资产业指导目录 2004 年修订版》的颁布，中国进一步加快服务贸易领域的开放，对一些敏感行业，包括商业、电信、建筑、分销、

① 会计网：《出口退税率查询入口》，见 http://www.kuaiji.com/news/ 2141213。
② 官平：《406 种商品出口退税 7 月 15 日彻底取消》，见 http://stock.hexun. com/2010-06-23/124034835.html。
③ 张莉：《入世十年我国服务贸易发展成就及未来取向》，《中国经贸导刊》2011 年第 11 期。

教育、环境、金融、旅游和运输等 9 个领域，约 90 多个分部门作出了开放承诺，对外资的各种限制逐渐放宽，扩大外商投资开放领域，除极少数关系国计民生的重要战略部门及军事工业外，外资准入限制全面放松，地域及股权方面的投资限制也逐步取消，加快了中国建设开放型经济的步伐。按世界贸易组织规则分类的 160 多个服务贸易部门中，中国已开放 100 个，并承诺将进一步开放 11 个分部门。[①]

2. 各主要服务部门开放效果明显

加入世界贸易组织时中国承诺按照《中国加入议定书》和《服务贸易总协定》的规定，切实改善市场准入条件，逐步放宽对外开放的服务市场领域，按照承诺时间表严格执行，对国内服务企业的保护不得超越承诺表的范围。

（1）旅游业方面。随着经济全球化下的贸易自由化浪潮的推进以及中国加入世界贸易组织等事件的发生，《服务贸易总协定》对推动旅游服务贸易自由化的相关规定，同样适用于中国的旅游服务贸易。2004 年 12 月 31 日，中国加入世界贸易组织后的过渡期已经结束，中国政府积极履行加入世界贸易组织时的承诺，旅游市场完全对外开放。2005 年 2 月 17 日，国家旅游局和商务部联合发布《对〈设立外商控股、外商独资旅行社暂行规定〉的修订》，降低外资旅行社注册资本至不少于 250 万元人民币，取消外资旅行社设立的地域限制，提前 1 年多兑现了允许外资设立控股旅行社的承诺，提前 3 年兑现了允许外资设立独资旅行社的承诺。[②]

（2）银行方面。加入世界贸易组织以来，中国在建立和完善现代金融体系方面作出了许多努力，有力地推动了中国金融业的对外开放、金融制度和监管体系的建立。中国银行业在 2001 年加入世界贸易组织时就全面开放了外汇业务，也逐步扩大了人民币业务的开放地域和业务对象。

---

① 张莉：《入世十年我国服务贸易发展成就及未来取向》，《中国经贸导刊》2011 年第 11 期。
② 陈泰锋：《中国对外开放新进展：基于 WTO 承诺履行的视角分析》，《国际经济合作》2008 年第 5 期。

目前，外资银行在法规规定的 12 项基本业务范围内经营的业务品种已超过 100 个，市场准入的标准和程序也比加入世界贸易组织时进一步简化。中国还鼓励合格的境外投资者参与国内金融机构的重组与改造，并已经将单个外资机构入股中资商业银行的比例由原来的 15% 提高到 20%，合计外资投资所占比例如低于 25%，被入股机构的性质和业务范围不发生改变。[①] 外资不但积极参与中国国内银行的股权改革，还通过战略联盟、技术合作、业务外包等形式与中资银行建立合作关系，实现先进技术、设备和服务、网络优势等方面的互补互利。

（3）证券业方面。2002 年 12 月，中国开始正式实施合格的境外机构投资者制度，这是在人民币未实现完全自由兑换的情况下，中国有限度地引进外资、开放证券市场的过渡性举措。2007 年中国政府在中美第二次战略经济对话期间，宣布在 2007 年下半年取消对外资券商进入中国市场的禁令，并恢复发放对包括合资券商在内的证券公司的经营牌照；同意在第三次战略对话之前进一步扩大外资券商在中国的业务种类，包括经纪业务、自营业务以及基金管理。至此兑现了加入世界贸易组织时的全部承诺。同时，中国政府还在世界贸易组织没有明确承诺的情况下，同意合资券商开展经纪业务、自营业务和资产管理业务，使得合资证券公司与国内证券公司拥有同等待遇。

（4）保险业方面。从 2005 年年底开始，中国对外资保险公司的地域和业务范围已无任何限制，外资保险公司现已可以在中国任何一个城市开设机构，外资寿险公司也可以向中国公民和外国公民提供健康险、团体险和养老金 / 年金险服务。

（5）医疗方面。基于加入世界贸易组织的承诺，2000 年卫生部和对外贸易经济合作部联合制定的《中外合资合作医疗机构暂行管理办法》规定：中方在中外合资、合作医疗机构中所占股权比例或权益不得低于

---

① 　贺婷婷：《入世五年来我国金融服务业的开放与竞争》，《对外经贸实务》2007 年第 9 期。

30%，即外资股份最高可占到 70%，①但中国只允许举办中外合资、合作的医疗机构。2010 年 11 月，在《关于进一步鼓励和引导社会资本举办医疗机构的意见》中指出："进一步扩大医疗机构对外开放，逐步取消对境外资本的股权比例限制，对具备条件的境外资本在我国境内设立独资医疗机构进行试点，逐步放开"。2011 年 12 月 24 日，国家发展和改革委员会、商务部联合公布《外商投资产业指导目录（2011 年修订）》，明确将外商投资医疗机构从限制类调整为允许类。

（三）立法更全，执法更严，知识产权保护取得显著成果

在与贸易有关的知识产权方面，根据世界贸易组织的《与贸易有关的知识产权协定》设定的保护知识产权的最低司法与执法标准，中国于 2001 年已修订了《著作权法》《专利法》和《商标法》等知识产权法，充分保证对外贸易中外国人在所有知识产权方面的国民待遇和最惠国待遇符合《与贸易有关的知识产权协定》的规定，对地理标识、植物新品种等在相关法律和法规中做了专门规定，并建立了对知识产权的大范围综合性管理体系。

随着立法体系的逐步完善，中国相关工作的重心转移到法律执行方面，2003 年 10 月成立了新的中央政府知识产权领导小组负责处理执行问题，2004 年 8 月至 2005 年 12 月开展了保护知识产权的专项行动，2001—2003 年处罚的案件大量增加；2003 年还颁布《知识产权海关保护条例》，使海关在查处侵权货物方面的作用日益增大；2005 年颁布《互联网著作权行政保护办法》。

加入世界贸易组织以来，中国切实履行承诺，在关税方面，逐步降低关税税率，精细税则税目，优化税收结构；在非关税壁垒方面，逐步扩大农业、制造业和服务业市场准入，全面放开对外贸易经营权，取消

---

① 中国行业研究网：《今年外资持股医疗机构比例限制将减少》，见 http://www.chinairn.com/news/20140326/090024583.html。

所有进口配额、许可证等非关税措施；服务贸易方面，逐步降低外资准入门槛，进一步扩大开放领域，开放部门达到 100 多个，接近发达国家的水平；在知识产权保护上立法更全、执法更严，成效显著。

二、法律法规逐步健全，社会主义市场经济体制进一步完善

（一）法律法规逐步健全

2001 年 12 月，中国正式加入世界贸易组织后，切实履行加入世界贸易组织承诺，有计划、分步骤地对贸易相关法律法规进行清理、修订，在中央层面制定、修订、废止的法律、行政法规和部门规章总计达 2300 余件，地方政府负责清理的地方性政策和法规总计达 19 万多件，对贸易体制和政策进行全面调整，废止了关于国民待遇的所有与世界贸易组织不一致的规定与措施。

1. 政府透明度大幅提高

透明度原则是世界贸易组织的一项重要基本原则，加入世界贸易组织以来，中国在增强透明度方面作出不懈努力，积极征询公众关于法律法规的修改意见并及时公布关税、贸易、知识产权等与贸易相关的法律法规及相关条例。2001 年加入世界贸易组织后，中国逐步完善相关的外贸法律法规体系。2001—2003 年建立相应的司法审查程序与机构，通过设立官方刊物和咨询点，政策的透明度大幅度提高。2004 年商务部发布公告，对《对外贸易壁垒调查暂行规则》广泛征求公众意见；2007 年 12 月商务部根据《中华人民共和国对外贸易法》草拟了《对外贸易促进办法》，并主动公开征求意见；2009 年 7 月，为规范外贸经营者的登记工作，促进对外贸易的持续健康发展，中国对《对外贸易经营者备案登记办法》进行了修订，并对该修订草案公开征求意见。

2. 法规体系建设更加健全

为适应国际经贸环境的改变，2004 年中国政府修订了《中华人民共和国对外贸易法》，并于 2004 年 7 月 1 日正式开始实施。《中华人民共和

国对外贸易法》使中国在对外贸易上迈出一大步。相比修订前的外贸法，《中华人民共和国对外贸易法》主要有 5 大变化：一是修订前的外贸法中规定自然人不可从事对外贸易经营活动，《中华人民共和国对外贸易法》结合加入世界贸易组织后中国的承诺与贸易状况，依法将从事对外贸易经营活动的自然人纳入对外贸易经营活动者的范围。二是按照《中国加入议定书》第 5.1 条和《中国加入工作组报告书》第 84 段（a）中的承诺，中国在加入世界贸易组织后 3 年内要取消对外贸易权的审批，放开货物贸易和技术贸易的经营权。据此，2004 年《中华人民共和国对外贸易法》取消货物和技术进出口经营权的审批制，改为备案登记制。三是根据《1994 年关税与贸易总协定》第 17 条和《服务贸易总协定》第 8 条的规定，允许缔约方在国际贸易中建立或维持国营贸易。因此，《中华人民共和国对外贸易法》中规定国家可以对部分货物的进出口实行国营贸易管理。四是根据《中国加入工作组报告书》第 136 段中的承诺，中国应当在加入世界贸易组织后立即使自动许可制符合世界贸易组织《进口许可协议》的规定。其中自动许可只是备案性质，主要目的是监测进出口情况。据此，《中华人民共和国对外贸易法》规定国家对部分自由进出口的货物实行进口自动许可管理。五是《中华人民共和国对外贸易法》增加了"与对外贸易有关的知识产权保护"一章，依据世界贸易组织的规则，同时借鉴在知识产权保护领域取得显著成就国家的经验，采取贸易限制措施，限制侵权货物的进出口，维护国内外知识产权的合法权益。

此外，《中华人民共和国对外贸易法》还增加了对外贸易救济、对外贸易调查、扶持中小企业从事对外贸易等内容。[1]2004 年开始实施的《中华人民共和国行政许可法》为中国履行加入世界贸易组织承诺提供了一个总体法律和行政框架；2004 年根据世界贸易组织"双反"和贸易保障

———————
[1]　宋丽：《〈对外贸易法〉六大变化要关注》，见 http://www.people.com.cn/GB/jingji/1045/2444765.html。

规则修订了《中华人民共和国反倾销条例》《中华人民共和国反补贴条例》以及《中华人民共和国保障措施条例》；2005 年对外贸易壁垒调查规则生效，中国商务部可对外国对中国实施的贸易壁垒进行调查，借助双边磋商或世界贸易组织争端解决机制维护中国的合法权益。2010 年，中国又集中开展行政法规和地方性法规清理工作，废止了 7 件行政法规，修改了 107 件行政法规中的 172 个条款，废止了 455 件地方性法规，修改了 1417 件地方性法规。①

　　在世界贸易组织规则的指引下，中国通过建立、完善贸易法律制度、严格执法、加强监督，严格惩处对外贸易经营中的走私、倾销、侵权、破坏市场制度等违法行为，使得对外贸易有法可依、执法必严、违法必究，为境内外企业创造了法制、公平、稳定的市场环境，并与国际社会一起坚决反对任何形式的贸易保护主义，维护国内产业和企业的合法权益，促进中国与世界经济的融合。

　　（二）坚定不移对内改革、对外开放，社会主义市场经济框架进一步完善

　　加入世界贸易组织以来，中国切实履行承诺，在加入世界贸易组织的强大推动下，把握时机，坚定不移地对内改革、对外开放，积极推进经济体制改革，社会主义市场经济体制进一步完善，明显改善了中国的经贸环境；主动推进行政体制改革，加快政府职能转变，提高了政府的行政效率；积极建设现代企业制度，充分发挥了市场机制的作用。

　　1. 社会主义市场经济体制更为完善

　　加入世界贸易组织后，经过大规模清理和修订有关市场经济的基本法律法规，到 2010 年中国适应社会主义市场经济要求的法律制度体系基本形成，社会主义市场经济的框架进一步完善，经济体制的各个层面都呈现出明显的市场经济特征。2001 年加入世界贸易组织时中国的市场化

---

① 中国世界贸易组织研究会编：《继往开来话开放》，中国商务出版社 2011 年版。

程度已为69%[①]，超过了市场经济临界水平（60%），表明中国经济体制已经进入发展中市场经济国家行列。经过多年的发展，中国的市场经济性质得到了越来越多国家的承认。

2. 积极探索行政体制改革，促进政府职能转变

（1）积极探索行政体制改革，提高行政效率。为适应世界贸易组织新形势的要求，加入世界贸易组织后中国先后两次进行国务院机构改革，在 2003 年设立了国有资产监督管理委员会、银行业监督管理委员会，将国家计划委员会改组为国家发展和改革委员会，取消国家经济贸易委员会、对外贸易经济合作部，组建商务部等。2008 年组建工业和信息化部、交通运输部、人力资源和社会保障部、国家能源局等。推进行政体制改革是完善社会主义市场经济体制的关键环节，通过撤销、精简、组建各大部委，进一步优化了宏观经济调控体系，提高了政府的行政效率，破除了体制机制弊端，激发了社会活力，完善了社会主义市场经济体制。

（2）促进政府职能转变，政府宏观调控与市场力量充分融合。加入世界贸易组织以来，中国出台一系列新法律制度用于规范行政许可、强化政府责任、推动政府信息公开等，加快政府职能转变，实现政府宏观调控与市场力量的充分融合。据不完全统计，加入世界贸易组织前，国务院 70 个有审批权力的部门有审批项目 2854 项，只有 11.8% 是依据国家法律设定的，依据部门文件和部门内设司（局）文件设定的审批事项占 36.8%。[②] 通过颁布《中华人民共和国行政许可法》，有力地打破了审批经济怪圈，加快了政府职能转变。现阶段中国政府正在由全能型政府向有限型政府转变，由人治政府向法治政府转变，由封闭政府向透明政府转变，由管制政府向服务政府转变。政府以宏观调控为主，微观治理为辅，才能更好地发挥社会主义市场经济体制的优势。党的十六届三中全

---

① 李晓西：《中国是发展中的市场经济国家——解读〈2003 中国市场经济发展报告〉》，《求是》2003 年第 17 期。

② 张维：《从无限政府到受限政府，入世推动中国政府转型》，《法制日报》2011 年 11 月 1 日。

会以后，中国坚持把又好又快发展作为搞好宏观调控的根本要求，把推进结构调整、发展方式转型、实现总量平衡作为搞好宏观调控的重要着力点，较好地保障了中国市场经济良性健康发展。

3. 国有企业股份制改革和现代企业制度建设成效显现

改革开放以来，国有企业改革一直是中国经济体制改革的中心环节。加入世界贸易组织后国有大中型企业股份制改革步伐不断加快，改革成效不断显现，企业所有制结构更加合理，极大地提升了国民经济的活力，受到了国内外的广泛关注。2002年党的十六大提出"除极少数必须由国家独资经营的企业外，积极推行股份制"。在改革开放基本国策和世界贸易组织框架下，到目前为止，大多数企业已经基本上建立了现代企业制度的框架。

三、中国积极参与世界贸易组织的活动，适应多边贸易体制

（一）中国是多哈回合谈判的积极建设者

在2001年11月的世界贸易组织第四届部长级会议上，"多哈回合"多边贸易谈判被正式提上议程。多哈回合谈判是迄今涉及范围最广、参加成员最多的一轮谈判，其主要议题涉及了农业、非农产品准入、服务、知识产权、规则、争端解决、贸易与环境、贸易与发展等8个领域。如果多哈回合谈判告成，国际贸易环境将更趋于公平和开放，为世界经济的复苏和可持续发展注入新能量。[1]

中国于启动多哈回合谈判的同年被批准加入世界贸易组织，此后，随着中国经济贸易规模的扩大、经济影响的增加，中国在多哈回合谈判中的地位和作用也逐渐提高，如今已经成为最积极的建设者。中国驻世界贸易组织前大使孙振宇认为，"在多哈回合谈判初期，中国尚处于学习阶段，处于谈判的外围，随着谈判不断深入，中国的作用越来越大，最

---

① 董银果：《WTO多哈回合：各方分歧、受阻原因及前景展望》，《国际商务研究》2011年第3期。

后进入了谈判核心圈，中国是积极推进多哈谈判的"[①]。2010 年 7 月中国商务部发布的《中国与世贸组织：回顾和展望》报告称，"中国始终是多边贸易体制的坚定支持者，始终是自由贸易原则的忠实维护者，始终是多哈回合谈判的积极推动者"[②]。世界贸易组织总干事罗伯托·阿泽维多在二十国集团贸易部长会议前夕坦言，"中国一直支持多边贸易，并在世界贸易组织的谈判中发挥极具建设性的作用。例如，世界贸易组织在推进《贸易便利化协议》时，中国就是一个主要参与者，畅所欲言，非常活跃。在部长级会议中，中国也是一个主要参与者，助力我们在冲刺阶段顺利冲破终点线"。

1. 中国积极提出提案与倡议

例如，2003 年中国提交了 65 份书面意见，仅次于欧盟（120 份）和美国（116 份），显示出积极参与谈判的态度。[③]2005 年后，中国相继提出100 多个提案，涵盖谈判的各方面。比如，创造性地提出了非农产品削减的"中国公式"，[④] 曾得到不少成员的称赞。

2. 主动举办世界贸易组织有关的会议，积极发挥协调作用，努力促成谈判

2005 年 7 月，世界贸易组织非正式部长会议在中国大连成功召开；同年 12 月的香港部长级会议上，中国作为主办方积极斡旋，促成了《香港部长宣言》通过。2008 年 7 月，世界贸易组织小型部长会议在日内瓦召开，与会代表团数原本为 30 多个，[⑤]但由于成员间一直存在分歧而迟迟无法达成协议，最终决定改由美国、日本、欧盟、澳大利亚、巴西、印度、中国等 7 个成员进行谈判，这是中国第一次进入世界贸易规则制定

① 孙振宁：《中国入世十周年之际的回顾与展望》，《国际经济评论》2011 年第 4 期。

② 商务部世界贸易组织司：《中国与世贸组织：回顾和展望》，见 http://www.mofcom.gov.cn/aarticle/ae/ai/201007/20100707037241.html。

③ Nordström Håkan, "Participation of Developing Countries in the WTO: New Evidence Based on the 2003 Official Records", Sweden, National Board of Trade Stockholm, 2015, p.15.

④ 李计广：《世界贸易组织多哈回合谈判与中国的选择》，《世界经济与政治》2013 年第 5 期。

⑤ 李计广：《世界贸易组织多哈回合谈判与中国的选择》，《世界经济与政治》2013 年第 5 期。

的核心层。[①]中国从大局出发，努力弥合各方分歧，始终不放弃推动谈判达成共识的努力。中国参与了关键性的谈判集团二十国协调组，"中国因素"被认为对于二十国协调组的最终创建发挥了重要作用。[②]2009年的世界贸易组织第七届部长级会议上，中国发出了"尊重授权，锁定成果，将2008年12月农业和非农主席案文作为谈判基础，坚持多边主渠道作用"[③]的呼声，成功打破了谈判僵局，赢得了众多成员代表的支持和赞许；该呼声还被作为3项原则体现在二十国集团峰会宣言中。在这届部长级会议上，中国呼吁改善和加强世界贸易组织协调和管理下的多边贸易体制，以督促成员共同向世界发出"开放、前行、改革"的积极信号。[④]

3. 中国在谈判中作出实质性的妥协和贡献，自觉承担更多义务

为了使世界贸易组织相关条款更具操作性，在多哈回合启动之前，发展中国家总共向特殊与差别待遇委员会提交了88份提案。其中的28份于2003年的坎昆部长会议上得到所有成员认可，紧接着，各成员围绕10个关键议题展开谈判。[⑤]谈判过程中，中国以身作则，率先在为最不发达国家提供免配额市场准入和免关税等问题上作出妥协。2005年12月的香港部长级会议上，在中国与各方的通力合作下，世界贸易组织终于对为最不发达国家提供免配额市场准入和免关税的有关问题作出了具体安排。[⑥]在对待新加入成员的问题上，中国主张减少新加入成员的降税义务并延长其执行期。此后，为了得到发达国家成员的支持，中国主动作出退让，放弃了"减少降税义务"的主张，因此为自身以及其他新加入成员争取到了3年的非农产品关税减让执行期。中国所作出的关税削减

---

① 田丰：《多哈小型部长会议的中国元素》，《中国海关》2008年第9期。

② "A Bridge Too Far: The Fall of the Fifth WTO Ministerial Conference in Cancun and Future of Trade Constitution", *Journal of International Economic Law*, 2004（2），pp.219-244.

③ 中国新闻网：《陈德铭：不能将多哈回合谈判目前成果推倒重来》，见 http://www.chinanews.com/cj/cj-gncj/news/2009/12-01/1992966.shtml。

④ 新华社：《从新成员到推动者——中国全面履行入世承诺坚定维护多边贸易体制》，见 http://www.gov.cn/jrzg/2010-07/22/content_1661486.htm。

⑤ 刘宏松：《中国在WTO多哈回合谈判中的倡议行为探析》，《国际观察》2012年第3期。

⑥ 黄志雄：《WTO多哈回合谈判与中国的多边外交探析》，《国际论坛》2008年第6期。

承诺毫无水分，是在加入世界贸易组织后大幅度减让基础上的继续削减，进一步提高了农产品市场准入水平，是中国所作出的实质性贡献。[1] 中国运用灵活的立场促成了各成员就有关协议达成一致，通过自身承担更多义务，为新加入世界贸易组织的发展中国家谋得了特殊待遇。

自 2010 年 7 月 1 日以来，中国对最不发达国家进口产品实施零关税待遇。目前为止，中国的简单平均关税已降至 9.9%，加权平均关税已降至 4.7%，同时，征收关税额和进口额的比值仅为 2%，这表明中国的名义关税依然有非常大的下降空间。[2] 中国还积极参加了《信息技术协议》扩围谈判以及《环境产品协议》谈判，显示出中国进一步降低关税的决心。[3] 在非关税壁垒领域，中国同样有许多具体的削减措施，例如，取消全部进口配额和特定招标管理、承诺不使用农产品出口补贴、简化进口管理程序、推动通关便利化（比如实施"单一窗口"）等。[4]

（二）中国是世界贸易组织争端解决机制的主要使用者

根据世界贸易组织报告，中国已经成为世界贸易组织争端解决机制中的重要一员。2002 年至 2006 年是中国加入世界贸易组织的"过渡期"，在合计 114 起案件中，作为当事人参加 5 起，参与比例为 4.4%；中国在该时期作为第三方参与的案件数高达 59 起，积累了丰富的经验。2007—2011 年，中国已慢慢由消极被动转变为积极主动，各项工作日益完善，越来越多地以当事人的身份参加其中，作为申诉方、应诉方参与的案件数达到 26 起，参与比例为 36.6%；值得一提的是，同期中国在世界贸易组织体系内应诉的次数（19 件）甚至超过美国（17 件）。美国是传统的

---

① 鄂德峰、周立春：《多哈回合农业市场准入谈判现状盘点及前景展望》，《国际贸易》2010 年第 6 期。

② 商务部世界贸易组织司：《王受文部长助理在世界贸易组织对华第五次贸易政策审议会议上的发言》，见 http://sms.mofcom.gov.cn/article/u/aa/201407/20140700671922.shtml。

③ 屠新泉、刘洪峰：《WTO 20 年：未来趋势与中国贸易战略选择》，《国际贸易》2015 年第 8 期。

④ 人民网：《入世 14 年，中国改革惠及世界（权威论坛）》，见 http://world.people.com.cn/n/2015/1211/c1002-27913448.html。

世界贸易组织争端解决机制最积极的使用者，据统计，世界贸易组织成立后近 50% 的案件与美国有关。[①]

表 3.3　中国参与争端解决机制的情况（2002—2011 年）

	中国作为申诉方案件数	中国作为应诉方案件数	中国作为第三方案件数	世界贸易组织案件总数	中国参与的比例
2002—2006 年	1	4	59	114	4.4%
2007—2011 年	7	19	26	71	36.6%

（三）贸易政策审议机制的积极参与者

　　贸易政策审议机制同样是以关税与贸易总协定运作数十年的经验和教训为基础发展和建立起来的，是世界贸易组织多边贸易体制的另一大支柱，它要求世界贸易组织各成员定期接受其他成员对其贸易政策、贸易实践的评价和审议。在世界贸易组织多边贸易体制中，贸易政策审议机制一直发挥着减少贸易纠纷、增强贸易政策透明度、改善国际贸易环境等重要作用。

　　截至 2012 年，中国首先经历了世界贸易组织连续 8 年的过渡性审议。2002—2009 年每年的 9—12 月，中国都要接受世界贸易组织总理事会及其下属的 16 个理事会和委员会对中国加入世界贸易组织承诺的审议。跳过 2010 年，最终审议于 2011 年 11 月在世界贸易组织总理事会上完成，这才终结了这一实质上使中国承担超出多边规则义务的过渡性机制。在这场总结性会议上，古巴、巴基斯坦等国代表对中国所履行的承诺和义务极致褒奖，发出了"中国创造人类经济奇迹"的赞叹；就算是发言中多为贬义之词的美国、欧洲代表，也不得不承认中国在削减贸易壁垒、改善透明度、知识产权立法等方面所取得的成就，并向中国在接受过渡性审议过程中所投入的巨大人力物力表达了感谢。正如中国驻世界贸易

　　① 田丰：《中国与世界贸易组织争端解决机制》，《世界经济与政治》2012 年第 1 期。

组织代表团易小准大使所说的一样，"过渡性审议专门为中国而设，本身违背了多边贸易体制关于非歧视的基本原则，尽管如此，中国历来讲究'言必信、行必果'，为此，10 年来中国忠实地履行了相关承诺"[①]。

除过渡性审议以外，从 2006 年起，中国每隔两年接受一次世界贸易组织常规贸易政策审议，中国相继回答了世界贸易组织成员提出的问题，充分展现了中国继续开放经贸以及支持世界贸易组织多边贸易体制的决心。

在 2006 年的首次贸易政策审议中，时任中国商务部副部长的中国代表团团长易小准发言表示，正因为认识到贸易政策审议机制所包含的巨大价值，在筹备审议的过程中，中国充分重视，几乎动员了所有政府部门。在秘书处工作组 3 次访问北京的过程中，中国总共派出数十位政府官员参与面谈，通过他们详细解释所有可能影响中国未来发展的政策背后的原因。对于中国来说，这次审议是能够使世界贸易组织成员了解中国贸易政策以及中国真实面貌的绝佳机会。[②] 从中足以体现中国对贸易政策审议制度的高度重视。

2010 年的第三次贸易政策审议，中国总共收到 1500 个来自各成员的书面问题。这些问题涉及诸多领域，包括出口限制、产业政策、政府采购、知识产权执法、贸易体制透明度、技术性贸易措施、出口退税和补贴、服务业的进一步开放等。[③] 中国在后续的 1 个月中，对所有问题逐条进行了细致答复。除了书面问题，对待现场提问，中国同样一丝不苟地一一作答。会议主席高度赞赏中国对待审议的严谨态度，并在中国履行加入承诺方面给予充分肯定，他对此次审议的评价是"一次高质量的审议"。

[①]　雷蒙：《WTO 十年中国过渡性审议机制终结》，《WTO 经济导刊》2011 年第 12 期。

[②]　商务部世界贸易组织司：《中国代表团团长、商务部副部长易小准在世界贸易组织（WTO）首次对中国贸易政策审议会议上的发言》，见 http://www.mofcom.gov.cn/article/zt_rswzn/subjectm/200612/20061204001964.shtml。

[③]　中央政府门户网站：《中国顺利通过世贸组织第三次对华贸易政策审议》，见 http://www.gov.cn/jrzg/2010-06/03/content_1619811.htm。

第四章 全面深化改革时期：影响多边贸易体制

第一节 全面深化改革时期的主要任务

一、中国进行全面深化改革的背景

从党的十一届三中全会开始历经 35 年的改革开放使得中国实现了从高度集中的计划经济体制逐步向市场经济体制的过渡。2007 年党的十七大报告提出"深化对社会主义市场经济规律的认识，从制度上更好发挥市场在资源配置中的基础性作用"，更加强调了市场经济的特征。2012 年党的十八大提出"要在更大程度、更广范围发挥市场在资源配置中的基础性作用"，这是党在市场作用认知方面的深化。自党的十六大到十八大，改革一直围绕着增强市场化元素，并最终为党的十八届三中全会提出的"使市场在资源配置中起决定性作用"奠定了理论基础。

（一）改革开放已进入深水区，改革进入攻坚期

由于中国一直坚持由外至内、先易后难的改革开放路径，历经 35 年的时间，剩下的都是改革过程中核心的、难改的东西。强化权力运行制约以及监督体系的建立、社会治理创新的加强、从收入分配的调节到全面改善民生、司法公正的进一步完善和推进等每一项改革都是一场硬仗。深水区的改革不仅要突破固有的思想框架和体制内的沉疴，还需要解决盘根错节的现实利益。例如，如何缩小贫富差距、减少分配不公，如何增加居民收入在国民收入中的比重以及如何建立一套有序的工资增长机

制等。之前的浅水区改革试错成本较低，可以借鉴别国的经验，也可以自身"摸着石头过河"进行探索性实践。① 但攻坚期的改革开放，需要更高标准的政策措施，更加健全的法律体系，更符合时代要求的政府职能。因此，如果缺乏科学的理论研究和行之有效的战略支持，改革开放必定无功而返。

（二）中国面临着严峻的外部国际环境

2008 年国际金融危机使得世界经济进入了调整期，西方资本主义国家受到金融危机的重创，而中国经济却保持了相对稳定的发展，中国与发达国家的综合国力差距进一步缩小。现阶段的中国比以往任何时期都更加接近实现国家现代化和中华民族的伟大复兴，这也引起了西方发达国家的高度警觉。以美国为首的西方敌对势力从经济、政治、军事、外交等方面不断遏制中国的和平发展，中国将长期面临复杂的外部国际环境，发展的道路必然是艰辛和坎坷的。

（三）改革开放在国内遭受质疑

当前的改革开放在社会心理层次和意识形态领域都遭遇了严重危机。一场以反思改革为名的讨论在全国范围内迅速展开，而且出现了"左""右"两派。"左"派认为改革"过头"了，所以出现贫富差距的拉大、环境污染严重等问题，并指出中国已经违背了社会主义方向，开始走"资本主义"道路。因此，重回计划经济体制才是明智之举。"右"派则公然提出放弃社会主义道路和中国共产党的领导。事实上，"左""右"两派都是以反思改革为名，企图全面否定改革开放的作用和意义。这种形势下，中国的改革开放进程受到严重阻挠。

（四）改革红利的逐步递减降低了改革的社会共识

20 世纪 90 年代之前的改革使得中国社会的各个阶层普遍受益，因此，获得了整个社会的认可和大力支持，改革一直保持着强劲的动力，

---

① 郑兴刚、王凤娥：《从十八届三中全会看党推进改革开放的决心》，《攀登》2014 年第 6 期。

面临的阻力较小。到目前为止，以往的改革红利已经基本耗尽，由于体制障碍、历史惯性等问题致使新的改革红利无法得到有效释放，改革开放的社会共识难以凝聚，改革的阻力较之以往也明显加大，中国需要以全面深化改革开放的方式再次凝聚社会共识。

（五）改革开放面临着新矛盾

中国的改革开放源于问题倒逼，接着又在解决实际问题中得以深化。历经 35 年的改革开放使中国在经济体制、综合国力等方面发生了翻天覆地的变化，同时也冲击了国内人民的固有思想。这些变革都为进一步改革开放提供了良好平台。但正如邓小平同志所言："现在看，发展起来以后的问题不比不发展时少。"[①]随着改革开放的不断推进，新问题也相应产生，而且比以往任何时期更加棘手，更加难以解决。例如，中国经济发展方式仍然较为粗放；高新技术产业领域和西方发达国家依然差距较大；生态环境与经济发展未能很好地协调统筹；产业结构不合理，城乡发展差距大；官僚作风、享乐主义尚存，反腐工作迫在眉睫；社会保障体系依旧需要完善，住房、医疗、就业仍面临矛盾等。这些都是发展起来之后的中国需要面对和逐步解决的新问题，如果解决不好，中国很有可能陷入"中等收入陷阱"。

面对新形势和新挑战，中国的改革开放又处在一个何去何从的历史关头，此刻的中国需要一场新的全会来重启改革之路，重鼓改革信心。党的十八大之后，新一届中央领导开始全面审视国内的形势和矛盾，彻底把握符合人民根本利益和中国社会发展要求的客观规律，并快速统一共识，要完成党的十八大提出的战略目标和各项部署，就必须全面推进改革开放。

为了重新凝聚社会共识，新一届中央领导多次在不同场合强调改革开放的重要性，改革开放是实现中华民族伟大复兴的重要途径，只有进行时，没有完成时，这就为重启和推进改革开放奠定了广泛的群众基础。

---

① 冷溶、汪作玲：《邓小平年谱：1975—1997》，中央文献出版社 2004 年版。

习近平总书记在广东考察时强调，做到改革不停顿开放不止步，我们要坚持改革开放正确方向，敢于啃硬骨头，敢于涉险滩，既勇于冲破思想观念的障碍，又勇于突破利益固化的藩篱。① 在上海时，习近平总书记强调："我国改革已经进入攻坚期和深水区，进一步深化改革，必须坚定信心、凝聚共识、统筹谋划、协同推进"。② 此外，习近平总书记还亲自担任全会文件起草组组长，更加彰显了领导人对改革开放的重视和决心。李克强总理上任后也不断强调："（改革）再深的水我们也得趟""把错装在政府身上的手换成市场的手。这是削权，是自我革命，会很痛，甚至有割腕的感觉，但这是发展的需要，是人民的愿望"。③

在严峻的形势下，在新一届中央领导人的大力鼓舞和支持下，在社会共识广泛凝聚的基础上，党的十八届三中全会毅然决然地开启了改革开放的新篇章，实现了中国历史上又一次的伟大转折。

二、党的十八大对全面深化改革提出新要求

中国 35 年的快速发展要归功于改革开放，未来中国的发展更是要坚定不移地推进改革开放。然而，在新时期，面临新形势，如何将改革开放更好地推进，也许需要更多地关注改革开放的顶层设计。事关改革开放的一些根本性问题、战略目标、大任务都需要得到解决。党的十八大报告明确指出，中国的改革必须着眼于提高人民的生活水平，而不是为了改革而改革，着眼于社会主义事业的繁荣和发展，着眼于综合国力的提升。会议明确了党必须长期坚持的指导思想是科学发展观，并写入党章；同时，制定了坚持走中国特色社会主义政治发展道路和推进政治体制改革前进

---

① 《习近平在粤考察时强调：做到改革不停顿开放不止步》，见 http://www.gd.xinhuanet. com/newscenter/2012 — 2/11/c_113991353_2.htm。

② 《习近平在参加上海代表团审议时强调坚定不移深化改革开放加大创新驱动发展力度》，见 http://news.xinhuanet.com/politics/2013 — 03/05/c_124419938Htm。

③ 《国务院总理李克强答中外记者提问》，见 http://www.china.com.cn/news/2013lianghui/ 2013 — 03/17/content_28269358.Htm。

方向；提出了全面建成小康社会的目标；回答了坚定不移走中国特色社会主义道路的政策立场。中国不仅要有一个改革开放的大目标，还需要让改革开放各项制度更加协调、系统和成熟。

（一）提出全面建成小康社会的新目标

经济持续健康发展的新目标是"发展平衡性、协调性、可持续性明显增强""实现国内生产总值和城乡居民人均收入比 2020 年翻一番"，到 2020 年，中国人民的衣、食、住、行、用水平将全面提高；"工业化基本实现，信息化水平大幅提升，城镇化质量明显提高，农业现代化和社会主义新农村建设成效显著"，对工业化、信息化、城镇化、农业现代化和社会主义新农村建设提出新的明确要求；"对外开放水平进一步提高"作为中国的战略举措，统筹国际国内两个大局、增强国际竞争力。

人民民主不断扩大的新目标是，民主形式更加丰富，人民积极性、主动性、创造性进一步发挥。依法治国基本方略全面落实，法治政府基本建成，司法公信力不断提高，人权得到切实尊重和保障。

文化软实力显著增强的新目标是，社会文明程度明显提高，文化产业成为国民经济支柱性产业，中华文化走出去迈出更大步伐，社会主义文化强国建设基础更加坚实。

人民生活水平全面提高的新目标是，基本公共服务均等化总体实现；进入人才强国和人力资源强国行列，教育现代化基本实现；收入分配差距缩小，中等收入群体持续扩大；社会保障全民覆盖；住房保障体系基本形成，社会和谐稳定。

资源节约型、环境友好型社会建设取得重大进展，其新目标是资源循环利用体系初步建立，单位国内生产总值能源消耗和二氧化碳排放大幅下降，森林覆盖率提高，生态系统稳定性增强。

（二）明确了科学发展观在党和国家全部工作中的指导地位

党的十八大报告明确指出，科学发展观是中国特色社会主义理论体系最新成果，是中国共产党集体智慧的结晶，是指导党和国家全部工作的强大思想武器。科学发展观同马克思列宁主义、毛泽东思想、邓小平理论、"三个代表"重要思想一道，是党必须长期坚持的指导思想。报告指出，"中国特色社会主义理论体系，就是包括邓小平理论、'三个代表'重要思想、科学发展观在内的科学理论体系"。党的十八大第一次提出"必须把科学发展观贯彻到我国现代化建设全过程、体现到党的建设各方面"，并提出深入贯彻落实科学发展观必须坚持"四个更加自觉"，分别是：必须更加自觉地把推动经济社会发展作为深入贯彻落实科学发展观的第一要义；必须更加自觉地把以人为本作为深入贯彻落实科学发展观的核心立场；必须更加自觉地把全面协调可持续作为深入贯彻落实科学发展观的基本要求，就是要"全面落实经济建设、政治建设、文化建设、社会建设、生态文明建设五位一体总体布局，促进现代化建设各方面相协调，促进生产关系与生产力、上层建筑与经济基础相协调，不断开拓生产发展、生活富裕、生态良好的文明发展道路"；必须更加自觉地把统筹兼顾作为深入贯彻落实科学发展观的根本方法，即统筹改革发展稳定、内政外交国防、治党治国治军各方面工作，统筹城乡发展、区域发展、经济社会发展、人与自然和谐发展、国内发展和对外开放，统筹各方面利益关系，充分调动各方面积极性。

（三）明确提出建设中国特色社会主义的总依据、总布局、总任务

党的十八大第一次将中国特色社会主义制度写入党的全国代表大会报告，明确其是人民代表大会制度的根本政治制度，中国共产党领导的多党合作和政治协商制度、民族区域自治制度以及基层群众自治制度等基本政治制度，中国特色社会主义法律体系，公有制为主体、多种所有制经济共同发展的基本经济制度，以及建立在这些制度基础上的经济体制、政治体制、文化体制、社会体制等各项具体制度。

中国特色社会主义道路是实现途径，中国特色社会主义理论体系是行动指南，中国特色社会主义制度是根本保障，三者统一于中国特色社会主义伟大实践，这是党领导人民在建设社会主义长期实践中形成的最

鲜明特色。这是党第一次提出中国特色社会主义"三位一体"的有机构成。[①]同时，党的十八大报告指出，建设中国特色社会主义，总依据是社会主义初级阶段，总布局是五位一体，总任务是实现社会主义现代化和中华民族伟大复兴。

新的历史条件下取得中国特色社会主义胜利的基本要求是"八个必须坚持"，分别是：必须坚持人民主体地位，这是为了更好保障人民权益，更好保证人民当家作主；必须坚持解放和发展社会生产力，这是为了实现以人为本、全面协调可持续的科学发展；必须坚持推进改革开放，始终把改革创新精神贯彻到治国理政各个环节，其目标是不断推进理论创新、制度创新、科技创新、文化创新以及其他各方面创新，不断推进中国社会主义制度自我完善和发展；必须坚持维护社会公平正义，目标是努力营造公平的社会环境，保证人民平等参与、平等发展权利；必须坚持走共同富裕道路，其目标是使发展成果更多更公平惠及全体人民，朝着共同富裕方向稳步前进；必须坚持促进社会和谐，其目标是确保人民安居乐业、社会安定有序、国家长治久安；必须坚持和平发展，其目标是推动建设持久和平、共同繁荣的和谐世界；必须坚持党的领导，其目标是保持党的先进性和纯洁性，增强党的创造力、凝聚力、战斗力，提高党科学执政、民主执政、依法执政水平。

三、党的十八届三中全会对全面深化改革的部署

党的十八届三中全会通过了《中共中央关于全面深化改革若干重大问题的决定》，指出全面深化改革的重点是经济体制改革，使市场在资源配置中起决定性作用，核心问题是处理好市场和政府的关系，从而更好地发挥出政府的作用，推动经济有效、可持续发展。全会对全面深化改革作出系统部署，强调坚持和完善基本经济制度，加快完善现代市场体

---

① 杜飞进：《继续发展中国特色社会主义的纲领性文献》，《哈尔滨工业大学学报》2013年第1期。

系，加快转变政府职能，深化财税体制改革，健全城乡发展一体化体制机制，构建开放型经济新体制，加强社会主义民主政治制度建设，推进法治中国建设，强化权力运行制约和监督体系，推进文化体制机制创新，推进社会事业改革创新，创新社会治理体制，加快生态文明制度建设，深化国防和军队改革，加强和改善党对全面深化改革的领导。

（一）市场在资源配置中起决定性作用

《中共中央关于全面深化改革若干重大问题的决定》指出，如何处理好市场和政府的关系是经济体制改革的核心问题。把市场资源配置从"基础性作用"改为"决定性作用"是一个重大变化，也是《中共中央关于全面深化改革若干重大问题的决定》最大的理论创新。事实上，这就是强化了市场的作用，一是为解决当下各级政府对资源配置干预过多的问题；二是要改善由于市场体制不健全导致的市场非公平竞争环境。《中共中央关于全面深化改革若干重大问题的决定》指出，市场在资源配置中起决定性作用不是起全部作用。社会主义市场经济的发展，需要发挥市场的作用，同时也需要政府的力量。市场作用由"基础性"到"决定性"的改变并不意味着要否定和弱化政府的作用，而是要更好地发挥政府的作用。市场和政府的作用要优势互补、相辅相成、有机统一，从而在广度和深度上推进改革开放。既要减少政府对资源的直接配置、过多配置，实现市场对于价格、供求的有效分配，又要防止市场失灵，加强政府在市场监管方面的作用以维护市场秩序。

（二）明确指出国有企业的改革方向

《中共中央关于全面深化改革若干重大问题的决定》指出，完善国有资产管理体系，改革国有资本的授权经营体制，支持有条件的国有企业改组成为国有资本投资公司，推进国有资本的合理流动以提高国有资本实现有效的资源配置。以增强国有经济活力为核心，部署实施新一轮国企国资和重点行业改革。在混合所有制改革、国有资本投资运营公司、落实董事会职权、市场化选聘经营管理者等多方面，部署推出一批国有企业改革试点。《中共中央关于全面深化改革若干重大问题的决定》明确指出，国有投资的运营用以服务国家战略目标，将更多地投向关乎国民经济命脉的重要领域和行业，例如，发展重要前瞻性战略性产业、公共服务领域、涉及国家安全、科技进步、生态环境保护的产业。另外，《中共中央关于全面深化改革若干重大问题的决定》提出划转部分国有资本充实社会保障基金，突破现有的国有资产经营预算制度，到2020年将国有资本收益上缴公共财政的比例提高至30%，用以保障和改善民生。

《中共中央关于全面深化改革若干重大问题的决定》还指出，允许更多国有经济和其他所有制经济发展成混合所有制经济，事实上就是为了发展以公有制为主体、多种所有制经济共同发展的基本经济制度，发挥出混合所有制经济的影响力，有效放大国有资本的带动力。未来将继续推动公共事业、水利、油气勘查等领域扩大向社会资本开放。同时，《中共中央关于全面深化改革若干重大问题的决定》指出，允许混合所有制经济实行企业员工持股，形成资本所有者和劳动者利益共同体，有利于调动一切生产者的劳动积极性，增强企业活力，促进社会和谐。

《中共中央关于全面深化改革若干重大问题的决定》提出，要根据国有企业的功能定位深化改革。在公益类企业、保障类企业和竞争类企业中实行分类改革，推动国有企业产权多元化的发展，同时利用市场调节国有企业管理层的薪资水平，划清"官""商"界限。在国有企业中增加市场化选聘的比重，对国有企业管理人员的待遇、业务消费、职务消费等进行有效规范。

（三）政府转型升级是行政体制改革的关键

党的十八届三中全会提出，科学的宏观调控，有效的政府治理，是发挥社会主义市场经济体制优势的内在要求。必须切实转变政府职能，深化行政体制改革，创新行政管理方式，增强政府公信力和执行力，建设法治政府和服务型政府。要健全宏观调控体系，全面正确履行政府职能，优化政府组织结构，提高科学管理水平。党的十八届三中全会在十八大推动政府职能向"创造良好发展环境、提供优质公共服务、维护社会公平正义"转变的基础上，提出建设"职能科学、结构优化、廉洁高效、人民满意"的服务型政府。政府不要把手伸得太长，要做到简政放权，让市场充分发挥决定性作用。《中共中央关于全面深化改革若干重大问题的决定》指出，保持宏观经济稳定，保障公平竞争，加强市场监管，维护市场秩序，推动可持续发展，促进共同富裕，弥补市场失灵才是政府的职责和作用。政府职能的转变首先需要加强和改进以国家发展规划为导向，以财政政策和货币政策为手段的宏观调控体系，实现国民经济的稳定、健康发展；其次是要进一步简政放权，行政审批是关键点，清理审批事项，降低行业的准入门槛，减少审批环节和审批时间，规范审批收费，加强公共服务的提供以及市场活动的监管。

（四）深化财税体制改革

党的十八届三中全会提出建立事权和支出责任相适应的制度，完善立法、明确事权、改革税制、稳定税负、透明预算、提高效率。在财政问题上，中央更加强调了责任在事权落实过程中的重要性。各级政府要以财力为保障，落实事权，提高办事效率和执行力。科学的财税体制可以维护市场统一，实现社会公平。《中共中央关于全面深化改革若干重大问题的决定》要求改进预算管理制度，使其更加透明、规范，让预算的每一分钱都可以被有效利用，从而阻止浪费现象的发生，提高资金的利用率。同时完善地方税体系，明确要求改革个人所得税、消费税、增值税等不合理的部分。保持中央、地方总体稳定的财力格局，保证国家的有效运转以及事权的切实落地。

（五）推动城乡发展一体化

党的十八届三中全会指出，要想更快推动城乡发展一体化，就需要健全体制机制，形成以工促农、以城带乡、工农互惠、城乡一体的新型工农城乡关系，让广大农民平等参与现代化进程、共同分享现代化成果。《中共中央关于全面深化改革若干重大问题的决定》提出，建立城乡统一的建设用地市场，进一步深化农村土地制度改革，包括逐步推进农村集体建设用地流转，保障农户宅基地用益物权，赋予农民更多的财产权利，解决城市和农村建设用地不能同权的问题。《中共中央关于全面深化改革若干重大问题的决定》提出，加快构筑新型农业经营体系是实现农业现代化的必由之路，鼓励农村发展合作经济，鼓励农村发展现代种植业并引入工商资本。《中共中央关于全面深化改革若干重大问题的决定》还提出"三个保障"：保障农民工同工同酬，保障农民公平分享土地增值收益，保障金融机构的农村存款主要用于农业和农村。同时，《中共中央关于全面深化改革若干重大问题的决定》提出，要推进以人为核心的城镇化，促进城镇化和新农村建设协调发展，推动大中小城市和小城镇协调发展、产业和城镇融合发展，推进农业转移人口市民化，加快户籍制度改革，推进城市建设管理创新，稳步推进城镇基本公共服务常住人口全覆盖。

（六）进一步扩大开放，以开放倒逼改革

党的十八届三中全会指出，适应经济全球化新形势，必须推动对内对外开放相互促进、引进来和走出去更好地结合，促进国际国内要素有序自由流动、资源高效配置、市场深度融合，加快培育参与和引领国际经济合作竞争新优势，以开放促改革。要放宽投资准入制度，加快自由贸易区建设，扩大内陆沿边开放。

扩大开放才能使中国更多地了解世界，同时也可以让世界更好地了解中国，这样各方利益汇合点将会被进一步扩大，合作领域也会随之拓展。"引进来"和"走出去"作为中国对外开放的重要内容，可以有效加强对外经贸合作，促进中国和世界各国的共同发展。放宽投资准入，统一内外资法律法规，推进金融、能源、教育、文化、医疗等服务业领域有序开放，放开育幼养老、建筑设计、会计审计、商贸物流、电子商务等服务业领域外资准入限制，进一步放开一般制造业。[1] 同时鼓励和支持

---

① 廖富洲：《试论十八届三中全会关于经济体制改革的创新》，《中共郑州市委党校学报》2014年第1期。

中国企业扩大境外投资，承担社会责任，加快实施"走出去"战略，为当地的经济发展和就业的增加作出贡献。

在调整优化出口结构的同时，完善进口支持政策，降低进口成本，提高进口便利化水平，发挥进口在满足国内需求、调整优化结构方面的作用，推动对外贸易平衡发展。同时，积极接纳和吸收国外领先技术，准备迎接新一轮的技术革命，推进更高层次的对外开放。加快自由贸易区建设，扩大内陆地区、沿边地区开放，促进双边多边、区域次区域的合作，推动世界经济的增长。

（七）健全司法权力运行机制

党的十八届三中全会指出，建设法治中国，必须深化司法体制改革，加快建设公正、高效、权威的社会主义司法制度，维护人民权益。要维护宪法法律权威，深化行政执法体制改革，确保依法、独立、公正行使审判权、检察权，健全司法权力运行机制，完善人权司法保障制度。

《中共中央关于全面深化改革若干重大问题的决定》提出，维护宪法法律权威。宪法是保证党和国家兴旺发达、长治久安的根本法，具有最高权威。要进一步健全宪法实施监督机制和程序，把全面贯彻实施宪法提高到一个新水平。建立健全全社会忠于、遵守、维护、运用宪法法律的制度。坚持法律面前人人平等，任何组织或者个人都不得有超越宪法法律的特权，一切违反宪法法律的行为都必须予以追究。只有在职权、人事、财政相互独立的情况下，司法审判才可以真正抵挡得了当地党政部门的干涉。出于对司法的人性化提出的更高要求，党的十八届三中全会也提及了一项改革，即逐步提高国家赔偿数额。

（八）建立完善的生态文明制度体系

党的十八届三中全会指出，建设生态文明，必须建立系统完整的生态文明制度体系，用制度保护生态环境。要健全自然资源资产产权制度和用途管制制度，划定生态保护红线，实行资源有偿使用制度和生态补偿制度，改革生态环境保护管理体制。

与之前"增加投入"和"改进技术"不同，《中共中央关于全面深化改革若干重大问题的决定》通过制度的改革和创新以实现生态环境保护。自然资源资产产权制度就是要通过改革明确自然资源的权利主体，以防止对自然资源的过度使用。总之，就是使自然资源有人管理，有人负责，而这个"人"既可以是地方政府，也可以是集体。

第二节　全面深化改革与多边贸易体制

一、改革是中国经济社会发展的最大红利

2012 年召开的全国综合配套改革试点工作座谈会上，时任国家副总理的李克强指出"改革是中国最大的红利"，这正是中国改革开放的历史实践和成功经验所证明的。改革开放以来，中国实行了农村承包制、国有企业改制、企业民营化、加入世界贸易组织、住房制度改革、国有银行股份制改革等多项改革举措，再加上中国拥有大量年轻人口这一红利因素，从而为中国经济持续快速发展提供了源源不断的强大动力。实践证明，"改革红利"正是中国特色社会主义道路和现代化建设取得巨大成就的重要动力和现实写照。正是因为党的十一届三中全会开启了以放权让利为主要特征的改革，中国经济发展进入了全新的阶段，改革释放了中国 10 多亿人口的致富冲动，解放了生产力，也解放了思想，使人们走出被禁锢和封闭的状态，进而融入人类文明发展的主流。未来中国经济发展过程中，随着老龄化社会的到来，人口红利逐渐消失，剩下的就是改革红利，只有改革才是未来发展和建成小康社会的可靠保证。未来的改革包括取消户籍制度、改革社会保障体系、土地改革、扩大服务性消费、发展中西部地区等，正是中国经济结构转型升级必须破解的难题。

二、全面深化改革的内部动力有所减弱

改革是社会发展的动力，正如习近平总书记所说，每一次重大改革

都给党和国家发展注入新的动力、给事业前进增添强大动力，党和人民事业就是在不断深化改革中波浪式向前推进的。同时，改革本身也需要动力，社会发展问题是改革的动力源泉。全面深化改革过程中，存在改革动力明显不足的现象。经过近 40 年的改革开放，中国经济、政治和社会发展都遇到新的瓶颈，而如今的经济、政治和社会发展面临的困难和压力与改革开放初期不可同日而语，从改革实践来看，中国采取的是一种务实的渐进式改革思路，选择了先易后难的改革路径，在此过程中，部分原本的改革者逐步变成既得利益者、既得利益集团。随着经济规模的快速扩张、政府制衡既得利益的决策失效，20 世纪 90 年代后期以来，中国既得利益集团力量快速壮大，并开始坐享其成，成为中国继续深化改革的阻力，使得经济社会发展中的问题被搁置和累积，造成改革难以深入推进，制度效益无法发挥。

（一）改革领导者的双重角色阻碍改革

以往的改革是一种自下而上、先易后难的渐进式改革，其方式是由基层开始对原有体制进行突破，但随着改革不断深入，改革领域也由生产领域转变到其他各个社会领域，掌握公共权力的部门在改革中获得的利益增加，广大人民群众在改革中获得的直接利益有限。在这种情况下，原有改革的执行者同时也是改革的对象，改革领导者的双重角色使得权力难以摆脱整体利益和局部利益冲突的困境，削弱了改革的动力。改革由权力集中改为权力约束，掌权者难以摆脱对权力的眷恋，害怕失权的恐惧心理使其容易在改革中裹足不前。全面深化改革要求政府和官员简政放权，充分发挥市场的调节作用，解决行政管理体制上存在的"错位""越位"和"缺位"现象。改革的执行者也是改革开放的既得利益者，利用旧有体制的缺陷，依靠权力获得利益，改革触及他们的利益，必定会遇到阻碍。

在全面深化改革的过程中，政府懒政、怠政、不作为现象明显，据《2017 中国行政体制改革报告》显示，2016 年 3 月，中央政府已经取消、下放的行政审批和许可事项已经超过 800 项，之后又对检验、检测、认证等进行了更大力度的改革，并制定了相关的目录，但这些改革并没有得到企业或社会公众甚至基层的一些党政公务人员的充分认可。即便是中央作出改革的决策，各级政府不配合、不履行职责，改革的目的仍然达不到。

（二）改革成本衍生阻力

相较于之前的改革开放，现阶段全面深化改革成本较高。1978 年的改革开放是在极端贫困的处境下启动的，穷则思变，改革成本低，国家和人民想摆脱贫困的诉求都很强大，改革开放对于社会而言就是帕累托改进。1978 年中国 GDP 为 3678.7 亿元，2016 年为 100280.1 亿元。2016 年，全国居民年人均收入 23821 元，相较于 1978 年的 381 元，增长了 61 倍。[①]随着经济发展，社会摆脱贫困，人民安于现状，改革的内在动力也在不断衰减。全面深化改革追求的是社会公平正义，侧重于社会福利的变革，个人从变革中所获收益低于社会整体收益，个人不愿承担改革成本，"搭便车"的行为会造成改革动力不足。

三、多边贸易体制无法提供开放促改革的外部动力

（一）加入世界贸易组织所带来的改革和开放红利效应逐步弱化

1. 加入世界贸易组织的效应逐步弱化，进一步对外开放的动力与压力不足

加入世界贸易组织以来，由于中国已全部履行了加入承诺，加入世界贸易组织的经济与社会效应正逐步弱化。与此同时，国内开始出现另外一种声音，认为中国已过度对外开放，目前的发展形势很好，进一步对外开放没有必要。实际上，对外开放是推动中国经济改革的宝贵经验，是实现中国经济快速发展和现代化的重要手段，是促进中国综合国力提升的重要途径，而非某种教条的标准，达标后就是终点。因此，要始终

---

① 国家统计局：《中国统计年鉴 1978—2017》，见 http://www.stats.gov.cn/tjsj/ndsj/。

坚定不移地以更大的勇气推进全球化背景下的对外开放，以更大的决心实施顶层设计下的开放模式，以对外开放带动对内开放，以对内对外开放的互动为改革不断注入新动力，实现改革动力可持续、内生化，为中国经济科学发展提供制度保障。

2. 相比对外开放而言，对内开放显得不足

加入世界贸易组织以来，虽然中国对外开放事业取得长足进展，但相比而言中国对内开放步伐略显不足。第一，目前仅实现制造业的对外和对内开放，服务业和农业的对外对内开放不足。这两个庞大的产业占 GDP 的比重高达 60%，未来可能恰恰是改革开放的重点或中心。第二，对民营企业放开的步伐缓慢，部分市场进入门槛对民营企业依然偏高。总体来看，中国垄断产业竞争性业务领域的市场对内对外开放程度仍然滞后，铁路、自来水、燃气等产业竞争性业务领域基本没有实现对内开放，仍然实行严格的进入规制；电力、航空、邮政等产业竞争性业务领域实行了有限的市场开放，但开放力度和步伐依然缓慢，导致大量民间资本只能投资于低端制造业领域或对部分商品进行价格炒作，推高通货膨胀。第三，垄断行业开放力度不足，行业垄断性暴利大量存在。自 20 世纪 90 年代开始对垄断产业进行市场化改革后，在某些行业和领域取得明显成效。但与竞争性行业改革取得的巨大成就相比，银行、电信等垄断产业的改革还明显落后于经济社会发展的需要。

（二）多边贸易体制的停滞不前无法为全面深化改革提供外部压力

金融危机以来，全球经济复苏乏力，贸易保护主义抬头，英国脱欧、美国退出《跨太平洋伙伴关系协定》等逆全球化现象严重。2001 年启动的多哈回合谈判进展甚微，以世界贸易组织为代表的多边贸易体制谈判效率低下，各国纷纷转向区域和双边贸易协定。当前已生效的自由贸易协定多达 305 个，其中 2017 年新签订的有 18 个。以世界贸易组织为代表的多边贸易体制发展缓慢，继美国退出《跨太平洋伙伴关系协定》后，《跨大西洋贸易与投资伙伴协定》《区域全面经济伙伴关系》《服务贸易协

定》等高标准区域贸易协定也并无明显进展。因此，总体上看，目前中国改革开放的外部约束条件减少，自主开放动力不足。

当前发达国家已不满足于既有的多边贸易协定，希望建立高标准、高层次的全面开放的自由贸易协定，对贸易便利化、自由化提出更高的要求，不仅是对传统议题的延伸，如扩大市场准入、降低关税壁垒等，还增加了知识产权保护、争端解决、竞争中立、劳工标准和环境保护等新议题。在区域贸易协定发展和高标准的国际贸易规则制定过程中，中国参与甚少，《跨大西洋贸易与投资伙伴协定》《服务贸易协定》等高标准的区域贸易协定，中国均未参与。中国已签订的自由贸易协定仍停留在传统议题上，与发达国家相比标准较低，且规模有限，不足以形成通过开放促进改革的动力。

（三）国际舆论导向不利于改革

舆论导向的威力源于信息的不对称，在对事件本身不了解的情况下，别人的评论就容易产生舆情效应，可以变成动力，也可以衍生出阻力，这便是"俄狄浦斯效应"。[①] 全面深化改革是一个复杂的社会工程，很难了解到全部信息，因此，舆论阻力不容忽视，尤其是改革遇到困难时，舆论的作用更会放大，增加改革的困难。一些反党反社会主义，以及国外反华势力会诋毁改革，否定改革。正如习近平总书记所说："一些敌对势力和别有用心的人也在那里摇旗呐喊、制造舆论、混淆视听，把改革定义为往西方政治制度的方向改，否则就是不改革。"[②]

四、影响多边贸易体制是为中国深化改革提供外部动力的重要途径

世界贸易组织需要中国，中国也需要世界贸易组织，一个发展的多

---

① 龚培河、俞伟：《历史规律研究逻辑困境与波普尔两个论断的启示》，《长白学刊》2017年第 6 期。

② 龚培河、万丽华：《化解全面深化改革阻力的原则和对策》，《理论月刊》2018 年第 2 期。

边贸易体制对促进中国全面深化改革、加速经济转型具有重要的意义。

（一）世界贸易组织是全球经济治理体系中不可或缺的一环

世界贸易组织是当今全球经济治理体系中制度最完备、运作最规范、影响最广泛的体制。和国际货币基金组织、世界银行相比，世界贸易组织推动的贸易自由化对成员经济和贸易发展乃至制度变革都发挥了更积极、更直接的作用。世界贸易组织所制定的规则得到全体成员的一致认可，并且得到争端解决机制的有效保障。而且，世界贸易组织协商一致的决策机制也更符合中国提出的国际关系民主化的主张，是中国推行这一主张最好的平台。世界贸易组织的管辖范围广泛，涵盖货物贸易、服务贸易、投资、知识产权等重大经济课题，并有可能扩展至贸易便利化、电子商务、环境、人权、移民、政府采购等领域。虽然多哈回合遭遇阻碍，但 2008 年后贸易保护主义没有泛滥，在很大程度上得益于世界贸易组织体制的制约。特别是世界贸易组织行之有效的争端解决机制，对公正解决成员间的贸易冲突、维护开放的贸易环境已经产生非常积极的作用。也正因为如此，世界上所有重要经济体都已经成为世界贸易组织成员，以上足以确立世界贸易组织在全球贸易治理中最大的合法性和最广泛的代表性。

（二）中国是多边贸易体制最大的受益者之一

中国是世界贸易组织体制最大的受益者之一，加入世界贸易组织使世界各国投资者和贸易商相信中国将坚定不移地改革开放、融入经济全球化，从而也将中国当作一个最佳的投资地和贸易伙伴。同时，加入世界贸易组织也带来了稳定的、可预期的贸易和投资环境。加入世界贸易组织以来，中国对外贸易、利用外资和经济增长都取得令世界艳羡的成就。

虽然当前中国经济政策将扩大内需作为重点，但这并不意味着外需就不重要，外需始终是中国经济发展的重要动力之一。实际上，外需和内需并无优劣之分，并非依赖内需就没有风险，美国经济主要依靠内需，但同样陷入经济危机。事实上，外需和内需也非相互替代的竞争关系，增加内需就要减少外需，且只是相对份额的变化。政府为本国企业和产业创造最大、最优的出口市场，是一项应贯彻始终的政策。美国尽管对出口的依赖远小于中国、日本、欧盟等大国，但其始终是最强硬推动打开外国市场政策的国家。而中国对出口的高度依赖仍将维持很长时期，随着中国在世界贸易中份额的增长，理应寻求更积极的贸易政策。此外，中国近年来对外投资快速增长，海外投资利益需要得到制度的保障，而世界贸易组织正是提供这种保障最有效的组织。

（三）发展多边贸易体制为中国改革开放提供外部动力

在改革开放缺乏内力的带动下，中国的全面深化改革和开放需要外部力量协助，以开放促进改革，以改革带动开放，实现对内改革与对外开放的良性互动。在当前国际形势下，只有融入发展的多边贸易体制，才能为中国全面深化改革提供外部动力。

1. 多哈回合谈判的焦点议题即是中国开放程度较低的领域

从中国对外开放总体水平而言，过去中国主要实现了制造业的对外开放，促使中国制造业对外贸易迅速发展，而农业和服务业开放力度略显不够。中国经济转型升级中经济结构的调整就是要加快服务业尤其是生产性服务业的发展，适当降低制造业尤其是高能耗、高污染且产品又过剩的制造业的比例。目前，多哈回合谈判，发达成员和发展中成员最大的争议焦点在于农业问题和服务业对外开放的问题。多哈回合谈判的结束以及多边贸易体制的发展必将带来新一轮农业问题和服务业开放新规则，对于提高中国农业开放度、加速农业产业链形成和农产品竞争力的提高具有关键作用。通过服务业对外开放战略的进一步实施，将有助于中国加快电信、金融、物流服务业对外开放，稳步实现教育、医疗、体育等领域的开放，实现在运输、分销、金融、教育、文化、广播影视等领域对外商投资的突破。

2. 多哈回合谈判的新议题有助于促进中国全面深化改革

目前，多哈回合谈判不仅涉及传统的农业问题、非农产品市场准入和服务业开放问题，而且涉及竞争政策、政府采购、国有企业、环境问题、知识产权等领域，倘若未来多边贸易体制的管辖范围拓宽至这些领域，形成一揽子规范，必将对中国政府和企业行为进行新一轮的约束，通过给予中国政府转变经济增长模式、转变行政执政方式的压力，进而形成开放倒逼改革的机制。在此压力下，中国的地方政府不得不转变固有的经济增长模式，形成正确的业绩观，不再以 GDP 论英雄，争取经济增长的可持续性；同时，促进中国垄断行业的内部改革，打破既有利益集团的格局，加快民营企业的发展，从而实现经济结构的调整。可以说，多哈回合谈判的新议题将为中国新一轮改革和开放提供源动力。

第三节　中国逐渐影响多边贸易体制

一、中国改革开放必须以融入全球经济贸易为前提

（一）经济全球化的趋势不可逆转

20 世纪 80 年代以来，世界经济发展呈现出全球化与区域化并行的趋势。虽然 2008 年的全球金融危机重创了世界经济，会在一定程度上对经济全球化的进程造成一定的影响：各国经济衰退在短期内将会冷却其加快经济全球化进程的热忱，从而延缓经济全球化的进程；鉴于金融危机的影响，反全球化的呼声越来越高，贸易保护主义也有所抬头。但由于经济全球化是经济活动即物质生产到市场交换的一个必然结果，不是以人的主观意志为转移的。因此，在金融危机的冲击下，全球化进程也许会暂时受到一定程度的阻碍，但由于推动经济全球化的因素依然存在，这就决定全球化趋势不可逆转：首先，资本趋利性是经济全球化发展的源动力。只要资本还以追求超额利润为目的，那么资本就会不断

在世界各地流窜，经济全球化的源动力就不会改变。其次，科技革命和信息技术是经济全球化的驱动力，科学技术不仅为经济全球化奠定了客观物质基础，而且促使交易成本下降，提升交易需求。再次，创新投资不断增长也将继续推动经济全球化发展。最后，贸易自由化政策依然是各国政府的主要选择，贸易自由化政策为经济全球化发展提供了体制条件。

（二）中国经济转型升级必须以融入全球经济贸易为前提

虽然通过加入世界贸易组织中国开始逐步向完善的市场经济体制迈进，但是政府依然在经济发展过程中发挥着主导性的作用。中国要实现经济转型升级就必须充分发挥市场经济的主导性作用，在经济全球化背景下，只有将国民经济融入全球经济贸易体系，才能充分利用国际、国内两个市场来达到优化资源配置的目的。经济转型升级与融入经济全球化的关系，在经济体制改革的层面上，表现为国内经济转型与对外经济体制转型在目标模式上的一致性及其相互联系和制约，这种相互制约和促进更有利于市场经济体制的建立和完善。另外，以融入经济全球化而利用世界市场为目标的对外经济体制改革和建立市场经济为目标的国内经济转型升级，其最终目的就是实现以往经济发展模式中无法获得的潜在利益，提高全国经济效益，为国民经济持续高速增长提供制度性基础。可以说，任何一个国家的经济发展模式和经济结构调整都无法在封闭的市场中独立运行，它必须有充分的国际合作才能成功。

（三）维护多边贸易体制是中国融入经济全球化的重要手段

多边贸易体制自成立以来，一直致力于在成员内推行多边贸易谈判，努力实现贸易自由化的目标，通过大幅度降低关税和削减非关税壁垒，促进国际贸易发展。客观地说，多边贸易体制推动了经济全球化的发展过程，并且多边贸易体制为各国经贸政策协调提供了重要场所，规范了各成员在经济全球化中的竞争行为。过去，加入多边贸易体制是中国融入世界经济主流的重要战略选择，如今维护多边贸易体制仍是中国融入经济全球化和开展国际合作的重要手段。目前，世界贸易组织成员国际贸易额占世界贸易额的 98% 以上；另外，世界贸易组织管理和规范着国际贸易的诸多领域，且正在努力扩大其管辖的领域范围，具有极大的代表性。只有通过多边贸易体制，中国才能更好地融入经济全球化进程；通过世界贸易组织的开放平台，更好地与更多的国家开展国际合作，充分利用全球资源和市场，实现新时期中国经济转型升级和改革进一步深化。

（四）稳定的外部市场仍是中国维持经济增速的重要来源

在经济转型升级过程中，必然会降低固定资产投资额，从而影响经济增速；同时，作为经济增长"三驾马车"的消费，由于在短时间内无法实现国民收入水平的大幅提高，而社会保障体系的建立也是长时间的过程，因此，总体上讲内需在短期内虽然将会对经济增长作出贡献，但是对经济增长的实际贡献将不会很快大幅提升。那么，保持必需的经济增速任务自然落到净出口身上，可以说，稳定的外部市场在短期内仍是维持中国经济增长的重要来源。实际上，中国出口贸易依存度水平一直很高，虽然其中加工贸易占据较高的比例，但是，即使剔除加工贸易因素，中国出口贸易依存度同样高过美国等发达国家，也高于日本这种以贸易立国的国家。与其他国家相比，中国对于成为贸易大国显得更为迫切。对于韩国、意大利、荷兰、比利时、墨西哥等前 15 名的其他贸易大国来说，能够在对外贸易额中排名前 15 就能够对其参与经济全球化构成支撑，甚至对瑞士、马来西亚、泰国、波兰、奥地利等国家而言，即使不能进入前 15 名，但对于其发展外向型经济已经不错了。但对于具有 14 亿人口的中国来说，鉴于其产量巨大、内需尚且不足的实际情况，为缓解沉重的就业压力，就需要一个巨大的国际市场需求作为支撑，加工贸易目前正是解决中国大量就业需求的举措。

（五）维护多边贸易体制是稳定外部市场的战略保障

自 2008 年国际金融危机以来，中国需要维护多边贸易体制的迫切性不断增强，因为维护多边贸易体制正是稳定外部市场的战略保障。

第一，在金融危机之后，全球贸易保护主义有所抬头。根据世界银行 2009 年 3 月 17 日发布的研究报告显示，自 2008 年 11 月二十国集团签署承诺避免采取保护主义措施以来，二十国集团中的十七国已经实行了 47 项措施。[①] 世界贸易组织秘书处 2009 年 5 月 7 日发布的报告称，2008 年新发起的反倾销调查同比增长了 17%。[②] 伦敦经济政策研究中心于 2009 年 9 月末发布《未实现的承诺：关于二十国集团峰会的报告》，对 2008 年 11 月二十国集团峰会以来各国政府采取的 425 项"影响另一国商业利益"的措施进行分析指出，二十国集团峰会以来，各国采取的经济措施大多包含保护主义内容，二十国集团成员普遍未能遵守 2008 年 11 月峰会上领导人关于不实施保护主义的承诺，56 个国家和地区采取的 99 项措施中包括损害中国商业利益的内容。虽然多边贸易体制并不能从根本上消除贸易保护主义，但是由于其管理着各成员共同遵守的贸易规则，其必然会尽其最大努力将贸易保护主义限制在最小范围内，从而为中国稳定的外部市场提供保障。

第二，国内国际环境的变化将会使得中国的产品开拓国际市场难度更大。金融危机以来，美国的再工业化进程加快，随着欧债危机的蔓延，许多欧洲国家也越来越意识到现有产业发展动力不足的问题，进而更多的发达国家开始重视发展制造业。在这种全球"再制造业化"的背景下，全球产业链或将迎来新一轮调整，势必将会挤占全球货物贸易市场。同时，随着土地价格、环境问题以及劳动力成本的上升，中国制造业成本正在逐步上升，价格优势开始丧失。中国欧盟商会主席伍德克预计至 2020 年，中国生产成本将增长两倍甚至于三倍。全球商业资讯机构艾睿铂预计，如果中国货币和运输成本以每年 5% 的速度递增，则工资水平每

---

① Elisa Gamberoni and Richard Newfarmer, "Trade Protection: Incipient but Worrisome Trends", Trade Notes, International Trade Department: World Bank, March 17, 2009.

② WTO, "WTO Secretariat Reports Increase in New Anti-dumping Investigations", PRESS/556,WTO.

年将上涨 30%。世界贸易组织前任总干事拉米强调说，世界贸易组织是反对贸易保护主义的坚强壁垒。特别对于中国，如果没有世界贸易组织，贸易保护主义措施对中国的影响将要大得多。加入世界贸易组织以前的 10 年间，中国的对外贸易额增长 277%，但是这一增幅仅相当于加入世界贸易组织之后前 10 年增幅的 57%。如果没有加入世界贸易组织从而在国际市场上打开了巨大的拓展空间，中国的对外贸易或许仍会有所发展，但不大会取得如今的世界贸易大国地位。可以说，维护多边贸易体制是中国保障强大外部市场的必然战略选择。

二、中国在多边贸易体制发展中的定位和策略

自 2001 年加入世界贸易组织以来，中国一直积极参与多哈回合各项议题的谈判，力争成为多边贸易体系的参与者、建设者和贡献者。但是自 2008 年 7 月非正式部长会议失败以来，中国的谈判立场受到越来越多的关注甚至非议，尤其是美国多次声称中国应为多哈回合谈判的破裂负责，指责中国享受了多边贸易体制的巨大利益，却不愿意为之作出贡献。毫无疑问，美国的指责不过是转嫁责任的伎俩，几乎得到公认的是，造成多哈回合僵局的最大责任者正是美国。但多哈回合谈判也并非由美国一家主导，所有成员都对谈判的失败负有自己的责任，而作为最大贸易国和世界贸易组织核心成员之一的中国显然也不能回避。更重要的是，中国不应仅从责任的角度来观察自己在世界贸易组织中的地位和作用，而更应从利益的角度来确定自己究竟应该和愿意为多哈回合乃至世界贸易组织的未来发展作出多大贡献。关键不在于别人如何看待自己，而在于自己应如何主动确立在世界贸易组织中的定位和作用。

（一）中国在多边贸易体制中的定位

1. 多边贸易体制的参与者、维护者和建设者

加入世界贸易组织之前，对于中国在世界贸易组织中的未来角色，出现了"加入威胁论""麻烦制造者论""逃避责任论""工具性遵守论"

等观点。与此相对应，也出现了"建设者论""推动者论""协调者和中介者论""桥梁论"等观点。在政府文件中，中国的角色定位则是"参与者、维护者和建设者"。总之，中国支持以规则为基础的多边贸易秩序，在世界贸易组织中的行为显示了他是维持现状而非寻求系统性大变革的力量。

鉴于能够从多边贸易体制中获得巨大的收益，从历史的脉络来看，中国已经从"反对者"和"挑战者"逐步转变成现有体系的"维护者"和"建设者"，经历了从拒绝到承认、从消极旁观到积极参与、从象征性主张到实质性建设、从注重实际利益到努力寻求双赢的过程。[①] 正如美国学者肖特所言："如果中国付出了如此巨大的努力参加了这个组织，而她的目的却是要削弱这个组织、毁灭这个组织，那是不合逻辑的。"[②] 可以说，中国在世界贸易组织中"参与者、维护者和建设者"的角色定位已经基本明确。

2. 多边贸易体制的协调者和贡献者

"协调者"定位的原因在于中国在世界贸易组织中的多元利益和多重身份。对中国而言，在推动全球贸易自由化方面是与发达国家的利益一致的。尽管中国仍是事实上的发展中国家，但由于庞大的经济贸易规模和迅猛的增长速度，一些国家并不愿意承认中国的发展中国家地位。在加入世界贸易组织协议中这一地位并没有被明确地确定，但也没有被否认，在具体的协议条款中也是采取折中的办法。典型的是对"农业微量补贴水平为 8.5%"的承诺，而且中国放弃使用《农业协议》的特殊与差别待遇例外。由此看来，在未来的谈判中，中国被视为发展中国家从而享受例外和优惠待遇的可能性也不大。但无论是基于事实情况还是基于政治、外交的考虑，中国仍然会坚持自己的发展中国家身份。这就决定了从战略层面来看，中国必然会站在发展中国家一方，但又"不会轻易

---

① 樊勇明、贺平：《中国是多边贸易体制的积极建设者》，《复旦学报（社会科学版）》2006 年第 6 期。

② 张向晨、孙亮：《WTO 后的中美关系：与美国学者的对话》，广东人民出版社 2002 年版，第 15 页。

疏远世界贸易组织中的任何一派"。[①]然而，由于多哈回合谈判对于中国经济贸易可持续发展的重要性，鉴于要对多边贸易谈判作出"贡献"，中国适当的角色是充当发达国家和发展中国家之间的"协调者"，力争在各方利益博弈中寻找谈判突破的路径。事实上，"协调者"的角色定位也是印度、巴西、南非、墨西哥等新兴大国普遍的选择。[②]同时，从当前的世界经济贸易格局来看，发展中国家在多边贸易体制中的话语权正在逐步提升，并有与发达国家成员抗衡的趋势。在这种情况下，作为特殊的发展中国家成员，中国更应该充分发挥"协调者"的作用，充当发达国家成员与发展中国家成员之间的桥梁，在多边贸易谈判以及多边贸易体制改革中发挥自己的作用。

"贡献者"定位的原因在于，在全球经济恢复前景不明朗的情况下，中国对外贸易可持续发展需要世界贸易组织。金融危机的爆发对中国高度依赖外需的模式提出了警告，但在保增长、促就业的应对之中，发现内需短期内难有大的挖掘潜力，外需对于中国而言仍然不可或缺。而且，对外贸易对中国经济增长、就业的贡献是被低估的。随着金融危机的爆发，贸易保护主义在全球有抬头的势头，亟须世界贸易组织达成新回合谈判，既增强多边贸易体制的威信，又切实地推动全球贸易自由化的进程，从而保证较为公平、合理的国际市场环境。同时，如何利用世界贸易组织为中国经济建设服务是当前重大的战略性问题之一。中国要彻底走出全球经济危机的阴影，较之以往更加需要改革开放，需要利用世界贸易组织推动进一步的对外开放，并以开放促改革，以改革进一步释放经济增长的动力和潜力，从而保证长期、持续的经济增长。因此，中国要努力为多哈回合谈判的顺利结束作出贡献，必要时需作出进一步的开

---

①　P.Wonacott, "Chinese Wield Quiet Clout at Trade Talks", *The Wall Street Journal*, September 15, 2003；转引自徐崇利：《中国的国家定位与应对 WTO 的基本战略——国际关系理论与国际法学科交叉之分析》，《现代法学》2006 年第 6 期。

②　安德鲁·F. 库珀、阿加塔·安特科维茨：《全球治理中的新兴国家　来自海利根达姆进程的经验》，上海人民出版社 2009 年版。

放承诺。

（二）处于困难期的世界贸易组织正是提升中国国际地位的最佳平台

世界贸易组织成立以来，在执行贸易规则、解决贸易争端方面取得了显著的成绩，但在制定新规则方面却面临较大的困难。世界贸易组织主持的第一轮多边贸易谈判多哈回合自2001年发动以来，屡遭挫败，使世界贸易组织的威信和前途面临巨大挑战。多哈回合的停滞不前已经对世界贸易和经济的发展造成了诸多不利的影响。首先，在全球金融危机的影响下，许多国家诉诸多种贸易保护措施，特别是反倾销等贸易救济措施和提高关税等，并且这些措施的主要对象往往是中国。其次，世界贸易组织在制定规则应对贸易环境变化方面的能力受到严重挑战和质疑，这不利于成员间保持稳定的、可预见的贸易关系。最后，世界贸易组织是全球经济治理的重要环节，世界贸易组织的失效也会影响到世界对全球经济治理的信心，从而动摇经济发展的基础。

多哈回合的停滞在一定程度上源于发达国家内部政治动荡的干扰，特别是金融危机爆发后，发达国家国内社会和经济矛盾爆发，对世界贸易组织和全球化的质疑声越来越大，使得这些国家政府难以在推动贸易自由化上采取更积极主动的立场。发达国家一直以来都是多边贸易体制的领导者，而现在领导者由于自身的政治和经济困难无意也无力继续担当这种领导作用，从而使世界贸易组织的发展遭遇困难。在此背景下，鉴于中国在世界经济贸易中地位的提升，从而使得世界贸易组织成为提升中国国际地位和国际话语权的最佳平台。一方面，多边贸易体制对于全球利益的实现最具有效性。中国和美国一样，都拥有遍布全球的贸易和投资利益。和区域、双边谈判相比，多边谈判更有利于世界大国，因为世界贸易组织多边规则一旦制定，便适用于全体成员，是维护自身利益最有效果和效率的方式。另一方面，世界贸易组织中发达国家和发展中国家力量较为均衡。虽然发达国家仍然在经济质量上占据领先地位，但发展中国家在数量和规模上已经可以与之抗衡。目前，发达国家显然已经无法主导世界贸易组织的谈判进程和议程设定，这有利于世界贸易组织规则更加平衡、更加民主，对于正快速发展的发展中大国而言，中国正需要一个共赢、均衡的多边贸易体制。

（三）中国在多边贸易体制发展中的策略

1. 将多边贸易体制作为中国实施对外开放的首要平台

第一，中国应当坚定支持贸易投资自由化的理念。随着中国经济实力的不断增强和经济利益的全球扩展，贸易投资自由化才最符合中国的利益。近年来中国一贯坚决反对一切形式的贸易保护主义，但反对保护主义最好的方式是继续推进贸易自由化。贸易自由化应成为中国在国际社会面前最主要的话语表达和核心价值观念，是中国提出全球经济治理设计意图的理论基础。

第二，中国应当勇于在世界贸易组织中承担领导责任。这并不意味着中国要取代美国的地位，而是要加强与美国的合作。客观地来看，中美两国在贸易投资自由化上有着很大的共同利益和目标，特别是许多发展中国家较高的贸易和投资壁垒也有损于中国的经济利益。但同时，中国也要积极维护发展中国家的利益，促使发达国家充分尊重发展中国家的贸易利益，削减农业补贴，并给予发展中国家一定的差别待遇和政策空间。

第三，作为领导者，中国必须勇于承担成本和付出代价。美国长期领导多边贸易体制的一个重要原因是，它往往以先开放其本国市场为筹码，要求其他成员相应开放。对中国来说，搭便车的可能性已经不复存在。要其他国家包括发展中国家扩大开放，必须以扩大自身的开放为代价，以"开放换开放"。

第四，中国对于新议题的谈判应乐观其成，选择性参与。发达国家利用其经济和制度上的领先性，积极推动新议题和新规则的谈判，如劳工、环境、竞争政策、国有企业等。对中国来说，接受这些领域的规则时机尚不成熟，国内体制环境很难接轨，因此在世界贸易组织中仍应坚持在现有议题上的进一步自由化。但也要认识到要阻止这些规则的谈判是不可能的，即使可以在世界贸易组织中阻止，也无法阻止在其他平台上的谈判。因此，中国应开放地看待新议题谈判，允许部分世界贸易组织成员谈判或达成诸边协议，并在此过程中熟悉相关议题，为未来逐步加入做好准备。

2. 中国应在参与全球经济治理中采取更积极的立场

中国在国际事务中一贯秉持韬光养晦的原则，这无疑是十分正确的，特别是在政治和军事领域，这一原则仍应在相当长时间内继续坚持。但随着中国经济地位的不断上升，在经济领域的国际治理中，中国应适当调整策略，从有所作为转向积极作为。既维护自身利益，又为世界经济的平衡发展作出自己的贡献。《中国的和平发展》白皮书也明确提出"以积极姿态参与国际体系变革和国际规则制定，参与全球性问题治理"。而在各种经济议题中，中国在贸易领域的地位又是最为显著的。作为第一出口大国和第二进口大国，中国已经是世界贸易中举足轻重的力量。从过去的经验来看，贸易份额特别是进口份额是一国在贸易体制中地位的决定因素。无论中国是否愿意或者承认，外界已经普遍将中国与美国并列为世界贸易体制的领导者。因此，与其一味谦让，不如挺身而出，勇于承担和自己贸易地位相适应的角色。

而且，由于美国和欧盟在此次金融危机中受到严重冲击，内部对经济全球化的质疑越来越大，难以形成有效的支持贸易自由化的政治氛围，显示出对多边贸易体制领导权的犹疑和放弃。对中国来说，这正是展现中国负责任大国和有能力大国的好时机，如果中国能够为处于危机中的多边贸易体制作出积极的贡献，中国在其中的话语权和地位都将得到极大提升。

3. 中国可以为打破多哈回合的僵局作出自己的贡献

目前多哈回合停滞的主要原因在于美国，一方面，美国国内形势导致美国政府和国会对于推动贸易自由化缺乏动力；另一方面，为争取国内产业的支持，美国在工业品减税方面对新兴国家提出了过高的要求，特别是美国提出在三个部门（即化工品、电子产品和机械）实行零关税或大幅度降税，并强行要求中国、印度、巴西等国家接受。这一要求事实上超出了多哈回合议程，中国是有理由拒绝的。

但是，对这一提议的利弊也应给予理性的分析。首先，中国具备进一步降税的条件。中国在电子产品和机械产业上具有较强竞争力，只有在化工品上较弱。但是从加入世界贸易组织以来汽车等产业的发展来看，降低关税绝非致命冲击，相反很可能成为提高产业竞争力的动力。中国化工产业目前垄断程度过高，缺乏竞争，并进一步培养了垄断企业的惰性。降低关税、提高国际竞争压力是促使中国化工产业提升竞争力的有益手段。其次，虽然发达国家本身关税已经很低，降税意义不大，但巴西、印度等新兴国家的关税仍然较高，如果他们也同时接受降税协议，对中国占据优势的制造业开拓这些国家的市场是有利的。最后，由于中国目前仍然是发展中国家，和巴西、印度等有许多需要合作的领域，不便由中国牵头要求他们降税。而在多哈回合中，由美国发起的部门自由化虽然也要求中国作出相应让步，但也可以借机要求新兴发展中大国大幅度降低并约束关税，使得制成品关税减让基本实现一步到位，为中国今后开拓发展中国家市场奠定良好基础。

4. 更积极地参与世界贸易组织需要中国建立强大的软实力

以中国的贸易地位和经济实力，完全有足够的实力发挥更积极的作用，但中国在相应软实力上的建设仍有严重不足，这是制约中国发挥领导地位的最主要障碍。软实力的不足主要体现在两个方面：一是人才。中国应加快培养对外贸易谈判和运作的专业人才。他们必须熟悉国际法和国际贸易规则，有外语能力，并有国际谈判的实际经验。二是制度。这一方面体现在中国的市场经济体制仍然不够完善，和世界贸易组织所基于的市场经济原则仍有一定差距，使得中国往往感觉底气不足；另一方面，中国的贸易政策形成机制还不够完善，特别是政府和企业之间的协调和沟通仍待加强。参与世界贸易组织的根本目的是为中国企业创造更好的贸易和投资环境，因此了解中国企业对相关议题的看法和需求是形成中国在世界贸易组织中立场和政策的基础。中国在涉外经济谈判中常常不知该向贸易伙伴要求什么，对企业需求的了解不足是主要原因。要解决上述问题首先要树立明确的信念和策略，即中国应当在世界贸易组织中发挥更积极的领导作用，在这一策略的引导下，可以通过多种渠道、投入更多资源去建设我们的人才队伍和决策机制。以中国政府的执政能力，只要有明确的努力方向，是完全可以实现参与全球贸易治理软实力在较短时间内明显提升的。

三、中国参与影响多边贸易体制的实践

自 2001 年加入世界贸易组织以来，中国始终坚决维护多边贸易体制，深度参与世界贸易组织的各项工作，在以世界贸易组织为核心的多边贸易体制下不断发展对外贸易，逐步扩大对外开放。近年来，中国不断为世界贸易组织的改革与发展注入活力，在对多边贸易体制的维护中，中国声音始终坚定；在世界贸易组织各项议题的谈判中，中国代表屡屡发声；在对最不发达成员的关切中，中国身影从不缺席。

（一）为多哈回合各议题推进作出贡献

2015 年，中国成为世界贸易组织成员中第 16 个接受《贸易便利化协议》议定书的国家。2016 年，中国在担任二十国集团主席国期间，致力于推动成员国《贸易便利化协议》的国内批准程序的运作，为协议早日生效作出了积极贡献。[①]2016 年 2 月 22 日，随着《贸易便利化协议》议定书得到世界贸易组织超过三分之二成员的核准，该协议已经正式生效，成为世界贸易组织成立 20 年来第一个达成的多边协议。世界贸易组织总干事罗伯托·阿泽维多表示，通过核准这项协议，世界贸易组织成员履行了它们对多边贸易体制的承诺。有数据表明，完整履行《贸易便利化

---

① 国务院新闻办公室：《中国与世界贸易组织》白皮书，见 http://www.scio.gov.cn/zfbps/32832/Document/1632334/1632334.htm。

协议》将会使全球贸易成本减少 14.3% 左右。[①]

作为发展中成员，中国积极推动实施《贸易便利化协议》。中国组建了国家贸易便利化委员会，各有关部门通力协作，提高贸易便利化水平。截至 2017 年，各省（自治区、直辖市）已经建立了贸易便利化工作联席会议制度，积极做好本地区贸易便利化相关工作。中国将严格履行承诺，在 3 年过渡期后如期实施 B 类措施。[②] 自《贸易便利化协议》实施以来，中国贸易便利化水平显著提升。截至 2017 年年底，中国国际贸易"单一窗口"已与 11 个口岸管理相关部门对接，基本覆盖大通关主要流程，实现企业一点接入、一次提交、一次查验、一键跟踪、一站办理，加速了口岸治理体系现代化建设进程。[③] 中国将继续优化监管的方式方法，改革口岸管理体制，进一步压缩进出口环节和成本，不断优化口岸营商环境。

（二）有力推动新议题的开展与讨论

2017 年 12 月 10 日至 13 日，世界贸易组织第十一届部长级会议在阿根廷首都布宜诺斯艾利斯举行。中国积极参与会议各项议题的谈判，在农业、渔业补贴、电子商务、贸易及投资便利化、中小微企业发展等世界贸易组织成员普遍关注的议题中展开相关讨论，并有力地推动了新议题的谈判进程，具体情况见表 4.1。

表 4.1　中国在多项议题中的表现

电子商务	构建世界电子贸易平台，同世界贸易组织、世界经济论坛共同打造一项"赋能电子商务"的长期对话机制，推进电子商务由理论到实践的全球性发展。 加入"电子商务发展之友"，积极推动世界贸易组织电子商务议题多边讨论，分享经验做法，帮助发展中成员从发展电子商务中受益。

---

① 张建平、宋懿达：《中国应积极参与世界贸易新规则构建》，《中国外汇》2018 年第 7 期。

② 国务院新闻办公室：《中国与世界贸易组织》白皮书，见 http://www.scio.gov.cn/zfbps/32832/Document/1632334/1632334.htm。

③ 国务院新闻办公室：《中国与世界贸易组织》白皮书，见 http://www.scio.gov.cn/zfbps/32832/Document/1632334/1632334.htm。

续表

投资便利化	发起成立"投资便利化之友"，与70个成员联署了《关于投资便利化的部长联合声明》。
中小微企业发展	加入"中小微企业之友"，推介中国在世界贸易组织相关提案中关于支持中小微企业的内容。 与80多个成员联署了《关于中小微企业的部长联合声明》，努力推动世界贸易组织全体成员就中小微企业议题在未来取得多边成果。

资料来源：据中国经济周刊新闻、《中国与世界贸易组织》白皮书资料整理。

（三）积极维护世界贸易组织各项职能运作

积极维护多边贸易体制，敦促其他成员遵守多边贸易协定。加入世界贸易组织以来，中国积极参与对其他世界贸易组织成员的审议，向被审议成员提交书面问题和贸易关注数千项，敦促其他成员遵守规则履行承诺，为维护和强化审议机制功能发挥了积极作用。

认真接受成员的贸易政策监督。世界贸易组织贸易政策审议机制有助于增加多边贸易体制的透明度。中国高度重视贸易政策审议，始终以开放坦诚的姿态，介绍宏观经济和贸易投资政策发展情况，听取其他成员对中国改革开放的意见和建议。世界贸易组织成员赞赏中国参与审议的态度，认为中国履约、合规、开放的良好形象为发挥审议机制作用树立了典范。

积极维护争端解决机制有效运转。中国积极参与改进争端解决程序的谈判，支持世界贸易组织上诉机构独立公正开展上诉审议工作。针对当前个别世界贸易组织成员阻挠上诉机构成员遴选，中国与60多个成员联署提案，努力推动尽快启动遴选程序。中国主张通过世界贸易组织争端解决机制妥善解决贸易争端。按照事项统计，截至2018年4月，中国在世界贸易组织起诉案件17项，已结案8项；被诉案件27项，已结案23项。中国通过主动起诉，遏制了少数世界贸易组织成员的不公正做法，维护了自身贸易利益和世界贸易组织规则的权威。中国积极应对被诉案件，尊重并认真执行世界贸易组织裁决，作出了符合世界贸易组织规则的调整，无一例被起诉方申请报复的情况。[①]

（四）坚决反对贸易保护主义，积极推动贸易自由化进程

不经过世界贸易组织裁决、不遵守世界贸易组织规则、单方面采取制裁措施的贸易保护主义及单边主义，是严重违反世界贸易组织原则的行为。世界贸易组织历来秉持开放、透明、包容、公平及非歧视等基本原则，依照规则解决全球贸易问题，正确处理成员国间贸易争端问题，并不断提升各成员的贸易政策透明度，致力于打造互利共赢、平等协商、共同发展的全球经贸环境。

中国倡导通过加强合作、平等对话和协商谈判来解决国际贸易中的问题。中国在主办亚太经济合作组织第 22 次领导人非正式会议、二十国集团领导人杭州峰会、金砖国家领导人第九次会晤期间，加强与各方协调，推动将反对贸易保护主义写入会议成果文件。中国领导人出席"一带一路"国际合作高峰论坛、博鳌亚洲论坛、世界经济论坛等多边会议期间，多次阐明支持多边贸易体制、推动建设开放型世界经济的坚定立场。在世界贸易组织内中国积极倡议，与多数成员发出反对单边主义和保护主义的共同声音。[②]

积极参与诸边自由化倡议，致力于推动谈判进程。中国在加入世界贸易组织时参加了《信息技术协议》，并在此基础上参与扩围谈判。2016年 10 月 26 日，中国向世界贸易组织总干事罗伯托·阿泽维多提交了《信息技术协议》扩围承诺，并承诺于 2016 年 9 月 3 日由全国人民代表大会常务委员会批准，于 2016 年 9 月 15 日开始实施首次关税削减。[③]中国是《环

---

　　① 国务院新闻办公室：《中国与世界贸易组织》白皮书，见 http://www.scio.gov.cn/zfbps/32832/Document/1632334/1632334.htm。

　　② 国务院新闻办公室：《中国与世界贸易组织》白皮书，见 http://www.scio.gov.cn/zfbps/32832/Document/1632334/1632334.htm。

　　③ 根据 WTO 新闻整理得到，见 https://www.wto.org/english/news_e/news16_e/ita_01nov16_e.htm。

境产品协议》谈判的发起方之一，始终以积极建设性态度参与磋商，在二十国集团领导人杭州峰会期间推动谈判达成重要共识。中国于 2007 年启动加入《政府采购协议》谈判，从启动谈判至今，中国为完成加入谈判付出了积极的努力，已经提交了 6 份出价，开放范围不断扩大。①

（五）向其他发展中成员提供有效支持

中国对发展中成员在参与全球价值链分工、参与国际经贸治理等方面面临的困难表示关切，努力推动贸易为实现 2030 年可持续发展议程作出积极贡献。加大对发展中成员特别是最不发达国家成员的援助力度，促进缩小南北发展差距。截至 2018 年 3 月，已对 36 个建交且已完成换文手续的最不发达国家 97% 的税目产品实施零关税。积极响应世界贸易组织"促贸援助"倡议，利用多、双边援助资源帮助其他发展中成员特别是最不发达国家成员加强基础设施建设、培训经贸人员、提高生产能力、发展贸易投资。向世界贸易组织"贸易便利化协议基金"捐款 100 万美元，协助落实《贸易便利化协议》。②2011 年，中国向世界贸易组织捐款设立"最不发达国家加入世界贸易组织中国项目"，帮助最不发达国家融入并受益于多边贸易体制。6 年来，"中国项目"已经帮助 6 个最不发达国家加入了世界贸易组织。③自 2017 年起，中国在南南合作援助基金项下与世界贸易组织等国际组织加强合作，在"促贸援助"领域实施合作项目，帮助其他发展中成员提高从全球价值链中获益的能力。④

---

① WTO/FTA 咨询网，见 http://chinawto.mofcom.gov.cn/article/ap/o/201804/20180402737780.shtml。
② 国务院新闻办公室：《中国与世界贸易组织》白皮书，见 http://www.scio.gov.cn/zfbps/32832/Document/1632334/1632334.htm。
③ 央视网新闻，见 http://news.cctv.com/2017/12/10/ARTIlyjfUd8UvianzJCjgYil171210.shtml。
④ 国务院新闻办公室：《中国与世界贸易组织》白皮书，见 http://www.scio.gov.cn/zfbps/32832/Document/1632334/1632334.htm。

下　篇

第五章　多边贸易体制与中国市场经济体制建设

第一节　中国从计划经济体制向市场经济体制的转变历程

社会主义社会应该实行什么样的经济制度？马克思曾经设想未来社会可以在没有商品生产和商品交换的情况下系统地组织和安排整个社会的生产活动和经济活动。历史上不同国家进行了各自的探索，俄国"十月革命"后曾试图将战时共产主义的特殊时期作为"消除货币"和"直接过渡"的准备时期，但最后还是转向新的经济政策，而后建立了高度集中的计划经济体制。第二次世界大战后，社会主义国家纷纷效仿苏联，建立计划经济体制。国内外理论界长期以来逐渐形成了一个固有概念：社会主义社会中实行计划经济体制，资本主义社会中实行市场经济。关于市场经济能否参与社会主义建设存在着不同的观点。

从 1949 年新中国成立至今已有近 70 年的时间，中国的经济和社会发展取得了巨大成就，中国已由新中国成立初期的欠发达的农业国转变为处于全面建成小康社会决胜阶段的工业化国家。改革开放以来，中国的经济体制经历了从高度集中的计划经济体制向社会主义市场经济体制转变的历程，贯穿整个经济体系改革和演变的主要线索之一就是如何处理政府这只"看得见的手"和市场这只"看不见的手"之间的关系。从党的十二大到十四大，中国经济体制改革历经 14 年的曲折历程，打破了把计划经济当作社会主义基本属性、市场经济是资本主义属性的固守观念，完成了从计划经济体制向社会主义市场经济转变这一人类社会发展史上的伟大创举。

一、第一个转型时期：党的十一届三中全会及以前

1949—1978 年，是中国由多种经济成分并存、计划与市场共同发挥作用的新民主主义经济，向传统的单一公有制基础上的计划经济过渡并试图巩固计划经济的阶段。在改革开放之前，由于中国人口众多、基础薄弱，是一个典型的资本稀缺、低收入的以农业经济为主的国家。与印度以及许多其他新兴独立的发展中国家的政府领导人一样，中国领导人迫切希望加快重工业的发展。在 1950 年中国卷入朝鲜战争之后，由于西方国家的禁运和孤立，进一步发展工业化成了国家安全的必要条件。

中国当时并不适合发展资本密集型的重工业。一个发展中国家的重工业建设有三个特点：一是需要一个很长的准备期；二是至少在初始阶段，工业建设所需的设备需要从更先进的经济体进口；三是工业建设需要大量投资。而中国经济也有三个特点：一是可用的资金有限；二是外汇相对稀缺和昂贵，出口的货物有限，主要是低价农产品；三是由于中国人口密集的农业经济特点，中国的经济盈余规模较小。因此，中国经济的主要特征与工业建设的特点并不匹配。

在中国经济中，资本密集型产业的自发发展是不可能的。新中国成立后，毛泽东同志就曾提出要重视价值规律的作用、发展商品生产和商品交换的思想。他在《毛泽东文集》第七卷中指出，"商品生产同社会主义制度相联系就是社会主义的商品生产"和"可以消灭了资本主义，又搞资本主义"等。1956 年召开的党的八大上，陈云提出"三个主体，三个补充"，其中之一是"在生产计划方面，计划生产是工农业生产的主体，按照市场变化在国家计划许可范围内的自由生产是计划生产的补充"的观点。这些领导人的早期观点为党的十一届三中全会后开始进行经济体制的探索和创新奠定了基础。

1978 年以前，中共中央领导人就已意识到对外开放的重要性。1978 年上半年，中央多次派出代表团出国考察经济，吸取有利经验，为改革经济体制奠定了基础。1978 年 7 月到 9 月召开的国务院务虚会，是党的十一届三中全会召开前的一次重要会议，也是最早提出改革开放的一次会议。会议上，孙冶方、薛暮桥等经济学家批评了当时存在的要求消灭商品货币关系的"左"倾观点，并提出应当更多地发挥价值规律的作用。孙冶方认为"千规律、万规律，价值规律第一条"；薛暮桥曾长期担任经济领导工作，对此问题他提出"应当为长途贩运平反，要利用市场活跃流通"；时任副总理的李先念在进行务虚会总结时提出"计划经济与市场经济相结合"的观点，与陈云早先提出的"计划经济为主，市场经济作为补充"的观点相呼应。该观点得到了与会工作者的一致支持。1979 年，邓小平同志在会见美国不列颠百科全书出版公司副总裁吉布尼等人的谈话中指出，"说市场经济只存在于资本主义社会，只有资本主义的市场经济，这肯定是不正确的。社会主义为什么不可以搞市场经济，这个不能说是资本主义。"

1978 年党的十一届三中全会召开，全面地纠正"文化大革命"中及其以前存在的"左"倾错误，提出把工作重心转移到社会主义现代化建设上来，全面实行改革开放。党的十一届三中全会后，陈云在题为《计划与市场问题》的提纲中提出整个社会主义时期必须有两种经济：计划经济和市场经济。1980 年，薛暮桥等人在国务院经济体制改革办公室文件《关于经济体制改革的初步意见》中提出："我国现阶段的社会主义经济，是生产资料公有制占优势，多种经济成分并存的商品经济"，挑战了传统的计划经济观点，同时遭到一部分人的激烈反对。反对观点认为放弃计划经济，会导致对公有制的破坏；将社会主义降格为商品经济，是一种历史的倒退等。1981 年党的十一届六中全会通过的《关于建国以来党的若干历史问题的决议》确认，"必须在公有制基础上实行计划经济，同时发挥市场调节的辅助作用。"

二、第二个转型时期：党的十二大到十四大，社会主义市场经济体制初步确立

随着经济总量的增长和经济部门的增加，高度集中的计划经济体制缺乏应对活力。于是，中国开始探讨两个方面的改革：一方面是由中央集权向中央和地方合理分权改革；另一方面是由完全指令性计划向指令性计划和指导性计划相结合改革。并且，在党的十一届三中全会以后开始探索在社会主义制度下计划和市场的结合。

（一）党的十二大和十二届三中全会

党的十二大明确提出"计划经济为主，市场调节为辅"，打破了长期计划经济处于统治地位的局面，为形成改革的初期理论提供了指导。1982 年，把"国家在社会主义公有制基础上实行计划经济，国家通过经济计划的综合平衡和市场调节的辅助作用，保证国民经济按比例地协调发展"写入新修改的 1982 年《中华人民共和国宪法》，自此，"计划经济为主，市场调节为辅"的原则得到正式确认。

1978 年以来，中国经济体制初步改革的依据便是"计划经济为主，市场经济为辅"，但仍存在一定的局限性，市场机制的引入仍是为了完善计划经济，计划经济与市场经济仍然存在着一定程度上的对立。随着改革开放的进一步推进，1984 年在北京召开的党的十二届三中全会重新定位了计划经济与市场经济的关系，确认中国社会主义经济是"公有制基础上的有计划的商品经济"，不再将市场经济作为计划经济的对立面，不再过分强调以计划经济为主。此次会议上通过了《关于经济体制改革的决定》，提及中国的市场经济是"在公有制基础上的有计划的商品经济"，并列举了商品经济的诸多优势：商品经济的大力发展，是社会经济发展不可逾越的阶段，是实现中国经济现代化的必要条件。只有充分发展商品经济，才能把经济真正搞活，促使各个企业提高效率，灵活经营，灵敏地适应复杂多变的社会需求，而这是单纯依靠行政手段和指令性计划所不能做到的。同时，《关于经济体制改革的决定》提出改革的基本任务

是建立具有中国特色的、充满生机和活力的社会主义经济体制，促进社会生产力的发展。

党的十二届三中全会上对于计划经济和市场经济及二者关系的重新解释，是对原来计划经济的主导地位的一次突破。在此理论的指导下，经济体制改革从农村走向城市。

（二）党的十三大

1987年2月，在党的十三大筹备期间，邓小平同志在同赵紫阳、杨尚昆、万里、薄一波等中共中央负责人谈话时指出，计划和市场都是方法，只要对发展生产力有好处，就可以利用。它为社会主义服务，就是社会主义的；为资本主义服务，就是资本主义的。

根据邓小平同志的谈话观点，党的十三大报告中指出，社会主义有计划的商品经济体制，应该是计划与市场内在统一的体制。计划和市场的作用范围都是覆盖全社会的，新的经济运行机制总体上来说应当是"国家调节市场，市场引导企业"的机制。这一理论突破了改革初期计划与市场各分一块的老框架，是迈向社会主义市场经济的一大进步。全新的经济运行机制的确立，为中国全面展开经济体制改革提供了新的理论指导和支持，是经济体制改革目标模式探索中的一个重大理论创新。

从党的十一届三中全会到党的十四大，以经济建设和提升人民生活水平作为统领性目标，允许个体、私人和"三资"企业的存在和发展，在农村实行家庭联产承包经营责任制，推行财政大包干制度，单一的公有制体系被改变，个体经济得以发展。这种变化的基本作用是使得经济运行的一部分脱离计划经济模式，由市场进行调整。因此，在这个阶段，改革和完善社会主义计划经济的主要方法是引入市场对经济进行调整。此时的计划经济已经不再是传统的社会主义计划经济。

（三）党的十四大和十五大

中国经济体制改革的决定性突破发生在1992年年初，邓小平同志南方谈话明确了计划和市场都是经济调节手段，强调我们的改革要坚持市场取向。1992 年 10 月，党的十四大报告在提出中国经济体制改革的目标就是社会主义市场经济体制的同时还特别强调，社会主义市场经济体制是同社会主义基本制度结合在一起的。这不仅从根本上解除了把计划经济和市场经济看作属于社会基本制度范畴的思想束缚，使我们在计划与市场关系问题上的认识有了新的重大突破，而且阐明社会主义市场经济的实质，是在国家宏观调控为主导的情况下搞市场经济，是社会主义性质的市场经济，标志着中国改革开放从摸着石头过河进入到自觉推进体制转轨的新阶段。这就彻底解决了社会主义实践中长期未能解决好的计划与市场的关系问题，实现了社会主义发展史上经济理论的重大突破。

1992 年党的十四大确立的社会主义市场经济体制的目标模式，符合中国的历史文化传统和当时的国情。1993 年，党的十四届三中全会对十四大的改革目标、要求和原则进行了具体化和系统化阐述，概述了社会主义市场经济体制的基本框架：国有企业经济机制的转变和现代企业制度的建立；培育和发展市场经济体系；转变政府职能，建立和完善宏观经济调控体系；建立合理的个人收入分配制度和社会保障制度。这一基本框架为社会主义市场经济新体制的顺利运行和发展提供了可靠保障。这是一个十分成功的顶层设计，极大地推进了社会主义市场经济的理论和实践。

随着改革目标的确立和新体制框架的合理设计，社会主义市场经济的建设速度相对较快。1997 年，党的十五大进一步就如何建立一个相对完善的社会主义市场经济体制作出了详细的安排，特别是在调整和完善所有制结构方面。党的十五大明确指出，公有制为主体、多种所有制共同发展是中国社会主义初级阶段的基本经济制度。其中，多种所有制经济共同发展就是将非公有制经济纳入社会主义初级阶段的基本经济制度。这反映了党对于所有制问题理解的深刻变化。

随着改革不断深化，产权主义也呈现多元化。这要求社会主义初级阶段的收入分配制度和分配方法也要不断完善。1997 年召开的党的十五大明确规定了按生产要素进行分配的分配制度，并指出应该改善形成生产要素的价格机制。基本建立了公司管理者和员工的激励约束机制，使中国的公有制，尤其是国有经济，找到了一种可以与市场经济相结合的分配制度。

同时，市场也开始在资源配置、宏观调控体系的初步建立和社会保障体系的稳步发展等方面发挥了基础性作用。社会主义市场经济体制初步建立。

三、第三个阶段：党的十六大至今，社会主义市场经济体制进一步完善

2002 年党的十六大报告在党的文献中第一次提出："坚持和完善公有制为主体、多种所有制经济共同发展的基本经济制度，必须毫不动摇地巩固和发展公有制经济；必须毫不动摇地鼓励、支持和引导非公有制经济发展。"胡锦涛同志在 2007 年党的十七大和 2012 年党的十八大的报告中进一步重申和强调了"两个毫不动摇"。

坚持公有制为主体的关键，是要找出公有制与市场经济的有效结合形式，努力探索公有制的多种有效实现形式。2002 年党的十六大提出，除极少数必须由国家独资经营的企业外，积极发展混合所有制经济。

2003 年党的十六届三中全会又指出，大力发展国有资本、集体资本和非公有资本等参股的混合所有制经济。由政府发起的国有企业管理体制改革经历了四个阶段：第一阶段（1979—1983 年），提出了包括引入利润保留和绩效奖金，并允许国有企业在强制性国家计划之外生产等几项重要的实验性举措，旨在扩大企业自主权，并扩大传统经济体制内的财政激励作用。第二阶段（1984—1986 年），1984 年政府允许国有企业以议价的价格出售超过配额的产量从而建立双轨制的价格体系。第三阶段（1987—1992 年），试图划分企业管理人员的权力和责任的合同责任制度已

正式提出并被广泛采用。最后阶段（1993 年至今）试图将现代企业制度引入国有企业。在改革的各个阶段中，政府的干预逐步减少，国有企业获得了更多的自主权，微观管理体制的改革达到了提高技术水平的预期目标。

2012 年，党的十八大报告明确提出，深化国有企业改革，完善各类国有资产管理体制，推动国有资本更多投向关系国家安全和国民经济命脉的重要行业和关键领域，不断增强国有经济活力、控制力、影响力。2013 年 11 月，党的十八届三中全会提出国有企业改革更是重中之重，并作出了全面深化改革的部署，清晰给出了国有企业改革的方向，国有资本、集体资本、非公有资本等交叉持股、相互融合的混合所有制经济，是基本经济制度的重要实现形式，有利于国有资本放大功能、保值增值、提高竞争力。

2012 年党的十八大明确提出，经济体制改革的核心问题是处理好政府和市场的关系，必须更加尊重市场规律，更好发挥政府作用。习近平总书记明确强调，市场在资源配置中起决定性作用，并不是起全部作用。绝不是让政府无所作为，恰恰是强调市场决定作用越大，政府监管市场的职责也会越大。就是说，在资源配置中市场作用和政府作用都要有，不能任意削弱任何一个方面。这对推进中国改革开放和社会主义现代化建设具有深远的意义。经历了计划经济向社会主义市场经济体制的转变，从政府主导到市场起决定性作用，我们党在计划和市场，政府和市场关系方面进行艰苦探索，取得了历史性的突破。

在 2017 年召开的党的十九大中，习近平总书记在报告中明确指出，坚持社会主义市场经济改革方向、加快完善社会主义市场经济体制，着力构建市场机制有效、微观主体有活力、宏观调控有度的经济体制。这需要用好"看不见的手"和"看得见的手"。习近平总书记也曾指出，"看不见的手"和"看得见的手"都要用好，努力形成市场作用和政府作用有机统一、相互补充、相互协调、相互促进的格局，推动经济社会持续健康发展。

第二节　多边贸易体制在市场经济体制建设中的作用

纵观中国 40 年的改革开放历程，从 1978 年至今，主要是沿着两条主线进行：一是深化改革，在邓小平理论的指导下，确定"有计划的商品经济"和"建立社会主义市场经济体制"；二是坚持对外开放，进行恢复关税与贸易总协定缔约方席位和加入世界贸易组织谈判，按照多边贸易体制的要求，进行从计划经济向市场经济的转变。两条主线相辅相成、互为补充。

改革开放后，随着中国逐渐认识到关税与贸易总协定对中国扩大开放、促进经济发展带来的益处，1986 年 7 月，中国提出恢复关税与贸易总协定缔约方席位的申请。在 1995 年世界贸易组织建立取代关税与贸易总协定后，中国就从恢复关税与贸易总协定缔约方席位谈判转为加入世界贸易组织谈判。在经过 15 年的谈判后，中国终于在 2001 年加入世界贸易组织。不论是恢复关税与贸易总协定缔约方席位、加入世界贸易组织的准备与谈判过程，还是加入世界贸易组织之后，中国都在不断融入多边贸易体制，这个过程不仅极大地促进了中国对外贸易的发展、拉动了经济增长，而且对中国市场经济体制建设产生了重要和深远的影响。

一、加入世界贸易组织对市场经济体制建设提出更高要求

世界贸易组织及其前身关税与贸易总协定是建立在市场经济和自由贸易基础上的，是基于市场经济和自由竞争的多边贸易体制，其对缔约方的经济制度，特别是对外贸易制度具有严格的原则规范和具体要求。作为关税与贸易总协定 / 世界贸易组织的成员，必须要有一个以市场经济为基础的经济运行机制。因此，中国必须在享受多边贸易体制好处的同时作出相应的制度改革，将计划经济体制转变为市场经济体制是恢复关

税与贸易总协定缔约方席位和加入世界贸易组织的第一步。

　　恢复关税与贸易总协定缔约方席位对中国当时的经济运行体制构成了挑战。中国当时的经济体制与西方完全市场化的经济体制和以市场经济为主导的国际贸易体制存在许多明显的差异。例如，政企不分的问题尚未得到很好地解决，审批经济不符合关税与贸易总协定的自由竞争原则，进口许可和配额管理体制不符合公平、公正、合理的原则，相关经济法规还存在空白，经济管理缺乏透明度等。[①]如何减少这些差异，促进中国经济与世界经济融合、建立新的市场经济秩序将是一项长期而艰巨的任务。

　　不仅如此，中国恢复关税与贸易总协定缔约方席位和加入世界贸易组织，不仅对中国政府的管理和调整能力提出了挑战，也对建设社会主义市场经济体制提出更高、更快、更迫切的要求，这也为促进中国的经济结构调整和市场经济的发展提供了契机。

二、加入世界贸易组织推动中国市场经济体制改革

　　市场配置资源的效率明显高于计划经济体制下按照行政命令部署和按照指标规划进行资源配置的效率。相比使用计划手段配置资源，市场配置资源的优点在于可以通过变动的市场价格信号，反应供求变化、传递市场信息，实现优胜劣汰。

　　建立社会主义市场经济体制的重要内容是建立统一、开放、竞争、有序的市场，这也是社会主义市场经济体制基本形成的重要标志。所谓统一，是指中国市场是一个统一的社会主义市场，各种商品和生产要素按照市场价格机制进行自由流动；所谓开放，意味着中国市场不仅是对外开放的，而且必须对所有国家开放，各个国家的经济活动融入世界市场，在全世界优化资源配置；所谓竞争，是指市场主体进入市场体系，

---

　　① 胡立法：《入世与我国经济管理体制改革的推进》，《世界经济研究》2002 年第 2 期。

为争取有利的生产和销售条件，围绕商品和服务的价格及质量进行公平竞争；所谓秩序，就是社会主义市场体系要走标准化、法制化的道路，使所有的市场主体都统一起来，依照公平、透明、稳定的市场经济运行规则，开展生产经营活动。

世界贸易组织的基本原则、协定和管理都是基于市场经济和市场导向的，要求所有成员的贸易政策不得扭曲市场竞争规则。各国必须努力减少对国际贸易的限制，通过大幅度降低关税，使得市场能够更广泛地在各国配置资源，优化世界资源的开发和利用，同时约束非关税措施和其他贸易壁垒，使其在使用中是出于维持生态平衡、人类健康、国家安全等需要，而非变相的贸易保护主义。

随着中国经济的转型，融入全球多边贸易体制，势必带来现有生产方式和生产关系的变革。这一过程迫使人们以一种新的方式进行思考，改变传统价值观念，充分认识市场经济体制的性质和作用。同时，为满足恢复关税与贸易总协定缔约方席位和加入世界贸易组织的条件，中国大幅度开放国内市场，按照世界贸易组织规则和中国的加入承诺，修改相关的法律法规，巩固向市场经济转型的进程。

可以说，中国融入多边贸易体制的过程，是建设中国社会主义市场经济探索的过程，也是中国经济贸易体制逐渐向以世界贸易组织为基础的多边贸易体制靠拢的过程。加入世界贸易组织直接推动了中国市场经济体制改革的进程。

三、加入世界贸易组织为进一步改革提供动力

加入世界贸易组织使中国经济融入全球经济成为不可逆转的趋势，过去近 20 年来，对中国经济和社会发展带来了广泛而深远的影响，中国的宏观经济状况得到显著改善，中国对外贸易发展以及外国直接投资流入的增加，使中国成为多边贸易体制的最大受益者之一。不仅如此，加入世界贸易组织也是中国向国际社会发出的有力信号，表明建设开放的

市场经济制度是中国坚定不移的方针，未来也将为中国市场经济体制全面深化改革注入动力。

加入世界贸易组织使中国的产品能更好地进入其他成员国家的市场。更为稳定的多边贸易体制，大幅度降低了中国平均进口关税税率，有效地缓解了双边谈判的贸易不确定性。世界贸易组织协定、协议中的最惠国待遇条款有助于防止中国出口的产品在其他成员市场上受到歧视，有利于中国出口贸易发展和出口企业利益的维护，在此背景下，中国的对外贸易额大幅提升。

加入世界贸易组织大大增强了跨国公司来中国投资的信心，外资的迅速增加，不仅缓解了中国建设资金的不足，而且外资投入的新建企业扩大了就业。同时，为了吸引外资，中国不得不优化投资环境，逐步建立市场化、法制化、国际化的营商环境，从而有利于中国市场经济体制建设，必将进一步释放开放和改革红利，为未来进一步改革提供强大的动力。

随着中国经济社会的快速发展以及中国与全球经济的进一步融合，中国可以更好地实现资源在国际国内市场上的优化配置，将国内资源如土地、自然资源、劳动力等整合到优化国际配置的整体外部环境中，与资本、先进技术、管理等国外资源相辅相成，为中国经济快速发展创造良好的国内外条件。在此过程中，中国更需要与国际规则接轨，融入到以市场经济为基础的多边贸易体制中，这将有效地激励中国深化改革和扩大开放。

第三节　中国市场经济体制建设的历程、 成就与基本经验

1978 年召开了党的十一届三中全会，如何尽快恢复和发展经济是当时中央高层考虑的首要问题。中国的市场经济体制改革自此开始。经过40 年的改革历程，中国经济体制各个层面均发生了巨大变化，成功完成

了从计划经济体制向社会主义市场经济体制的过渡。完成体制改革过渡的同时，中国经济、文化、国防、科技等领域也取得了突出成就，综合国力大大增强。

一、中国市场经济体制建设的历程

市场经济体制改革包含农村经济体制改革、所有制结构改革、国有企业改革、价格体制改革、金融体制改革、财税体制改革等多个方面。

（一）农村经济体制改革

农村作为当时国民经济中最薄弱的一环，是经济体制改革的始发地，追溯 40 年的改革历程，农村经济体制改革可划分为四个阶段。

1. 第一阶段（1978—1984 年）

这一阶段改革的主要措施用家庭联产承包责任制代替公社体制。当时的公社体制以集体公有为基础、统一生产经营，效率低下。为改变这种低效率的生产方式，家庭联产承包责任制应运而生。其以家庭为单位，家庭产出所得扣除上交国家与集体的部分，剩余所得全部属于家庭所有，这与公社体制有着根本的不同，极大地刺激了农业生产的积极性。

家庭联产承包责任制的推行提高了农业生产的效率，为农业生产节省了劳动力的同时也给社会储存了庞大的待业群体。社队企业提供的就业岗位吸纳了大量农村剩余劳动力。为更好地发挥社队企业的作用，国家在经营范围、经营方式、供销、贷款、税收等方面出台了一系列政策和规定，为其发展营造了良好的制度环境。[①]

2. 第二阶段（1985—1992 年）

这一阶段的改革针对农产品流通体系和农村非农产业体制两个领域。关于农产品流通体制改革，由政府调控向市场调节过渡。例如，国家逐

[①]　陈宗胜、高连水、周云波：《基本建成中国特色市场经济体制——中国经济体制改革三十年回顾与展望》，《天津社会科学》2009 年第 2 期。

渐放开对农产品价格的控制，从 1986—1991 年，由国家规定收购价格的农副产品由 17 种下降到 9 种。农产品流通体制改革是尊重市场规律的表现，提高了农产品市场的配置效率，促进了农村经济的发展。据统计，这一时期，农业产出的年均增长率高达 4.7%。1984 年社队企业更名为乡镇企业。农村非农产业体制方面，乡镇企业的就业人数及总产值均大幅提高。1985 至 1988 年乡镇企业提供了大量就业岗位，其总产值实现翻番。从业人数由 5208 万人增至 9546 万人，总产值由 1709.89 亿元跃升至 6495.66 亿元。①

3. 第三阶段（1992—2003 年）

1992 年邓小平同志南方谈话后，国务院下发的一系列文件表明，乡镇企业是农村经济发展的强有力推动因素，这给乡镇企业发展营造了良好的政策环境。1996 年至 2003 年，中国开展了农村税费体制改革。税费改革措施为规范税费管理，统一税费。与此同时，乡镇企业又一次经历快速发展。

4. 第四阶段（2003 年至今）

这一时期的主要任务是建设社会主义新农村。从 2003 年开始，政府加大了对农村基础设施建设的补贴，在财政上给予大力扶持；2006 年起不再征收农业税，改变了千年以来的历史，从根本上为农民减负。同时，竞争机制使得市场上留下的多数乡镇企业质量较高，与城市企业一同继续吸纳农村剩余劳动力。

（二）所有制结构改革——形成以公有制为主体、多种所有制形式并存的混合所有制结构

1992 年，党的十四大确定了中国社会主义经济体制改革的目标是建立社会主义市场经济体制。党的十四大后，党带领人民继续探讨非公有制经济的地位、混合所有制经济的内涵，以及公有制如何与市场经济相

---

① 温涛、何茜、王煜宇：《改革开放 40 年中国农民收入增长的总体格局与未来展望》，《西南大学学报（社会科学版）》2018 年第 4 期。

结合等问题，取得了有效成果。

　　所有制改革方面，目标是建立起混合所有制的经济结构，以公有制为主体，允许多种所有制经济共存，支持各类企业公平参与市场竞争；在公有制的实现形式方面，农村集体经济推行家庭联产承包责任制，国有企业实行承包制；在处理中央与地方的关系方面，中央政府逐渐开始放权，地方政府独立性有所提高。

表 5.1　党的十四届三中全会以来历届党代会对所有制改革的指导思路

党的历次会议	指导思路
党的十四届三中全会	必须坚持公有制为主体、多种经济成分共同发展的方针。随着产权的流动和重组，财产混合所有的经济单位越来越多，将会形成新的所有制结构。
党的十五大	非公有制经济是中国社会主义市场经济的重要组成部分，对个体、私营等非公有制经济要继续鼓励、引导，使之健康发展。公有制实现形式可以而且应当多样化，股份制作为现代企业的一种资本组织形式，资本主义可以用，社会主义也可以用。
党的十五届四中全会	国有大中型企业尤其是优势企业宜于实行股份制的，要通过规范上市、中外合资和企业互相参股等，改为股份制企业，发展混合所有制经济。
党的十六大	坚持和完善以公有制为主体、多种所有制经济共同发展的基本经济制度。除极少数必须由国家独资经营的企业外，积极推行股份制，发展混合所有制经济。
党的十六届三中全会	要大力发展国有资本、集体资本和非公有资本等参股的混合所有制经济，实现投资主体多元化，使股份制成为公有制的主要实现形式。
党的十七大	要以现代产权制度为基础，发展混合所有制经济。
党的十八大	建成更加完善、更加成熟的社会主义市场经济体制，更加完善、更加互补的公有制为主体的、多种所有制经济共同发展的基本经济制度。

　　资料来源：陈宗胜、高连水、周云波：《基本建成中国特色市场经济体制——中国经济体制改革三十年回顾与展望》，《天津社会科学》2009 年第 2 期，及作者整理。

　　（三）国有企业改革——现代企业制度基本建立

　　国有企业改革作为中国经济体制改革的关键一步，重要性不言而喻，其改革过程可划分为两个阶段。

1. 1978—1991 年

这一时期经济调节的手段仍以政府计划为主，国有企业改革处于放权让利阶段。改革措施主要有放开经营权、扩大企业自主权、分离国有企业所有权与经营权等。

2. 1992 年至今

为使企业真正成为适应社会主义市场经济的主体，实现自主经营、自负盈亏，党的十四大后，开始试行建立现代企业制度，针对国有企业的公司制改革坚持"产权清晰、权责明确、政企分开、管理科学"的原则。近年来，又不断探索建立并完善现代企业产权制度，思路是"归属清晰、权责明确、保护严格、流转顺畅"。

（四）价格体制改革——最终建立起社会主义市场经济价格体制

价格体制的改革过程经历了四个阶段：

1. 1979—1988 年

这一时期价格改革的思路是"完善计划价格体制之后引入市场机制，最终实行双轨制"。主要措施有以下两种：一是调整产品价格，如提高粮食、棉花等农产品定价；二是对生产资料和消费品实行双轨定价。

2. 1989—1991 年

这一时期主要是价格的调整与巩固。从宏观角度出发，逐步建立起并不断完善价格的宏观调控体系。方式是控中求改，相机调放。在不断的探索中，初步形成了直接调控和间接调控相结合的价格管理机制。

3. 1992—2003 年

经过前两阶段的探索，这一阶段明确了社会主义市场价格体制改革的目标。主要改革措施有以下三个方面：一是继续放开粮食、工业消费品等消费品定价；二是生产资料定价由双轨制逐步过渡为按市场供需水平定价；三是探索要素市场价格形成机制。针对劳动力、资金、技术以及信息等生产要素价格，国家均采取了相关措施推进其市场化进程。

总之，在这一时期的改革中，价格改革的广度及深度远超过往，价格形成机制逐渐过渡为以市场供需为基础。改革最终建立了社会主义市场价格体制，为国民经济的发展注入了新的活力。

4.2004 年至今

这一时期巩固并深化了上一阶段的价格体制改革成果，在公共产品服务垄断和定价机制方面的改革取得了新的成就，政府积极推进水价改革，深化了煤电价格改革，实施了煤电价格联动，并推进了石油、天然气等资源产品价格改革。

（五）金融体制改革——完善金融市场、初步建立起与市场经济相适应的金融体制

中国的金融体制改革也是一个循序渐进的过程，先机构、后市场、再产品。在整个改革过程中，金融体系不断健全，由单一的银行体系过渡为银行与非银行机构并存的多元化格局，同时，逐渐形成了不同金融机构明确分工、分别管理的格局。整个过程可划分为三个阶段：

1.1978 年—20 世纪 90 年代前期

这一时期属于探索阶段，改革相对滞后。此时国内改革开放伊始，尚未形成系统的金融体系，因此，从 20 世纪 80 年代后期开始，直到 90 年代初中国金融体制改革的主要任务就是逐步建立起并不断完善金融体系，逐步形成各种金融机构并存的格局。这一时期，以中国人民银行为中央银行；银行系统包括国家专业银行、股份制银行、区域性银行和信用合作社；非银行金融机构有保险公司、信托投资、租赁公司以及各大企业集团财务公司等。但这一阶段金融市场并未发展起来，市场化程度很低。

2.20 世纪 90 年代中后期—2002 年

这一时期的改革任务是实现"分业经营""分业监管"。监管系统由"一行"扩展到"一行三会"。银行系统新增了三大政策性银行，同时兴起了股份制银行，建立了区域性城市商业银行。2001 年中国加入世界贸易组织为外资银行的发展提供了历史性机遇，再加上农村信用社及各种

存贷款类金融机构不断涌现，整个银行系统出现了"百家争鸣"的局面。有利的外部环境使得非银行金融机构也得到了空前发展，出现了如证券公司、金融资产管理公司等非银行金融中介。同时，股票、债券、期货、外汇等市场的建立，突破了以往中国金融体系中有机构无市场的局面。1990 年年底以及 1991 年 4 月，上海证券交易所和深圳证券交易所的相继成立，标志着中国资本市场的雏形已经出现，这是中国金融体制改革过程中的里程碑事件。

3.2003 年至今

这一时期中国金融业发展速度明显加快，金融机构企业化改革及金融中介机构的发展步伐加快。加入世界贸易组织后，面临着与外资金融机构进行竞争的新局面，倒逼国内金融机构进行企业化改革。改革使其成为自负盈亏、自担风险的市场经济主体。与此同时，各种基金管理公司、产业基金、私募股权基金等金融中介机构发展迅速；各种新的金融产品、金融衍生产品出现在市场中，极大地满足了民众的投资需求。经过这一阶段的改革，中国金融机构初步建立起了现代公司治理结构，新型非银行机构发展迅速，金融市场得到发展和完善。

（六）财税体制改革——从放权让利的探索到分税制和公共财政体制的全面改革

以 1994 年实施的分税制为界限，中国财税体制改革经历了两个阶段。

1.1978—1993 年

这一阶段采取的措施是放权让利，运用探索性手段，通过刺激地方政府等各类经济主体参与市场的积极性，提高经济效率。

财政体制方面，以实行财政包干为核心，可分为三个步骤：（1）1980—1984 年采取"分灶吃饭"，具体措施有明确划分中央和地方财政收支范围等。（2）1985—1987 年采取"划分税种、核定收支、分级包干"，具体措施按照"利改税"新要求重新划分中央和地方的财政收入等。（3）1988—1993 年实行包干财政管理体制，为 1994 年启动分税制改革奠定了重要基础。

税收体制方面是实行利改税。1983 年进行第一步利改税，为了明确国家与企业的分配关系，改革着重在税利并存的情况下逐步扩大上缴税收的比重；1984 年继续第二步利改税，由税利并存向完全以税代利过渡，具体举措有颁布国营企业所得税、调节税、产品税、增值税、营业税、盐税、资源税等一系列政策法规。这是改革开放后最大规模的税制改革。由于受到各种因素限制，这一时期未能实现对财税体制的创新和根本性变革，改革也未取得预期成效。但这一阶段的探索为第二阶段的税制改革提供了有益借鉴。

2.1994 年至今

这一阶段改革的主要特征是全面性。相比上一阶段的试错性质，此阶段的改革手段有了新的突破，更加具有针对性与创新性，改革的目的在于建立起与社会主义市场经济发展相匹配的新型财政管理体制和运行机制。此阶段的财政体制改革分为两个步骤：（1）1994 年开始实行分税制改革，中央和地方以事权范围和支出内容为界定标准，合理划分财政收入，并确定中央财政对地方的税收返还数额，建立过渡期的专一支付制度等；（2）1998 年确立公共财政体系建设的改革目标，这是 1994 年后中国财政领域较为深刻的一次变革，其特点是规范化、法治化以及体制的相对稳定性。

关于税收体制改革，1994 年以来的税收体制改革的主要导向是不断完善现有税种，建立起行之有效的税收体系，具体举措有建立以增值税为主体、消费税和营业税为补充的新的流转税制度；健全和完善所得税制度，统一内资企业所得税和个人所得税；改革与完善其他税种等。

二、中国市场经济体制建设的成就

经过 40 年的改革探索，中国社会主义市场经济体制改革取得了巨大成就：市场经济体制框架基本建立起来；国民经济快速发展，经济、政治、文化各方面实力均有显著提升，综合国力日益增强；城乡居民的消费能力和水平大幅提高，物质生活明显改善。

（一）国民经济的快速发展

社会主义市场经济体制的改革大大提高了资源配置效率，国民经济也得以快速增长。经济体制改革改变了新中国一穷二白的局面，国内生产总值跃居世界第二，国民生活质量明显提高。2011 年中国实现国内生产总值为 48.93 万亿元，超过日本，成为仅次于美国的世界第二大经济体；随着国家经济实力的增强，国民物质文化生活要求不断提高，从以"吃穿"为主向以"住行"为主，教育、文化、旅游、娱乐等多元消费结构转变。

（二）社会主义市场经济基本经济制度的建立与发展

中国的社会主义市场经济体制改革是社会主义的自我完善，不是否定社会主义经济制度，而是把低效率的计划经济体制改造成更具效率的社会主义市场经济体制。经济体制改革为非公有制经济的发展提供了制度上的支持以及公平竞争的市场环境，使其成了社会主义市场经济的重要组成部分。1978 年，非公有制经济只有个体工商户一种形式，仅占城镇就业人员的 0.2%。到 2017 年年末，国有和集体单位之外的非公有制经济就业人员所占比重达 84.8%，成为城镇就业的主渠道。[1] 1979 年，非公有制经济在国内生产总值中所占比重不足 1%；[2] 近几年，非公有制经济创造了 60% 左右的国内生产总值，民间投资占全社会固定资产投资的 60% 以上。[3] 由此可见，社会主义公有制经济在经济总量中占比大幅下降，非公有制经济占比大幅上升，社会主义市场经济的经济制度基本建立起来。

---

[1]　国家统计局：《城镇化水平显著提高　城市面貌焕然一新——改革开放 40 年经济社会发展成就系列报告之十一》，见 http://www.stats.gov.vn/ztjc/ztfx/ggkf40n/201809/t20180910_16211837.html。

[2]　新华社：《改革开放以来我国非公有制经济年均增速 20% 以上》，见 http://www.gov.cn/jrzg/2008-10/05/cnntent_1112088.htm。

[3]　《国务院办公厅关于进一步做好民间投资有关工作的通知》，见 http://www.gov.cn/zhengce/content/2016-07/04/content_5087839.htm。

（三）价格成为中国社会生产的调节者

市场经济在一定程度上的内涵就是市场成为社会生产的调节手段。市场通过其核心机制——价格对生产进行调节。实行改革之前，中国实行计划经济体制，在这一体制下，产品和要素的价格都是由国家指令计划决定的。改革之后，产品和要素的价格决定越来越市场化，尤其产品价格决定方面表现更为明显。2007 年，政府指令定价产品在农副产品销售总额中占比仅为 1.1%。

表 5.2　政府指令定价产品在各类产品销售总额中的占比（%）

年份	农副产品销售总额占比	社会零售商品销售总额占比	生产资料销售总额占比
1978	92.7	97.0	100.0
1984	40.0	50.0	60.0
1992	12.5	5.9	18.7
2000	4.7	3.2	8.4
2007	1.1	2.6	5.4

资料来源：汪海波：《改革的成就、经验、意义——纪念中国经济体制改革 40 周年》，《经济与管理研究》2018 年第 2 期。

总体上看，虽然要素价格市场化滞后于产品市场，但也基本实现了市场化：劳动力价格早已实现了市场化，利率基本实现市场化，汇率市场化的步伐也在加快。

（四）形成了全方位对外开放的基本格局

中国是一个开放的大国，始终将合作共赢作为改革理念。自改革开放以来，我们坚持开放的原则，打开国门搞建设，积极扩大进出口贸易、利用政策鼓励外商投资，形成了全方位、宽领域、多层次的对外开放格局。党的十九大之后，中国进入了开放的新时代，将形成全方位对外开放的新格局，推动中国经济向更高质量更高水平发展，并与世界各国共同进步共同发展。

三、中国市场经济体制改革的基本经验

（一）否定了市场经济与社会主义经济制度不能共存的理论

从社会主义国家的发展历史来看，计划经济在其国家的发展历史上都起过一定的积极作用，但随着经济的发展，计划经济渐渐地显示出其不适应生产力发展的弊端。市场经济代表资本主义社会、计划经济代表社会主义社会，二者不可兼容、无法并存，这种说法一直以来被广为认可。这一问题在中国市场经济体制改革的过程中得以解决，具体体现在两方面：一是建立以社会主义公有制为主体、国有经济为主导的多种所有制经济同时并存、共同发展的基本经济制度；二是将国有经济改造成商品经济的最主要载体，从而成为可以同商品经济兼容的经济形式。因此，从这一角度看，中国进行社会主义市场经济体制改革的经验，就是实现市场经济与社会主义制度相结合的经验。①

（二）坚持以公有制为主体、多种所有制共同发展的基本经济制度是社会主义市场经济的根基

生产资料所有制是经济基础的核心内容，所有制形式决定上层建筑的基本性质。第一，生产关系的性质决定经济基础的性质，而生产关系的性质是由生产资料所有制形式决定的。因此，公有制的主体地位体现了社会主义的本质，同时，也体现了社会主义制度的经济与政治理性。只有坚持生产资料公有制的主体地位，才能保障社会主义国家对经济的宏观调控能力，克服资本主义制度下社会化大生产与生产资料私有制之间的矛盾，实现经济社会的协调持续健康发展。第二，多种所有制共同发展是解决社会主义初级阶段单一公有制困境，实行社会主义市场经济的必然要求。多种所有制共同发展是对当前资本经济发展要求的适应，可以达到优化资本结构、促进国有资本的所有权与经营权相分离、推动社会分工朝着专业化与精细化发展的目的。因此，多种所有制共同发展

---

① 汪海波：《改革的成就、经验和意义——纪念中国经济体制改革 40 周年》，《经济与管理研究》2018 年第 2 期。

能够适应社会发展的新情况对生产力发展的要求，是社会主义市场经济中不可或缺的内容。

（三）坚持走渐进式的"中国道路"

40年来，党和人民根据中国实际国情走出了一条有中国特色的"中国道路"。庞大且复杂的经济结构决定了中国的经济体制改革不可能一蹴而就，必须采取一种先易后难、逐步推进的"渐进式"改革方式，主要通过试点和微调来实现体制的变革。渐进式改革的优势在于，政府能够把握改革的实施进度，还可以通过试错总结经验和教训，调整改革速度，在促进改革不断深入的同时保证社会的稳定。

首先，中国市场经济体制改革是一种自下而上和自上而下相结合，先易后难的方式。改革先从利益关系相对简单并容易取得成效的部门或领域开始。例如，对外开放采取了先东部沿海后沿江沿边和中西部地区的渐进顺序。

其次，中国市场经济体制改革采取了先点后面、试验推广的策略。根据改革开放的过程，经济、政治、社会等各个领域的改革均采取了先点后面、试验推广的循序渐进方式。这种改革方式在短期内虽然难以取得大范围的良好效果，但维护了社会稳定，带来的试错成本低、风险小。

最后，在改革领域的先后顺序上，中国的改革从来都是经济与政治的协调推进。与国外的激进式改革相比，中国的改革有很大的不同。国外的激进式改革以实行西方式的民主制度为目标，由政治变革支配经济变革。中国的渐进式改革以社会主义制度为前提，经济变革推动政治变革。[1]另外，就业体制、社会保障体制、收入分配体制、立法体制、基层民主建设、文化产业发展等方面作为国家稳定与经济发展的配套制度，也随着改革的推进而不断完善。

---

① 人民论坛网：《中国渐进式发展道路为什么获得成功》，见 http://opinion.people.com.cn/n1/2018/1121/c1003-30414219.html。

（四）坚持党的领导，确保社会主义方向不动摇

历史和人民选择了中国共产党带领人民实现中国特色社会主义伟大事业。改革取得的成果表明，这种选择是正确的。中国特色社会主义最根本的特征是中国共产党的领导。只有始终坚持中国共产党的领导，才能保证改革的社会主义方向不动摇，走上正确高效的改革之路。

第四节　中国市场经济体制建设存在的问题与完善方向

一、中国市场经济体制建设存在的问题

改革开放 40 年来，中国的市场经济体制建设毋庸置疑取得了伟大成就，国家各方面实力得以提升，国际地位也大大提高，但其中也存在一些不可忽略的问题。由于渐进式的改革方式、政府干预经济发展等多种因素的影响，改革的目标并没有最终完全实现，仍有一系列后续问题需要攻坚。面向未来，完善社会主义市场经济体制的任务仍然十分繁重。

（一）农村生产要素市场化发展停滞

改革开放以来，农业与农村经济发展均有质的提升，农业基础设施建设与农村社会事业发展迅速。然而，在新农村建设全面推进的关键时期，尚未解决的一系列深层次矛盾和体制障碍仍然阻碍着农村经济更高水平的发展。

最值得关注的是土地产权制度面临的改革困境：土地作为农民的唯一生产要素，是其最基本的生活保障，因此保证农民利益、维护社会稳定必须要维持现有的土地制度，保证农民对土地的承包权。但站在长远发展的角度来看，这一制度的效率是低下的，需要寻求能够缓解人地矛盾的长久策略，利用市场的调节作用，放开土地的经营权与使用权，使土地在农户间自由、合理地流动，提高土地使用效率，这也意味着长期稳定承包权的方向需要作出改变。

这种选择困境最终会出现两大问题：一是集体土地所有权长期处于

"集体虚位"的状态，根据《中华人民共和国土地管理法》和《中华人民共和国物权法》，农民对农村土地只拥有使用权。在法律规定下，政府作为土地的唯一所有者和提供者，拥有把农村集体土地变为国有土地的权力，农民处于被动接受征地政策的弱势地位。二是土地管制失效与管制过度并存。目前，法律法规保护耕地导向明确，限制农地转非。但政府对土地用途变更、土地流转转让等环节管制力度过大，反而影响政府土地管理职能的效力，造成集体土地化整为零审批，私下联建、出租或者擅自改变农地用途的现象泛滥，农村土地集体所有制问题上的这种矛盾带来的一系列问题亟须解决。

（二）市场体系发育不成熟

发达的市场体系是完善的市场经济的基础，为市场机制的平稳运行起到保障作用。改革开放以来，随着市场经济的发展，市场机制不断完善，市场体系的完整度也不断增强，但仍存在发育不成熟的问题。

第一，真正的全国统一市场并未实现，仍存在着内部市场开放程度不够，市场分割、垄断等问题。例如，在石油、电力、通信和燃气等关乎民众基本需求的行业，被国有企业高度垄断，消费者几乎处于完全被动的地位，没有选择余地。

第二，市场主体行为不规范。各个市场主体的根本目的是实现自身利益最大化，因此往往不择手段，不仅造成资源配置效率低下，提高了商品成本与价格，也危害了国内市场体系的健康发展。

第三，市场中介组织发育滞后。市场上现有的从事市场策划、资信评估、业务代理等方面的市场中介组织水平欠缺，提供的服务质量低下，不能完全适应市场经济体制的要求。

第四，法律法规体系仍不健全。某些市场仍未出台行之有效的法律、法规，而已出台的法律、法规也往往由于缺乏与之相配套的实施细则，造成实施可行性较低，无法发挥出法律、法规的约束作用。无法可依、有法不依、执法不严的问题尤为突出，特别是当各方发生利益冲突时，法律往往缺乏约束力。

（三）国有企业产权改革不够完善

从20世纪80年代国有企业的"放权让利"到20世纪90年代的"抓大放小"，再到2000年以后的资产管理、监督体制和股权多元化等改革，每一阶段都是结合当时的经济环境进行的调整，并改善了国有企业内部的资源配置效率，激发了员工工作的积极性，但是在取得成效的同时仍然面临着一些问题：

第一，市场化低，效率低下。尽管经济上行时期这种低效率带来的负面影响并不突出，但是目前经济面临下行压力，国有企业低效率不但会影响其自身的业绩，还会增加民营企业生产成本，抑制民营经济发展，并最终拖累经济增长。

第二，权责划分不够明确。一方面是政企不分。政府作为国有企业的出资人，在国有企业的生产经营活动中往往不能明确区分其出资权和行政管理权，同时政府对企业的生产经营活动干预过多，使其难以按照市场经济的规律进行运作，造成效率低下。另一方面是多头管理。国有企业的管理职能分散在多个部门中，出现多头管理现象。

第三，法人治理制度不完善。国有企业受到政府的干预较多，难以实现独立经营，无法成为真正意义上参与市场竞争的经济主体。另外，政府采取的自上而下多层级的委托代理制度，委托代理链条较长，环节琐碎，从而使政府难以做到全面监控，管理效率低下。

（四）行政管理体制仍待完善

改革开放以来，中国行政管理体制经过多次改革，取得了良好效果，政府职能转变方面效果显著。政府逐渐放松对经济的干预，初步形成以间接管理手段为主的宏观调控体系，基本建立起了社会主义市场体系。政府越来越重视履行社会管理和公共服务职能，着重发挥市场监管作用。但中国行政管理体制的改革仍然滞后，依然存在政府职能缺位、越位等问题，仍待进一步解决。

第一，政府职能缺位。作为公共产品与服务提供者的政府，不仅未能提供出高质量的产品和服务，反而把这一职能推向了市场，甚至在某些公共领域出现了严重缺位现象。例如，公共教育服务、公共卫生服务、城市公用事业服务等未能满足社会公共需求，水利设施、生态环境保护和其他必要基础设施的建设力度不足。

第二，政府职能越位。政府职能越位这一问题主要有三方面的表现：一是政府发挥了原本应由市场行使的职能。过多干预经济再加上审批手续过于繁琐会影响市场机制发挥应有的作用，降低了经济运行效率，并且在某种程度上还会滋生腐败，为行政职权寻租提供了可乘之机。二是政府过多干预企业。政府出于维护国家经济平衡与稳定的需要往往会扶植某类产业的发展，甚至直接投资相关企业，尤其会直接干预国有企业的日常经营管理活动，使企业无法成为独立运营的经济实体，阻碍了国有企业改革以及完善现代企业制度的进程。三是政府越位行使非政府公共组织的职能。中间组织直接或间接处于政府的附属地位，会阻碍其独立发挥公共管理的作用。

二、中国市场经济体制建设的完善方向

（一）坚持和完善基本经济制度

改革形成了以公有制为主体、多种所有制经济共同发展的基本经济制度。社会主义市场经济体制建设就是要坚持并完善这一基本经济制度，营造出各种所有制经济公平参与市场竞争的外部环境。为了完善这一经济制度，需要支持和引导各种非公有制经济发展。可为其提供必要的优惠政策、减少限制。例如，积极引导和鼓励民间资本投资法律允许的行业，准入标准和优惠扶持政策透明化。值得注意的是，为非公有制经济良好发展提供支持的同时也需加强对其规范管理。

（二）正确处理农民与土地、农民与市场的关系

"三农"问题不仅关系着国计民生，也关乎着农村经济体制改革的深

入推进。2016 年，在小岗村召开的农村改革座谈会上，习近平总书记强调，新形势下深化农村改革，主线仍然是处理好农民和土地的关系。最大的政策，就是必须坚持和完善农村基本经营制度，坚持农村土地集体所有，坚持家庭经营基础性地位，坚持稳定土地承包关系。

农村基本经营制度有效解决了农民与土地的关系问题，最大限度地维护了农民的既有利益。但市场经济体制下，农民与市场的关系问题不容忽视，也即农民从事农业生产是否能实现农民农业的可持续发展。对此，习近平总书记提出"生产合作、供销合作、信用合作三位一体综合合作"的解决思路。"农村基本经营制度 + 三位一体综合合作"将帮助农民彻底改革传统的小农经济体制，成为组织化、现代化的农业经济发展主体，深化农村改革，进入农业农村发展新时代。

（三）建立开放有序的市场体系

市场经济的建设离不开统一开放、竞争有序的市场体系，同时也是实现市场准入畅通、市场开放有序、市场竞争充分、市场秩序规范的必要条件。

首先，要完善公开透明的市场规则，这有利于营造高质量的市场竞争环境。现代化经济体系下，市场做到开放有序，必须要有完善的法律法规、明确的市场规则作为支撑。对此，政府应该定好制度、划好红线，进一步提高市场运行透明度，保证市场的有序竞争。

其次，营造开放的市场环境。建设统一开放、竞争有序的市场环境，与国际准则接轨，才能更深地融入到全球市场经济体系中，充分利用全球资源。

最后，营造公平自主的经营环境。自主经营、公平竞争是建立市场经济的前提。政府应当规范执法，最大程度减轻企业负担、减少干预。同时，企业也应做到依法自主经营，减少对政府的依赖并自觉履行社会责任。

（四）深化国有企业改革

经过改革开放 40 年的不断探索和实践，国有企业改革取得的成功有目共睹，但也应当看到，现存的许多深层次的矛盾和问题亟须解决，如布局结构、体制机制有待完善，竞争力、活力有待增强，降杠杆工作需要进一步推进等，深化国有企业改革任重道远。

首先，要厘清政企关系。国有企业改革是否成功不仅仅是国有企业改革范围和控制权比例是否保留的问题，更关键在于对国有企业的监管应做到政企分开、政事分开，让市场在资源配置中起到决定性作用。

其次，分类设计运营机制。自然垄断类和公益类国有企业与竞争类国有企业的经营目标不同，因此应分类设计运营机制。自然垄断类和公益类国有企业可以实行"准公务员制"。这类企业的根本目的是社会福利最大化，其收入分配机制不应与绩效挂钩。而竞争性国有企业增加市场化招聘，应实行与绩效挂钩的激励薪酬制度。[1]

最后，需完善社会保障制度。国有企业改革是一项系统工程，改革过程需要依靠完善的社会保障制度为支撑。只有建立起完善的社会保障制度，为公民提供医疗保健、养老、教育在内的全面的保障体系，才能从根本上减少国有企业承担的社会福利责任，与私有企业平等竞争。同时，完善的社会保障制度也是妥善安置国有企业剩余人员、减少改革过程中出现社会动荡与混乱现象的有力保证。

（五）正确处理好政府与市场的关系

市场经济是通过供求、价格和竞争等手段来进行资源配置的经济体系，但是，不同的社会制度中市场经济发生作用的范围和条件也不相同。在社会主义市场经济中，所有企业均是在市场调节下实现利润最大化，即市场在资源配置中起决定性作用。从该角度出发，深化经济体制改革、发挥好政府与市场的作用，必须从两个方面出发：一方面，认清政府和市场在经济调节中的不同作用，资源配置应由市场来决定。深化相关领域的改革，政府需进一步简政放权，完善市场体系。另一方面，政府资

---

① 黄建辉：《新时代国企改革的意义与策略》，《中国金融》2018 年第 5 期。

源配置中发挥着重要的调节作用，可以弥补市场缺陷，纠正市场失灵的问题。政府应有效发挥其应有的宏观调控职能，提高公共服务质量，营造公平竞争的环境，维护市场稳定，促进可持续发展，带领人民实现共同富裕，提高国家现代化治理能力，发挥社会主义制度优越性，推动经济更好更快地发展。

第六章　多边贸易体制与社会主义法制化建设

世界贸易组织是以规则为基础的国际经济组织，由全体成员共同签署的一系列国际协议构成每一个成员必须遵守的国际法律体系。世界贸易组织的一系列协议属于各国（地区）政府之间达成的协议，因而约束成员国内与世界贸易组织管辖范围有关的立法和行政行为。中国自1986年开始恢复关税与贸易总协定缔约方席位谈判的同时就已经开始了国内法律调整的准备工作。2001年中国加入世界贸易组织之后，开始了大规模的相关法律、法规的修订和新立法工作。在中国改革开放40年、加入世界贸易组织届满17年之际，国内的相关法律、法规已经基本实现了与世界贸易组织法律体系的一致性。融入多边贸易体制大大促进了中国社会主义法制化的建设，推动了相关法律体系的建立和完善。

第一节　多边贸易体制对法制化建设的要求

按照"条约必须遵守"的国际法原则，所有世界贸易组织成员有义务履行加入世界贸易组织时所做的承诺，使其国内相关法律、法规与世界贸易组织"一揽子"协议保持一致。对于每一个成员来说，其要遵守的世界贸易组织法律义务主要包括两大部分：一是世界贸易组织"一揽子"协议规定的适用于所有世界贸易组织成员的规则；二是各成员加入世界贸易组织时的《加入议定书》规定的义务。因此，对于中国来说，世界贸易组织多边贸易体制对中国法制化建设的要求主要体现在以下两份法律文件中：一是世界贸易组织《乌拉圭回合多边贸易谈判结果法律文本》（即"一揽子"协议）；二是《中国加入世界贸易组织法律文件》（包括《中国加入议定书》和《中国加入工作组报告书》）。

一、世界贸易组织"一揽子"协议对中国法制化建设的要求

世界贸易组织"一揽子"协议即《乌拉圭回合多边贸易谈判结果法律文本》，包括《建立世界贸易组织协定》及其 4 个附件，其中最重要的部分是约束各成员实体权利义务的附件 1，又分为附件 1A——货物贸易多边协定、附件 1B——《服务贸易总协定》和附件 1C——《与贸易有关的知识产权协定》三个部分。这三个部分确立了多边贸易规则的若干基本原则，也对各成员的国内法制建设提出了基本的要求。

（一）最惠国待遇原则

最惠国待遇原则是世界贸易组织的前身——关税与贸易总协定的基本原则之一，到 1995 年世界贸易组织成立时继承了这一原则，并将其扩大适用于服务贸易和知识产权领域。根据《1994 年关税与贸易总协定》第 1 条第 1 款的规定，最惠国待遇是指一成员对于原产于或运往其他成员的产品所给予的利益、优惠、特权或豁免都应当立即、无条件地给予原产于或运往所有任一成员的相同产品。该原则要求世界贸易组织成员间进行贸易时彼此不得实施歧视待遇，只要进出口的产品是相同的，则享受的待遇也应该是相同的。

《服务贸易总协定》将最惠国待遇原则运用到了服务贸易领域，其第 2 条规定：在该协定所涉及的任何有关服务贸易的措施方面，一个成员给予另一个成员的服务和服务提供者的待遇，应立即、无条件地给予其他成员同类的服务和服务提供者。与货物贸易的最惠国待遇不同，《服务贸易总协定》规定的最惠国待遇原则适用的对象不仅包括服务本身，而且也包括服务的提供者。

《与贸易有关的知识产权协定》第 4 条确立了知识产权领域的最惠国

待遇原则，即在知识产权保护方面，由一成员授予任何一个其他成员国民的任何利益、优惠、特权和豁免均应立即、无条件地给予所有其他成员的国民。由于知识产权本身的特点，知识产权领域的最惠国待遇适用对象是各成员"国民"①。

（二）国民待遇原则

国民待遇原则也称为平等原则，也是关税与贸易总协定的一项基本原则，世界贸易组织成立时继承了这一原则，并将其扩大适用于服务贸易和知识产权领域。根据《1994年关税与贸易总协定》第3条第1款的规定，各成员在对产品征收的国内税和其他国内费用以及产品的国内销售、推销、购买、运输、分配或使用等方面应当平等地对待进口产品和本国生产的同类产品。

服务贸易领域的国民待遇原则有所不同，它不属于适用于所有服务部门的普遍义务，而属于具体承诺义务，即每个成员只在其具体承诺表中所承诺的范围内给予另一成员的服务和服务提供者以国民待遇。《服务贸易总协定》第17条规定，每一成员按其递交的服务贸易具体承诺表中列明的服务部门以及明确表示的各种适用条件和资格给予其他成员的服务和服务提供者以不低于其本国相同的服务和服务提供者的待遇。

《与贸易有关的知识产权协定》第3条第1款规定，所有成员在知识产权保护方面对其他成员的国民给予的待遇，不得低于它给予其本国国民的待遇，但《巴黎公约》（1967年）、《伯尔尼公约》（1971年）、《罗马公约》和《集成电路知识产权公约》中已经分别规定的例外除外。

（三）透明度原则

透明度原则是指各成员一切影响贸易活动的法律、法规、政策和措施都必须及时公开，以便于其他成员的政府和企业了解和熟悉。《1994年

---

① 《与贸易有关的知识产权协定》第1条第3款对协议中的"国民"一词进行了注释：本协议中所指的"国民"，对于世界贸易组织的单独关税区成员，指在该关税区内定居或拥有真实有效的工业或商业机构的自然人或法人。

关税与贸易总协定》第 10 条"贸易条例的公布与实施"规定了货物贸易领域的透明度原则：海关有关规定诸如产品分类、估价、税捐和其他费用的征收率等，影响货物销售、分配、保险、仓储等的法规以及政府机构之间缔结的影响国际贸易政策的规定都必须及时公布。不公布的贸易政策，不得实施。各成员应该维持并尽快建立司法的、仲裁的法庭和程序，并向所有成员提供有关调查程序的详细资料。

《服务贸易总协定》第 3 条规定了服务贸易领域实施透明度原则的相关规则：除非存在紧急情况或属于不宜公开的机密资料，各成员应在协定生效时立即公布其所有涉及或影响服务贸易的法律、法规和相关措施；成员在制定对服务贸易有重大影响的新的法律、法规时，或对现行法律、法规进行任何修改时，应立即或至少每年一次向服务贸易理事会报告。

（四）贸易自由化原则

贸易自由化、便利化是世界贸易组织追求的目标和宗旨，世界贸易组织的"一揽子"协议中始终贯彻了这一原则。《1994 年关税与贸易总协定》通过关税减让、禁止数量限制等相关内容的规定大大推进了国际货物贸易的自由化和便利化。关税减让原则体现在《1994 年关税与贸易总协定》第 2 条，是指通过谈判削减关税并尽可能地消除关税壁垒，并且削减后的关税应得到约束，不得再提高。通过成员间的关税减让谈判，使各成员进出口关税的总体水平得到降低，促进了国际贸易的自由化发展。禁止数量限制原则主要体现在《1994 年关税与贸易总协定》第 11 条、第 13 条：任何成员除征收关税或其他税费外，不得设立或维持配额、进口许可证或其他措施以限制或禁止其他成员领土的产品的输入，或者禁止或限制向其他成员领土输出或销售出口产品；对于确需实施数量限制的，各成员也必须遵循非歧视原则，合理地分配额度。

《服务贸易总协定》第四部分以"逐步自由化"为题规定了服务贸易领域的自由化原则。其中第 20 条规定：每一个世界贸易组织成员根据市场准入、国民待遇的要求，制定其承担服务贸易自由化的具体义务的承诺表。各成员的具体义务承诺表将作为《服务贸易总协定》的附件，成为其不可分割的组成部分，对有关成员具有强制约束力。

二、《中国加入世界贸易组织法律文件》对法制化建设的具体承诺

《中国加入世界贸易组织法律文件》是中国加入世界贸易组织时与其他成员经过谈判就各方的权利义务进行约定的法律文件，其内容与"一揽子"协议一样对中国具有国际协议的约束力。主要包括两个部分：《中国加入议定书》及其9个附件和《中国加入工作组报告书》，对中国相关领域的法制化建设提出了具体的要求。

（一）贸易制度的统一实施

根据《中国加入议定书》第2（A）条的规定，中国承诺世界贸易组织"一揽子"协议和《中国加入议定书》的规定适用于中国的全部关税领土，包括边境贸易地区、民族自治地区、经济特区、沿海开放城市以及其他在关税、国内税和法规方面已经建立特殊制度的地区（统称为"特殊经济区"）；中国应以统一、公正和合理的方式适用和实施中央政府有关或影响货物贸易、服务贸易、与贸易有关的知识产权或外汇管制的所有法律、法规及其他措施以及地方各级政府发布或适用的地方性法规、规章及其他措施；中国地方各级政府的地方性法规、规章及其他措施应符合在世界贸易组织"一揽子"协议和《中国加入议定书》中所承担的义务。

根据《中国加入议定书》第2（B）条的规定，中国应将所有与其特殊经济区有关的法律、法规及其他措施通知世界贸易组织；对于自特殊经济区输入中国关税领土其他部分的产品，中国应适用通常适用于输入中国关税领土其他部分的进口产品的所有影响进口产品的税费和措施；除《中国加入议定书》另有规定外，在对特殊经济区内的企业提供优惠安排时，中国应当全面遵守世界贸易组织关于非歧视和国民待遇的规定。

《中国加入工作组报告书》第67段明确：根据《中华人民共和国宪法》

和《缔结条约程序法》，世界贸易组织协议属于"重要国际协定"，需经全国人民代表大会常务委员会批准。中国将保证其有关或影响贸易的法律法规符合世界贸易组织协议及其承诺，以便全面履行其国际义务。因此，中国将通过修改其现行国内法和制定完全符合世界贸易组织协议的新法的途径，以有效和统一的方式实施世界贸易组织协议。

（二）透明度

根据《中国加入议定书》第 2（C）条的规定，中国承诺只执行已公布的、且其他世界贸易组织成员、个人和企业可容易获得的有关或影响货物贸易、服务贸易、知识产权或外汇管制的法律、法规及其他措施；在上述法律、法规及其他措施实施前，应提供一段可向有关主管机关提出意见的合理时间，但涉及国家安全的法律、法规和其他措施、确定外汇汇率或货币政策的特定措施以及一旦公布则会妨碍法律实施的其他措施除外；中国应设立或指定一官方刊物，用于公布上述法律、法规和其他措施；中国应设立或指定一咨询点，应任何个人、企业或世界贸易组织成员的请求，提供上述法律、法规和其他措施的所有信息。

（三）司法审查

司法审查是由司法机关对行政机关实施贸易制度的行为进行监督的制度和程序。根据《中国加入议定书》第 2（D）条的规定，中国承诺设立或指定并维持一个独立的、公正的、对审查事项结果无任何实质利害关系的审查庭、联络点和程序，以便快速审查所有与世界贸易组织协议相关规定所指的法律、法规、普遍适用的司法决定和行政决定的实施有关的所有行政行为。上述审查程序应给予受行政行为影响的个人或企业进行上诉的机会，且不因上诉而受到处罚。

《中国加入工作组报告书》第 77 段明确：中国将修改其有关法律和法规，以便其有关的国内法律和法规与世界贸易组织协议和《中国加入议定书》中关于行政行为的司法审查程序要求相一致。负责此类审查的审查庭将是公正的，并独立于被授权进行行政执行的机关，且将不对审理事项的结果有任何实质利害关系。

（四）非歧视

《中国加入议定书》对中国履行国民待遇原则和最惠国待遇原则作出了规定。根据《中国加入议定书》第3条的规定，中国承诺在生产货物所需投入物、货物和服务的采购方面及国内、外销售货物的生产、营销或销售的条件方面，国家和地方各级主管机关以及国有企业在运输、能源、基础电信、生产的其他设施和要素等领域所供应的货物和服务的价格及可获得性方面，对所有外国个人、企业和外商投资企业的待遇不得低于给予其他个人和企业的待遇。《中国加入议定书》第4条规定，中国承诺遵照世界贸易组织最惠国待遇的要求，取消或者变更与第三国和单独关税区之间的、与世界贸易组织协议不符的所有特殊贸易安排，包括易货贸易安排，或使其符合世界贸易组织协议。

《中国加入工作组报告书》也对非歧视原则进行了承诺。《中国加入工作组报告书》第19段明确：中国将对所有世界贸易组织成员给予非歧视待遇，包括属于单独关税区的世界贸易组织成员。第22段明确：中国将保证所有法律、法规和行政要求自中国加入之日起全面遵守和执行在国产品和进口产品之间的非歧视原则，除非议定书或报告书中另有规定；不迟于加入时，中国将废止和停止其实施效果与世界贸易组织国民待遇规则不一致的所有法律、法规及其他措施。

（五）贸易权和国有贸易

根据《中国加入议定书》第5条的规定，在不损害中国以与世界贸易组织协议相符的方式管理贸易的权利的情况下，逐步放宽贸易权的获得及范围，最终在加入后3年内，赋予所有在中国的企业（包括外国企业和个人）在中国的全部关税领土内从事除国营贸易货物以外的所有货物的贸易权。对于所有此类货物，均应根据《1994年关税与贸易总协定》第3条，特别是其第4款的规定，在国内销售、许诺销售、购买、运输、分销或使用方面，包括直接接触最终用户方面，给予国民待遇。中国应在过渡期内完成执行上述承诺所必需的立法程序。

根据《中国加入议定书》第 6 条的规定，对于《中国加入议定书》附件 2A 所列继续实施国营贸易的货物，中国应保证国营贸易企业的进口购买程序完全透明并符合世界贸易组织协议的规定，并应避免采取任何措施对国营贸易企业购买或销售货物的数量、价值或原产国施加影响或指导。此外，中国还应提供有关其国营贸易企业出口货物的定价机制的全部信息。

（六）非关税措施

根据《中国加入议定书》第 7 条的规定，中国应执行《中国加入议定书》附件 3 包含的非关税措施取消时间表逐渐取消非关税措施。对过渡期内允许实施的非关税措施，保证不增加或扩大其所提供保护的规模、范围或期限，并且不实施新的非关税措施，除非根据世界贸易组织协议的规定属于合理的措施。对于在加入后实施的、与世界贸易组织协议相符的非关税措施，必须遵守《进口许可程序协议》和世界贸易组织协议的其他条款的相关规定，包括履行通知义务、对非关税措施进行分配和管理等。执行非关税措施的主体只能是国家主管机关或者国家主管机关授权的地方各级主管机关，以保证执行机构的权威性和公正性。

《中国加入议定书》第 8 条是有关进出口许可程序的规定。中国承诺在实施进出口许可程序时将在指定刊物上公布授权机关、获得许可证或其他批准的程序、招标产品清单及信息、限制或禁止进出口的货物和技术清单及其变更；应将加入世界贸易组织后仍然有效的所有许可程序和配额要求按协调制度税号分别排列通知世界贸易组织并附上限制数量、理由或预定的终止期；分配许可证和配额应在非歧视的基础上进行。

《中国加入议定书》第 9 条是有关"价格控制"的规定。中国承诺每一部门交易的货物和服务的价格由市场力量决定，取消多重定价做法；在符合世界贸易组织协议的情况下，中国可以对《中国加入议定书》附件 4 所列货物和服务实行价格控制，但不应扩大适用且应尽量减少和取消价格控制；中国应在指定刊物上公布实行国家定价的货物和服务的清单及其变更情况。

《中国加入议定书》第11条是"对进出口产品征收的税费"的规定。中国应保证国家主管机关或地方各级主管机关实施或管理的海关规费或费用符合《1994年关税与贸易总协定》的规定；除附件6明确规定的产品外，中国承诺取消出口产品的全部税费；在非歧视的基础上调整边境税。

《中国加入议定书》第13条是技术性贸易壁垒方面的规定。中国承诺在指定刊物上公布作为技术法规、标准或合格评定程序依据的所有正式的或非正式的标准，使其符合世界贸易组织协议的要求。只有在合同各方授权的情况下，合格评定机构才能对进口产品是否符合该合同的商业条款进行合格评定，且不应影响产品通关或进口许可证的发放。中国保证对进口产品和国内产品适用相同的技术法规、标准和合格评定程序。

（七）补贴

根据《中国加入议定书》第10条的规定，中国应通知世界贸易组织在其领土内给予或维持的、属于《补贴与反补贴措施协议》第1条所定义的、按具体产品划分的任何补贴；对国有企业提供的补贴将被视为专向性补贴，特别是国有企业是此补贴的主要接受者或国有企业接受此类补贴的数量异常之大的情况下；中国承诺自加入时起取消属于《补贴与反补贴措施协议》第3条范围内的所有补贴。

（八）国有企业和国家投资企业

《中国加入工作组报告书》第46段明确：中国将保证所有国有和国家投资企业仅依据商业考虑进行购买和销售，其他世界贸易组织成员的企业将拥有在非歧视的条款和条件基础上，与这些企业在销售和购买方面进行竞争的充分机会。第47段明确：在不损害中国在《政府采购协议》中未来谈判权利的前提下，所有有关国有和国家投资企业用于商业销售的货物和服务的采购、用于商业销售或用于非政府目的的货物的生产或服务提供的法律、法规及措施，将不被视为与政府采购有关的法律、法规及措施。

（九）投资措施

《中国加入工作组报告书》第 203 段明确：自加入时起，中国将全面遵守《与贸易有关的投资措施协议》，不援用其中第 5 条（过渡期安排），并将取消外汇平衡要求、贸易平衡要求、当地含量要求和出口实绩要求。中国的主管机关将不执行包含此类要求的合同条款。

第 49 段明确：中国对其领土内的个人或企业只实施、适用或执行与《与贸易有关的知识产权协定》和《与贸易有关的投资措施协议》不相抵触的、与技术转让、生产工序或其他专有知识有关的法律、法规或措施。技术转让的条款和条件、生产工序或其他专有知识，特别是在投资的过程中，只需经投资方议定。

（十）农业

根据《中国加入议定书》第 12 条的规定，中国将实施货物贸易承诺减让表中包含的对农产品进出口的规定，中国不对农产品维持或采取任何出口补贴。

《中国加入工作组报告书》第 235 段明确：中国可以通过《农业协议》第 6 条第 2 款所述类型的政府措施提供支持，此种支持的数量将计入中国关于农业综合支持量的计算之中。中国将对特定产品支持援用等于相关年份该特定农产品生产总值 8.5% 的微量免除水平，对非特定农产品支持援用等于相关年份中国农业生产总值 8.5% 的微量免除水平。

（十一）知识产权保护

《中国加入工作组报告书》第 252 段明确：为加入世界贸易组织并遵守《与贸易有关的知识产权协定》，中国已经对《专利法》做了进一步的修改。《著作权法》《商标法》以及涵盖《与贸易有关的知识产权协定》不同领域的有关实施细则的修改，也将在中国加入时完成。第 256 段明确：中国将修改有关的法律、法规及其他措施，以保证外国权利持有人在所有知识产权方面的国民待遇和最惠国待遇全面符合《与贸易有关的知识产权协定》。

（十二）服务贸易

《中国加入工作组报告书》第 307 段明确：中国将公布负责授权、批准或管理每个服务部门服务活动的主管机关清单，中国将自加入时起在官方刊物上公布中国所有的许可程序和条件。第 308 段明确：中国自加入时起将保证中国的许可程序和条件不构成市场准入的壁垒，且对贸易的限制作用不超过必要的限度。

第二节　融入多边贸易体制的法制化建设内容

改革开放 40 年，中国一直没有停止建立和完善社会主义法律体系的脚步，尤其是 2001 年加入世界贸易组织前后对法律体系的清理、调整、新建对中国融入多边贸易体制起到了重要的作用。加入世界贸易组织前后，为了履行世界贸易组织承诺，全国人民代表大会、国务院、最高人民法院、最高人民检察院、国务院各部委、地方各级人民代表大会和政府部门等均对其职责范围内的法律、法规、司法解释、规章、地方性法规和规章进行了大规模的全面清理，并根据清理结果废止或修改了与世界贸易组织规则和中国承诺不一致的法律、法规等，同时为适应加入世界贸易组织的需要，制定了一大批新的法律、法规。这一阶段史无前例的立法、修法工作为建成中国特色的社会主义法律体系作出了重要贡献。

2018 年 6 月 28 日，国务院新闻办公室发布《中国与世界贸易组织》白皮书，第一部分就提到中国履行承诺、完善社会主义法律体系的成果："坚持依法治国，全面遵守和执行世界贸易组织规则，完善基于规则的市场经济法律法规，构建符合多边贸易规则的法律体系。加入世界贸易组织后大规模开展法律法规清理修订工作，中央政府清理法律法规和部门规章 2300 多件，地方政府清理地方性政策法规 19 万多件，覆盖贸易、投资和知识产权保护等各个方面。2014 年，制定进一步加强贸易政策合规工作的政策文件，要求各级政府在拟定贸易政策的过程中，对照世界贸易组织协议及中国加入承诺进行合规性评估。2016 年，建立规范性文件合法性审查机制，进一步清理规范性文件，增强公共政策制定透明度和公众参与度。"①

　　为融入多边贸易体制进行的立法、修法工作涉及上百部的法律、法规和数十万部地方性法规、规章的废止、修订和新立，限于篇幅，本节将主要总结全国性法律、法规和部分部门规章的调整，内容主要包括对外贸易法、货物贸易法、服务贸易法、知识产权法、外商投资法和立法法等。

一、对外贸易法

　　对外贸易法是规范对外贸易领域各种权利义务关系的基本法律。《中华人民共和国对外贸易法》于 1994 年 5 月 12 日，由第八届全国人民代表大会常务委员会第七次会议通过。2001 年中国加入世界贸易组织后，为了保持国内法律与世界贸易组织规则的一致性，履行中国加入承诺，对照世界贸易组织协议和中国加入承诺对该法进行了修订，于 2004 年 4 月 6 日第十届全国人民代表大会常务委员会第八次会议通过，自 2004 年 7 月 1 日起实施。这次修订从法律的主体、法律的适用范围到具体的法律规范等，对原法进行了重大的调整。

　　（一）总则

　　总则部分规定了《中华人民共和国对外贸易法》的立法目的、调整对象、基本原则、对外贸易主管部门等，共 7 条。除了保留实施统一的对外贸易制度、根据相关国际协议给予其他参加方最惠国待遇和国民待遇等条款外，该部分的修订包括以下内容：

---

① 见 http://www.scio.gov.cn/zfbps/32832/Document/1632334/1632334.htm。

（1）在第 1 条立法目的方面，增加了"保护对外贸易经营者的合法权益"的内容，宣示《中华人民共和国对外贸易法》是保护对外贸易经营者的基本法。

（2）在第 2 条调整对象方面，新增了"本法适用于对外贸易以及与对外贸易有关的知识产权保护"的条款，将与贸易有关的知识产权的内容纳入《中华人民共和国对外贸易法》的调整范围。

（3）第 5 条新增了"缔结或者参加关税同盟协定、自由贸易区协定等区域经济贸易协定，参加区域经济组织"的内容，这主要是基于《1994 年关税与贸易总协定》第 24 条和《服务贸易总协定》第 5 条的规定，为中国适应区域经济一体化发展趋势、实施自由贸易区战略提供了法律基础。

（二）对外贸易经营者

改革开放以来，中国进行对外贸易体制改革，下放对外贸易经营权，1994 年的《中华人民共和国对外贸易法》建立了以对外贸易经营资格审批制为特征的对外贸易经营体制。这种过渡性质的审批制在开放初期对外贸发展起到了一定的促进作用，但随着中国对外贸易的快速发展，其弊端也日益显现。2001 年加入世界贸易组织后，由于外贸经营的审批制与世界贸易组织规则和中国加入世界贸易组织承诺明显不符，因而在 2004 年《中华人民共和国对外贸易法》的修订中对此进行了较大修改，修改的内容主要包括：

（1）第 8 条将对外贸易经营者的主体范围扩大到个人，并明确规定了取得对外贸易经营资格的程序条件是"依法办理工商登记或者执业手续"。

（2）第 9 条规定"从事货物进出口或者技术进出口的对外贸易经营者，应当向国务院对外贸易主管部门或者其委托的机构办理备案登记"，将原有的审批制改为备案登记制。

（3）第 10 条规定"从事国际服务贸易，应当遵守本法和其他有关法律、法规的规定"，在服务贸易领域并不统一实行备案登记制，而是根据承诺针对不同的部门实施不同的准入限制。

（4）第 11 条专门对特定贸易领域内实行国营贸易管理进行了规定，国家有权对部分货物的进出口实行国营贸易管理，实行国营贸易管理货物的进出口业务只能由经授权的企业经营。

（三）货物进出口与技术进出口

这一章主要是规范对外货物贸易和技术贸易，主要修改的内容包括：

（1）新增贸易监测管理的规定。《中华人民共和国对外贸易法》第 15 条规定："国务院对外贸易主管部门基于监测进出口情况的需要，可以对部分自由进出口的货物实行进出口自动许可并公布其目录。"该条规定是国家行使对外贸易管理职能的体现，但实施贸易监测管理职能以不对自由贸易构成实质性障碍为限。

（2）根据世界贸易组织规则调整了对外贸易的一般例外规定，《中华人民共和国对外贸易法》第 16 条保持了与《1994 年关税与贸易总协定》的一般例外规定的一致性。与原《中华人民共和国对外贸易法》相比，适当扩大了限制和禁止进出口的范围。

（3）新增了国家安全例外规定，与《1994 年关税与贸易总协定》的安全例外规定保持了一致。

（4）修改了对进出口实行许可证管理、关税配额管理的制度，以与世界贸易组织有关非关税措施的规则相一致。

（5）新增了国家实行统一的合格评定制度的规定，以与世界贸易组织有关技术性贸易措施、检验检疫措施的规定和中国的加入承诺相一致。

（6）新增了关于进出口货物原产地管理的规定。

（四）国际服务贸易

根据《服务贸易总协定》的规定和中国的加入承诺，修改后的《中华人民共和国对外贸易法》增加了国际服务贸易市场准入目录的内容，并根据世界贸易组织的例外规则增加了国家可以限制或禁止国际服务贸易的情形。主要修改内容包括：

（1）根据《服务贸易总协定》有关一般例外的规定，《中华人民共和国对外贸易法》修改了可以限制或者禁止国际服务贸易的情形。

（2）新增了有关服务贸易领域国家安全例外的规定。

（3）新增了第28条有关对外贸易主管部门负责"制定、调整并公布国际服务贸易市场准入目录"的规定。

（五）与贸易有关的知识产权保护

修改前的《中华人民共和国对外贸易法》没有这一部分内容，为履行加入世界贸易组织承诺，与世界贸易组织规则保持一致，修改后的《中华人民共和国对外贸易法》新增了这一章，主要内容包括：

（1）进口货物侵犯知识产权，并危害对外贸易秩序的，对外贸易主管部门可以采取在一定期限内禁止侵权人生产、销售的有关货物进口等措施。

（2）对外贸易主管部门有权采取措施消除知识产权权利人滥用知识产权专有权所造成的危害。

（3）对于不能对中国的知识产权所有人给予国民待遇或者不能对来源于中国的货物、技术或服务及其提供者提供有效的知识产权保护的国家或地区，对外贸易主管部门可以对与该国家或地区的贸易采取必要的措施。

（六）对外贸易秩序

该章规定体现了《中华人民共和国对外贸易法》与反垄断法、反不正当竞争法之间的相互关联、相互配合的关系。修改的主要内容包括：

（1）新增第32条，规定在对外贸易活动中禁止违反有关反垄断的法律、行政法规的垄断行为，规定对违反市场公平竞争的垄断行为的处理方式，授权对外贸易主管部门对上述行为采取必要的措施消除危害。

（2）新增第33条，规定在对外贸易中不得实施不正当竞争行为，对外贸易主管部门对对外贸易中的不正当竞争行为可以采取禁止相关货物、技术进出口等措施消除危害。

（3）根据相关法律、法规的修订，修改了对外贸易活动的禁止性规定，包括：违反原产地标记规定、违反进出口许可证管理规定、骗取出口退税、走私、逃避法律规定的认证、检验、检疫等。

（4）增加了"黑名单"制度，即对违反本法规定、危害对外贸易秩序的行为人，主管部门可以向社会公告。

（七）对外贸易调查

该章是新增内容，规定了对外贸易调查的范围、程序等内容，属于对对外贸易主管部门进行贸易调查的授权条款。内容包括：

（1）授权对外贸易主管部门可以对下列事项进行调查：进口对国内产业的影响；有关国家或地区的贸易壁垒；是否应当采取反倾销、反补贴或保障措施；规避对外贸易救济措施的行为；有关国家安全利益的事项；其他需要调查的事项。

（2）增加了对外贸易调查的方式和程序的规定。

（3）增加了有关单位和个人在对外贸易调查中的配合和协助义务以及对外贸易主管部门及其工作人员的保密义务。

（八）对外贸易救济

该章根据世界贸易组织相关协议的规定对中国的贸易救济制度进行了完善。主要修改的内容包括：

（1）修改反倾销调查的相关规定，以与世界贸易组织《反倾销协议》的规定保持一致。

（2）新增了第三国倾销的规定：对其他国家或者地区在第三国市场中倾销对中国国内产业造成实质损害的情况，对外贸易主管部门可以与该第三国政府进行磋商，要求其采取适用的措施。

（3）修改反补贴调查的相关规定，以与世界贸易组织《补贴与反补贴措施协议》的规定保持一致。

（4）修改保障措施的相关规定，以与世界贸易组织《保障措施协议》的规定保持一致。

（5）新增了服务贸易的紧急保障措施的规定。

（6）新增了因第三国限制进口对中国造成贸易转移时，中国可以采取必要的救济措施限制该产品进口的规定。

（7）新增了其他国家或地区违反国际协议情况下，中国有权要求其采取适当的补救措施并根据协议规定中止或终止履行相关义务的规定。

（8）新增了应对贸易争端解决的政府机构的规定。

（9）新增了建立贸易预警应急机制的规定。

（10）新增了对规避贸易救济行为采取反规避措施的规定。

（九）对外贸易促进

该章是建立对外贸易促进机制的原则性规定，目的是适应加入世界贸易组织的需要，减少政府对贸易活动的直接干预，明确各贸易促进机构的职能、定位。修改的内容包括：

（1）对外贸易的促进方式包括进、出口信贷、出口退税等。

（2）新增建立对外贸易公共信息服务体系的规定，向对外贸易经营者和其他社会公众提供信息服务。

（3）新增国家鼓励对外贸易经营者采取对外投资、对外工程承包等形式发展对外贸易的规定。

（4）新增国家扶持和促进中小企业开展对外贸易的规定。

（十）法律责任

该章对原《中华人民共和国对外贸易法》的相关规定进行了较大修改，将原法较偏重刑事责任的倾向修改为法律责任形式的多样化、层次化、合理化。

二、货物贸易法

货物贸易领域是世界贸易组织规则的传统调整对象，也是世界贸易组织"一揽子"协议中内容最丰富、规则最成熟的部分。改革开放40年来，中国在货物贸易领域制定和实施了大量的法律、法规、规章，特别是在加入世界贸易组织前后，为适应世界贸易组织规则的要求，中国对货物贸易领域的法律、法规进行了大规模的修订和新立。相应的法律调整内容如下：

（一）海关管理

《中华人民共和国海关法》于 1987 年 1 月 22 日第六届全国人民代表大会常务委员会第十九次会议通过，2000 年 7 月 8 日第九届全国人民代表大会常务委员会第十六次会议第一次修正。虽然之后在 2013 年、2016 年、2017 年又经历过三次修正，但在内容上进行了较大修改的是 2000 年的修正，自 2001 年 1 月 1 日起施行。这次修改与世界贸易组织规则相关的内容包括：

1. 进出口货物的完税价格

新《中华人民共和国海关法》取消了原法以"正常的到岸价格"征税的原则，按世界贸易组织《海关估价协议》的要求，改为由海关以货物的成交价格为基础审查确定，成交价格不能确定时，完税价格由海关依法估定。

2. 进出口货物的原产地规则

原《中华人民共和国海关法》没有进出口货物原产地规则的内容，新《中华人民共和国海关法》增加了相关的原则规定：进出口货物的原产地按照国家有关原产地规则的规定确定。根据该条规定，2004 年 9 月 3 日，国务院颁布了《中华人民共和国进出口货物原产地条例》。

3. 知识产权的海关保护

原《中华人民共和国海关法》没有涉及知识产权边境保护的内容，新《中华人民共和国海关法》增加了以下规定：海关应当依照法律、行政法规的规定，对与进出境货物有关的知识产权实施保护。2003 年 12 月 2 日，国务院根据《中华人民共和国海关法》制定并发布了《中华人民共和国知识产权海关保护条例》。

4. 关税制度

新《中华人民共和国海关法》将临时减、免关税的决定权由海关总署转归国务院，体现了关税征收的规范性；完善了海关的强制执行制度；增设了海关保全制度；新增了海关事务担保制度。

5. 执法监督

为与世界贸易组织协议要求的透明度、司法审查制度相一致，新《中华人民共和国海关法》增加了执法监督的内容。

（二）货物进出口管理

中国于改革开放初期开始实施进出口配额、许可证制度，在加入世界贸易组织前，货物进出口的管理法规散见于对外贸易经济合作部及其他部委制定的一些部门规章中，不仅立法层级较低，而且存在立法内容重复、矛盾和部门间多头管理的问题。加入世界贸易组织时，根据世界贸易组织规则和中国加入承诺，国务院按照《中华人民共和国对外贸易法》的相关规定，废除了原有的《中华人民共和国进口货物许可制度暂行条例》《中华人民共和国出口商品管理暂行办法》《中华人民共和国机电产品进口管理暂行办法》等 5 个行政法规和部门规章，于 2001 年 10 月 31 日发布《中华人民共和国货物进出口管理条例》，于 2002 年 1 月 1 日起实施。主要内容包括：

1. 总则

该部分确立了中国货物进出口管理的一些基本原则，包括：国家对货物进出口实行统一的管理制度；国家准许货物的自由进出口，依法维护公平、有序的货物进出口贸易；中国在货物进出口贸易方面根据所缔结或者参加的国际条约、协定，给予其他缔约方、参加方最惠国待遇、国民待遇，或者根据互惠、对等原则给予对方最惠国待遇、国民待遇；任何国家或者地区在货物进出口贸易方面对中国采取歧视性的禁止、限制或者其他类似措施的，中国可以根据实际情况对该国家或者地区采取相应的措施。

2. 货物进口管理

根据世界贸易组织协议中有关货物贸易的例外规定，该部分规定了禁止进口的货物和限制进口的货物。对限制进口的货物管理实行配额管理和许可证管理，并根据世界贸易组织透明度要求，公布限制进口货物的目录、进口货物配额总量及其调整、年度关税配额等内容。

3. 货物出口管理

该部分规定了禁止出口的货物和限制出口的货物，对限制出口货物实行配额管理和许可证管理，应当公布限制出口货物的目录及年度出口配额总量等。

4. 国营贸易和指定经营

与中国加入世界贸易组织的承诺相一致，该部分规定：国家可以对部分货物的进出口实行国营贸易管理，其管理货物目录和企业名录应当予以公布。

5. 进出口监测和临时措施

与世界贸易组织协议一致，该部分规定：国家为维护国际收支平衡，可以对进口货物的价值和数量采取临时限制措施。

为配合《中华人民共和国货物进出口管理条例》的实施，国务院相关部委相继颁布了配套的部门规章，包括：2001 年 12 月 20 日，原对外贸易经济合作部颁布了《中华人民共和国出口许可证管理规定》《中华人民共和国出口商品配额管理办法》《中华人民共和国货物进口许可证管理办法》《中华人民共和国货物进口指定经营管理办法》；2002 年 1 月 15 日，原国家经济贸易委员会、海关总署联合颁布了《中华人民共和国重要工业品自动进口许可管理实施细则》。

（三）进出口货物检验、检疫管理

《中华人民共和国进出口商品检验法》于 1989 年 2 月 21 日第七届全国人民代表大会常务委员会第六次会议通过实施。根据加入世界贸易组织的承诺，中国对该法进行了修订，修订后的新法于 2002 年 10 月 1 日起实施。该法后于 2013 年、2018 年进行了第二次、第三次修改，但涉及修改内容最多的仍是 2002 年中国加入世界贸易组织后的修改。主要修改内容包括：

1. 总则

将原法"国家商检部门、商检机构指定的检验机构"修改为"国家商检部门许可的检验机构"，国家商检部门可以许可符合条件的国内外检验机构承担委托的进出口商品检验鉴定业务；将实施检验的目的由"根据对外贸易发展需要"修改为"保护人类健康和安全、保护动物或者植物的生命和健康、保护环境、防止欺诈行为、维护国家安全"；明确了实施法定检验的商品只能是目录商品；法定检验的内容是确定列入目录的进出口商品是否符合国家技术规范的强制性要求；增加了商检人员的保密义务。

2. 进出口商品的检验

增加了"代理人"作为报检人的情况和代理人的管理规定；修改了报检地点和报检时限的规定。

3. 监督管理

新法保留了商检机构的抽查检验权，但同时增加了"公布抽查检验结果"的透明度要求；不再区分国内产品和进出口商品，对所有商品实行统一的认证制度；明确了当事人对商检部门的处罚决定可以提起行政复议和司法审查。

4. 法律责任

新增加了 3 种法律责任：未经许可擅自从事进出口商品检验鉴定业务的法律责任；进出口掺杂掺假、以假充真、以次充好的商品的法律责任；商检人员泄露商业秘密的法律责任。

根据修订后的《中华人民共和国进出口商品检验法》，为与世界贸易组织《技术性贸易措施协议》和《实施卫生与植物卫生措施协议》相一致，国家质量监督检验检疫总局于 2001 年 12 月 3 日修改颁布了《中华人民共和国强制性产品认证管理规定》，于 2001 年 12 月 4 日颁布了《中华人民共和国进口许可制度民用商品入境验证管理办法》和修改颁布了《中华人民共和国采用国际标准管理办法》，初步建立了符合世界贸易组织规则的货物检验、检疫法律体系。

（四）贸易救济法

1997 年 3 月 25 日，国务院发布实施了《中华人民共和国反倾销和反补贴条例》，首次建立起对外反倾销、反补贴调查制度。加入世界贸易组织后，为与世界贸易组织相关协议规定保持一致，对该条例进行了修订，国务院于 2001 年 10 月 31 日通过了《中华人民共和国反倾销条例》和《中华人民共和国反补贴条例》，自 2002 年 1 月 1 日起实施。此外，根据世界贸易组织《保障措施协议》的规定和中国加入承诺，2001 年 10 月 31 日国务院制定公布了《中华人民共和国保障措施条例》，自 2002 年 1 月 1 日起实施。上述三个条例于 2004 年 3 月 31 日进行了修改。

1. 反倾销

《中华人民共和国反倾销条例》共 6 章 59 条，主要内容包括：倾销是指在正常贸易过程中进口产品以低于其正常价值的出口价格进入中华人民共和国市场；进口产品的出口价格低于其正常价值的幅度，为倾销幅度；损害是指倾销对已经建立的国内产业造成实质损害或者产生实质损害威胁，或者对建立国内产业造成实质阻碍；对倾销和损害的调查与确定，由商务部负责；国内产业或者代表国内产业的自然人、法人或者有关组织，可以依照《中华人民共和国反倾销条例》的规定向商务部提出反倾销调查的书面申请；商务部可以采用问卷、抽样、听证会、现场核查等方式向利害关系方了解情况，进行调查；商务部根据调查结果，就倾销、损害和二者之间的因果关系是否成立作出初裁、终裁决定，并予以公告；初裁决定确定倾销成立，并由此对国内产业造成损害的，可以采取临时反倾销措施；倾销进口产品的出口经营者在反倾销调查期间，可以向商务部作出改变价格或者停止以倾销价格出口的价格承诺，商务部也可以向出口经营者提出价格承诺的建议；终裁决定确定倾销成立，并由此对国内产业造成损害的，可以征收反倾销税，征收反倾销税应当符合公共利益；征收反倾销税，由商务部提出建议，国务院关税税则委员会根据商务部的建议作出决定，由商务部予以公告，海关自公告规定实施之日起执行；反倾销税税额不超过终裁决定确定的倾销幅度；反倾销税的征收期限和价格承诺的履行期限不超过 5 年，但是，经复审确定终止征收反倾销税有可能导致倾销和损害的继续或者再度发生的，反倾销税的征收期限可以适当延长；对反倾销终裁决定不服的，或者对行政复审决定不服的，可以依法申请行政复议，也可以依法向人民法院提起诉讼。

2. 反补贴

《中华人民共和国反补贴条例》共 6 章 58 条，主要内容包括：补贴是指出口国（地区）政府或者其任何公共机构提供的并为接受者带来利益的财政资助以及任何形式的收入或者价格支持；损害是指补贴对已经建立的国内产业造成实质损害或者产生实质损害威胁，或者对建立国内产业造成实质阻碍；对补贴和损害的调查和确定，由商务部负责；国内产业或者代表国内产业的自然人、法人或者有关组织，可以依照《中华人民共和国反补贴条例》的规定向商务部提出反补贴调查的书面申请；商务部可以采用问卷、抽样、听证会、现场核查等方式向利害关系方了解情况，进行调查；商务部根据调查结果，就补贴、损害和二者之间的因果关系是否成立作出初裁和终裁决定，并予以公告；初裁决定确定补贴成立，并由此对国内产业造成损害的，可以采取临时反补贴措施；在反补贴调查期间，出口国（地区）政府提出取消、限制补贴或者其他有关措施的承诺，或者出口经营者提出修改价格的承诺的，商务部应当予以充分考虑；商务部可以向出口经营者或者出口国（地区）政府提出有关价格承诺的建议；在为完成磋商的努力没有取得效果的情况下，终裁决定确定补贴成立，并由此对国内产业造成损害的，可以征收反补贴税；征收反补贴税应当符合公共利益；征收反补贴税，由商务部提出建议，国务院关税税则委员会根据商务部的建议作出决定，由商务部予以公告，海关自公告规定实施之日起执行；反补贴税的征收期限和承诺的履行期限不超过 5 年，但是，经复审确定终止征收反补贴税有可能导致补贴和损害的继续或者再度发生的，反补贴税的征收期限可以适当延长；对反补贴终裁决定不服的，或者对行政复审决定不服的，可以依法申请行政复议，也可以依法向人民法院提起诉讼。

3. 保障措施

《中华人民共和国保障措施条例》共 5 章 35 条，主要内容包括：保障措施的适用条件是：进口产品数量增加，并对生产同类产品或者直接竞争产品的国内产业造成严重损害或者严重损害威胁；与国内产业有关的自然人、法人或者其他组织可以向商务部提出采取保障措施的书面申请；商务部没有收到采取保障措施的书面申请，但有充分证据认为国内产业因进口产品数量增加而受到损害的，可以决定立案调查；调查可以采用调查问卷的方式，也可以采用听证会或者其他方式；商务部根据调查结果，可以作出初裁决定，也可以直接作出终裁决定，并予以公告；商务部应当将立案调查的决定、调查结果及有关情况及时通知世界贸易组织保障措施委员会；有明确证据表明进口产品数量增加，在不采取临时保障措施将对国内产业造成难以补救的损害的紧急情况下，可以作出初裁决定，并采取临时保障措施；终裁决定确定进口产品数量增加，并由此对国内产业造成损害的，可以采取保障措施；实施保障措施应当符合公共利益；保障措施可以采取提高关税、数量限制等形式；保障措施采取提高关税形式的，由商务部提出建议，国务院关税税则委员会根据商务部的建议作出决定，由商务部予以公告；采取数量限制形式的，由商务部作出决定并予以公告，海关自公告规定实施之日起执行；保障措施的实施期限不超过 4 年。

三、服务贸易法

中国加入世界贸易组织所做承诺中，服务贸易的市场开放是一项重要的内容，中国承诺有条件、分步骤地开放金融、保险、销售、旅游、电信和专业服务等领域。为了履行加入世界贸易组织的承诺，需要制定或修改相应的服务法律、法规，对相关服务领域内的权利义务关系进行规范，并保持国内的服务贸易法与世界贸易组织协议的一致性。因此，中国在加入世界贸易组织前后，制定和修改了一大批服务贸易领域的法律、法规，初步建立起符合世界贸易组织规则和中国国情的服务贸易法律体系。

（一）金融服务

中国规范金融服务贸易领域的法律主要是《中华人民共和国外资金融机构管理条例》，该条例于1994年2月25日发布实施。加入世界贸易组织后，根据中国加入承诺，于2001年12月20日对该条例进行了修改。主要修改的内容包括：

（1）放宽设立合资金融机构中方合作伙伴的限制。《中华人民共和国外资金融机构管理条例》明确外国金融机构可以同中国的公司、企业在中国境内设立合资经营的银行和财务公司，并修改了设立合资金融机构的条件。

（2）放宽设立外资金融机构的地域限制。根据中国加入世界贸易组织的承诺，《中华人民共和国外资金融机构管理条例》明确外资金融机构在满足审慎性准入条件的前提下，可以在中国境内任何一个城市申请设立营业性机构。

（3）对外资银行的设立与登记的有关事项进行了修改和补充。

（4）外资金融机构的业务范围可以逐年扩展，可以经营人民币业务。

（5）在国民待遇基础上对外资金融机构进行审慎的监督和管理。

（二）保险服务

加入世界贸易组织前，中国对保险业实行国家垄断，不允许外资进入中国保险业。加入世界贸易组织后，为履行中国对保险服务业的开放承诺，国务院于2001年12月12日颁布了《中华人民共和国外资保险公司管理条例》，于2002年2月1日起实施。主要内容包括：

（1）外资保险公司的含义和分类。外资保险公司是指依照中国法律规定，经批准在中国境内设立和营业的保险公司，分为合资保险公司、独资保险公司、外国保险公司分公司。

（2）外资保险公司的设立与登记。外资保险公司的设立实行审批制，并须满足法定的资本要求。

（3）外资保险公司的业务范围。外资保险公司根据中国保险监督管理委员会核定的业务范围开展保险业务，实行财产保险和人身保险业务分离原则。

（4）外资保险公司的监督管理。

（5）外资保险公司的终止和清算。

（三）电信服务

根据加入世界贸易组织的承诺，加入世界贸易组织后，中国电信服务市场将逐步对外开放。为履行承诺，2001 年 12 月 11 日，国务院颁布《外商投资电信企业管理规定》，于 2002 年 1 月 1 日起实施。《外商投资电信企业管理规定》于 2008 年、2016 年经过了两次修订。主要内容包括：

（1）外商投资电信企业只能以中外合资经营形式开展业务。

（2）外商投资电信企业的业务范围和地域范围由相关法律、法规规定。

（3）设立外商投资电信企业须满足法定的注册资本条件，并且经营基础电信服务的外资占比不得超过 49%，经营增值电信服务的外资占比不得超过 50%。

（4）外商投资电信企业的设立由国务院工业和信息化主管部门审批。

（四）海运服务

根据加入世界贸易组织的承诺，中国将逐步加大开放国际海运服务市场。为履行承诺，国务院于 2001 年 12 月 11 日颁布《中华人民共和国国际海运条例》，于 2002 年 1 月 1 日起实施。2013 年 7 月 18 日、2016 年 2 月 6 日国务院对其进行了两次修订。主要内容包括：

（1）外商经国务院交通主管部门批准，可以依法投资设立中外合资经营企业或者中外合作经营企业，经营国际海运业务，但外资占比不得超过 49%。

（2）国际海上运输及其辅助性业务的经营者。经营国际船舶运输业务，应当向国务院交通主管部门提出申请；经营无船承运业务，应当向国务院交通主管部门办理提单登记，并交纳保证金；经营国际船舶管理业务，应当具备生意人资质条件和设备条件。

国际海上运输及其辅助性业务经营活动。国际船舶运输经营者经营进出中国港口的国际班轮运输业务，应当依照《中华人民共和国国际海运条例》规定取得国际班轮运输经营资格；经营国际班轮运输业务，应当向国务院交通主管部门提出申请；外国国际船舶运输经营者不得经营中国港口之间的船舶运输业务，也不得利用租用的中国籍船舶或者舱位，或者以互换舱位等方式变相经营中国港口之间的船舶运输业务。

（3）调查和处理。《中华人民共和国国际海运条例》规定了对可能损害国际海运市场公平竞争的行为进行调查与处理的程序规则，并对相关违法行为的法律责任进行了规范。

（五）旅游服务

国务院曾于 1996 年 10 月 15 日发布《中华人民共和国旅行社管理条例》，根据加入世界贸易组织的承诺，中国将逐步加大开放旅游服务市场。为了履行承诺，国务院于 2001 年 12 月 11 日颁布实施新的《中华人民共和国旅行社管理条例》。2009 年 2 月 20 日，国务院对其进行了修改，名称改为《中华人民共和国旅行社条例》，进一步扩大了旅游业的开放。《中华人民共和国旅行社条例》涉及外商投资旅行社的内容包括：

（1）外商投资旅行社，包括中外合资经营旅行社、中外合作经营旅行社和外资旅行社。

（2）设立外商投资旅行社，由投资者向国务院旅游行政主管部门提出申请。同意设立的，出具外商投资旅行社业务许可审定意见书；不同意设立的，书面通知申请人并说明理由。修改后的《中华人民共和国旅行社条例》取消了之前对外商投资旅行社的注册资本要求和其他特殊要求，基本实现了国民待遇。

（3）外商投资旅行社不得经营中国内地居民出国旅游业务以及赴香港特别行政区、澳门特别行政区和台湾地区旅游的业务。

（六）法律服务

中国承诺加入世界贸易组织后将逐步开放法律服务市场。2001年12月22日，国务院颁布《外国律师事务所驻华代表机构管理条例》，于2002年1月1日起实施。主要内容包括：

（1）外国律师事务所在华设立代表机构、派驻代表，应当经国务院司法行政部门许可。

（2）代表机构及其代表，只能从事不包括中国法律事务的业务活动。

（3）代表机构不得聘用中国执业律师，代表机构的代表不得同时在两个以上代表机构担任或者兼任代表。

（4）代表机构的代表每年在中国境内居留的时间不得少于6个月。

（七）教育服务

中国承诺加入世界贸易组织后将逐步开放教育服务市场。为履行加入承诺，规范外资进入教育服务市场的行为，2003年3月1日，国务院颁布《中华人民共和国中外合作办学条例》，于2003年9月1日起实施。主要内容包括：

（1）外国教育机构同中国教育机构可以在中国境内合作举办以中国公民为主要招生对象的教育机构。

（2）申请中外合作办学的教育机构应当具有法人资格。设立中外合作办学机构，分为筹备设立和正式设立两个步骤。

（3）中外合作办学者可以合作举办各级各类教育机构。但是，不得举办实施义务教育和实施军事、警察、政治等特殊性质教育的机构。

（4）具有法人资格的中外合作办学机构应当设立理事会或者董事会，不具有法人资格的中外合作办学机构应当设立联合管理委员会。理事会、董事会或者联合管理委员会的中方组成人员不得少于1/2。中外合作办学机构的校长或者主要行政负责人，应当具有中华人民共和国国籍，在中国境内定居，热爱祖国，品行良好，具有教育、教学经验，并具备相应的专业水平。

（5）外国教育机构、其他组织或者个人不得在中国境内单独设立以中国公民为主要招生对象的学校及其他教育机构。

四、知识产权法

自改革开放以来，中国相继制定了知识产权保护的相关法律。在加入世界贸易组织前后，根据中国所做承诺，根据世界贸易组织《与贸易有关的知识产权协定》的有关规定，分别对三大知识产权立法——《中华人民共和国商标法》《中华人民共和国专利法》和《中华人民共和国著作权法》进行了修改，并发布了《中华人民共和国集成电路布图设计保护条例》，修改了《中华人民共和国计算机软件保护条例》。上述法律、法规在此后仍进行了多次修改，使中国知识产权保护的法律、法规基本与世界贸易组织相关协定保持了一致。

（一）商标法

《中华人民共和国商标法》于 1982 年 8 月 23 日第五届全国人民代表大会常务委员会第二十四次会议通过，1993 年 2 月 22 日第七届全国人民代表大会常务委员会第三十次会议通过第一次修正，2001 年 10 月 27 日第九届全国人民代表大会常务委员会第二十四次会议第二次修正，2013 年 8 月 30 日第十二届全国人民代表大会常务委员会第四次会议第三次修正。根据加入世界贸易组织的承诺，中国商标法的修改内容主要包括：

1. 关于国民待遇

根据国民待遇的规定，加入世界贸易组织后，其他世界贸易组织成员的国民在中国申请商标注册时，应当按照《与贸易有关的知识产权协定》的规定，给予他们国民待遇；对于不属于世界贸易组织成员的其他国家的国民，中国将按与该国签订的双边协议的规定，保护该国国民的权利。外国人或者外国企业在中国申请商标注册和办理其他商标事宜的，应当委托国家认可的具有商标代理资格的组织代理。

2. 扩大商标保护范围

（1）集体商标和证明商标。修改后的《中华人民共和国商标法》增加了有关集体商标和证明商标的规定。根据《中华人民共和国商标法》第三条规定，商标分为商品商标和服务商标两大类，集体商标和证明商标是这两大类商标中具有特殊作用的商标。

（2）立体商标。修改后的《中华人民共和国商标法》增加了对立体商标予以保护的规定，其中第八条在关于商标构成要素的规定中将"三维标志"作为商标的一种构成要素予以规定。

（3）自然人作为申请商标注册主体。修改后的《中华人民共和国商标法》将申请商标注册的主体修改为"自然人、法人或者其他组织"，扩大了申请商标注册的主体范围。

（4）共有商标。修改后的《中华人民共和国商标法》增加了对共有商标的注册申请的规定，它在第五条规定："两个以上的自然人、法人或者其他组织可以共同向商标局申请注册同一商标，共同享有和行使该商标专用权。"

（5）地理标志。修改后的《中华人民共和国商标法》第十六条增加了对地理标志的保护内容："商标中有商品的地理标志，而该商品并非来源于该标志所标示的地区，误导公众的，不予注册并禁止使用；但是，已经善意取得注册的继续有效。""前款所称地理标志，是指标示某商品来源于某地区，该商品的特定质量、信誉或者其他特征，主要由该地区的自然因素或者人文因素所决定的标志。"

3. 加强对驰名商标的保护

修改后的《中华人民共和国商标法》增加了对驰名商标的保护，并对驰名商标的认定作出具体规定。根据这些规定，对于未在中国注册的驰名商标的保护限于相同或相类似商品，对于已在中国注册的驰名商标的保护范围则扩大到不相同或不相类似的商品。

4. 有关优先权的规定

《中华人民共和国商标法》第二十四条对优先权作出了以下规定："商标注册申请人自其商标在外国第一次提出商标注册申请之日起 6 个月内，又在中国就相同商品以同一商标提出商标注册申请的，依照该外国同中国签订的协议或者共同参加的国际条约，或者按照相互承认优先权的原则，可以享有优先权。""依照前款要求优先权的，应当在提出商标注册申请的时候提出书面声明，并且在 3 个月内提交第一次提出的商标注册申请文件的副本；未提出书面声明或者逾期未提交商标注册申请文件副本的，视为未要求优先权。"

5. 商标权的确认

《与贸易有关的知识产权协定》明确规定，当事人应有机会就行政当局的决定提交司法机关复审。为与协定相一致，修改后的《中华人民共和国商标法》第四十四条规定："当事人对商标评审委员会的裁定不服的，可以自收到通知之日起 30 日内向人民法院起诉。人民法院应当通知商标裁定程序的对方当事人作为第三人参加诉讼。"

6. 商标侵权赔偿制度

经过几次修改的《中华人民共和国商标法》对商标侵权赔偿的力度不断提高。2013 年最新修改的《中华人民共和国商标法》第六十三条规定："侵犯商标专用权的赔偿数额，按照权利人因被侵权所受到的实际损失确定；实际损失难以确定的，可以按照侵权人因侵权所获得的利益确定；权利人的损失或者侵权人获得的利益难以确定的，参照该商标许可使用费的倍数合理确定。对恶意侵犯商标专用权，情节严重的，可以在按照上述方法确定数额的一倍以上三倍以下确定赔偿数额。赔偿数额应当包括权利人为制止侵权行为所支付的合理开支。"

（二）专利法

《中华人民共和国专利法》于 1984 年 3 月 12 日第六届全国人民代表

大会常务委员会第四次会议通过，1992 年 9 月 4 日第七届全国人民代表大会常务委员会第二十七次会议第一次修正，2000 年 8 月 25 日第九届全国人民代表大会常务委员会第十七次会议第二次修正，2008 年 12 月 27 日第十一届全国人民代表大会常务委员会第六次会议第三次修正。根据加入世界贸易组织的承诺，中国专利法的修改内容主要包括：

1. 关于国民待遇

根据《与贸易有关的知识产权协定》和《巴黎公约》的规定，各国法律在专利代理方面的规定可以作为国民待遇的例外。因此，《中华人民共和国专利法》第十九条对专利代理的规定是："在中国没有经常居所或者营业所的外国人、外国企业或者外国其他组织在中国申请专利和办理其他专利事务的，应当委托国务院专利行政部门指定的专利代理机构办理。""中国单位或个人在国内申请专利和办理其他专利事务的，可以委托专利代理机构办理。"

2. 关于"许诺销售"

将"许诺销售"认定为侵犯专利权的一种形式予以禁止，是《中华人民共和国专利法》修改后的一项新规定，这是为了适应《与贸易有关的知识产权协定》所做的调整。"许诺销售"是指一种虽不构成明确的销售行为，但足以向公众表明其销售某专利产品意向的行为，是一种如果不加以制止，将来的确会发生的侵权行为。《中华人民共和国专利法》第十一条规定："任何单位或个人未经专利权人许可，都不得实施其专利，即不得为生产经营目的制造、使用、许诺销售、销售、进口依照该专利方法直接获得的产品。"

3. 专利实施许可

《中华人民共和国专利法》第六章是有关专利实施的强制许可的规定，修改后的《中华人民共和国专利法》增加了依赖性专利的强制许可，关于依赖性专利强制许可的条件，规定了后一发明应比前者在技术上更为先进，符合《与贸易有关的知识产权协定》的规定。此外，《中华人民共和国专利法》的第五十五条规定了授予强制许可的限制性条件："国务院专利行政部门作出的给予实施强制许可的决定，应当及时通知专利权人，并予以登记和公告。""给予实施强制许可的决定，应当根据强制许可的理由规定实施的范围和时间。强制许可的理由消除并不再发生时，国务院专利行政部门应当根据专利权人的请求，经审查后作出终止实施强制许可的决定。"

4. 司法审查

《中华人民共和国专利法》第四十一条和第四十六条规定，专利申请人或发明的专利权人如果不服专利复审委员会作出的复审或无效决定，能够在人民法院提起司法程序，这一修改使得《中华人民共和国专利法》与《与贸易有关的知识产权协定》关于行政决定应接受司法审议的规定完全一致。

（三）著作权法

《中华人民共和国著作权法》于 1990 年 9 月 7 日第七届全国人民代表大会常务委员会第十五次会议通过，2001 年 10 月 27 日第九届全国人民代表大会常务委员会第二十四次会议对其进行了修正，2010 年 2 月 26 日第十一届全国人民代表大会常务委员会第十三次会议通过第二次修正。根据加入世界贸易组织的承诺，中国著作权法的修改内容主要包括：

1. 对外国国民适用国民待遇及最惠国待遇

中国在根据《与贸易有关的知识产权协定》和《保护文学和艺术作品伯尔尼公约》的规定对《中华人民共和国著作权法》进行修改时，将"无国籍人"增加为保护的主体之一，对其著作权的保护与对外国人的保护相同。

2. 著作权的保护内容

修改后的《中华人民共和国著作权法》增加了邻接权——表演者及录音制品制作者权、广播机构的权利等内容。

（1）表演者权。表演者权在版权理论上称作版权的邻接权，它是相对于小说、剧本、歌曲等原作作品作者的版权而言的。表演者是作品的传播者，而不是作品的创作者，但其表演又是为了传播作品，与版权有密切的关系，又不是传统的版权，因此称之为邻接权。中国在对 1990 年《中华人民共和国著作权法》的修改中，根据《与贸易有关的知识产权协定》和《保护文学和艺术作品伯尔尼公约》的规定，将表演者的权利由原来的四项扩至六项，达到了协定与公约要求的保护水平。

（2）录音录像制作者权。《中华人民共和国著作权法》第四十一条规定："录音录像制作者对其制作的录音录像制品，享有许可他人复制、发行、出租、通过信息网络向公众传播并获得报酬的权利；权利的保护期为 50 年，截止于该制品首次制作完成后第 50 年的 12 月 31 日。"与原《中华人民共和国著作权法》相比，该条规定增加了录音录像制作者享有出租权、信息网络传播权的规定，这是与《与贸易有关的知识产权协定》的规定相一致的。关于保护期的规定，修改后的《中华人民共和国著作权法》改为"首次制作完成后"，这一修改也是为了与《与贸易有关的知识产权协定》保持一致。

（3）广播组织权。修改后的《中华人民共和国著作权法》取消了对广播组织制作节目的规定，这是因为制作节目实际上属于著作权或录音录像制作权，而广播组织享有的著作权的邻接权应是基于播放节目产生的。《中华人民共和国著作权法》第四十四条规定："广播电台、电视台有权禁止未经其许可的下列行为：将其播放的广播、电视转播；将其播放的广播、电视录制在音像载体上以及复制音像载体。""前款规定的权利的保护期为 50 年，截止于该广播、电视首次播放后第 50 年的 12 月 31 日。"

3. 关于"合理使用"

修改后的《中华人民共和国著作权法》严格限制了对他人作品的合理使用："为报道时事新闻，在报纸、期刊、广播电台、电视台等媒体中不可避免地再现或者引用已经发表的作品，可以不经著作权人许可，但应当指明作者姓名、作品名称。"

4. 关于"法定许可"

修改后的《中华人民共和国著作权法》规定对表演他人作品和使用他人作品制作录音作品，不再区分作品是否发表，都应获得著作权人的许可，并向其支付报酬。

5. 关于诉前证据保全

这是修改后的《中华人民共和国著作权法》根据中国加入世界贸易组织的承诺新增加的一项规定。《中华人民共和国著作权法》增加了第四十九条、第五十条（2010 年第二次修改时改为第五十条、第五十一条），对临时措施作出以下规定："著作权人或者与著作权有关的权利人有证据证明他人正在实施或者即将实施侵犯其权利的行为，如不及时制止将会使其合法权益受到难以弥补的损害的，可以在起诉前向人民法院申请采取责令停止有关行为和财产保全的措施。""为制止侵权行为，在证据可能灭失或者以后难以取得的情况下，著作权人或者与著作权有关的权利人可以在起诉前向人民法院申请保全证据。""人民法院接受申请后，必须在四十八小时内作出裁定；裁定采取保全措施的，应当立即开始执行。""人民法院可以责令申请人提供担保，申请人不提供担保的，驳回申请。""申请人在人民法院采取保全措施后十五日内不起诉的，人民法院应当解除保全措施。"

6. 关于提高赔偿金额

修改后的《中华人民共和国著作权法》增加了第四十八条（2010 年第二次修改时改为第四十九条）的规定，明确了侵权人的赔偿责任和具体的赔偿金额："侵犯著作权或者与著作权有关的权利的，侵权人应当按照权利人的实际损失给予赔偿；实际损失难以计算的，可以按照侵权人的违法所得给予赔偿。赔偿数额还应当包括权利人为制止侵权行为所支付的合理开支。""权利人的实际损失或者侵权人的违法所得不能确定的，由人民法院根据侵权行为的情节，判决给予五十万元以下的赔偿。"

7.关于制止进一步侵权行为的措施

根据中国加入世界贸易组织的承诺以及《中华人民共和国民法通则》《中华人民共和国民事诉讼法》的有关规定，修改后的《中华人民共和国著作权法》增加了第五十一条（2010 年修改时改为第五十二条）规定："人民法院审理案件，对于侵犯著作权或者与著作权有关的权利时，可以没收违法所得、侵权复制品以及进行违法活动的财物。"根据该条规定，人民法院有权没收侵权人的违法所得，目的就是防止侵权人继续从事侵权行为，根除其从事侵权活动的能力。

五、外商投资法

改革开放以来，外国对华直接投资得到了快速发展。为了规范外国直接投资行为、保障外国投资者利益，在改革开放初期中国就先后颁布实施了三大外商投资方面的法律，包括《中华人民共和国外资企业法》《中华人民共和国中外合资经营企业法》和《中华人民共和国中外合作经营企业法》。中国加入世界贸易组织前后，为了与世界贸易组织规则保持一致，根据《与贸易有关的投资措施协议》的相关规定和中国加入世界贸易组织具体承诺，中国先后对上述三部法律进行了修改。2016 年 9 月 3 日第十二届全国人民代表大会常务委员会第二十二次会议通过关于修改《中华人民共和国外资企业法》等四部法律的决定，规定将外商投资相关审批事项改为备案管理，进一步扩大了对外资准入的开放。

（一）《中华人民共和国外资企业法》

《中华人民共和国外资企业法》于 1986 年 4 月 12 日第六届全国人民代表大会第四次会议通过实施，2000 年 10 月 31 日第九届全国人民代表大会常务委员会第十八次会议第一次修正，2016 年 9 月 3 日第十二届全国人民代表大会常务委员会第二十二次会议第二次修正。其中，2000 年的修订正是根据中国加入世界贸易组织的承诺进行的法律调整，主要修改内容包括：

（1）将设立外资企业必须全部或大部分出口的义务，改为"国家鼓励举办产品出口或者技术先进的外资企业"。

（2）取消了外资企业的生产经营计划应当报主管部门备案的规定。

（3）取消了外资企业的原材料、燃料等物资在同等条件下应尽量在中国购买的规定，改为"按照公平、合理的原则，可以在国内市场或者国际市场购买"。

（4）取消了外资企业应当自行解决外汇收支平衡的规定。

（5）2016年的修改增加了第二十三条："举办外资企业不涉及国家规定实施准入特别管理措施的，对本法第六条、第十条、第二十条规定的审批事项，适用备案管理。国家规定的准入特别管理措施由国务院发布或者批准发布。"该条修改主要是适应中国自主扩大对外开放、对外资准入实施负面清单管理的需要。

（二）《中华人民共和国中外合资经营企业法》

《中华人民共和国中外合资经营企业法》于1979年7月1日第五届全国人民代表大会第二次会议通过实施，1990年4月4日第七届全国人民代表大会第三次会议第一次修正，2001年3月15日第九届全国人民代表大会第四次会议第二次修正，2016年9月3日第十二届全国人民代表大会常务委员会第二十二次会议第三次修正。《中华人民共和国中外合资经营企业法》是中国改革开放后颁布实施的第一部外商投资法，之后经过了三次修改，其中2001年进行的修改正是为了适应加入世界贸易组织的需要而进行的，也是迄今最重要的一次修改。主要修改内容除包括上述与《中华人民共和国外资企业法》的修订基本相同的内容外，还包括：

（1）增加合营企业的职工依法建立工会组织，开展工会活动，维护职工合法权益的内容，规定合营企业职工的录用、辞退、报酬、福利、劳动保护、劳动保险等事项，应当依法通过订立合同加以规定。

（2）修改原来要求合营企业的各项保险应向中国的保险公司投保为向中国境内的保险公司投保。

（3）增加了合营各方没有在合同中订有仲裁条款或事后没有达成仲裁协议的，可以向人民法院起诉的内容。

（三）《中华人民共和国中外合作经营企业法》

《中华人民共和国中外合作经营企业法》于 1988 年 4 月 13 日第七届全国人民代表大会第一次会议通过实施，2000 年 10 月 31 日第九届全国人民代表大会常务委员会第十八次会议第一次修正，2016 年 9 月 3 日第十二届全国人民代表大会常务委员会第二十二次会议第二次修正，2016 年 11 月 7 日第十二届全国人民代表大会常务委员会第二十四次会议第三次修正，2017 年 11 月 4 日第十二届全国人民代表大会常务委员会第三十次会议第四次修正。主要修改内容包括：

（1）对中外合作经营企业生产所需的原材料、燃料等物资的购买，可以按照公平、合理的原则，在国内市场或者在国际市场购买。

（2）增加了第二十五条："举办合作企业不涉及国家规定实施准入特别管理措施的，对本法第五条、第七条、第十条、第十二条第二款、第二十四条规定的审批事项，适用备案管理。国家规定的准入特别管理措施由国务院发布或者批准发布。"

（3）2017 年的修改：删去第十二条第二款中的"报审查批准机关批准"。

六、立法法

加入世界贸易组织后，为规范各级立法部门的立法行为，并保证立法行为与中国的相关国际义务的一致性，中国制定并公布实施了《中华人民共和国立法法》《行政法规制定程序条例》和《规章制定程序条例》。这些法律、法规中与履行世界贸易组织义务相关的内容主要是关于透明度的规定和关于法律、法规统一实施的规定。

（一）《中华人民共和国立法法》

2000 年 3 月 15 日，第九届全国人民代表大会第三次会议通过了《中华人民共和国立法法》，自 2000 年 7 月 1 日起施行。2015 年 3 月 15 日，第十二届全国人民代表大会第三次会议通过了该法的修正。该法对立法工作应遵循的基本原则，各级各类立法的权限、制定程序、适用规则等作出了明确具体的规定。

　　为履行世界贸易组织的透明度原则，《中华人民共和国立法法》第五条规定：立法应当体现人民的意志，发扬社会主义民主，坚持立法公开，保障人民通过多种途径参与立法活动。第三十六条规定，列入常务委员会会议议程的法律案，法律委员会、有关的专门委员会和常务委员会工作机构应当听取各方面的意见。听取意见可以采取座谈会、论证会、听证会等多种形式。第三十七条规定，列入常务委员会会议议程的法律案，应当在常务委员会会议后将法律草案及其起草、修改的说明等向社会公布，征求意见，但是经委员长会议决定不公布的除外。向社会公布征求意见的时间一般不少于 30 日。征求意见的情况应当向社会通报。第五十八条规定：法律签署公布后，及时在全国人民代表大会常务委员会公报和中国人大网以及在全国范围内发行的报纸上刊载。

　　为了履行法律、法规统一实施的义务，《中华人民共和国立法法》第五章对各类法律、法规的效力等级、相互关系等进行了规定：宪法具有最高的法律效力，一切法律、行政法规、地方性法规、自治条例和单行条例、规章都不得同宪法相抵触。法律的效力高于行政法规、地方性法规、规章；行政法规的效力高于地方性法规、规章；地方性法规的效力高于本级和下级地方政府的规章。同一机关制定的法律、行政法规、地方性法规、自治条例和单行条例、规章，特别规定与一般规定不一致的，适用特别规定；新的规定与旧的规定不一致的，适用新的规定。法律之间对同一事项的新的一般规定与旧的特别规定不一致，不能确定如何适用时，由全国人民代表大会常务委员会裁决；行政法规之间对同一事项的新的一般规定与旧的特别规定不一致，不能确定如何适用时，由国务院裁决。行政法规、地方性法规、自治条例和单行条例、规章有下列情形之一的，由有关机关予以改变或者撤销：超越权限的；下位法违反上位法规定的；规章之间对同一事项的规定不一致，经裁决应当改变或者撤销一方的规定的；规章的规定被认为不适当，应当予以改变或者撤销的；违背法定程序的。

（二）《行政法规制定程序条例》

《行政法规制定程序条例》于 2001 年 11 月 16 日由国务院令第 321 号公布，2017 年 12 月 22 日根据《国务院关于修改〈行政法规制定程序条例〉的决定》修订。

为履行世界贸易组织的透明度原则，《行政法规制定程序条例》规定：起草行政法规，起草部门应当将行政法规草案及其说明等向社会公布，征求意见，但是经国务院决定不公布的除外。向社会公布征求意见的期限一般不少于 30 日。国务院法制机构可以将行政法规送审稿或者修改稿及其说明等向社会公布，征求意见。向社会公布征求意见的期限一般不少于 30 日。行政法规签署公布后，及时在国务院公报和中国政府法制信息网以及在全国范围内发行的报纸上刊载。行政法规应当自公布之日起 30 日后施行；但是，涉及国家安全、外汇汇率、货币政策的确定以及公布后不立即施行将有碍行政法规施行的，可以自公布之日起施行。

为了履行行政法规在全国统一实施的义务，《行政法规制定程序条例》规定：国务院法制机构或者国务院有关部门应当根据全面深化改革、经济社会发展需要以及上位法规定，及时组织开展行政法规清理工作。对不适应全面深化改革和经济社会发展要求、不符合上位法规定的行政法规，应当及时修改或者废止。

（三）《规章制定程序条例》

《规章制定程序条例》于 2001 年 11 月 16 日由国务院令第 322 号公布，2017 年 12 月 22 日根据《国务院关于修改〈规章制定程序条例〉的决定》修订。

为履行世界贸易组织的透明度义务，《规章制定程序条例》规定：起草规章，除依法需要保密的以外，应当将规章草案及其说明等向社会公布，征求意见。向社会公布征求意见的期限一般不少于 30 日。起草的规章涉及重大利益调整或者存在重大意见分歧，对公民、法人或者其他组织的权利义务有较大影响，人民群众普遍关注，需要进行听证的，起草单位应当举行听证会听取意见。部门规章签署公布后，及时在国务院公报或者部门公报和中国政府法制信息网以及在全国范围内发行的报纸上刊载。规章应当自公布之日起 30 日后施行；但是，涉及国家安全、外汇汇率、货币政策的确定以及公布后不立即施行将有碍规章施行的，可以自公布之日起施行。

第三节　中国社会主义法制化建设的未来方向

改革开放 40 年以来，伴随着恢复关税与贸易总协定缔约方席位和加入世界贸易组织进程，中国经济发展日益融入世界经济体系，同时，中国社会主义法制化建设也与多边贸易体制日益融合、对接。自中国加入世界贸易组织以来，通过大规模的国内法律、法规修订和新立，已经基本履行了加入世界贸易组织后调整国内法律体系的承诺。当前，全球经济遭遇了"逆全球化"思潮的困扰，多边贸易谈判进展缓慢，国际投资、贸易自由化发展遭遇到前所未有的阻力。在此背景下，中国继续推进进一步的改革开放显得尤为重要。而为了保障进一步的改革开放，也需要我们继续深化和完善相关的法制化建设，一方面对照现有多边规则继续完善国内法律体系；另一方面适应更高水平的改革开放建立和完善更高标准的法律体系。

一、改革开放新时代对法制化建设提出的新要求

在中国改革开放届满 40 年、加入世界贸易组织届满 17 年的时间节点上，虽然世界贸易组织多哈回合谈判遇阻，新的多边贸易规则还未形

成，但国际投资、贸易规则的发展已经出现了新的特点，某些区域、双边贸易协定在贸易、投资自由化方面已经超越多边规则，制定了更高的标准、涉足了更新的领域。另外，从中国自身的发展需要来看，也需要实施更进一步的改革开放，需要更高标准的法律体系为新时期的改革开放保驾护航。

（一）国际经贸规则的新特点与新要求

1. 区域化规则替代全球化规则

近年来，与多边贸易规则谈判受阻形成鲜明对比的是自由贸易区、共同市场等区域经济一体化取得快速发展，各种区域经济一体化的机制与安排层出不穷。无论是发达国家还是发展中国家都纷纷参与到双边和区域贸易协定谈判中，谈判的规模更大、标准更高，推动了全球经贸规则的加速演变。

2. 贸易投资自由化的标准更高

发达国家推动的国际经贸新规则的标准要比现行规则的标准更高，很多要求已超过多边贸易规则的要求。具体表现为：一是市场准入水平更高，绝大多数商品进口实现零关税，服务投资领域全面实行负面清单管理。二是竞争政策范围更加广泛，要求成员制定反垄断法，限制企业获得不公平竞争优势，并且包含规范国有企业竞争的内容。三是知识产权保护力度更大，保护标准和涵盖范围都超过了世界贸易组织的标准。四是增加了环境和劳工标准要求。

3. 强调边境后措施的协调

国际经贸新规则更关注商品或投资进入关境后所面临的经营环境，开始强调边境后措施，主要涉及监管的一致性、知识产权、竞争政策、可持续发展、电子商务、技术标准、投资措施、中小企业、政府采购、反腐败等议题。

4. 强调"公平贸易"理念

国际经贸新规则引入了政府采购、竞争政策、国有企业、知识产权、环境、劳工等领域议题，这些议题无不直接提及或暗含了"公平"的理念。例如，为国有企业订立与私营企业公平竞争的规则，要求投资待遇"公平公正"，政府采购中供应商"公平竞争"，实施知识产权的"程序公平"，劳动环境法的执行程序公平等。

（二）中国自主扩大开放对法制化建设提出新要求

近年来，中国多次在国内、国际重要场合声明继续扩大对外开放的理念，包括党的十九大报告、"十三五"规划纲要、二十国集团峰会、博鳌亚洲论坛等，这些也对新时期法制化建设提出了新的要求。

1. 党的十九大报告

党的十九大报告指出：中国坚持对外开放的基本国策，坚持打开国门搞建设，积极促进"一带一路"国际合作，努力实现政策沟通、设施联通、贸易畅通、资金融通、民心相通，打造国际合作新平台，增添共同发展新动力。加大对发展中国家特别是最不发达国家援助力度，促进缩小南北发展差距。中国支持多边贸易体制，促进自由贸易区建设，推动建设开放型世界经济。

2. "十三五"规划纲要

《中华人民共和国国民经济和社会发展第十三个五年（2016—2020年）规划纲要》第十一篇"构建全方位开放新格局"用五章的篇幅对新时期对外开放的原则、目标进行了阐述，包括加快对外贸易优化升级、提升利用外资和对外投资水平、维护多边贸易体制、推动完善国际经济治理体系等，提出了完善法治化、国际化、便利化的营商环境，健全有利于合作共赢、同国际投资贸易规则相适应的体制机制的要求。

3. 二十国集团杭州峰会

习近平主席在二十国集团工商峰会开幕式上的主旨演讲中提道：在新的起点上，我们将坚定不移扩大对外开放，实现更广的互利共赢。奉行互利共赢的开放战略，不断创造更全面、更深入、更多元的对外开放格局，是中国的战略选择。我们的对外开放不会停滞，更不会走回头路。

4.博鳌亚洲论坛

习近平主席在博鳌亚洲论坛 2018 年年会开幕式上的主旨演讲中提道：中国人民将继续扩大开放、加强合作，坚定不移奉行互利共赢的开放战略，坚持引进来和走出去并重，推动形成陆海内外联动、东西双向互济的开放格局，实行高水平的贸易和投资自由化便利化政策，探索建设中国特色自由贸易港。中国人民将继续与世界同行，为人类作出更大贡献，坚定不移走和平发展道路，积极发展全球伙伴关系，坚定支持多边主义，积极参与推动全球治理体系变革，构建新型国际关系，推动构建人类命运共同体。在扩大开放方面，中国将采取以下重大举措：第一，大幅度放宽市场准入。第二，创造更有吸引力的投资环境。第三，加强知识产权保护。第四，主动扩大进口。

二、中国经贸法律体系进一步完善的建议

适应国际经贸规则发展的新趋势，配合中国自主扩大开放的战略规划，现有的中国经贸法律体系需要在以下方面进一步完善。

（一）货物进出口管理的总则类法规

中国于 2002 年实施的《中华人民共和国货物进出口管理条例》是规范中国货物进出口管理的一般制度的主要法规。《中华人民共和国货物进出口管理条例》作为国务院制定的行政法规，是《中华人民共和国对外贸易法》的一个配套法规，对《中华人民共和国对外贸易法》中规定的货物进出口的一般原则性规定进行了进一步的细化。虽然《中华人民共和国货物进出口管理条例》为适应加入世界贸易组织的要求，对《中华人民共和国对外贸易法》的规定作出了一定弥补甚至突破，但《货物进出口管理条例》毕竟是《中华人民共和国对外贸易法》的下位法，而《中华人民共和国对外贸易法》在 2004 年修改之后，《中华人民共和国货物进出口管理条例》并未再进行修改。《中华人民共和国货物进出口管理条例》作为一部行政法规，相对于《中华人民共和国对外贸易法》而言实

践性更强，如配额和许可证虽是世界贸易组织规则及中国加入世界贸易组织承诺中规定要逐渐减少以至取消的限制货物贸易的措施，但是由于它们在加入世界贸易组织后一定时期内仍是中国管理外贸的主要手段，所以《中华人民共和国货物进出口管理条例》侧重于对这些管理方式的详细规定也无可厚非，但仍需要根据外贸发展的现实情况逐渐减少这部分规则的内容。此外，由于世界贸易组织货物贸易规则是由非歧视原则及其各项例外规定组成的，《中华人民共和国货物进出口管理条例》的未来发展应是在坚持非歧视原则和自由贸易原则基础上，着重于各项例外规定，如区域贸易一体化、一般例外与安全例外、贸易救济措施、发展中国家例外等。

（二）关税制度及海关管理类法律

虽然中国加入世界贸易组织后已经比照世界贸易组织规则对国内关税制度进行了调整，但关税作为调节进出口的一项重要手段，其作用还没有充分发挥出来，海关对关税的征收、监管也还存在各种问题，未来需要进一步完善以下几个方面：

1.《中华人民共和国关税法》迟迟未出台

目前中国规范关税的法律还主要是立法层级较低的《中华人民共和国进出口关税条例》。根据税收法定原则，由全国人民代表大会制定《中华人民共和国关税法》虽然已经列入立法计划，但至今仍未出台。

2. 税率结构进一步合理化

经济学家普遍认为，一个国家为实现有效的保护，需要建立起一套梯度关税制度，按照初级产品、中间产品、最终产品的顺序，逐级升高关税，并且要防止因对中间产品征税过高而导致有效保护率为负数，以及由于最终产品关税过高所导致的过度保护。[①]尽管中国目前的关税保护结构基本符合对越低加工阶段的产品课征越低关税的关税升级原理，但仍存在着不合理之处，有待进一步的完善。例如，中国实行高关税的产

---

① 李永：《我国关税调整与对外贸易发展问题研究》，《税务与经济》2000 年第 2 期。

品大多是高档消费品及纺织品。其中高档消费品的进口量很少，而纺织品大多是加工贸易，因此高关税并没有达到增加财政收入、保护本国产业的目的。

3. 名义关税税率偏高，而实际关税税率明显低于名义关税税率

虽然中国在过去几年已经大幅度地降低了进口关税，但名义关税仍处于较高水平，而实际上征收的关税由于各种减免税法律、政策以及海关具体操作中的某些不规范做法，使实际征收的关税大大低于名义关税。这一方面使国家关税收入减少，另一方面也成为外国政府或国际组织与中国进行经贸谈判的一个筹码。

4. 出口退税制度有待完善

出口退税作为一项制度，背后应有相关的法律法规支撑，由于相关法律法规不完善，目前的退税制度在某种程度上只是一项政策，依据主要是一些立法层级较低的部门规章，随意性较大。

（三）出口管制类法律

2004 年修改后的《中华人民共和国对外贸易法》已经增加了安全例外条款，但与之配套的出口管制法规还不是很完善。现行的几个有关出口管制法规（如《中华人民共和国核出口管制条例》《中华人民共和国核两用品及相关技术出口管制条例》等）主要涉及军事目的的出口管制，而对于对外政策性管制、出于对等原则实施的出口管制、为保护专门技术、紧缺资源等实施的出口管制等还缺乏相关法规的规定。2017 年 6 月，商务部发布了《中华人民共和国出口管制法（草案征求意见稿）》向社会征求意见，说明有关出口管制的法律已经进入了立法程序。

（四）技术性贸易措施法律制度

加入世界贸易组织后，中国根据世界贸易组织规则的要求及加入承诺对相关法律、法规进行了调整，制定了一批相关的法规、规章，从促进出口、控制进口两个方面建立健全了技术性贸易措施制度。但中国在技术性贸易措施方面仍存在一些问题，需要继续弥补与完善，主要表现

为以下几点：

1. 管理体制需要进一步理顺

技术性贸易措施主要是通过国家立法机关和行政机关颁布法律、法规、规章、规定，建立技术法规、技术标准、认证制度、检验制度等方式来实现的，技术性贸易措施的制定与实施需要外贸、商检、海关、科技和产业部门的密切配合。一项技术性贸易措施对出口企业有利，对进口企业可能带来负面影响；对一个行业有利的技术性贸易措施，对另一个行业可能造成损害；对近期有利的技术性贸易措施，对长期发展可能造成不利影响。因此，必须建立多部门协调的技术性贸易措施决策与工作系统，才能有效地维护国家长远发展的利益。如果没有国家的统一协调，易产生政出多门、技术性贸易措施无法实现全国统一实施的问题。

2. 技术法规体系的建立和完善

技术法规是指国家制定的需要强制执行的技术法令，由于在已有的立法或政策制订中缺乏统一协调，致使各种法规常常出现交叉和矛盾，因此至今还没有建立起全国统一实施的技术法规体系，还没有确立"专门法律——技术法规——技术标准——评定程序"的市场技术指令体系，没有形成统一的质量认证体系。

3. 合格评定程序的进一步规范

国际合格评定程序的发展趋势是提倡相互认可、尽量减少重复认证，争取一次检验、一次收费就实现产品在全球的流动。中国目前在这方面还存在许多问题，主要表现为：（1）政出多门，在国内就重复认证、重复检查、重复收费。（2）中国的认证工作还没有广泛采用国际标准体系，在国内的认证难以得到其他国家的承认。

（五）服务贸易法律

与发达国家相比，中国的服务贸易发展水平还相对落后。同时，在服务贸易相关法律体系建设方面，目前还没有形成一整套完整的服务业对外开放的法律体系。现存的问题和改革的方向可以归纳为以下几个方面：

1. 具体服务贸易领域的基本法律还存在缺位

由于服务贸易涉及众多的服务部门，因此规范服务贸易的基本法不仅包括《中华人民共和国对外贸易法》，而且包括该服务贸易领域的专门基本法，如《中华人民共和国银行法》《中华人民共和国保险法》《中华人民共和国律师法》《中华人民共和国民用航空法》等。某一服务贸易领域在对外开放中，不仅要受《中华人民共和国对外贸易法》的约束，也应受该服务贸易领域的专业基本法的约束。不可否认的是，目前某些具体服务贸易领域的专门基本法还没有完全建立起来。

2. 某些服务贸易提供方式还缺乏规范

世界贸易组织将服务贸易划分为 12 大类、160 个服务项目，每一项目都有四种服务提供形式，即跨境提供、境外消费、商业存在和自然人流动。但从中国现行服务贸易立法情况看，有关服务贸易对外开放的法律、法规主要是规范商业存在这一形式，如《外国律师事务所驻华代表机构管理条例》《中外合作音像制品分销企业管理办法》《中华人民共和国外资保险公司管理条例》等，而对另外三种服务贸易的提供方式则规定得较少。由于这四种方式的形式不同，对国内服务业的影响程度不同，因此今后的立法中应当根据国内具体情况对不同的提供方式确定不同的开放程度：对于商业存在形式，应予以优先考虑；对于跨境提供这一形式，应持十分谨慎的开放态度；对于境外消费方式，可以给予较高程度的自由化；对于自然人流动方式，应予以较高程度的限制。

3. 服务贸易领域法律的透明度和服务贸易法律在全国范围的统一实施还有待提高

中国服务贸易领域立法比较多地表现为各职能部门的规章和内部规范性文件，有的甚至仅是一种政策性文件，不仅立法层级较低，而且透明度较差。由于各部门在制定规章时难免从本部门利益出发，导致其内容与全国性法律的规定及中国加入世界贸易组织承诺的内容不一致，影响服务贸易立法的统一性，也易引起其他国家服务提供者的不满与异议。因此，有必要加强服务贸易法律、法规的统一制定与实施，加强服务贸易法律、法规的透明度，减少或取消各种内部文件。

4.统筹规划服务贸易领域的立法工作，建立一个开放式的服务贸易法律体系

由于中国将会逐渐扩大服务贸易的开放领域，将有更多新的服务贸易领域需要新的法律、法规的调整。因此，中国服务贸易法律体系不应是一个封闭的体系，而应是一个开放性的体系，在确定服务贸易应遵循的基本原则的基础上，在搭建起服务贸易法律体系的总框架的基础上，将不断有新的法律、法规补充到这一体系中来。

（六）外国投资法律

中国现有的外国投资法律体系是以企业法为核心，辅之以投资管理法规、税收法规、外汇管理法规、劳动法、公司法、合同法等构成的，而没有制定统一的外国投资法。这种模式的缺点是法律、法规数量较多，表现形式分散，立法层级不高，易导致相互矛盾，不利于投资人掌握。改革开放进入新时期后，外国投资法律体系面临修改和调整的需要，未来调整的方向包括以下几个方面：

1.统一内、外资立法将是长远目标

世界贸易组织倡导的国民待遇原则对内、外资分别立法的立法模式提出了挑战。虽然世界贸易组织规则并没有明文要求各成员统一内、外资立法，但其倡导的国民待遇原则的根本是逐渐取消国内企业与外资企业待遇上的不平等，保证外资企业拥有一个与国内企业公平竞争的法律环境。从世界各国情况看，经济发展到一定程度的国家基本上采取内、外资统一立法的模式，表明这种立法模式是一种发展的方向。

虽然如此，但在现阶段，中国不能不面对仍属于发展中国家的现实，对外资的一些特殊政策、特别规定还有必要在相当长一段时间内继续保留。因此，统一内、外资立法只能是一种发展趋势，一个长远的目标。

向这个目标的过渡需要一个过程，这个过程将是一个渐进的过程，实际上中国自改革开放以来一直处于这一过程之中，中国的外资法体系中除专门规定外资投资行为的法律以外，外商投资企业作为中国的法人或经济组织，其大多数行为从一开始就需要遵守中国调整国内经济关系的法律，如《中华人民共和国公司法》《中华人民共和国合同法》等。专门的外资法只是调整外商投资企业行为的所有法律中的一小部分。

2. 统一三大外资企业法是现阶段外资法调整的主要任务

中国外资法的核心是三大外资企业法，这三大企业法是随着中国对外开放、吸引外资的进程分别制定的，40 年来它们在中国吸引外资、发展经济的过程中起到了很重要的作用。现阶段对这三大企业法进行必要的调整、制定一部统一的外资企业法已经成为必要并且具备可行性。商务部于 2015 年 1 月已经公布了《中华人民共和国外国投资法（草案征求意见稿）》，向社会公开征求意见。

3. 统一后的外资法结构与内容

建立统一的外国投资法，并不是将现有的三大外商投资企业法进行简单的合并，其结构与内容的设置应体现出一个立法原则，即跳出企业法的范畴，增加更多的投资法的内容，使之真正成为一部规范外商直接投资行为的基本法。此外，适应中国外资政策的调整，外资法也应在对外资的优惠与限制方面进行必要的调整，遵循逐渐取消对外资的特别优惠，同时出于国家安全考虑采取必要的限制与监管措施，实现与世界贸易组织规则的接轨。具体来说，统一后的外资法的结构与内容将包括：外国投资主体、外国投资资本、外国投资形式、外国投资领域、外国投资保护和外国投资监管等。

（七）知识产权保护法律

中国加入世界贸易组织后，对知识产权保护法律进行了多次修订。近年的修订包括 2013 年对《中华人民共和国商标法》的修订，增加了惩罚性赔偿制度；对《中华人民共和国反不正当竞争法》的修订，进一步完善了商业秘密的保护，同时明确市场混淆行为，引入标识的概念，拓宽对标识的保护范围。

中国加入世界贸易组织后对主要的知识产权立法的修改与完善，已经使中国的知识产权法律保护水平基本上符合了相应的国际公约的要求。尽管如此，并不能说中国现行的知识产权法不再存在任何问题，要使知识产权权利人的利益得到更全面的保护，要处理好知识产权保护与发展经济的关系，都需要继续完善现行的知识产权法律体系。知识产权保护法律未来发展的方向包括：

1. 更高标准的知识产权保护水平

世界贸易组织《与贸易有关的知识产权协定》明确规定其设置的各项知识产权保护标准是一种"最低标准"，即世界贸易组织成员国内知识产权法律至少要达到的保护标准，但各成员可以自行决定超过这一标准。目前国际上各类区域贸易协议中大都规定有更高水平的保护标准，如延长各类知识产权的保护期限等。因此，中国的知识产权法在基本履行了世界贸易组织承诺的基础上，未来的发展方向将是进一步提高各类知识产权的保护标准，在促进科技进步的同时更好地保护知识产权所有人的利益。

2. 保护知识产权与限制知识产权滥用同等重要

保护知识产权与限制滥用知识产权构成知识产权制度的两个方面。知识产权本身具有排他性的特点，知识产权的保护与垄断是有一定联系的。但是，知识产权对垄断地位的维护是有一定限度的，一旦越过了这个限度，就会造成对竞争的限制。如果只强调对其专有性进行保护，而忽视对某些利用知识产权独占市场、垄断经营的行为进行规范，就会走向另一个极端，最终不利于技术的不断进步。中国现有知识产权立法中虽然已经有限制知识产权滥用的原则性规定，但相关行为的认定和处理还需要进一步明确和细化。

3. 加强与其他国家（地区）在知识产权保护方面的协调合作

由于知识产权属于一种法律拟制的权利，具有很强的地域性，因此保护知识产权的国际协调就显得尤其重要。特别是随着经济全球化的发展，商品和服务的流动对知识产权的国际保护提出了越来越高的要求。中国在知识产权国际保护方面一直持比较积极的态度，这一方面是由于国际社会的压力，另一方面也是与中国经济利益相一致的。目前，在知识产权国际协调方面存在的问题主要表现在两个方面：一是在知识产权保护方面承担的某些义务已经大大超过国内法的范畴，形成对国外知识产权人的保护程度超过对国内知识产权人的保护程度，形成"超国民待遇"，这就需要及时通过对国内法的修订予以平衡。二是在对外谈判和实际操作中对国内知识产权人的保护还不是很到位。承担知识产权保护的国际义务就是为了使中国的知识产权人及产品在国外也能得到相应的保护，但中国的有关主管机关以往在对外谈判中更多地是消极地应对国外的压力，而较少积极主动地为国内企业争取更好的知识产权保护环境，在具体操作中也不能做到以服务为宗旨，为国内企业争取更多的权益，这恰恰是今后应当努力的方向。

第七章　多边贸易体制与中国全方位对外开放

第一节　融入多边贸易体制与中国外贸体制改革

改革开放以来，中国经济发展水平发生了天翻地覆的变化，对外经济贸易发展迅猛，为中国与世界经济发展作出了重要贡献，而这些成就都离不开中国加入世界贸易组织和不断进行的对外贸易体制改革。外贸体制是指对外贸易的组织形式、机构设置、管理权限、经营分工和利益分配等方面的制度，[①] 作为经济体制的重要有机组成部分，其与国民经济其他部分有着不可分割的紧密联系。外贸体制改革作为整个经济体制改革的一部分，其改革方向和进程与中国整个经济体制改革方向和进程一致。

一、加入世界贸易组织前中国外贸体制发展与改革进程

加入世界贸易组织前，中国的外贸体制发展和改革大致可以分为以下四个阶段。

（一）新中国成立初期到改革开放前（1978 年以前）

由于新中国成立初期受到苏联等社会主义国家相关体制的影响，1949—1952 年，中国建立了国家统制的对外贸易体制，其主体是国营外贸企业。1949 年 10 月成立中央贸易部，内设国外贸易司，下设分别对社会主义、资本主义国家经营的进出口公司和国营外资公司。1952 年中

---

① 潘宏、陈戈：《论中国对外贸易体制改革的 60 年历程》，《管理学刊》2009 年第 22 期。

央贸易部拆分为商务部和对外贸易部，并组建了地方对外贸易管理机构。1953 年对外贸易部调整原有国营外贸公司，组成 14 个专业进出口公司和 2 个专业运输公司。1953—1957 年进一步完善了外贸统一管理体制。1956 年，社会主义改造完成，对外贸易部统一领导、管理全国的对外贸易，外贸专业公司经营各项进出口业务，由此，实现了国营外贸公司对外贸的垄断经营。1957 年颁布的《中华人民共和国进出口货物许可证签发办法》进一步简化了进出口贸易的相关手续。1958—1978 年，中国的外贸体制相对稳定，这段时期的外贸体制有如下特点：一是国家通过设定统一的关税税则和采取进出口相关的准入限制及外汇管理办法把外贸置于国家的统一管理之下。二是经营渠道单一，外贸公司都是国有制企业，各部门和地方没有外贸权，有权从事外贸业务的组织必须由国家指定。三是早期的外贸计划是以直接的指令性计划为主，与后期的指导性计划不同，一切对外贸易活动必须严格按照国家指令执行。

经过将近 30 年的实施和运行，统一管理的外贸体制暴露出各种缺点：由于统一经营和统负盈亏，外贸风险全部由国家承担，同时，高额的进出口补贴加重了政府的财政负担；企业因为没有自主经营权和业绩考核指标，积极性差；指令性计划阻碍了竞争机制的形成，不利于外贸经营活动内在规律的应用；各种贸易形式不能有机结合。传统外贸体制束缚了中国外贸和整个国民经济的发展，外贸体制改革需要继续推进。

（二）1978 年至党的十三届三中全会（1978—1987 年）

随着中国开始进行改革开放，这个时期中国采取的是较开放的贸易政策。改革采取的措施主要有：一是下放外贸经营权，进出口贸易的经营部门由外贸部门一家转变为多家经营，到 1986 年，经营进出口的企业加上从事与外贸相关的咨询、仓储、运输等服务业的企业总计有 1200 多家。[1]外贸方式也进一步丰富，增加了来样加工、来料加工、对销贸易和补偿贸

---

①　朴明锡：《中国入世与外贸体制改革》，对外经济贸易大学，硕士学位论文，2000 年。

易等方式。二是进口计划体制的改革，由原来的指令性计划改变为指令性计划、指导性计划和市场调节相结合。三是进一步完善外贸管理，同时弱化了计划手段并加强了进出口许可证、配额及关税管理。四是通过汇率、出口补贴和外汇留成等政策措施鼓励对外贸易的发展。例如，从1985年1月1日起取消了人民币贸易内部结算价，建立了可调整的盯住汇率制。

这个阶段的外贸体制改革充分调动了各级地方政府、进出口公司、外贸企业的积极性，是中国经济体制从产品经济到有计划的商品经济进而到社会主义市场经济改革的过渡，也为中国加入多边贸易体制奠定了基础。1986年7月，中国正式向关税与贸易总协定递交了《中国对外贸易制度备忘录》，为以后的恢复关税与贸易总协定缔约方席位和加入世界贸易组织的谈判工作做好了铺垫。

（三）1988—1993年的外贸承包责任制改革

1978—1987年的外贸体制改革虽然取得了一定效果，外贸体制的基础结构得到改变，但总的来看，外贸体制仍然停留在统负盈亏的状态，某些根本性问题还未得到解决，进口体制与关税与贸易总协定存在较大差距。为了更好地融入多边贸易体制，1988—1993年，中国又进行了外贸体制改革，即外贸承包责任制改革，划分为两个阶段，即前后实施两轮外贸承包责任制改革。

1.1988—1990年的第一轮外贸承包责任制改革

这期间，在国家垄断外贸的前提下，实行对外贸易承包责任制，具体来说：第一，出口外汇是由国家承包给各级地方政府和在全国范围内经营的外贸总公司，承包以三年为基数保持不变，中央外汇补贴额度需上缴。第二，允许地方、部门和企业在符合规定的前提下自由使用留成外汇，原有的外汇控制指标被取消，外汇调剂市场得到开放。第三，大部分出口商品由原来的双轨制改为单轨制，有进出口经营权的企业按相关规定进出口商品，且进出口计划由地方到中央直接承担，外贸计划体制得到进一步改革。第四，作为试点，对从事轻工、工艺、服装行业对外贸易的企业实行自负盈亏。

2.1991—1993 年的第二轮外贸承包责任制改革

接下来的 1991—1993 年，自负盈亏不再是部分行业的试点，而是在全行业开展，凡从事外贸的企业无论所处行业都自负盈亏，外贸承包制得到发展和完善，新型外贸体制得以建立。这三年采取的措施主要有两点：一是取消对外贸企业的出口补贴，二是外汇留成制度由原来的不同地方不同外汇比例留成变为不同商品大类的不同外汇留成制度。

整体上，通过这 6 年的外贸承包责任制改革，使得中国能够更好地融入多边贸易体制，适应关税与贸易总协定的国际贸易规范，促进中国与其他国家的合作交流。全面推行承包经营责任制，不但有效地解决了旧体制的权力集中问题，而且推动中国外贸企业向自负盈亏发展，由外贸产生的外汇收入、分配、使用和管理问题得到合理解决。企业自负盈亏，取消出口补贴；企业不再依赖国家，从根本上调动了企业的经营管理积极性；同时又有利于维护公平竞争的经营秩序，国家的财政负担也在一定程度上得到减轻；企业拥有更多权力使用外汇也促进了更多的外国产品进入中国市场。

（四）1994—2001 年的外汇体制改革

为更好地与国际市场接轨、恢复关税与贸易总协定缔约方席位和加入世界贸易组织，从 1994—2001 年，中国围绕汇率展开了外贸体制改革，这次改革确立了市场经济下的外贸体制。主要采取的改革措施有：第一，人民币汇率并轨，建立以市场供求为基础的、单一的、有管理的浮动汇率制，实行人民币经常项目下的有条件的可兑换。[①] 从 1994 年 1 月 1 日起，中国人民银行在参照国际金融市场主要货币的价格变动情况下，以外汇市场前一天的交易价格为基础，确定人民币汇率。第二，改革外汇管理体制，因为汇率可以显著调节对外贸易。第三，进出口指令性计

---

① 潘宏、陈戈：《论中国对外贸易体制改革的 60 年历程》，《管理学刊》2009 年第 22 期。

划全部取消，对外贸易全部放开。第四，出口退税制度逐步过渡到由中央财政统一退税。第五，在全国范围内统一对外贸易政策，且在1994年7月1日正式实施新的《中华人民共和国对外贸易法》。

经过这一轮改革，外贸企业作为独立个体参与竞争、自负盈亏，拥有了更多的外贸自主权，企业经营管理能力也进一步增强。同时，政府对外贸的干预也在逐渐弱化，由直接控制逐渐向间接调控发展，经济和法律作为调控手段的作用随着改革的进行慢慢显现出来，且逐步增强。这段时期内，进出口商品的国内价格基本由市场调节，由配额、许可证控制的进出口商品也在减少，出口退税开始规范。

二、加入世界贸易组织前中国外贸体制仍存在的问题

经过多轮改革，为适应世界贸易组织的自由贸易规则，中国的外贸体制发生了很大变化。从"互通有无""调剂余缺"的外贸方针转变为"参与国际分工"和"利用国际资源"；外贸经营权下放、工贸相结合和外资的融入，打开了中国外贸的新局面。但是，在加入世界贸易组织前，中国外贸体制还存在以下问题。

（一）宏观调控体系

在对外贸易宏观调控体系方面，尽管中国外贸宏观调控体系由直接调控体系转变为间接调控体系，以经济手段为主、法律手段为辅干预外贸。但这样的调控体系还有待改善，具体表现在：一是受国家直接管理的进出口商品较多，市场上还存在变相的指令性指标，行政审批制度也没有完全消失。二是按地区和部门设置的外贸公司与管理部门的外贸领域不能有效对接，严重阻碍了外贸体制改革。三是国有专业外贸公司在很大程度上依赖外贸主管部门，独立性较差，企业经营困难，亏损严重，有部分公司甚至资不抵债，接近破产。四是随着外贸经营权的放开，关税下调，非关税措施得到限制。但是，中国的进口关税税率在总水平和各税级的分布上，均高于其他国家，需要进一步调整；非关税措施如进

口审查、外汇限制、计划限制和许可证限制等，构成了重复的贸易壁垒。

（二）外贸企业制度

1994 年提出要建设社会主义市场经济后，中国企业的国际竞争力随着企业制度改革的进行得到显著提高，一部分企业在国内树立品牌，促进了出口贸易发展。然而，还有一大部分企业由于企业制度改革推进困难，没有建立起适应市场经济体制要求的企业制度，企业没有真正开始自主经营、自负盈亏，这在一定程度上阻碍了中国对外贸易的发展。

（三）外贸经营制度

以世界贸易组织为代表的多边贸易体制的基本原则是贸易自由化，贸易自由化的基础和核心是放开外贸经营权，这也是中国发展对外贸易的客观需要。中国外贸体制改革中的难点和焦点就是放开外贸经营权。经过多年的外贸体制改革，中国原有的国有外贸公司垄断外贸市场的局面已不复存在，外贸经营主体趋于多元化，所有制经济成分存在多种，外贸经营格局层次增多、渠道增多。尽管如此，中国外贸经营权还是没有完全放开，还有一部分企业不能直接参与国际商业竞争。仅有少数国营大中型企业拥有外贸经营权，因为中国限制商品经营范围，这些拥有外贸经营权的公司也不能放开经营。这就不符合《1994 年关税与贸易总协定》第 17 条有关"国营贸易企业"的规定，具体表述为：当一个企业被授予独占或特权时，应遵循非歧视原则，并应给予其他企业充分竞争的机会。①

（四）外贸法律制度

为更好地融入多边贸易体制，中国制定了包括《中华人民共和国对外贸易法》《合同法》和行政法规等与对外贸易有关的法律法规，但是这些立法尚处于不完全统一的状态，不同地区的外贸法在市场准入、投资和税收等方面都存在较大差异，这样导致了竞争的不公平；同时，中国外贸法律法规与国际贸易规则在某些方面还不一致，这些都不利于中国对外贸易发展。

---

① 朴明锡：《中国入世与外贸体制改革》，对外经济贸易大学，硕士学位论文，2000 年。

三、加入世界贸易组织承诺对中国外贸体制及其改革的影响

（一）中国加入世界贸易组织的有关承诺

世界贸易组织对世界经济和贸易非常重要，其创造的开放、稳定、非歧视的贸易环境保障了全球贸易的顺利开展。中国在《中国加入议定书》和《中国加入工作组报告书》中的承诺主要有以下几个方面：

第一，在透明度方面，贸易政策和措施要在世界贸易组织指定的官方杂志上公布，且在实施前公众是可以评论的；贸易政策措施要翻译成一种或多种世界贸易组织官方语言，且在让世界贸易组织大部分成员了解后才可以实施；要在规定日期内完成做好贸易政策措施的咨询解释工作；除特殊情况需要保密外，其他有关产品的最初配额水平和配额增长率要在实施前公布。

第二，在对外贸易经营权方面，在加入世界贸易组织 3 年内，中国应给予所有设在中国的企业进出口经营权；个人进出口经营权是不被授予的，本国企业可以经营除少数特定商品外的所有商品；贸易经营权的授予和管理适用国民待遇原则。

第三，在非歧视待遇方面，中国承诺对进口产品的待遇不低于在中国国内生产的产品；就采购生产所需的商品和服务，包括外商投资企业在内，享受同等待遇。

第四，在对外贸易政策措施的统一实施管理方面，承诺对外贸易政策在中国统一适用；同时，要明确贸易政策的类型和承诺适用的地域范围；要建立处理不同地域贸易措施不统一的申诉机制；对特别关税区香港和澳门的商品及服务的待遇要与其他世界贸易组织成员相同；从台湾地区进口的商品不应给予特殊的优惠待遇。

第五，在经济特区方面，中国承诺进口经济特区商品和服务所享受的待遇与进口自其他地区的相同；要明确对经济特区的承诺是否会扩展到其他地区；与经济特区相关的贸易措施变动要在规定时间 60 天内用世界贸易组织规定语言通知世界贸易组织。

第六，在特殊贸易安排方面，中国承诺特殊贸易安排会符合世界贸易组织要求。

第七，在司法审议方面，承诺建立独立司法部门来审议贸易体制实施过程中产生的相关问题；修改《专利法》和《商标法》相关规定，使其符合世界贸易组织规则等。

（二）对中国外贸体制的影响

为了更好地融入多边贸易体制和完善社会主义市场经济制度，成功加入世界贸易组织要求中国外贸体制进行改革。第一，在透明度方面，及时公布与外贸相关的法规和政策，并且建立相应的法规和政策咨询处。这就要求政府部门提高为企业服务的意识。第二，中国承诺加入世界贸易组织 3 年内给予所有企业外贸经营权，这一承诺一方面会提升地方及企业的外贸积极性，随着拥有外贸经营权的企业的增加，贸易方式更加多元，贸易规模进一步扩大；另一方面会强化竞争意识，现有外贸企业会因此面临更大的竞争压力和挑战，这也在一定程度上考验政府的宏观调控能力。第三，统一实施贸易政策措施并建立相关司法审议制度，因为中国的法律体系还不健全，配套措施更是少之又少，有部分法律法规还存在相互冲突的情况，整体协调统一性差，执行过程中主观性大。这就要求清除存在冲突的法律法规，提高政策规定的统一性，建立间接调控机制，以法律管理为主，行政管理为辅。

四、加入世界贸易组织后中国的外贸体制改革内容

融入多边贸易体制后，中国首先要做的就是履行上述各项承诺，其次是在社会主义市场经济体制和世界贸易组织规则的要求下进行外贸体制改革。

（一）外贸制度法制化

为履行加入世界贸易组织的各项承诺，在参考了基本国际贸易法的情况下，中国逐渐把世界贸易组织的一些规则融入到法律法规中，让对

外贸易制度法制化，让从事外贸的企业有法可依，政府依法管理市场，外贸体制更加健全。因为外贸制度以法律法规的形式体现出来了，其透明度也得到提升。融入多边贸易体制前后，中国先后制定、修订、废止了两千多项法律、行政法规和部门规章，清理了十几万件以上的地方性法规、地方政府规章和其他政策措施。[①]2003 年制定的《中华人民共和国行政许可法》明确规定了政府的透明度。2004 年 4 月修订了《中华人民共和国对外贸易法》，并于当年 7 月 1 日开始实施。

（二）汇率制度改革

2005 年 7 月中国开始实行以市场供求为基础、参考一篮子货币进行调节、有管理的浮动汇率制，不同于 1994 年开始实施的以市场供求为基础的、单一的、有管理的浮动汇率制，汇率制度不再主要盯住美元，这是中国外贸体制改革的一次创新。新的汇率制度允许中国人民银行可根据国内外实际情况进行人民币汇率管理，也赋予了中国人民银行更多的主动性和操作的灵活性。

（三）关税税率的调整和非关税措施的削减

加入世界贸易组织前后，中国先后进行多次关税调整。2001 年中国关税总水平由 16.4% 下调至 15.3%，加入世界贸易组织后的 2002 年又调整到 12.7%，2003 年降至 11%，2004 年降至 10.4%，2005 年降至 9.9%，关税一再下调，税率结构也相应调整，实现了在 2005 年将关税降到 10% 左右的承诺。按照承诺，中国自 2005 年 1 月起全部取消对 424 个税号产品的非关税措施，这些非关税措施包括进口配额、进口许可证和特定招标等，但保留了依据国际公约以及在世界贸易组织规则下为保证生命安全、保护环境实施的进口许可证管理制度。[②]

---

①　缪德刚：《1979—2005 年中国外贸体制改革研究》，贵州财经学院，硕士学位论文，2010 年，第 28 页。

②　《外贸体改的探索与突破》，《国际商报》2014 年 3 月 3 日。

（四）全面开放外贸经营权

2004 年修订的《中华人民共和国对外贸易法》规定，政府对企业的对外贸易经营权改为备案登记制，所有外贸经营企业都可依法从事进出口贸易，因为原来企业的对外贸易经营权是经过政府审批的，新的贸易法通过这项修改加速了中国多种经济所有制企业经营外贸格局的形成。

（五）营造更加公平的市场竞争环境

中国通过修改和完善相关贸易法律、加强执法和监督，努力为与中国企业从事贸易的外企提供更加宽松、稳定、公平的市场环境。同时，根据国内贸易法和世界贸易组织规则，加强预警监测，当遇到贸易伙伴的不公平贸易行为时，有效地利用世界贸易组织的贸易救济和反垄断调查的措施，维护了国内企业的合法权利，保障了国家的利益。不仅如此，中国也坚决反对任何形式的贸易保护主义，维护国际贸易的公平竞争环境。

总的来说，2001 年加入世界贸易组织后，中国的外贸体制改革是建立在公平竞争和自由贸易的市场经济基础上的，修改和调整不符合世界贸易组织规定的政策法规，鼓励从事外贸的主体多元化，政府的角色由行政领导转变为以服务为主，参考国际上通用的做法分配资源。

五、外贸体制改革的问题与未来发展

虽然中国的外贸体制改革取得巨大成效，但还存在改进空间。由于不同地区在市场准入、投资等方面的差异较大，因此产生了不公平竞争的环境，再加上立法还没有完全统一，导致在全国范围内实施统一的外贸政策难度加大。从目前国际环境和国内状况来看，中国未来的外贸体制改革的目标是转变职能、理顺关系、优化结构和提高效能，建设法治型服务型政府，完善法律制度，健全制约和监督机制，规范政府行为，发挥市场资源配置的决定作用，创造良好公平的竞争环境。[1]

---

[1]　韩秀申：《"十三五"：外贸改革关键期》，《国际商报》2015 年 10 月 8 日。

（一）转变政府职能

融入多边贸易体制后，中国经济成为世界经济的一部分，随着国际竞争的日趋激烈，就要求中国政府在管理机制、方式以及职能和效率上得以转变，以应对激烈的竞争，这也是加入世界贸易组织的需要。转变政府职能，建立法治型服务型政府，政府依法行政，有法可依，有法必依，但其行为也受法律约束。只有外贸管理者的作用发挥好了，外贸管理机构和促进机构的职能明确了，才能更科学有效地发展对外贸易。例如，政府部门进一步简政放权，明确职责，减少重叠机构，减少行政审批事项等，都可以大大提升政府工作效率。

（二）完善外贸法律体系

首先，修改外贸法，明确执法主体。随着中国对全球分工参与的深入，现有外贸法的弊端就显现出来，如可操作性差、没有完全与国际接轨等，进一步修改外贸法，修订不适应当前社会发展的法律法规，已经迫在眉睫。

其次，完善外贸相关经济立法。中国要根据国际经济格局和国内外贸易环境的变化，完善反倾销、反补贴、技术性壁垒和保障措施的法律法规，建立有效的贸易救济体系等，这样才能避免不必要的贸易摩擦，保障国家安全。

（三）建立统一、便利和公平的内外贸一体化运行机制

统一内外贸，可以有效地打破市场分割，降低交易成本，完善内外贸管理体制，同时也有利于法律法规的实施，促进经济发展。如加快自由贸易区的建设和相关建设经验的推广，完善中国投资融资管理和监管体制，这就要求中国形成符合国际标准的行业标准体系，建立统一的市场准入制度和市场监管，取消不符合国际规范的优惠政策。

（四）建立外贸促进体系

一是设立并完善行业协会。通过完善行业协会设置，促进中国营商环境的国际化。由于过去政府的过多参与，使得行业协会的作用减弱，

成了政府的附属品，新时期国家应该通过立法明确商协会的职能，赋予行业协会更大的自主权，有效地发挥行业协会的调节和服务功能。

二是根据世界贸易组织原则和市场需求，完善贸易促进政策，逐步取消与国际规则相悖的补贴政策，调整汇率制度，促进对外贸易发展。

多边贸易体制是第二次世界大战后建立起来的全球经济治理的支柱，它不仅为世界经济提供了开放、稳定、非歧视的贸易环境，也为全球贸易的顺利开展奠定了制度基础。[1] 而今，世界贸易组织面临的挑战是空前的，美国从多哈回合谈判开始就对多边贸易体制产生质疑，尤其在特朗普上任之后，美国更是指责世界贸易组织机制是在损害美国利益保护发展中国家，其矛头指向中国，2018 年更是爆发了中美贸易冲突，这就要求中国继续推进外贸体制改革，提升企业的整体国际竞争力，增强市场承受外来冲击的能力，政府进一步加强对市场的监管，通过改革完善社会主义市场经济体制，推进市场化和工业化，实施更大规模的改革开放。

第二节　融入多边贸易体制与中国对外开放的区域推进历程

新中国成立之初国力屡弱，百废待兴，要融入由西方国家主导的国际贸易体系，尚存在诸多障碍，为此中国付出了不懈的努力。在对外交往中，积极推动国际交往与合作，争取在国际上的合法权益。在经济建设上，更是经受住了各种考验，在受到西方封锁的情况下，建立起了独立的相对完整的工业体系和国民经济体系。但在赶超战略下区域间发展被扭曲，使禀赋优势未能得到有效激励，经济发展一度陷入僵局。直到1978 年党的十一届三中全会将全党的工作重心转移到社会主义现代化建设上，改革开放由此拉开序幕，中国以更加开放的姿态参与到国际贸易

---

[1]　屠新泉：《我国应坚定支持多边贸易体制、积极推进全球贸易治理》，《国际贸易问题》2018 年第 2 期。

中。循序渐进地对外开放，从建立经济特区试点开始，不断探索区域开放的新路径，借助区域开放积极参与国际商贸活动，创造了一个又一个奇迹。

区域开放作为改革中的一部分体现出改革方法的灵活性和实用性，从沿海、沿边到内陆，由城市到城市群，逐步形成了多层次、全方位的对外开放格局。加入世界贸易组织后，实现从政策指导到制度完善的平稳过渡，进一步扩大开放领域，加大开放力度，探索形成全国"一盘棋"的科学治理思想，并不断尝试从积极参与到主动引导多边贸易体制建设的角色转变，走出了一条符合中国国情的开放道路。

一、改革开放前的对外贸易（1950—1978 年）

新中国成立之初，中国就确立了社会主义独立自主的对外经济政策，独立自主的基本原则，绝不意味着闭关自守，毛泽东同志指出"中国人民愿意同世界各国人民实行友好合作，恢复和发展国际间的通商事业，以利发展生产和繁荣经济"。但国际经贸关系受到国家间关系、国家政策选择等多方面因素影响，第一代领导集体怀着开放的心态开始不断探索适合中国的发展之路。

（一）新中国成立初期适应性过渡（1950—1956 年）

1949 年新中国正式成立，历经前期的战事洗礼，国内经济基础薄弱。为减少不必要的冲击，中央在保持原有以私营为主的生产方式的基础上科学有序地推进三大改造，这种"适应性国民经济"发展模式保证了中国经济迅速从战后恢复稳定，使生产生活逐渐平稳步入正轨。但由于处在建设的起步阶段，一方面，生产规模及水平有限，可以用于对外贸易的剩余产品无论数量还是种类都较少；另一方面，受到国际大环境下国家间关系的制约，海外市场十分有限。除原有少数东南亚国家和地区，中国主要的对外贸易伙伴是同为社会主义阵营的苏联和东欧国家。社会主义国家的贸易占中国对外贸易的 70% 以上，其中对苏联的贸易额为全国对外贸易总额的 50%。①总体而言，本阶段中国对外开放是整体性的，对外贸易总量不高，结构简单。

（二）对外贸易逐步打开突破口（1957—1965 年）

1957 年完成社会主义改造，实现了社会主义的平稳过渡。计划经济体制基本成型，经济建设全国统一，建设方针为"自力更生为主，争取外援为辅"，严格按照计划统筹地区发展。计划经济有利于举全国之力大搞生产建设，也促成相对完整的工业体系的建立，但这种发展模式较为粗糙，经济波动时有发生，对外贸易主要作用为调剂余缺，进出口业务全部由国营外贸专业公司垄断经营，国际贸易大体表现为顺差（除 1960 年）。国际局势风云变幻，对于中国既有挑战也蕴藏机遇，1960 年中苏关系破裂，西方国家与中国的经贸往来迅速升温，中国对外贸易主要对象因此从以苏联为主的社会主义国家转向日本、西欧等资本主义国家和地区，渐渐呈现多元化。到 1965 年，中国已与世界上 100 多个国家和地区建立了贸易关系，中国对西方国家的贸易额占全国对外贸易总额的比重从 1957 年的 17.9% 上升到 52.8%。②

（三）"文化大革命"十年动乱（1966—1976 年）

"文化大革命"是新中国成立后国家发展史上的重大挫折，对于各项规章制度的过激批评，严重干扰破坏国内各方面建设，使生产及发展进程受到不同程度的影响，1969 年对外贸易额只有 40.29 亿美元，比 1966 年下降 12.6%。③虽然国内政局动荡但未动摇根基，对外交往进程仍正常推进，1971 年中国恢复了在联合国的合法席位，对外关系有了较大改善。中美上海公报的签订、中日邦交的正常化以及与德国等主要资本主义国家的建交，进一步推动中国参与到国际贸易体系。有利的国际形势和有序的国内经济建设使出口结构进一步改善，技术引进取得重大进展，对

---

① 黄晓玲：《中国主要对外经济贸易伙伴》，对外经济贸易大学出版社 2005 年版，第 3 页。
② 黄晓玲：《中国主要对外经济贸易伙伴》，对外经济贸易大学出版社 2005 年版，第 3 页。
③ 黄晓玲：《中国对外贸易概论》，清华大学出版社 2009 年版，第 14 页。

外贸易发展取得新进展。1973 年对外贸易额达 109.7 亿美元，1975 年达到 147.5 亿美元，虽然 1976 年中国进出口总额回落到 134.33 亿美元，但主要是受到自然灾害的影响。①

　　新中国成立到 1977 年实施的计划经济，主要政策为"统筹兼顾、适当安排"，侧重于全国的综合平衡，国内发展中如中央和地方、沿海与内陆，口岸之间等都是要从整体出发，强调协作。这种战略虽然在短期内能促进发展，但要素禀赋的政策扭曲、区域间的人为约束限制了其更进一步的发展。同时，国家垄断下的对外贸易运行效率明显偏低，单一的公有制模式也无法对接国际上主流的贸易体制。经济发展与发达国家仍有巨大差距，前景上看形势严峻，为了更好保护和充分利用新中国的建设基础，改革势在必行。

二、改革开放至加入世界贸易组织期间的区域开放探索（1979—2001 年）

　　1978 年的改革开放，重点在破除高度集中的经贸体制，充分发挥"比较优势"释放经济活力。考虑到中国各区域间的禀赋存在明显差距，在对外开放中客观上存在不同要求，因此分地区、分阶段的渐进式开放发展具有客观必要性。结合实际国情，中国把区域开放作为改革先行棋，探索区域开放的地区实践。从有能力的区域优先发展，建立经济特区到逐步开放沿海、沿边、沿江及内陆省会城市，并在发展中不断协调，形成具有中国特色的阶梯式区域开放格局。总体看，这个时期的区域开放经历以下几个阶段。

　　（一）增加对外贸易口岸——"由点到线，由线到面"（1978—1990 年）
　　首先从重点区域先试先行，摸索发展方式，总结发展经验，根据中国的地理特点首先开放东部沿海区域，大体按照特区先开放（点），再推

---

① 黄晓玲：《中国对外贸易概论》，清华大学出版社 2009 年版，第 14 页。

广到沿海部分城市（线），然后推广到区域层面。这一阶段是开放的起点，表现为局部开放，范围在东部沿海，主要通过国家的政策支持，引进外资进行建设。

1. 试办经济特区

邓小平同志首站对广东视察后，中央依据其建议先在深圳、珠海两地试办"出口特区"。1980 年 8 月 26 日，全国人民代表大会常务委员会正式批准创办深圳、珠海、汕头、厦门作为经济特区，开始的构想是建立工农结合的出口基地和吸引港客的旅游区，并形成新型边防城市。特区与港澳地理位置相似且同根同源，借鉴其发展经验有利于起步发展，不但直接解决了当地壮劳力外逃问题，与港澳两地互通共赢，而且开始更为科学地向国际市场打开大门。起步探索阶段主要以优惠政策来引进外资、技术和管理手段。4 个经济特区建立的第一年，进出口总额占全国进出口总额的 1.1%，各项制度的改革起到了良好的示范作用。在随后的发展中各经济特区也一直是改革的排头兵。

2. 开放沿海城市

1984 年 2 月邓小平同志回访深圳特区，看到一片兴旺发达，点明发展规划指导思想是放不是收，同时建议"除现在的特区外，可以考虑再开放几个港口城市，如大连、青岛。这些地方不叫特区，但可以实行特区的某些政策"。同年 5 月国务院批准开放大连、天津、青岛等 14 个沿海港口城市。这 14 个城市工业产值占全国的 20%，[①]工业基础雄厚，经济带动能力强。在政策支持下，通过加强基础设施建设、完善经济体制改革来优化投资环境，扩大经济技术自主权，加大对技术的吸收，推动新产品、新产业的落地优化经济结构，极大地带动了周边腹地发展。沿海城市的开放作为经济特区的延伸，标志着中国对外开放格局由重点区域扩大到从南到北形成一线的沿海城市。

---

① 常健：《中国对外开放的历史进程》，见《第六期中国现代化研究论坛文集》，2008 年 9 月。

3. 建立沿海开发区域

1985 年，在沿海地区经济战略的指导下进一步开放长江三角洲、珠江三角洲、闽南三角洲地区，三角经济带发展成为中国经济的引擎。[①] 随后开放扩大到山东、辽东半岛的环渤海区域，含 41 个市、218 个县，形成沿海经济开放带。沿海经济开放带的形成使开放由城市扩展到农村，区域辐射作用进一步加强。通过如税收优惠、筹资优惠、出入境手续简化、重点扶持项目优先安排等政策的实施，使开放力度有所加大。沿海开发区的设立主要推动了加工贸易的发展，由此形成了"贸—工—农"型生产结构，即工业发展按出口需要，并由此确定农业和其他原材料的生产，这种特殊的生产加工模式，开放程度有限，但由于扩大了开放范围，对当时经济发展起到很大的促进作用。

4. 首试国家级新区——浦东新区

1990 年 6 月 2 日，国务院正式发出《关于开发和开放浦东问题的批复》，推动上海成为经济技术开发区并实行某些特区政策。对于新区的建设按照不同的经济功能规划分别形成四个功能区：一是在陆家嘴设立金融贸易区，上海在中国近代史上曾是远东最大的贸易金融中心，新时期在政策支撑下开始新的探索；二是在金桥设立出口加工区，主要为第三产业的加工出口，不仅是先进的出口基地，更是集商贸服务和生活居住为一体的综合开发区域；三是在外高桥建立保税区，设立之初就采用国际通行的"自由贸易区"的标准；四是在张江建立高新科技园区，强化科学技术对于区域发展的促进作用。新区的建设规划通过加强上海的区域带动作用，深化长江沿岸开放。新区也首次尝试在服务贸易的某些领域实行对外开放，为其发展现代服务业和金融业提供了有力支撑。

除以上的起步试验区，在发展的进程中也在不断扩大试点范围，有些延续了先行区域的成功，而有些因为种种原因发展不如预期，但仍为

---

① 马洪、刘中一：《中国发展研究》，中国发展出版社 1997 年版，第 40 页。

发展提供了宝贵经验。此阶段主要为在沿海区域内设立与扩建经济特区，包括 1984 年扩大厦门试点范围，并科学提出借鉴国际先例在厦门特区实行自由港的某些政策，并设立了台商投资区。1988 年全国人民代表大会批准海南省经办经济特区，但由于经验不足，出现房地产泡沫使其发展一度陷入停滞。对于经济开放区（沿海开放城市和经济开放区），国务院于 1988 年 3 月 18 日颁发《关于扩大沿海经济开放区范围的通知》，决定将 140 个市、县包括杭州、南京、沈阳 3 个省会划入开放范围，使开放区域进一步扩大，联动性增强。

（二）沿江及内陆地区、延边全面探索开放（1991—2000 年）

东部沿海地区在政策扶植下优先发展，带来经济的快速发展，开放程度不断提高，相对比之下中西部地区发展缓慢，区域间发展差距拉大。无论为进一步融入国际贸易体系，还是为进一步推进国内发展，都要求必然进一步推进区域开放。对于中西部来说，虽然没有沿海的区位优越，但中西部资源丰富，尤其西部国土约占全国的 71.4%，且具有重要的战略意义。因此，中国对外开放进一步由沿海向沿江、延边及内陆地区延伸。

1. 实施全方位对外开放战略（1992—1993 年）

1992 年邓小平同志发表南方谈话，排除杂音坚定改革开放的步伐。中国也由此开始了新一轮的区域开放，沿海、沿江、沿边、内陆各类区域按照自身发展阶段和地理特点创造性运用中央政策推进对外开放进程：

（1）沿海纵深开放。沿海地区是对外开放的先行者，更是不断探索实现层次更深、范围更广、领域更宽的对外开放。在新一轮开放中，首次采用国际招标形式，开放东部部分极浅海区能源开采权（包含渤海湾、东海、黄海、南海部分区域），同时加紧建设各种形式的特殊经济区，仅 1992 年在沿海开放区就相继建立起 13 个保税区、52 个高新技术开发区及 95 个国家级开发区（大部分在沿海区域）。在开放中更加注重对于高新技术的引进，促进产业升级并极大地带动了内陆发展。

（2）沿边普遍开放。1992 年以前中国绵延 15000 公里的陆地边境线上，只有个别口岸开放，在1992年基本实现了普遍开放，扩大边境对外贸易的权限，先后开放了14个国家级边境经济合作区①、34个边境口岸。通过税收、专项贷款等优惠政策促进投资，加快打通口岸并根据地区特色建立基础的联通网络。虽然本阶段的沿边开放只是起步阶段，但基础设施的建设和投资环境的改善，对于国内要素的流通和对外与东欧、中亚、中东和东南亚等地的经贸关系有极大推动作用。

（3）沿江开放。长江经济流域的发展一直位于全国前列，1992年7月开放长江沿岸的芜湖、九江、岳阳、武汉和重庆5个沿江城市，与上海浦东新区一道形成沿江开放城市，进一步拉动了整个长江流域的经济发展。新一轮开放下，形成流域聚集式开放、区域协调发展的创新模式。横向联合使整体优势得以凸显，对外资的利用率进一步加强，同时加大了上海在金融领域的开放力度，使上海的金融市场许多方面与国际接轨。

（4）内陆借力开放。1992年开放15个省会城市（4个边境、沿海地区②，11个内陆地区③）实现了内陆省份首府的全面开放，同时批准了大量内陆县的对外开放，截至1992年11月中国对外开放的市县达到847个。内陆城市的开放因地制宜，主要借助于沿海、沿边、沿江的联系，其中广西更是凭借有利的区位优势成为联通西南地区的枢纽，"深居"内陆的省市也纷纷采取"跳跃式"的新路径打开对外开放的通路。

到1993年开放格局基本形成，开放城市遍布全国所有省份，由南到北、由东到西形成"经济特区—沿海开放城市—沿海经济开放区—沿江、沿边和内陆开放城市"的三沿多中心，并有线面结合的全方位、多层次、有重点的开放新格局。经济发展表现为以沿海出口为导向、兼顾内陆发展的两头在外的"国际大循环"。

---

① 珲春、黑河、绥芬河、满洲里、二连浩特、伊宁、博乐、塔城、畹町、瑞丽、河口、凭祥、东兴13个城市为沿边开放城市，加上辽宁丹东。

② 哈尔滨、长春、呼和浩特、石家庄。

③ 太原、合肥、南昌、郑州、长沙、成都、贵阳、西安、兰州、西宁、银川。

2. 战略升级深层次推进对外开放（1993—1996 年）

在 1992 年的开放热潮下，大规模集中开放也带来经济运行隐患，1993—1996 年，国内实行"软着陆"的宏观经济调控，对于开放也从各方面疏导并进行战略升级。继续优化投资环境，简化出入境手续，大幅提高减免的税目种类及力度，除此之外更是开始加快完善相关配套的第三产业服务，表现出对外开放领域的极大拓展，从生产加工的基础性行业延伸到服务业等各个行业，对金融业、房地产、旅游业等行业开放试点，尤其加大金融业发展力度，形式不断创新，开放程度逐步提高。1993 年允许境内企业在香港上市，扩大了外资取得渠道，并批准北京、上海等 6 个城市和 5 个经济特区将外资用于商业零售企业，对上海、天津等 7 个城市①和 5 个经济特区的部分外资金融机构开放经营外币业务。在战略升级的对外开放下，促进开放区向外向型、多功能发展，不断缩小与国际的差距，与此同时进一步扩大外贸交易合作伙伴，将海外市场推广到全世界。

3. 平衡区域开放、优化布局的对外开放（1997—2000 年）

1997 年东南亚金融危机爆发，中国周边国家和地区受到不同程度的波及，凭借丰厚的外汇积累，中国没有受到较大冲击且表现出负责任的大国形象，坚持人民币不贬值对于稳定区域经济贡献突出。与此同时，中国仍继续稳步推动金融业开放，于 1999 年取消设立外资银行的区域限制。金融危机也让中国看到对于进一步加入国际贸易体系、扩大发展与西方经贸的必要性。

三、加入世界贸易组织的新一轮全方位对外开放（2001—2012 年）

中国自 1986 年 7 月 10 日申请恢复关税与贸易总协定缔约方席位并

---

① 上海、天津、大连、青岛、宁波、南京、广州。

开始谈判，历经 15 年的不懈努力，终于于 2001 年加入世界贸易组织，标志着中国全面融入世界经济体系，也迎来新一轮更为规范的全方位、立体交叉的深层次对外开放。

（一）依据世界贸易组织规则履行加入世界贸易组织承诺（2002—2006 年）

由于加入世界贸易组织前的开放是渐进式的，使开放程度在区域层面和领域层面均表现出一定的不均衡性，如有些开放先行的东部沿海城市早已经与国际接轨，而在另一些地区部分政策性优惠甚至需要收紧以适应世界贸易组织规则。加入世界贸易组织后需要对有区别的开放补齐短板，真正做到符合通行规则的全方位开放，对此在新一轮的开放中针对开放程度、开放领域欠佳的问题着力。尤其对于金融业的开放，针对资源要素分布不均匀的情况，积极出台政策进行引导，如银行业监督管理委员会通过优先办理、放宽资格的区域性优惠政策条件来鼓励外资银行等在中西部及东部地区发展，提前开放西安、沈阳、哈尔滨、长春、兰州、西宁等城市的外资银行人民币业务。

经过不懈努力，很多方面已经提前完成了加入世界贸易组织的承诺，截至 2006 年 12 月底，银行业下对外资银行的经营业务品种放宽至超过 100 种，有 21 家外资入股银行、14 家外资独资银行及其下设的 19 家分支行及附属机构。这些外资银行在银行的总资产占比为 2.1%。证券业下有 8 家中外合资证券公司（含加入世界贸易组织前的 3 家）和 24 家中外合资基金管理公司（其中 11 家合资基金管理公司的外资股权已达 49%）。保险业外资保险公司市场份额为 4.38%，外资保险公司总资产占全国保险公司总资产的 4.56%。[①]

（二）过渡期后的开放探索（2006—2009 年）

中国加入世界贸易组织时的承诺中，对于不同的行业开放有不同的

---

① 张承惠：《大陆金融业整体对外开放政策和基本状况》，《中国外贸》2007 年第 10 期。

期限要求，加入世界贸易组织 5 年后关键问题已得到解决，同时在世界贸易组织框架下，中国也实现了经济的快速发展，但与发达国家相比仍有较大差距，过渡期后，对于新一轮的开放进行了积极地探索。

1. 新特区的建设

国务院于 2005 年 6 月 21 日首先在上海浦东新区进行综合配套改革试点，随后建立了一批综合配套改革试验区，又被称为"新特区"（截至 2013 年批准设立 12 个①）。新特区的建立，是在过去开放的基础上继续推进体制层面改革，以解决本地发展中如开放发展、城乡统筹、经济转型等问题。作为中国加入世界贸易组织后的深化改革，从单一的经济角度变得更具有综合性，由国家政策支持转向地方制度自主创新，进而建成与国际规则衔接更为全面的具有国际竞争力的开放区域，为全国经济增长提供新动力。

2. 城市群的联动开放

深入推进区域开放，通过城市群联动促进区域一体化，进一步释放发展活力，加强对区域发展的辐射作用。2008 年 12 月，国务院发布《珠江三角洲地区改革发展规划纲要》《国务院关于进一步推进长江三角洲地区改革开放和经济社会发展的指导意见》，将东部"小三角"扩展到"大三角"。一是在《更紧密经贸关系安排》下，承接泛珠三角洲区域合作架构，将香港、澳门两个特别行政区纳入珠三角城市成为"大珠三角"；二是推动长江地区的沿江、沿海经济带进一步深入合作形成城市联盟，率先发展以第三产业为主的经济结构，成为中国综合实力最强的区域，并继续朝着具有较强国际竞争力的世界级城市群目标坚定开放前行。

加入世界贸易组织后深入推进对外开放，逐渐完善制度体制建设，全面完成了规则性的开放要求，截至 2010 年中国加入世界贸易组织的承

---

① 上海浦东新区、天津滨海新区、重庆市、成都市、武汉城市圈、长株潭城市圈、深圳市、沈阳经济区、山西省、黑龙江省、厦门市以及浙江义乌市。

诺已全部履行完毕，建立起符合要求的经济体制，成为全球最开放的市场之一。

（三）完全履行承诺后对区域开放的进一步探索（2010—2012 年）

早在 1992 年全面大开放中，西部沿边地区就提出重振丝绸之路，随着"西部大开发、东北振兴、中部崛起"战略的不断推进，基础设施建设进一步完善，中国也在不断探索自主对外开放之路。

1."内陆型"经济特区的建设

之前 5 个经济特区主要在沿海区域，而对于致力于打造全方位开放，西部区域具有重要的战略位置。对此，2010 年 5 月，中央新疆工作会议上中央正式批准霍尔果斯、喀什设立经济特区，同时出台扩容原有沿海特区的相关文件。"内陆型"经济特区的建设有助于东引西进，形成区域协调的良性互动。

2.国家级新区

2010 年重新启动停了 16 年的国家级新区设立工作，到 2018 年，共设立 19 个国家级新区，各具特色且有助于形成区域联动，涵盖东西区域布局，在相应经济带上具有较强辐射作用，是承担国家发展和改革开放战略任务的综合功能区。其中 2017 年的雄安新区更是因肩负协同津京冀区域的使命而受到关注，规划之初就确立以"世界眼光、国际标准、中国特色、高点定位"来建设，标志着中国开始探索在世界标准之外具有中国特色的新区建设和开放。

3.进一步建设区别综合配套改革区的新实验区

2012 年 3 月，以国务院设立浙江温州金融改革试验区起，在之后两年内总共建立了 5 个金融试验区[①]，以及汕头华侨经济文化合作试验区、江苏南通海陆试验区和广西东兴、云南瑞丽、内蒙古满洲里沿边试验区。新一轮试验区的开放，从体制机制上实现区域在发挥特色产业下综合对

[①] 分别是浙江省温州市、广东省珠江三角洲、福建省泉州市、云南省广西壮族自治区、山东省青岛市。

外贸易、民生环保等全面发展，使改革具有制度创新性和治理全面性的新特点。

四、党的十八大以来区域开放的自主探索（2012—2018 年）

随着改革进入深化阶段，无论是国内发展还是对外开放，都更加注重以协调和创新来释放更大活力。区域开放不仅是为了积极参与维护多边贸易体制，更要不断用创新引领国际经济合作和竞争。中国开放步伐坚定稳健，不断提升全国范围内的开放水平，优化区域开放布局。新时期下，将以高水平的国家战略推动改革开放主要是进行自由贸易试验区和自由贸易港的探索性建设。

（一）加快自由贸易试验区的建立

2013 年 7 月 3 日，批准成立上海自由贸易试验区（原设保税区），2015 年批准天津、广东、福建 3 个自由贸易试验区，2017 年批准辽宁、浙江等 7 个自由贸易试验区。[①] 自由贸易试验区在规划时针对区域及周边发展制定了不尽相同的战略定位和发展目标，总体看自由贸易试验区最大的特点是允许外国资金、商品自由进出，融合了加工、贸易、金融等多种功能，使经济开放的运行效率进一步提升同时抗风险能力增强。中国正在积极探索国民待遇加负面清单的管理模式，对接国际发展的新形式。

（二）探索建立自由贸易港

2018 年 4 月 13 日，习近平总书记宣布"党中央决定支持海南全岛建设自由贸易试验区，支持海南逐步探索、稳步推进中国特色自由贸易港建设。"海南的地理位置优越，在之前开放的基础上率先尝试转型，发展定位在高端技术业及第三产业上，如离岸金融、服务业等。对此中央下达了包括房产限购、落地免签等一系列政策助力自由贸易港的探索，有利于深化国内改革和扩大对外开放。

---

① 分别是辽宁、浙江、河南、湖北、重庆、四川、陕西。

第三节　外贸体制改革与民营企业对外贸易发展

1978 年 12 月 18 日党的十一届三中全会召开，从此翻开了新中国发展史上新的一页，中国全面走上了对内改革、对外开放的发展道路。从经济发展来看，成功实现了从封闭型经济弱国向开放型全球经济大国的转变。随着深化改革和扩大开放的不断推进，中国已经深度融入了经济全球化的大潮之中，并积极维护多边贸易体制的权威性和有效性。

一、外贸体制改革对民营企业对外贸易发展的影响

外贸体制改革的核心是企业外贸经营权的放开，是为了适应国际市场趋势以及兑现加入世界贸易组织承诺的成果。20 世纪末，通过一系列相关法律法规的颁布与实施，国家逐步开放了外贸经营权，直到 2004 年的《中华人民共和国对外贸易法》，使得外贸经营权达到全面放开的新局面。外贸经营权的放开对中国民营企业产生了重要影响。[①]

（一）促使民营企业对外贸易经营方式的转变

改革开放以前，中国采取的是国家统制（统一管制）的贸易政策，有关对外贸易活动的一切活动要置于国家统一的计划和指令之下，出口采用收购制、进口采用拨交制。收购制即出口产品的种类由国家指定并直接下达（改革开放前为 3000 多种）；拨交制即仍由国家直接指定产品的进口货单。此种外贸制度高度集中、过于死板，对于当时的民营外贸企业来说，毫无自主权。此外，当时的环境之下，并没有系统的专门为民营企业制定的法律法规，仅有的关于民营企业从事对外贸易的激励政策也只是零散地分布在各种政策性文件里，长此以往，民营企业出口积

---

① 刘雪琴、肖新艳：《外贸经营权放开对民企外贸的影响》，《世界机电经贸信息》2004 年第 11 期。

极性大大降低。

随着改革开放后外贸体制的新变革，"指令性"计划的范围逐步减小，更多地由"指导性"计划所替代，扩大了民营企业的外贸自主权，使民营企业在国际市场上的应对更加灵活多变。数据表明，从 1985 年开始，由国家指定的出口产品名单由原先的 3000 多种锐减至 100 种左右，[①]而其他商品种类均由外贸企业自行决定，可以根据不同的国际市场环境灵活把控，并积极调整应对措施；进口方面，同样除少数几种特殊产品由国家指定的专业总公司经营外，其他产品均不限制进口种类，只要是享有外贸经营权的企业均可自行进口。2014 年又进一步提出减少出口商检商品种类，全面推进海关和检验检疫的合作机制，使得贸易便利化水平得到提高。

（二）促进外贸主体结构由单一性向多元化发展

从 1992 年开始，国家逐步赋予企业进出口经营权，从最初的国有生产企业、科研单位到中外合资外贸公司，再到各类外贸企业。据统计，截至 1996 年年底，中国各类外贸企业已达 1.2 万多家，其中拥有进出口自主经营权的生产企业 5189 家、科研院所 258 家、商业物资企业 206 家、从事流通领域的外贸公司 4846 家，赋予对外承包劳动经营权的企业 664 家，还有已批准的 28 万多家外商投资企业均可自营进出口。[②]

随着外贸经营权的不断下放，企业进行外贸活动的门槛继续降低，民营企业也可以享有优惠措施和出口权限，使民营企业多年积蓄的出口能量得到释放。外贸经营权逐步下放的过程中，中国民营企业的出口额在全国总出口额的占比直线上升。2002 年民营企业出口额占全国总出口额的占比仅为 10%，一年的时间，这一数字便提高到 14%，到 2004 年已达到 16%。可见，外贸经营权放开确实丰富了中国出口贸易主体的多样

---

① 许煜：《十余年的外贸巨变——历史新时期我国对外贸易体制的变化》，《对外经济贸易大学学报》1991 年第 5 期。

② 顾佳琪：《浅谈中国对外贸易体制改革与发展》，《科学咨询导报》2007 年第 25 期。

性，使中国外贸主体的结构朝着多元化方向发展。

2015 年以后，随着外贸体制新一轮变革和数字贸易发展，从事外贸领域产业的经营主体范围逐渐扩大到中小微型企业。在此之前，虽然国家对外贸企业一直在政策上多有扶持，但保护的大多是大中型企业，实际上大多数中小微型企业并没有在政策的倾斜下获得太多好处。2015 年中国跨境电子商务出口增速超过 30%，市场采购贸易增幅超过 70%，带动了大量中小微企业出口，成为新的外贸增长点。[①]

2017 年外贸的整体环境面临着压力，全球经济复苏缓慢。再加之英国脱欧、特朗普的反全球化和贸易保护，让中国外贸出口在逆势中的不确定因素增大。虽然中国外贸所面临的发展形势较严峻，但在中国政府的推动下外贸稳增长调节结构的效果却越来越明显，政府继续优化外贸出口环境，规范清理出口收费，继续为中国外贸出口创造优势条件，在互联网＋外贸的驱动下，更多传统制造企业加速转型升级，更多的中小微型企业加入了对外贸易的队伍中去。

（三）给予国内民营企业参与国际市场竞争的机会和平台

1999 年国家允许企业自营进出口、2004 年外贸经营权的放开、2005 年允许外贸个体工商户以一般纳税人的身份享有出口退税权、"非公有制经济 36 条"的出台、党的十七大对发展公有制经济提出的新要求等都体现了国家在坚持不断为民营企业扫除发展道路上的阻碍。外贸经营权的下放给予了国内民营企业参与国际市场竞争的机会和平台，让民营企业在国际市场激烈的竞争中逼迫自身提高生产效率和完善管理经营能力，促使民营企业拓宽眼界，借鉴各国企业管理模式和经验，再结合自身的比较优势从而完善发展之路。

民营企业的融资问题也得到一定程度的改善。在之前的金融体系下，银行怕承担风险，不会轻易向民营企业放贷，银行的资金几乎不会流向

---

① 《跨境电商：外贸新支撑》，《光明日报》2016 年 1 月 20 日。

民营企业。而股票、公司债券等融资渠道不仅门槛太高，而且前期流程过于繁琐。民营企业自身发展也比较稚嫩，如民企信用信息征集困难、评级体系覆盖不全、自身组织架构不清晰等因素，从而导致担保机构少、融资渠道单一，只能靠自筹资金或者非正规渠道获取资金。如此，高成本高风险的融资方式大大抑制了民营企业的发展。外贸体制改革很大程度上缓解了此类问题。2015 年年底，中央经济工作会议提出降成本、补短板，帮助外贸企业降低经营成本，扩大公共服务供给。国务院印发若干重要文件，要求面对中小民营企业加强通关、物流、退税、金融、保险等综合服务能力，缓解中小微企业融资难、融资贵问题。2017 年，中国国际贸易促进委员会、中国工业和信息化部下发《关于开展支持中小企业参与"一带一路"建设专项行动的通知》，积极为中小外贸企业提供通关报检、融资担保等外贸综合服务。具体措施有向中小外贸企业提供外贸综合服务、开拓融资担保服务和开发信用评级服务等，实实在在地为大多数民营外贸企业发展作出了贡献。

（四）外汇改革鼓励了民营企业进出口贸易和直接投资

改革开放前，人民币汇率由国家实行严格的管理和控制。改革开放后，中国逐渐放松外汇管制并推出新一轮外贸体制改革，鼓励民营企业"走出去"，努力实现对外投资自由化。1994 年，国家推出了以外汇改革为核心的外贸体制改革方案。1994 年以前，中国是一个官方汇率和市场浮动汇率并存的汇率制度，汇率改革后，正式施行以市场供求为基础的单一人民币浮动汇率制度并建立起银行间外汇市场，保证了人民币汇率变动的合理性和灵活性。

此外，实行外汇收入结汇制并取消了现行外汇留成也是汇率改革的重要环节。政府通过用银行售汇制代替出口企业外汇上缴和额度管理制度，实现人民币在经常项目下的有条件可兑换。上述的外汇改革制度，一方面简化了企业出口付汇及核销手续，放宽企业开立外汇账户的审批，减少了流通环节和费用，最终大大加速了外贸企业经营机制的转换，为各类出口企业创造了平等竞争的大环境，加大了市场化运作，发挥了汇率作为经济杠杆调节对外贸易的作用；另一方面也为中国与国际体制接轨迈出了关键的一步。

二、民营企业对外贸易发展进程与现状

（一）中国民营企业发展历程

1978 年随着改革开放的到来，民营企业应运而生。民营企业在经济困境中诞生，又在探索中摸索前进了十几年。直到 1992 年，中国外汇体制改革，民营企业才拥有更多的外贸自主权，企业经营管理能力也进一步增强。市场经济制度确立、国有企业改革拉开帷幕，助力民营企业迅速发展壮大。而此时期，互联网经济悄然出现，为随后到来的经济全球化提供了技术支持。

2002—2012 年的 10 年间，随着中国加入世界贸易组织和外贸体制改革，政策环境大幅度宽松，民营企业开始融入到全球化进程，企业实力逐步得到提升。其间虽遭遇了 2008 年全球金融危机，但民营企业凭借自身顽强的生命力艰难突出了重围。

2013 年开始，中国经济进入新常态，国家政策再放定心丸，供给侧结构性改革升级，民营企业得到迅猛发展，全方位的改革号角吹响了民营企业向国际化进军的斗志。

随着 2017 年党的十九大的召开，国家指出要拓展对外贸易，培育贸易新业态新模式，推进贸易强国建设。这一时期，政府把外贸发展的重点由"量"的扩张转变到"质"的提高上来，并强调贸易政策和产业政策协调，推动形成以技术、品牌、质量、服务为核心的出口竞争新优势，与此同时，国家比以往任何时候都要更加重视扩大出口的作用，推动对外贸易平衡发展。2017 年习近平主席在"一带一路"国际合作高峰论坛上表示，从 2018 年起，中国将举办国际进口博览会。

（二）中国民营企业对外贸易发展现状

改革开放为中国民营企业的发展带来了生机，尤其是经历了 1999 年国家允许企业自营进出口和 2008 年完全取消了非公有制经济从事对外贸易的限制这两个节点，使得中国民营企业数量和对外贸易额均快速发展。

1. 中国民营企业数量快速增长

根据统计，截至 2013 年 3 月底，中国登记注册的企业有 1374.88 万户，同比增长 0.61%。其中民营企业有 1096.67 万户，同比增长 1.26%。民营企业占全国注册企业总数的 80%，遥遥领先成为占比最多的企业群体。①

表 7.1　2005—2011 年有进出口经营业绩的民营企业数量（万户）

年份	2005	2006	2007	2008	2009	2010	2011
民企数量	6.14	10.06	12.14	21.45	692.35	798.54	964.00
增长比率	38.44%	63.84%	20.68%	76.69%	3127.74%	15.31%	20.72%

资料来源：商务部网站统计资料见 http://gcs.mofocom.gov.cn。

由表 7.1 可知，从 2005 年到 2011 年仅仅 7 年的时间，中国民营企业从 6.14 万户增加到 964 万户。其中 2008—2009 年增幅极为迅速，增长率高达 3127.74%，这是因为 2008 年完全取消了非公有制经济从事对外贸易的限制。

2. 中国民营企业对外贸易额增速明显

随着民营企业数量不断增加，中国民营企业对外贸易额也不断刷新历史。经过几十年的改革发展，民营企业已成为拉动外贸增长的主要动力和贡献中国贸易出口总额的主力军。有数据显示，在加入世界贸易组织前，中国民营企业的平均年出口增长为 57%，加入世界贸易组织后增长率高达 75%，远超于国有企业和外资企业的年平均增长率。② 尤其是加入世界贸易组织以来，外贸体制的新一轮变革和国际经济大环境的逐步

---

① 马静：《我国民营企业对外贸易发展对策探讨》，《现代商贸工业》2014 年第 7 期。
② 俞建华：《积极应对加入 WTO 后过渡期的挑战》，《国际贸易》2006 年第 12 期。

改善，使得中国民营企业对外贸易取得了傲人的成绩。2001 年中国民营企业出口额仅为 196.9 亿美元，而 2004 年则突破千亿大关，至 2010 年，中国民营企业进出口总额达到 7505.5 亿美元。2017 年，中国民营企业进出口总额约 1.59 万亿美元，占中国进出口总额的 38.5%，较 2016 年提升 0.4 个百分点。[①]

《中国对外贸易形势报告（2018 年春季）》的数据显示，2018 年 1—3 月，中国民营企业进出口额为 2.62 万亿元，增长 13.6%，占中国进出口总额的 38.7%，比 2017 年同期提升 1.5 个百分点，对进出口总额增长的贡献率超过 50%。其中，民营企业出口 1.64 万亿元，增长 11.8%，占出口总额的 46.5%。[②]

三、中国民营企业外贸发展的问题与未来趋势

（一）中国民营企业外贸发展的问题

虽然民营企业力量不可忽视，但仍然有很多因素使得民营企业在外贸竞争中存在很多局限。中国民营企业总的来说，虽然势态良好、富有多样性、经营灵活、生命力顽强，但必然会存在诸如底子薄弱、企业实力参差不齐、竞争力不强等问题。

1. 企业规模小，产品单一，品牌意识薄弱

总体上，中国民营企业呈现出"小而散"的特点，出口覆盖面也较为狭窄。民营企业由于在资金、资源、人才等方面的限制，大部分出口商品科技含量偏低，缺乏核心竞争力，多为小家电、手工业制品、服饰等劳动力密集型产品，缺乏高新技术产品和核心部件的输出，尽管高新技术产品的出口以每年 2%—3% 的速度在增长，但其 90% 也是依赖于加工贸易，因此国内许多名义上的高科技企业实际是出口加工企业。企业

---

① 商务部：《中国对外贸易形势报告（2017 年春季）》，见 http://zhs.mofcom.gov.cn/article/cbw/201705/20170502569655.shtml。

② 商务部：《中国对外贸易形势报告（2018 年春季）》，见 http://zhs.mofcom.gov.cn/article/cbw/201805/20180502740111.shtml。

本身缺乏核心竞争力，形成了对加工贸易的长期依赖性，使得企业抵御风险的能力大大减弱。产品科技含量偏低制约了民营企业进一步开拓国际市场的潜力。

2. 国际大环境对中国民营企业带来阻碍作用

在国际大环境下，国际贸易摩擦增加，国外设立的技术壁垒、贸易准入等限制措施都给中国民营企业出口贸易带来阻碍作用。[1] 近年来，世界针对中国的反倾销案件层出不穷，而中国之所以成为世界反倾销的起诉对象就是因为中国的劳动力比较优势，导致出口的商品价格低于国际市场的平均价格，从而给世界各国进出口贸易带来负面影响。然而，随着国内经济高速发展，劳动力成本增加，廉价劳动力的优势减弱，东南亚国家加速与中国抢占市场。

3. 资本结构单一，融资渠道狭窄

在阻碍民营企业发展的因素中，资金短缺问题必然是核心问题。一般来说，民营企业主要依靠从银行借贷的方式为主，很少有通过股市或债市的途径进行融资，目前中国的融资体系对于民营企业也是不友好的，不管是信贷投放还是证券发行都偏向国有企业。民营企业仅凭自身有限的资金很难实现高速发展，从而更难获得大量的资金支持。由此导致的结果就是，大部分民营企业迫不得已只好向非金融机构或个人、高利贷来进行融资，而此类资金来源风险高、成本大、不稳定亦不可持续。[2] 另一方面，长期以来，中国外汇管制较严格，民营企业和外资企业合作经营的门槛高、限制多。

（二）中国民营企业外贸发展的建议和未来展望

1. 提高企业自主创新能力、大力进行品牌建设

民营企业要想在对外贸易上占有一定优势，就要突破自主创新的制

---

[1] 杨莲城：《我国民营企业对外贸易发展的问题和对策》，《全国商情（经济理论研究）》2008 年第 2 期。

[2] 杨莲城：《我国民营企业对外贸易发展的问题和对策》，《全国商情（经济理论研究）》2008 年第 2 期。

约瓶颈。针对复杂多变的国际贸易环境，应努力转变出口增长方式，加大技术研发投入、提高产品的附加值、挖掘产业多样性。通过提倡绿色产业和完善中国的环保认证体系的构建来积极应对国际贸易壁垒等问题。具体来说，一是要建立以各级政府为主导，企业本身为主体，市场为导向，产学研三位一体相结合的技术创新体系。政府可以通过为民营企业提供外贸综合服务，直接给予民营企业在对外贸易上的指导。二是国家出台对民营企业在税收、金融等方面的优惠扶植政策，有了优惠服务自然会提高民营企业的自主创新能力。三是要以国家为主导，重视并引领民营企业采用国产产品，这也为民营企业自身的生产经营带来了动力。四是搭建起政府对企业自主创新的服务平台，加强国际间的合作交流，可以通过学习国外先进的技术，再将中国本土优势融入进去，从而创造出属于中国自己的技术。

除此之外，塑造独特的品牌文化是对外贸易发展的民营企业实现可持续发展的必要条件。作为民营企业来讲，尤其是外贸型民营企业，发展目标应该不仅仅是为了获取短期利润，更重要的是要在国际市场上拥有稳定而广泛的客户，使盈利具有持续性、使产品具有品牌效应、使中国文化被世界所看到。基于这个目标，品牌形象塑造自然成为民营企业对外贸易自身发展的需要。民营企业树立良好的品牌形象，必须正确把握品牌形象的定位。

2. 专门培养一批熟悉国际贸易及相关法律和世界贸易组织规则的专业人才

从长远来看，应专门培养一批熟悉国际贸易及相关法律和世界贸易组织规则的专业人才，利用世界贸易组织争端解决机制来积极应对国际贸易摩擦。实际上，大部分民营企业由于某些现实问题往往缺失或者留不住外贸人才，人才的流失问题成为许多民营企业发展对外贸易最头疼的环节。因此，可以从两个方面解决此类问题：一是鼓励大学生，尤其是外语、外经贸、金融、营销、技术、企业管理、财务管理等专业的毕业生积极发挥主观能动性，不怕苦不怕累地投身于中国企业外贸体系的建设中去。二是从企业方面给予大学生更丰厚的待遇和发展平台，在人才的招聘管理、业务管理、保障机制、激励手段等方面多下功夫，制定一些切实有效的措施从而能够充分地发挥专业人才的作用。不仅如此，企业内部也要加强员工和管理层的专业意识和专业技能，加强企业内部广泛的培训和学习。[①]

3. 建立起为民营企业对外贸易发展服务的融资机构

一方面，国有商业银行需打破"所有权"概念的限制，以市场为导向、以客户需求为目标，给民营企业拨出一定比重的信贷资金。政府应出台相关政策，使得地区性商业银行加快建立并完善相关借贷体系。与此同时，鼓励民营企业与商业银行合作，创新出更多便捷灵活、使双方获益的信贷业务，让民营企业对外贸易的融资问题得到有效解决。比如，渣打银行就有研发相关融资产品的部门，针对中国民营企业根据其特定需求和状况来设计融资产品，这对于中国民营企业参与对外贸易举足轻重。政府应该鼓励更多的国内商业银行加大融资产品的创新和应用，为民营企业融资提供进一步的保证。

第四节　电子商务与中小企业对外贸易发展

全球金融危机过后，国内的某些中小企业开始寻求适合自己的生存发展方式，经过多年的曲折探索以及在互联网已经比较成熟的大环境下，开始通过新兴的网络渠道销售产品或开展其他外贸业务。同时，境外消费者也开始尝试从网络渠道购买性价比更高的产品或服务来节省开销。[②]基于以上两点，中国的第一批外贸电商企业就此诞生，但由于中小企业

[①] 郑锦：《浅析当前民营企业对外贸易面临的形势及发展之路》，《商场现代化》2008 年第18 期。

[②] 胡亚会、余丽：《中小企业外贸电子商务的应用研究》，《产业与科技论坛》2017 年第2 期。

自身存在着经验匮乏、出口流程繁琐等原因，使得中小企业难以应付复杂多变的国际环境和出口环节中的门槛问题，从而导致中小企业发展受阻。

随着科学技术的深入发展，互联网已经深入到社会的方方面面。信息技术迅猛的发展逐步改善了大至国家社会、小到家家户户的生活发展方式，引起了社会各界的普遍关注，自然也包括企业对外贸易方面。电子商务的出现不仅改变了传统的外贸方式，也让中国中小企业顺势而上，并逐步成为中国对外贸易的主力军。一方面，中国中小企业的外贸发展离不开中国对外贸易体制的改革；另一方面，也离不开电子商务的技术支持。

一、外贸体制改革对于中小企业发展的影响

外贸体制改革对于中小企业发展的影响深远且意义重大。首先，政府外贸经营权的下放给予了中小企业同样参与国际市场竞争的机会和平台，其自负盈亏也维持了现有的公平竞争环境。其次，中小企业在参与国际市场激烈的竞争中不断地强迫自身提高生产效率和完善经营管理，促使中小企业通过借鉴和模仿吸收竞争对手的管理模式和经验，为中小企业的发展带来新的机遇。

然而，外贸体制改革带来机遇的同时，也伴随着挑战。首先，中小企业由于体制不顺，多头管理，致使中小企业海外经营机会受限、管理成本较高、"三乱"现象极为突出。加之社会中介服务体系尚不健全，造成中小企业在产品开发、市场定位、资金投向等方面存在较大的盲目性。办理商务出国的费用高、环节多、效率低，往往使中小企业错失商机。其次，中小企业资本经营受阻、融资困难。目前中国尚无专门针对中小企业的金融机构，加之商业银行体制改革后权利上收，导致中小企业经营资金供应不足。再者，中小企业寻保困难。因为中小企业多为租赁经营，无不动产作抵押，因而为中小企业担保的机构就少，担保的品种也就单

一，影响了其融资渠道和融资金额。

二、电子商务发展对中小企业对外贸易发展的影响

（一）电子商务的含义和发展历程

电子商务是通过使用互联网等电子工具（包括广播、电视、计算机、互联网、移动通信等）在全球范围内进行的贸易活动，是传统商业活动各环节的电子化、网络化、信息化，是在因特网开放的网络环境下，基于浏览器、服务器的应用方式，实现买卖双方的网上购物、商户之间的网上交易和在线电子支付以及各种商务活动、交易活动、金融活动和相关的综合服务活动的一种新型的商业运营模式。各国政府、学者、企业界人士根据自己所处的地位和对电子商务参与的角度与程度的不同，给出了许多不同的定义。电子商务按照交易对象可以划分为企业对企业的电子商务（B2B）、企业对消费者的电子商务（B2C）、企业对政府的电子商务（B2G）、消费者对政府的电子商务（C2G）、消费者对消费者的电子商务（C2C）等。[①] 除此之外，网络营销也是电子商务发展过程中的一种产物，而且对于网络营销来说，在做之前要先做好网络营销方案，那样才有利于计划的实施。

电子商务的发展历程可以划分为萌芽期、高速成长期和深度发展期。[②]

1. 第一个阶段（1999—2002 年）

当时全中国的网民数量仅有 1000 万，大多数人的通信方式还停留在 E-mail 上。"8848" 是当时最具有代表性的 B2C 站点，可惜由于萌芽阶段的大环境并不可观，终究没能存活下去。

2. 第二个阶段（2003—2006 年）

在这个阶段涌现了很多互联网巨头，比如当当、淘宝、阿里巴巴、卓越等众所周知的名字。短短数年间，中国网民意识到了网络的便利性

---

① 杨华：《跨境电子商务发展历程探讨》，《现代营销》2014 年第 10 期。
② 《中国电子商务的发展历程》，见 https://wenda.so.com/q/13634720 99061772。

和及时性，并迅速接受了网上购物、网上交易的生活方式，网购人数急剧增加。同时，电子商务基础环境不断趋于成熟，物流、支付、诚信瓶颈这几个主要问题均得到有效解决。众多的中小型企业从 B2B 电子商务中获得了订单，从而获得了自主的线上销售渠道和销售机会。至此，"网购"的概念深入商家之心。

3. 第三个阶段（2007 年至今）

这个阶段最突出的特征就是，电子商务已经突破了互联网企业的渠道限制，越来越多的传统企业和资金流入电子商务领域，使得电子商务的大环境愈加的缤纷多彩。阿里巴巴的上市、淘宝的战略调整都标志着 C2C 市场在发展的同时不断进行自身结构的优化和业务的纵深发展。如今，网络的普及率更是惊人，中国城市的互联网普及率超过 70%，随着城镇化水平的提高，电商的发展潜力也会被深入挖掘出来。作为一种新的营销手段，在通信技术和网络十分发达的今天，电子商务已经不拘泥于某几种固定形式，它的外延也在不断扩展。比如，旅游产品、金融产品等可能将成为电商市场的重要补充力量。

（二）电子商务给中小企业外贸发展带来的机遇

"互联网 +"时代和经济全球化，使中小企业要想紧跟国际贸易的大潮流，必须依托跨境电子商务业务。电子商务对中小企业的外贸发展影响深远，可以有效地拓展了中小企业的市场空间和发展机遇，降低了国际贸易交易流通环节的成本以及大大提高了中小企业在国际市场的竞争力。

1. 缩减贸易流程、降低国际交易成本

传统对外贸易是通过主要进出口商集中大量运货，再通过海外流通企业经过多级分销，最后到达有需求的企业或者消费者手里。可见，传统外贸流程效率低、环节多、时间长、成本高。而跨境电子商务直面终端企业买家和消费者，有效削减了由于交易双方的信息不对称导致的高额信息成本，且可以享受在电子商务平台上零成本地发布商品信息，极大地降低了中小企业跨出国门的高额成本。

电子商务平台有助于买卖双方交易成本降低和利润增加。例如：全球速卖通是阿里巴巴的出口平台，买家主要都是国内中小企业，主打产品是体积小但附加值较高的商品，如服饰、首饰和电子产品等。然而这些产品在传统的贸易方式下几乎很难进行交易，但全球速卖通仅 2014 年的交易额就高达 660 亿美元，2015 年有 243 个国家和地区的 3400 万独立买家在该平台购物。[①] 除此之外，传统的贸易方式在相隔很远的地区或国家之间交易是非常困难的，且贸易成本极高，而电子商务将处于世界各地的买卖双方通过互联网直接连接在了一起，只需要通过网上协商就可达成交易，大大降低了交易流程中的成本。

2. 降低中小企业参与外贸的门槛

电子商务平台省去了起步卖家自行搭建交易平台的麻烦，第三方交易平台为买卖双方建立了一个相对公正、便捷的服务系统。如敦煌网、阿里巴巴、全球速卖通等跨境电子商务平台为中小企业代理通关、国际物流等提供成本较低的服务体系，还将上、下游产业链的公司直接连在了一起，为国内中小企业提供了高质量低成本的对外贸易服务。所以，更多的中小企业可以通过此类平台参与到对外贸易的国际大舞台上。

根据《中国统计年鉴 2016》数据显示，2008—2015 年短短的几年时间，中国跨境电子商务参与主体增加了 2.42 万家，累计增长率高达204.37%。2010—2015 年期间，中国通过电子商务实现的贸易总额高达329440.33 亿元。[②] 由此可见，基于电子商务的不断发展，中国中小企业的数量和规模也在与日俱增。

3. 新的征信和融资方式提升中小企业国际竞争力

依托互联网平台建立的征信系统具有低成本、高效率的特点。仍以

---

① 孙媛:《新形势下我国中小企业对外贸易面临的新机遇与新挑战》,《对外经贸实务》2017 年第 9 期。

② 《中国统计年鉴 2015》,《中国统计》2015 年第 11 期。

阿里巴巴举例：阿里巴巴集团通过和银行的合作对旗下的诚信通会员提供无抵押低利息的银行贷款，工商注册满 1 年的中小企业的最高授信可达 1000 万元；一达通则为了缓解中小企业融资困难等问题，通过提供专门针对卖家的赊销保服务，确保在贷款收回时间延迟时，可为中小企业垫付最高 80% 的应收账款。来自于征信与融资方面的变革确保了成长空间巨大、潜力尚未完全发掘的优质中小企业可以获得更公平、更低价的金融服务，而金融服务的完善大大增强了中小企业的国际竞争实力。

（三）电子商务给中小企业外贸发展带来的挑战

机遇与挑战总是并存的。由于国内中小企业先天的企业规模不大、资金投入不足、产品结构单一等缺陷，使得中小企业面对竞争激烈的国际市场时，很可能应接不暇，从而引来更多问题。

1. 中小企业产品质量参差不齐、同质化现象严重

一方面，从企业自身来说，缺乏创新意识和品牌意识。虽然中小企业的外贸额、外贸量等数据都很可观，但是产品大多以配件类、边缘化、附加值低的产品为主，产品差异性不突出，同质化现象严重。很多中小企业一味追求"爆款""热卖"等，试图用低廉的价格来吸引买家，结果使平台上商品同质化现象严重，造成产品质量参差不齐，客户体验感和满意度下降等问题日益凸显。加之，如今国内国外的消费者生活质量的提高，对产品质量和品牌的要求也日益提高，就会造成消费者投诉数量增加、退货订单增加，从而有损中小企业的国际形象。

2. 中小企业的信用度和权威性受到挑战

比如，在支付和信用保证上，中小企业自身的信用度和权威性就有很大的限制，再加上平台支付的不可靠性可能导致中小企业在客户心目中的信用程度较低、偏好较弱。虽然支付宝等支付平台在国内普及程度相当之高，但在国际市场还未被广泛认可。而中小企业在进行跨境外贸时，一般采用国际认可的欧美支付体系进行支付，比如，paypal、WorldFirst 等，但必然存在着支付成本较高、资金周转速度慢等问题，这

势必成为中小企业电商外贸的一大阻碍。

3.国际物流体系不完善

在物流方面，中小企业没有属于自己的物流体系，同样只能借助第三方平台进行产品的配送服务。而跨境物流不仅运费成本较高，而且效率较低。一般来说，消费者从网上购买其他国家的化妆品或服饰背包等商品需要等待一至两个月，甚至更久。此过程往往会消耗消费者的耐心，也会很大程度上降低消费者对商品的偏好。国际物流公司，比如联合包裹（UPS）、天地快运（TNT）等虽然配送效率较高，但是配送成本也相对较高；而国内的快递公司在国际业务方面还处于起步阶段，暂时还无法胜任国际物流服务的重任。

由此看来，电子商务的出现对于中小企业外贸发展有利有弊，中小企业需克服时空阻隔、支付成交环节等阻碍，提高效率和提高企业的竞争力，从而扩大国际市场。

三、中国中小企业对外贸易发展的建议

（一）中国中小企业外贸发展的建议

中小企业的外贸发展过程中可以借助电子商务的模式突破障碍，寻求一种新的出路。

其一，中小企业应该加强对已有渠道和产品的优化和改善，充分利用发达的新媒体和直播平台，着重加强推广自己的主打产品和特色产品，把握住核心优势和竞争力。深入了解用户的特点及需求，把握住用户的核心需求并进行定制化的产品服务，以期用最小的投入，获得最高的回报率。

其二，诚信是中小企业外贸发展的重要内容之一。诚信二字，不仅仅体现在交易双方诚信履行契约的过程中，而且要体现在从企业生产、销售、物流到资金对接和售后服务的全过程中。企业内部应该建立与交易系统平行的征信系统，并建立征信档案制度，同时，应与银行建立资

金账单流动的追查系统。每一笔交易过后，企业的征信记录都将被记录到征信档案中，并作为日后交易的重要参考。国家应该积极推动中国支付平台在国际上的地位，提高中国在国际支付领域的话语权，从而进一步完善和强化中国电子商务支付、清算和结算业务体系。

其三，有效降低物流成本是中小企业提升外贸核心竞争力的重要环节。依托互联网平台和现代信息技术应用，持续推动线上、线下的信息传递和共享。根据合同信息电子化拆分的应用，完成高效率的生产、库存、出货等各个环节。有关部门应核对并上传完备的信息，并通过外部电子数据共享平台形成报关单；物流商接收货物之后，可以立即共享到电子单据的详细信息，并在最快的时间内，实现即时的线上追踪。与此同时，政府应出台相关政策来促进物流链和金融链的协同，减少由于资金链与物流链不同步造成的物流时间的增加和低效率，从而使得货币高效率低成本地流通。此外，国家需要大力扶持国内物流公司开展国际业务，加快跨境电商的基础设施建设，与国家"一带一路"倡议的政策对接。

（二）中国中小企业电商外贸发展的未来展望

虽然中小企业的电商外贸发展进程中有很多先天缺陷和不足，但在多边贸易体制框架的作用之下，中国的中小企业外贸发展未来值得期待。工业经济时代，信息闭塞，发展空间和渠道都比较局限。随着信息时代的到来，电子商务活动得以开展，且随着多边贸易体制的逐步深化，电子商务突破国界成为了跨境电商。不仅如此，多边贸易体制的存在顺其自然地为一些中小企业提供了潜在的市场和客户，弥补了一部分不足。同时，企业之间可以根据互联网提供的及时信息捕捉到市场的最新需求和有效的行业信息，从而更敏锐地掌握客户需求的动态变化并制定相应的应对措施。再者，很多中小企业可以通过电子商务平台降低采购成本和库存成本，和以往传统的方式不同，消费者可以通过在网上预订下单，而企业可以根据线上的预约订单数目进行合理地安排采购和生产，即可以灵活调整不同订单的数量和生产线，非常有效地解决了库存积压或供不应求等问题，既降低了生产销售成本又最大化地满足了消费者，可谓是一举两得。这样一来，企业通过这种虚拟的方式对整个宣传、采购、交易、售后等环节就做到了心中有数和效率的最大化。①

综上所述，传统的外贸经营模式已经逐渐被电子商务模式所颠覆，而在多边贸易体制的助力下，跨境电商的飞速发展给中国外贸型中小企业降低经营成本、扩展销售渠道、弥补自身缺陷、挖掘客户资源提供了十分有效的途径。②同时，互联网高速发展和通信服务成熟的大环境也为中小企业的生存和发展创造了更多的机遇和可能，是"一带一路"倡议下中国企业转型升级、优化组织结构、开辟新的增长点的有效措施。

因此，中国应发挥在国际舞台上的影响力并积极按照多边贸易体制的规则为电子商务事业的发展保驾护航，而外贸型中小企业也应紧跟电子商务发展步伐，利用好多边贸易体制所提供的多元化的国际舞台尽情地绽放。2015 年以来，资本的流入和政策的支持都将 B2B 行业送到了风口浪尖上。具有代表性的部分企业也在不断地引领着行业向 2.0 时代转型升级。随着国内国际环境的成熟、中小企业意识的提升，B2B 的在线交易也会不断推进。同时，供给侧结构性改革也将成为 B2B 电子商务发展的新机遇和新动能。供给侧结构性改革关系到中国经济进入新的发展阶段、关系到中国经济转型的平稳落地。未来，以重点行业、特色产业为基础的 B2B 电商，将为现代服务业和中国高端制造业的发展赋予新鲜血液。③总的来说，中国跨境电子商务虽有诸多先天缺陷和发展阻碍，但是在中国政府的政策支持下，在国内跨境支付机构和第三方支付机构的共同努力下，如果能加强与电子商务平台的线上合作，从商户的商品展

---

① 刘安华：《我国跨境电子商务发展现状及对策研究》，《无锡商业职业技术学院学报》2016 年第 4 期。

② 崔雁冰、姜晶：《我国跨境电子商务的发展现状和对策》，《宏观经济管理》2015 年第 8 期。

③ 严圣阳：《我国跨境电商支付现状与发展前景》，《经营与管理》2014 年第 5 期。

示和贸易撮合，到在线签约及电子订单的拟定、资金托管，以及最终的支付结算、通关交付、出口退税等环节的全程参与，并能够提供一体化解决方案，实现全程纯电子化交易，缩短交易周期，提升结算效率，那么其发展前景必是十分广阔的。

第八章   多边贸易体制与中国利用外资

第一节   引进和利用外资在中国改革开放中的
作用和地位

在确定和实行对外开放的基本国策后，中国在引进和利用外资方面取得重大的突破和进展，其具体发展历程大体可以划分为四个阶段：利用外资的起步阶段（1979—1985 年）、利用外资的初步发展阶段（1986—1991 年）、利用外资的快速发展阶段（1992—1996 年）和利用外资的稳步发展阶段（1997—2018 年）。

一、利用外资的起步阶段（1979—1985 年）

党的十一届三中全会前后，通过对利用外资问题的反复酝酿与讨论，利用外资加快社会主义现代化建设步伐逐步成为全国人民的共识，中国改革开放开始进入制定外资政策、并利用外资来发展国民经济的新阶段。

改革开放前，中国利用外资的理论和政策几乎一片空白。改革开放之初，中国政府开始尝试构架利用外资的基本框架，为利用外资提供基本的平台，中国出台了一系列利用外资的重大举措，如设立利用外资的归口管理机构开展利用外资的监管与控制工作；构筑外资法律基本框架，1979 年中国第一部外商投资法律——《中华人民共和国中外合资经营企业法》公布实施，标志着中国外资立法的开端；落实华侨政策，鼓励华

侨回国投资，极大地激发了港澳台同胞和华侨、海外同胞对祖国投资的
热情，为中国吸引外商投资开创新局面作出宝贵贡献；创办经济特区作
为利用外资的试点地区和切入点，改革之初，中国对如何引进和利用外
资毫无经验，如果盲目开放外商投资区域和领域，势必对脆弱的国民经
济造成冲击，因此先选择特定地区作为利用外资的试点和窗口。

（一）利用外资政策的实施

在起步阶段，中国利用外资的主要形式为对外借款和利用外商直接
投资。改革开放后，中国逐步打破了原来不向西方国家借款的禁区，开
始利用外国资金。1980 年，中日两国签署日本对华官方开发援助协议，
这是中国确立改革开放和利用外资政策后借用的第一笔外国政府贷款，
不仅打破了长期以来"既无内债，又无外资"的观念，也突破了"不向
西方国家贷款"的思想禁锢。同年，中国相继恢复了在国际货币基金组织、
世界银行、国际开发协会和国际金融公司的代表权。从此，世界银行、
国际货币基金组织以及国际农业发展基金会成为中国利用外资的主要来
源。起步阶段，中国通过利用外国借款，弥补了建设资金的不足，启动
了若干重要建设项目，在一定程度上平衡了中国的外汇收支逆差，推动
了部分企业的技术改造，对国民经济建设起到了很好的推动作用。

在开始利用国外贷款的同时，中国还积极利用外商直接投资。在改
革开放初期，中国在积极利用外商直接投资方面主要采取了一系列优
惠措施。在税收方面，进行多项收税减免优惠；在审批权限方面，国
家进一步放宽了利用外资建设项目的审批权限，激发各地更大的主动
性和积极性；在立法工作方面，国家首先出台了《中华人民共和国中
外合资经营企业法》，之后又先后出台了配套的法律法规，这些法律法
规初步构成了利用外资的法律体系，为营造一个良好的引资环境提供
了法律保障。

（二）利用外资的成果

在改革开放初期，经过不断的摸索和实践，中国初步构筑起了利用

外资的基本法律和政策框架。尽管利用外资工作刚刚开始起步，还缺乏经验，但已经有了良好的开端。利用外资活动的进展，对于弥补国内建设资金的不足，加强国民经济薄弱环节的建设，引进先进技术设备，加快老企业的技术改造，推动科技进步以及增加出口创汇和劳动就业等，都产生了积极作用。

二、利用外资的初步发展阶段（1986—1991 年）

（一）利用外资政策的调整

起步阶段，由于政策不完善、再加上缺乏引资经验和引资环境较差等，利用外资出现了一些问题，需要国家出台新的外资政策，进一步规范引导外资工作，使之朝着更完善的方向发展。

中国在 1984 年后半年开始出现经济过热的迹象，外商投资一拥而上，国家信贷失控，基本建设投资急剧膨胀，从而使外国投资者对中国的市场潜力和外汇支付能力产生担忧。再加上西方各国政府和国际组织给中国提供了相当数额的援助和贷款，加剧了外商对华投资的盲目性。对如此迅猛的投资势头，中国对外资的选择、引导、管理等均显得力不从心。为抑制经济过热，国家宏观经济政策的重点由刺激经济增长转为紧缩和调整。在宏观经济政策发生变化的同时，国际收支也出现危险信号，外汇储备大幅下降，外汇缺口也相当大，1985 年达 40 余亿美元。[1] 以上种种因素结合在一起，使持续了 7 年的对华投资势头降温。为此，中国开始重新审视外资政策。

为进一步改善引资环境，1986 年国务院颁布了《关于鼓励外商投资的规定》，即"二十二条"，其核心内容有两个：一是首次明确出口型企业、技术先进型企业和能源交通原料生产部门等社会基础设施和基础工业是吸引外资的重点。二是吸引外资的方式由单纯的提供租税减免优惠

---

[1] 巫云仙：《改革开放以来我国引进和利用外资政策的历史演进》，《中共党史研究》2009年第 7 期。

转为政治、经济、社会各个方面全面地改善投资环境。"二十二条"公布实施后，对投资环境的综合治理十分有利于出口型和技术先进型企业。此外，国家还允许外商投资企业以综合补偿的办法来实现自身外汇平衡，长期困扰进口替代型投资的外汇平衡问题基本得到解决。为进一步完善利用外资的立法和管理体制，中国在之前的立法基础上不断完善，又通过《中华人民共和国外资企业法》《中华人民共和国中外合作经营企业法》等多项法规和优惠政策，从而使各种形式的外商投资企业的生产经营活动都有了可靠的法律保护，并对进一步改善投资环境、扩大吸收外资具有十分积极的作用。

在改革开放初期，外商投资领域大部分集中在非生产性项目上。为适应中国经济发展总体目标的需要，政府开始注意利用产业政策正确引导外商投资方向，改善外商投资的产业结构，努力将外资经济发展纳入宏观经济目标管理体系的范围。

（二）利用外资的成果

在利用外资初步发展阶段，尽管利用外资一度受到一些国内外消极因素的影响，但总体上来看，这一时期，中国吸引外资的增长速度不仅远远超过同时期发展中国家的平均水平，与前一阶段相比也取得明显进展，引资增速有明显加快的趋势。1988年是吸收外商投资增长幅度最大的一年，共批准外商投资企业5845家，超过前9年总和的一半；协议外资金额达53亿美元，接近前9年总额的1/4；实际利用外资达历史最高水平，且外商投资企业带来的经济效益持续提高。[①]

由于国家实行了正确的投资导向，外商投资的资金结构逐步趋向合理，主要表现在外资投向生产性的项目、出口创汇和技术先进的大中型项目逐渐增加。

---

① 季崇威：《中国利用外资的历程》，中国经济出版社1999年版。

三、利用外资的快速发展阶段（1992—1996 年）

1992 年，在邓小平同志南方谈话的巨大鼓舞下，对外开放范围进一步扩大，已经形成多层次、多渠道、全方位开放的格局，在这一阶段中国继续把吸引外资作为经济发展的长期目标，在对原有利用外资政策进行调整的基础上，出台了许多新的政策和措施。各行业、地区积极利用外资，掀起了吸引外商投资的热潮。

（一）利用外资政策的调整

根据新的利用外资形势的需要，中央政府进一步加大利用外资的调整力度，利用外资工作有了很大发展。

从地域方面来看，扩展了利用外资的地域，制定了逐步扩大开放领域，尤其是在服务贸易项目引进外资方面开展试点工作的方针，并且通过法律保护使台商投资的正当权益走上了法制化轨道。

从市场准入来看，政府扩展了对外资企业的市场准入政策，开放了原来"禁入"的部分服务领域，进一步放开了金融领域等对外资企业的准入条件。在这期间，国家发布的《关于举办中外合资股份有限公司的有关问题的通知》明确规定，设立对外发行人民币特种股票的股份有限公司或国内现有公司发行人民币特种股票，都属于利用外资，都可享受对外资企业的优惠政策，这为中国大规模利用外资开辟了新途径。

（二）利用外资呈现出新的发展态势

1992 年，邓小平同志南方谈话和党的十四大召开以后，中国各地纷纷加大吸收外资的力度，改善投资环境，简化审批手续，提高办事效率，使吸引外资工作的局面出现了前所未有的高潮。利用外资新的发展态势主要表现在以下几个方面：

1. 外商直接投资大幅度增长

1992 年成为改革开放以来吸收外商直接投资最多的一年，协议外资金额大体相当于 1979—1991 年 13 年批准外商投资项目书和协议外资金额的总和，外商实际投资金额为 110 亿美元。1992 年外商直接投资协议金额比 1991 年增长近 4 倍，实际投资金额比 1991 年增长了 152%，并且实际利用外商直接投资金额首次超过对外借款实际使用外资额，成为中国利用外资的主要形式。[①]

2. 利用外资领域进一步拓宽

根据中央、国务院的部署，进一步扩大了吸收外商直接投资的领域。经过试点，利用外资逐步扩展到金融、贸易、商业、交通、旅游等第三产业。

3. 外商投资地域逐步扩大

1992 年的 9 个月中，全国各地出现了 2000 个开发区，同时，中央决定把对外开放从沿海向内地延伸，先后开放了 5 个长江沿岸城市、17 个内陆省会城市，还批准了 14 个沿边城市对外开放。[②]在国家产业政策调整引导下，外商投资地区结构出现了"北上西进"的趋势。虽然投资重点仍然相对集中在沿海地区，但对内地投资的增长进度明显加快，初步形成全方位、多层次、多渠道的利用外资格局。

4. 外商投资结构进一步优化

一批基础设施、交通、能源、原材料工业额大的项目被批准使用外资，这些项目缓解了中国部分地区能源供应紧张、交通运输能力不足的问题。同时，还批准举办了一批国民经济发展急需的资金密集型、技术密集型项目。

5. 外商投资绩效有所改善

1992 年年底，已建成投产行业的外商投资企业 34200 家，绝大部分经营状况良好。[③]已开业的"三资"企业填补了一些行业的空白，推动了

---

① 对外贸易经济合作部：《中国对外经济贸易年鉴 1993》，中国社会出版社 1993 年版。

② 5 个长江沿岸城市：芜湖、九江、岳阳、武汉和重庆；17 个内陆省会城市：合肥、南昌、长沙、成都、郑州、太原、西安、兰州、银川、西宁、乌鲁木齐、贵阳、昆明、南京、哈尔滨、长春、呼和浩特；14 个沿边城市：黑河、绥芬河、珲春、满洲里、二连浩特、伊宁、博乐、塔城、畹町、瑞丽、河口、凭祥、东兴、丹东。

③ 对外贸易经济合作部：《中国对外经济贸易年鉴 1993》，中国社会出版社 1993 年版。

产业结构升级，大大缩短了与国际先进技术水平的差距。

四、利用外资的稳步发展阶段（1997—2018 年）

加入世界贸易组织前后是中国利用外资政策调整力度最大的时期，也是中国利用外资稳步发展的时期。为适应加入世界贸易组织的新形式和国内宏观经济环境的变化，中国政府对外资政策继续进行完善，利用外资政策开始逐步与国际接轨，利用外资战略也开始实现根本性转变。

在这一时期，国际、国内利用外资环境发生了很大的变化，对中国利用外资政策也产生了影响：一是亚洲金融危机带来了消极影响。1997年开始，中国利用外资的主要来源国家和地区普遍受亚洲金融危机的严重冲击。利用外资所面临的形势日益严峻，利用外资的合同数量及实际利用外资的数量连续下滑，外资经济的发展遇到了前所未有的挑战。二是中国加入世界贸易组织的进程加快，客观上要求继续完善外资政策，加入世界贸易组织意味着中国对外开放格局的重大变化，对外开放将进入新的阶段。加入世界贸易组织后，中国利用外资政策要与国际接轨，限制外商投资的领域和规定将会减少，外资进入规模将会大大增加。三是国内经济环境的变化，中国国内市场供求发生了由卖方市场向买方市场的重大变化。中国经济运行的性质发生了变化，已摆脱了短缺经济，大部分商品由卖方转向买方市场。同时，国内经济结构性矛盾突出，中国经济体制改革进入以结构调整和优化升级为主线、以国有企业产权制度改革为核心的改革攻坚阶段。

（一）加入世界贸易组织前利用外资政策的持续完善

这一阶段中国外资政策在逐步与世界贸易组织规则接轨中继续完善。中国实施了多元化引资战略，多渠道多方式吸收外商投资。面对亚洲金融危机造成的国际金融市场持续动荡、外资企业迅速撤退的不利局面，为促进外资经济的持续发展，中国提出"多渠道多方式吸收外商投资、实施利用外资多元化的战略"，政府除继续吸收港澳台地区和东南亚国家的投资以外，还加大吸收北美、日本、欧盟等发达国家和地区投资的力度。一方面，继续实施以市场换技术的方针，进一步开放国内市场；另一方面，进一步拓展利用外资的渠道，允许外商投资项目开展包括人民币在内的项目融资等。

与此同时，该时期还继续强化外商投资的产业政策导向。1997年开始，中国更加注重改善吸收外资的产业、地区结构，对中国产业结构调整和技术进步作出更多的贡献。1997年中国对之前发布的《中华人民共和国外商投资产业指导目录》进行修改，新《中华人民共和国外商投资产业指导目录》结合国家产业政策和对外开放的需要，明确将外商在中国的投资产业划分为鼓励、允许、限制和禁止等类型，放宽了允许、鼓励类项目的范围。这有利于改变以往引进外资的无序状态，促进外商投资产业的调整。值得一提的是，国家在这一阶段积极鼓励并引导外商到中西部地区投资。新《中华人民共和国外商投资产业指导目录》规定，将能够发挥中西部地区的人力、资源优势，并符合国家产业政策的项目列为鼓励外商投资领域，对被列为限制外商投资的项目，但却能发挥中西部地区资源优势并符合产业政策的，可适当放宽政策，并且继续扩大外商投资领域，积极鼓励外商来华投资以消除亚洲金融危机对利用外资的负面影响。

1998年中国恢复了对外商投资企业的税收减免政策，对外商投资作用明显，按照全方位、多层次、宽领域对外开放的基本政策，进一步开放外资进入领域。国家配合国有企业改革的需要，在进一步开放竞争性产业的同时，积极扩大石油化工、建筑业等主要产业利用外资的规模。有区别、有重点地吸收外资，有步骤地推进其他行业的对外开放，并建立健全有效的监管机制。2000年，中央又进一步扩大了外商投资领域，明确鼓励外商投资于西部地区的基础设施建设和资源开发。为尽快改善外商投资地区分布的不合理状况，中央政府在继续发挥东部地区对外开放、利用外资的优势的同时，着重提高这些地区利用外资的质量和水平，以便进一步发挥其示范、辐射和带动作用。与此同时，积极采取措施引导和鼓励外资投向中西部地区，以推动西部大开发战略的实施。

（二）加入世界贸易组织后利用外资政策的持续完善

加入世界贸易组织标志着中国对外开放进入了一个新的阶段，中国将在更大范围、更广泛的领域参与国际经济合作与竞争。为适应世界贸易组织的最惠国待遇、透明度、统一性等基本原则，中国利用外资政策还需要继续完善，其背景主要有以下几方面：一是加入世界贸易组织使经济全球化和国际资本对中国的影响有了全新的通道。二是加入世界贸易组织客观上要求积极建立与国际接轨的投资环境，这为中国进一步吸收跨国公司的投资提供了机遇。三是双边及区域经济和贸易合作的迅速发展，促使中国广泛地参与实质性区域经济合作。四是国内新的发展需要对利用外资提出新要求，也就是要按照统筹国内发展与对外开放的要求来重新审视中国的利用外资问题。

加入世界贸易组织之后，为适应新形势，中国利用外资的政策也继续完善。2002 年实施的新《中华人民共和国外商投资产业指导目录》在内容上增加了鼓励类项目，减少限制类、禁止类项目，进一步开放服务贸易领域，鼓励外商投资中部地区的优势产业，放宽外商投资西部地区的股比和行业限制。

党的十六届三中全会对引进和利用外资作出指导，利用外资要紧密结合经济结构调整和产业升级：一是坚持以拓展国际市场为目标，有选择地强化资本密集和技术密集型产业发展；二是坚持外向型经济发展战略，参与国际竞争与合作；三是以吸收外商投资服务业为重点，促进第三产业发展；四是鼓励外商投资高新技术产业。同时，加大中西部地区的引资力度，进一步合理布局外商投资的地域分布，为实施国家西部大开发战略引进先进技术设备，促进产业结构的优化升级。

中国还努力改善投资软环境，提高政策透明度，比如加快改善外商投资的法律环境和政策环境，清理、修订了一大批涉外经济法律法规；加快新法规的制定，按照全球通行的市场规则，本着"合法、合理、效能、责任、监督"的原则，加快审批制度改革，简化审批手续；加大人力资本投资，努力培养精通国际贸易规则的人才。

第二节　融入多边贸易体制与中国利用外资政策调整

多边贸易体制以乌拉圭回合的多边贸易谈判所达成的多边贸易协议为主要的内容，是一个旨在使贸易尽可能多地流动的综合性的贸易体制。

随着国际贸易和国际投资的不断发展变化，贸易与投资的关系越来越密切，外商投资的空前发展使其成为推动经济全球化的重要力量。国际投资是向国外供应货物和服务的一种主要方式，投资政策可以对国际贸易的规模、动向和结构产生影响。反过来，国际贸易也会对投资的规模、动向和结构产生影响。这种贸易和投资政策的相互影响使得多边贸易体制必须将投资问题考虑进来。因此，世界贸易组织不仅仅继承了关税与贸易总协定的规则和制度，还是一个多边投资协议群，它把多边贸易和投资相互结合，形成协调发展的体制。多边贸易体制对国际投资产生直接或间接的影响，中国融入多边贸易体制就要根据国际国内形势，对于外商投资政策进行积极地调整，以便协调国际国内贸易和投资的发展。事实上，中国经济发展变化与国家积极利用外资、参与国际经济合作有关，国家外资利用情况在国际国内形势变化的背景下不断发生变化。因此，系统地梳理外资政策的变动将有利于更好地指导外资利用，促进中国融入到多边贸易体制中。

总体上，中国外资政策变化从"框架型粗政策"转向"体系型政策群"，从"优惠政策"单方面作用转向到"优惠政策""产业政策"和"环境政策"

联合作用，从"政府主导"转向"企业市场竞争主导"。可以分为四个阶段：第一阶段建立基本的法律框架，通过减税、免税等政策吸引外商投资进入；第二阶段完善基本立法，根据产业政策和目标导向，一方面优化投资环境，另一方面引导外资流向，进一步地优化外商投资结构；第三阶段加快外商投资政策的出台速度，积极根据国内国际形势制定出台有关政策，通过良好的产业集聚效应和协作配套能力，通过市场化的方式来引进外商投资；第四个阶段为调整优化时期，根据国家的战略导向，制定符合中国现阶段发展状况的外商投资政策，表现为更贴合中国实际和国际发展状况的高质量外商投资政策。

一、1979—1986 年外资政策初创期

1979—1986 年是外资政策的初创时期，确立了中国外资法律的基本框架，这一阶段的外商投资通过提供"超国民待遇"的优惠政策，实行"免二减三"，对于外资企业提供远远高于国内产业的减免税优惠政策，在进口原材料和设备以及产品出口方面还提供了减免税收的待遇，给予外资企业外贸进出口自营权、报关权等比国内企业多得多的自主经营权。

国务院 1978 年 9 月召开全国计划会议并颁布《1979、1980 经济计划的安排（草案）》，其中强调要转变过去闭关自守或半闭关自守的情况，开始积极地吸引国外投资，利用国外的先进技术，从而拉开外资政策出台的序幕。

中国第一部引进外商投资的法律是《中华人民共和国中外合资经营企业法》，该法律是 1979 年 7 月第五届全国人民代表大会第二次全体会议通过和颁布的，目的在于为中国的企业和经济组织与外国投资者合资经营企业提供相应的法律支持，它对中国的市场化发挥了重要的启蒙作用。

1980 年出台了《中华人民共和国外资经营企业所得税法》《中华人民

共和国中外合资企业登记管理办法》等一系列法规，进一步地加强了外商投资的立法。

1982 年 4 月，第五届全国人民代表大会常务委员会正式将吸引国外投资政策纳入到宪法修正草案中，并且在第五次会议上将其写入了新《宪法》中，从而正式确定了外商投资企业的合法地位，成为所有有关外商直接投资法律法规的最高立法依据，同时也衍生出许多外商投资法律法规。

1986 年，出台了《中华人民共和国外资企业法》，旨在保障外商独资企业的合法经营。同年，国务院发布《中华人民共和国关于鼓励外商投资的规定》，即通常所指的"二十二条"，明确指出吸引与利用外资的重点区域以及如何有效地吸引外商直接投资，对于外商投资的企业，在税收、劳务、利润分配和土地使用等方面给予特殊的优惠，重在强调外商投资环境的优化，要将投资方式从提供租税减免优惠转变到政治、经济和社会各个方面的外资环境改善。

二、1987—1996 年利用外资基本立法完善阶段

该时期国家开始完善外商投资的基本立法，从继续利用外商投资优惠政策转变为改善和提高外商投资优惠政策，从政策普遍优惠性转变为具有导向性的阶段。

（一）外商投资环境方面

中国于 1988 年发布了《中华人民共和国中外合作经营企业法》，规定了合资企业约定投资、投资的条件、经营管理方式和产品收益的分配，保障了中外合资企业在中国的合法经营，在 1990 年全国人民代表大会进行了一次修改，在许多条件上进一步放宽，并且指出外商投资将不会实行国有化。为保障这些法律的实施，为外商投资提供更加合理完善的法律依据和环境，1990 年出台了《中华人民共和国著作权法》，从而对外商投资的知识产权保护予以增强。随后，全国人民代表大会常务委员会和国务院还起草了一系列法律及规则，包括《中华人民共和国中外合资经

营企业所得税法》及其实施细则、《中华人民共和国外汇管理暂行条例》《中华人民共和国中外合资经营企业登记管理办法》《中华人民共和国中外合资经营企业劳动管理规定》等。1991 年，中国政府出台了《中华人民共和国外商投资企业和外商企业所得税法》，详细地规定了对于外资企业的税收政策和相应的优惠政策。

　　该时期营造外资环境的政策较多，1987 年，国家工商行政管理总局出台了《中华人民共和国关于中外合资经营企业注册资本与投资总额比例的暂行规定》，规定了合资经营企业的注册资本和投资比例。1988 年，国务院办公厅转发《中华人民共和国关于进一步落实外商投资企业用人自主权意见的通知》，各个部门（外汇管理、海关、商检、土地等）相继发布了相关的通知和规定，旨在提高政策透明度，增强外商投资的信心，改善外商投资环境。1991 年发布的《关于国民经济和社会发展十年规划和第八个五年计划纲要的报告》明确地提出，要结合吸引外商直接投资和企业技术的改造两个方面，推动传统产业的技术进步与产品升级。从此，中国利用外商投资的目的已经从原来利用外商资金填补资金缺口，转向促进产业升级、增加国内企业出口和解决掣肘经济发展问题等多个目标。1994 年，国家工商行政管理总局和对外贸易经济合作部又联合发布了《中华人民共和国关于进一步加强外商投资企业审批和登记管理有关问题的通知》，明确地规定外商投资企业设立、出资的审查，并对违章违法行为的查处作出了详细规定。

　　（二）政策导向方面

　　1987 年国家发布《中华人民共和国指导外商投资方向暂行规定》，引导投资结构进一步优化改善，1989 年又颁布《国务院关于当前产业政策要点的决定》，对外商投资的审查标准作出了详细的规定。1994 年国务院通过《九十年代国家产业政策纲要》。1995 年年底开始，国家逐步取消之前对外资企业实行的"超国民待遇"，取消了一些普适性的优惠措施，进一步降低了对外资企业的优惠水平。1995 年国家计划委员会、国家经济贸易委员会和对外贸易经济合作部正式联合发布了《中华人民共和国外商投资产业指导目录》及《中华人民共和国指导外商投资方向暂行规定》，其中《中华人民共和国外商投资指导目录》对于外商投资的领域进行了明确划分，一共分为鼓励、允许、限制和禁止四种类型，通过这种分类方法来对外资准入进行规范管理，对不同类型采取不同的政策。这部指导目录结合中国各个时期不同的市场环境和政策指向（如西部大开发、中部崛起、加入世界贸易组织等）进行多次修订，引导外资的流向。

三、1997—2007 年外资政策出台加速时期

1997—2007 年，中国出台的外商投资政策增多并且速度明显增快，从前几年每年仅仅出台几十项到这一阶段每年出台近数百项，仅在 2005年，国家就发布了 830 项政策措施，投资政策与制度政策、产业政策和财政政策等相结合，不断完善自身建设，与国际环境接轨。

在这一阶段，国际环境发生了动荡，特别是 1997 年的亚洲金融危机，这促使政策制定者在政策制定和实施上更细致更加全面。1998 年，中共中央、国务院在充分考虑亚洲金融危机经验教训后，发布了《中华人民共和国关于进一步扩大对外开放提高利用外资水平的若干意见》，指出要多渠道地吸收外资，在吸收港澳台和东南亚地区的外资基础上，强化对日本、欧盟和北美等发达国家和地区外资的吸收利用。

1997 年，国务院多部门对 1995 年发布的《中华人民共和国外商投资指导目录》进行进一步修改，对于允许和鼓励类项目的范围进行放宽，从 1998 年开始，国家对于外商投资企业技术开发和创新的鼓励力度进一步加强。同时，为提高外商投资的质量，缓解由于前期引进高污染和高耗能外资项目所造成的环境损害，国家出台了一系列环保政策，对外资进行调控。

1999 年 8 月，对外贸易经济合作部等部门制定了一些措施以便于鼓

励外商投资，加大对于外商投资企业的金融支持，依据"走出去"利用外资的新战略，在国内积极扩大利用外资空间。与此同时，结合西部大开发战略，在中西部开放的战略导向下，国家在 2000 年《中华人民共和国外商投资指导目录》的基础上追加了《中华人民共和国中西部地区外商投资优势产业目录》，在 2004 年、2008 年和 2013 年共作出了 3 次修订。

2000—2001 年，国家对外商投资政策作出了大幅调整，对《中华人民共和国外资企业法》《中华人民共和国中外合作经营企业法》《中华人民共和国中外合资经营企业法》《中华人民共和国外商投资电信企业管理规定》进行了修订，取消了对于外商投资企业的限制，对于外商投资企业实行国民待遇。

2001 年加入世界贸易组织之后，国家要全面地实施世界贸易组织关于非歧视和国民待遇原则的规定，于是开启了一轮外资政策制定和调整的高潮阶段，进一步对中国当时已有的外资法律进行规范修改。为维护竞争秩序，将"超国民待遇"和"非国民待遇"的政策转变为中性政策，还将投资政策中与世界贸易组织不符合的内容进行删除，旨在融入国际市场环境，为外商投资提供与国际发展相适应的环境和法律保障，通过进一步建立健全法律制度、提高政府的办事效率和政策的透明度，这些政策的主要特点是对外商投资的进一步规范和约束，与国际政策接轨，外商投资政策开始转向提高利用外资的质量和水平，更倾向于向先进技术和现代化管理水平高的高质量外资倾斜，产业重点开始从工业领域转变到服务贸易领域，从注重出口导向转向注重引进发展高新技术。

2002 年，中国政府制定的《中华人民共和国指导外商投资方向规定》，对外商投资重点领域进行划分，对于现代农业、高新技术产业、基础设施建设、国有企业改革、西部大开发等领域重点鼓励外商投资，在 2002 年后对《中华人民共和国外商投资产业指导目录》进行了多次修改，对外资产业流向进行政策性引导。2004 年后制定的《中华人民共和国外商投资商业领域管理办法》《中华人民共和国外商投资项目核准暂行管理办法》《中华人民共和国外商投资广告企业管理规定》等，规范了管理外商投资的流向。

2006年后，对于外商投资企业的"超国民待遇"进行了明显调整。2006年发布《中华人民共和国关于外商投资举办投资型公司的补充规定》及《中华人民共和国外资公司并购管理条例》，2007年出台新的《中华人民共和国企业所得税法》，将国内企业和外资企业置于同等平台上，这成为外资政策调整的一个重要里程碑。在这一阶段，中国外资政策的主要特点是，开始积极引进并且引导外商投资流入，利用国际证券市场来吸引外资进入，对于外商投资企业实施国民待遇，不再是只追求外商投资数量增长，而是更注重外商投资流入质量，注重引进优质的促进国民经济发展的外商投资。

四、2007年至今外资政策调整优化时期

这一阶段结合中国实际发展状况和国际变化形势，结合国际国内的热点关注，对外商投资政策进行了进一步的优化调整，比如针对国际上越来越重视的国家安全问题，出台了一系列的法律法规。

为规范外商投资可能引起的国家安全问题，国务院于2011年发布了《中华人民共和国关于建立外国投资者并购境内企业安全审查制度的通知》，其中规定了对于外资并购中涉及军工企业、国防企业、关键技术、重大装备制造、重要农产品、能源和资源、基础设施、运输服务等企业实施国家安全审查制度，正式确立了外商并购国家安全审查制度。

随着改革开放政策力度的加大，以及顺应国际发展趋势，党的十八届三中全会指出要对外商直接投资实施准入前国民待遇和负面清单的模式进行初步探索。随后党的十八届五中全会和"十三五"规划纲要提出了要实施准入前国民待遇和负面清单的管理模式。这大大推动了中国治理能力和水平的提升，并推动政府转变职能，进一步深化改革，建设开

放型经济新体制。

为保障国内稳定发展与安全，党中央、国务院先在自由贸易试验区试行外资的准入前国民待遇和负面清单管理模式，同时为了提供相应的法律保障，国家对自由贸易试验区暂时调整法律，在负面清单之外的领域，将外商投资企业的设立和变更变为备案管理的方式。

自 2013 年以来，国务院致力于规范完善自由贸易试验区法律调整，2013 年上海自由贸易试验区出台《中国（上海）自由贸易试验区外商投资准入特别管理措施（负面清单）（2013 年）》《中国（上海）自由贸易试验区外商投资企业备案管理方法》，其中制定了相应的特别管理措施共计 190 项。到 2015 年，党中央和国务院扩大自由贸易试验区试点，将特别管理措施减少为 122 项，同时将自由贸易试验区内的安全审查范围进行扩大，由外资并购扩展到新建立企业、协议控制和再投资等投资方式，也对审查产品范围进行扩大，纳入了可能影响国家安全的文化产品、网络信息产品等。为了防范风险，还进一步构建了风险防控体系。同时，国家发布了《自由贸易试验区外商投资备案管理办法（试行）》，对自由贸易试验区中适用于备案管理的外商投资企业设立和变更等进行明确规定，还加入了事后监管制度，包括监督检查、年度报告、诚信档案等。

2015 年发布的其他重要措施有商务部启动了《中华人民共和国中外合资经营企业法》《中华人民共和国外资企业法》和《中华人民共和国中外合作经营企业法》的修改工作，并形成《中华人民共和国外国投资法（草稿征求意见稿）》以便于向公众征求意见，对投资法律进行系统全面地修改，制定为统一的《中华人民共和国外国投资法》，旨在将法律规定的对象从"外商投资企业"转变为"外国投资者在中国境内的投资行为"。

2016 年 3 月 16 日，十二届全国人民代表大会四次会议通过《关于国民经济和社会发展第十三个五年规划纲要的决议》，指出要提升外商投资利用水平、扩大开放领域、放宽准入的限制，放开育幼、建筑设计、会计审计等服务领域的外资准入限制，扩大银行、保险、证券和养老等市场的准入。

自由贸易试验区的成果使得国家进一步深化外资管理体制，2016 年 9 月 3 日的十二届全国人民代表大会常务委员会第二十二次会议通过《全国人民代表大会常务委员会关于修改〈中华人民共和国外资企业法〉等四部法律的规定》，这是一次外资管理体制的重大变革，把不涉及国家规定实施准入特别管理措施的外商投资企业设立和变更，从原来的审批转变为备案管理，国家规定的准入特别管理措施将由国务院发布或批准发布。2016 年 10 月 8 日，国家发展和改革委员会和商务部发布公告，明确规定外商投资准入特别管理措施的范围要按照《中华人民共和国外商投资产业指导目录（2015 年修订）》中鼓励类、限制类和禁止类中的有股权要求、高管要求的相关规定执行，对于涉及外资并购设立企业和变更的，将仍按照现行的规定执行。商务部发布《中华人民共和国外商投资企业设立及变更备案管理暂行办法》共计五章 37 条，分别为总则、备案程序、监督检查、法律责任和附则，在全国范围内推广自由贸易试验区的经验，对于使用范围、备案程序、监督检查、法律责任等进行了明确规定，也指出港澳台投资者的投资备案事项也应遵循该办法的规定。但是，其规定的备案管理是告知性质的备案，不是强制性的要求，是为了方便和服务企业的"真备案"制度。

2017 年 1 月 12 日，国务院发布《国务院关于扩大对外开放积极利用外资若干措施的通知》，指出要积极利用外资，营造良好的外资环境，吸引外资进入，准许地方政府在法定权限范围内制定出台招商引资优惠政策，对就业、经济发展、技术创新贡献大的项目给予支持。同时修订了《中华人民共和国中西部地区外商投资优势产业目录》，对集约用地的外商投资工业项目优先供应土地，推进外资跨国公司本外币资金集中运营管理改革，对外商投资管理程序进行简化。2017 年 6 月 16 日，国务院发布了《自由贸易试验区外商投资准入特别管理措施（负面清单）（2017 年版）》，进一步缩减了限制性措施，相比于 2015 年版负面清单减少了 10 个条目、27 项措施，并且放宽了外资并购的准入限制，规定除关联并购，所有不涉及准入特别管理措施的外资并购都由审批改为备案管理，同时扩大了投资领域的开放度，在采矿业、制造业、交通运输业、信息和商务服务业、金融业、科学研究和文化等方面扩大开放度。除此之外，按照现行的国民经济专业分类标准表述，规范了 27 个领域的具体条目，对照现行法律法规及国际通行规制，改进了 25 个领域的技术，使得可以准确反映现有的所有准入特别管理措施。2017 年 6 月实施了《深化改革推进北京市服务业扩大开放综合试点工作方案》，进一步放宽了航空运输行业、其他建筑业、广播电视电影音像业、文化艺术业、银行业、法律服务、人力资源服务、企业管理服务和医学研究与实验发展等行业中外商投资比例的限制，降低外商直接投资的准入标准，同时推动服务贸易便利化，开始探索工商登记流程网上办理。

2017 年另一个重要的措施是对《中华人民共和国外商投资产业指导目录》以负面清单的模式进行了第 7 次修订，一方面减少了限制性的措施，相比于 2015 年版减少了 30 条，同时提高服务业、制造业等的开放水平，如制造业将轨道交通设备、汽车电子、摩托车、新能源汽车电池、食用油脂等的准入限制取消了，服务业将公路旅客运输、外轮理货、会计审计、农产品批发、自信调查和评级服务等的准入限制取消了。在鼓励类里增加了虚拟现实（VR）和增强现实（AR）设备、3D 打印设备的关键零部件等符合产业优化结构方向的措施。另一方面，突出了外商投资准入负面清单，把部分原来的鼓励类有股比要求的条目和限制类、禁止类合并成外商投资准入负面清单，负面清单外的领域不能实行限制性措施。

2017 年 8 月 8 日，国务院颁布《国务院关于促进外资增长若干措施的通知》，指出中国利用外资面临着新的形势和任务，要进一步减少外资准入限制，全面实施准入前国民待遇和负面清单的管理措施，争取尽快在全国实施自由贸易试验区所试行过的外商投资负面清单，还要继续扩大原负面清单中的 12 个行业的开放力度，同时制定财税支持政策，鼓励外国投资者扩大投资，鼓励跨国公司在中国设立总部，引导外资转移到东北老工业基地和西部地区。另外，进一步完善国家级开发区综合投资环境，将对国家级开发区赋予投资管理的权限进一步扩大到人才出入境上，一方面加强人才引进，另一方面要积极吸纳国际上的高端人才，对于来华工作、创业、留居、办理工作许可、签证的外国人提供便利。在优化环境方面，进一步完善外资法律体系，从而对境外的投资者开展投资活动提供环境保障，对于外资以并购的方法和国内的企业进行优化重组进行鼓励，对于外商投资的知识产权保护进一步优化，使得外资政策保持稳定、持续。这一阶段的投资政策变化表现为致力于建设开放、透明和有利于发展的外商投资环境，促进全球包容性经济增长，在二十国集团形成的投资指导规则下，加强投资政策的开放度、透明度和稳定性，同时，继续致力于对外国投资者提供有形、无形的法律保护，建立公正透明的政策环境，让外国投资者感受到最佳的舒适度。

五、融入多边体制与中国外资政策发展

从中国外商政策调整变化看，中国外商投资政策始终积极地适应多边规则的要求，从原来的较高限制，到逐渐有步骤地放松限制，遵循全球经济贸易自由化的发展趋势，逐渐开放市场，完善外商投资的法律法规，在保障国内经济良好发展和国家安全的前提下，改善外商投资环境，引导外商投资进行结构优化，协调国内国外两个市场，通过提高利用外资的效率、强化与国际前沿的接轨促进发展。在经济全球化的发展趋势中，中国政府以积极的态度引导外商投资政策的发展，同时，外商投资政策的变化也使得中国逐步营造起一个有利于外商投资企业发展的营商环境，不但更高水平地融入了多边贸易体制，还在其中扮演着十分重要的角色。

　　毋庸置疑，投资便利化是当前国际投资领域的新兴热门议题，其实质是通过简化并协调国际直接投资相关程序，以降低成本并创造协调、透明和可预见的投资环境。世界贸易组织《贸易便利化协议》的通过，预计可为国际贸易带来万亿规模的良好效益。但在投资便利化领域，许多国家和地区政府效率低下、管理手续繁杂且缺乏透明度的问题依然十分突出。从中国来看，中国是投资便利化协议的积极推动者，在二十国集团杭州峰会上促成通过包含投资便利化在内的投资指导原则，在金砖国家厦门会晤中提出并通过《投资便利化合作纲要》，在世界贸易组织发起成立"投资便利化之友"以及提出"投资便利化"中国方案。在国内也通过自由贸易试验区先试先行、备案制改革等举措积极完善相关投资政策，同时也在不断提升本国的投资便利化水平，积极融入多边贸易体制。

　　多边贸易体制下的投资便利化在投资的透明度、环境稳定和投资效率上作出了较高的要求。通过对中国外资政策调整的梳理，可以发现，为更好地融入多边贸易体制，加入世界贸易组织以来中国在这三个方面作出了积极的努力：第一，中国促进了与投资有关政策的透明度和可获得性，通过及时地公布法律法规和司法决定、在网上公开中央法律法规、设立单一窗口和特殊咨询点等使得投资者能够很容易获得相关的法律文件；第二，提高了投资环境的稳定性，保护投资和财产安全，积极完善财产注册制度，还通过诸如《中华人民共和国商务部关于涉及外商投资企业股权出资的暂行规定》等文件规范外商投资企业股权出资行为，提高投资便利化水平；第三，在投资程序的效率上，中国在《外商投资产业指导目录》里不断优化政策。通过对外资要求的具体细化，提高了外资利用的效率，更贴合多边贸易体制下的要求。

　　中国在推动全球投资便利化方面是有计划、有步骤、有底气的，在完善自身外资政策积极融入多边贸易体制的基础上，也为世界投资体系作出了自己的贡献。中国将实行高标准的贸易和投资自由化和便利化政策，推动形成全面开放新格局，继续支持多边贸易体制，推动构建开放型经济新体制。

第三节　中国利用外资政策成效与未来完善方向

一、中国利用外资的成效

外资企业是中国吸引外资利用外资的重要方式，2017 年中国各行业实际使用外资达 1363.2 亿美元，其中非金融领域实际使用外资 1310.4 亿美元，位居全球第二。[①] 改革开放以来中国利用外资的成效明显。

（一）拉动经济增长

长期以来，外商对华投资成为拉动中国经济增长的重要力量，改革开放初期，外资的有效利用解决了中国经济的资金与外汇问题，加入世界贸易组织后，有效利用外资更是极大地促进了中国经济增长。

外商投资提高了中国投资水平，加速了资金积累，提高了资源的配置效率，提升了资源利用质量。根据《中华人民共和国 2017 年国民经济和社会发展统计公报》，2017 年中国国内生产总值为 827122 亿元，资本形成总额贡献率达 32.1%，同时 2017 年全年吸收外商直接投资（不含银行、证券、保险）新设立企业 35652 家，实际使用外商直接投资金额 8776 亿元（折合 1310 亿美元），增长 7.9%。此外，2017 年高技术制造业实际使用外资 666 亿元，增长 11.3%，外资对中国经济增长的拉动力依然强劲。与此同时，外资也为中国贡献 20% 左右的税收。[②] 根据《2017 年中国统计年鉴》及国家税务总局的相关数据，2016 年全国税收收入为 140504 亿元，其中涉外税收占全国税收的 18.26%，涉外税收中来自于外商直接投资的税收占 98%。实际上，自 2000 年以来，涉外税收在全国税

---

① 商务部：《中国外商投资报告 2018》，见 http://tv.cctv.com/2018/09/10/VIDER/YRLvrc7sCl zm6qI99Z180910.shtml。

② 国家统计局：《中华人民共和国 2017 年国民经济和社会发展统计公报》，《中国统计》 2018 年第 3 期。

收收入中的占比稳定在 20% 左右，平均占比 21.7%。①

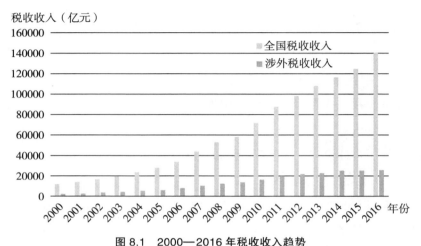

图 8.1　2000—2016 年税收收入趋势

资料来源：国家统计局。

（二）带动技术创新

外商直接投资过程中，会产生技术溢出效应，带给东道主国家技术创新，而通过外资引进先进的技术以促进国内技术升级也是中国利用外资的一项重要目标。事实证明，中国通过引进外资确实促进了国内技术创新，从研发投入与有效发明专利的角度来看，根据国家统计局发布的《2017 年中国统计年鉴》，在全国规模以上工业企业中，2016 年外资企业的研发人员占全国研发人员的 22.81%，外商直接投资企业的研发资金投入占全国研发投入的 22.10%，而有效发明专利占全国的 19.14%；在产品和工艺创新方面，根据国家统计局《2017 年中国统计年鉴》的数据表明，2016 年有产品或工艺创新的企业占全国制造业企业的 39.7%，实现产品创新的企业占比为 25.9%，实现工艺创新的企业占比为 26.9%，而有产品或

① 国家统计局：《2017 年中国统计年鉴》，中国统计出版社 2017 年版，见 http://www.stats.gov.cn/tjsj/ndsj/2017/indexch.htm。

创新活动的外商直接投资企业占全国规模以上外商直接投资企业的 46.1%，实现产品创新的企业占比 31.45%，实现工艺创新的企业占比为 31%。[①] 可见，外商投资企业在上述三项中占的比重要高于全国的比重，这说明，中国利用外商投资带来的技术溢出效应对创新活动有明显的促进作用。

（三）扩大贸易规模

外商投资企业在中国进出口中占有举足轻重的地位，推动了中国贸易数量和质量的提升，增强了中国企业的国际竞争力。2016 年中国的外商投资企业数量约占全国的 3%，然而，外商投资企业实现的进出口总额却占全国的 45.78%，外商投资企业的累计出口值占全国的 43.71%，也就是说仅占 3% 的外资企业创造了将近一半的进出口值。[②] 总体上看，中国进出口总额随时间的增加逐年增加，外商投资进出口金额也逐渐增加，而且外商投资企业贡献了近一半的进出口值。随着中国经济转型，外商

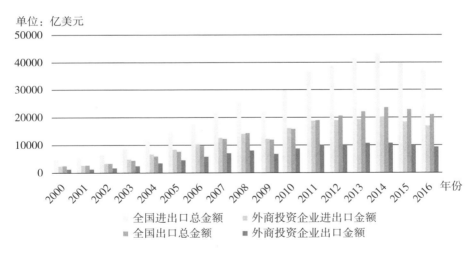

图 8.2　2000—2016 年外商投资企业对全国进出口贡献度

资料来源：中国海关统计。

---

① 国家统计局：《2017 年中国统计年鉴》，中国统计出版社 2017 年版，见 http://www.stats.gov.cn/tjsj/ndsj/2017/indexch.htm。

② 商务部：《中国外商投资报告 2017》，见 http://wzs.mofcom.gov.cn/article/ztxx/。

投资企业极大地促进了高技术行业出口。2000 —2016 年，高新技术产业利用外资年均增长 11.7%，外资企业在全国高技术企业中占比 25%，而高技术行业产值近一半来自于外商投资企业。[①]

（四）国际收支平衡

改革开放以来，中国外商投资企业对中国贸易顺差的贡献超过 40%，成为中国贸易顺差的关键。根据中国海关统计数据，2016 年中国外商投资企业对全国贸易顺差贡献率为 28.74%，2000—2016 年中国外商投资企业对中国贸易顺差贡献率为 48.38%。在 2000—2011 年，中国外商投资企业对中国贸易顺差的贡献率逐渐提高，到 2011 年达到最高的 85.55%，以后逐年下降，但是对中国贸易顺差的贡献依然在 20% 以上。[②] 绝对值方面，2000 年至 2008 年，外商投资企业贸易顺差逐步上升，之后开始下降，但降幅不大，2010 年最低，之后略有上升但基本持平。

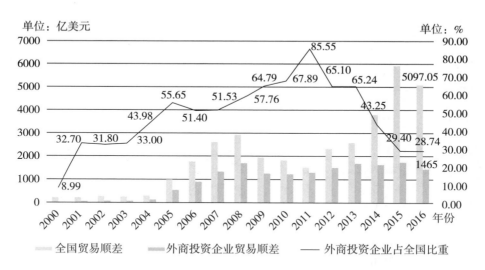

图 8.3　2000 —2016 年外商投资企业在全国贸易顺差占比

资料来源：商务部外资统计。

① 商务部：《中国外商投资报告 2017》，见 http://wzs.mofcom.gov.cn/article/ztxx/。

② 海关总署，见 http://www.customs.gov.cn/customs/302249/302274/302277/index.html。

（五）外商投资企业对就业的影响

据国家统计局的调查数据显示，2016 年外商投资企业创造了 2666 万人的城镇人口就业，占城镇就业人口比重的 6.44%，若包括外资在投资企业创造的就业，其城镇就业人数占总城镇就业人数的十分之一。而 2011—2016 年，外资企业吸收的国内城镇就业人口年均为 2623 万人，占城镇就业人口比重的 5% 以上。此外，据国家统计局数据显示，平均每家外资企业创造的就业人数为 131 人，明显高于全国平均就业人数的 28 人，从均值角度来看，外资企业就业创造水平高于国内企业。[1] 外资企业的进入不仅仅提升就业数量，还提高中国的就业质量，特别是改革开放初期，外资企业的进入为中国带来了先进的管理方式，并且在聘用制度、薪酬制度、培训制度的改革发展方面发挥了重要作用。

二、中国目前利用外资的不足

尽管随着中国沿海内陆的持续开放，中国利用外资范围持续扩大，质量不断提高，但是中国在利用外资方面仍存在不足，主要表现在以下几个方面。

（一）外资来源不平衡，严重依赖香港外资

一直以来，亚洲地区是中国外资的主要来源地，自 2005—2016 年中国来自亚洲地区的实际投资占比稳定在 80% 左右。2016 年来自亚洲的外商投资企业数 22106 家，占全国总量的 73.86%，相比 2015 年增长 4.37%，实现了连续三年的增长。虽然来自亚洲的实际外资有所下降，但仍占全国总量的 78.22%。[2] 从来自亚洲地区的外资来源地分析，2016 年在中国设立外资企业最多的五个国家或地区分别是中国香港、中国台湾、韩国、新加坡和中国澳门，实际利用外资最多的五个国家或地区分别是中国香港、新加坡、韩国、日本和中国台湾。

---

[1]　国家统计局，见 http://data.stats.gov.cn/easyquery.htm?cn=C01。
[2]　商务部：《中国外商投资报告 2017》，见 http://wzs.mofcom.gov.cn/article/ztxx/。

具体来说，香港一直以来是内地主要的外资来源地，2016 年来自香港的外资投资企业达 12753 家，占全国总量的 45.71%，实际使用外资金额 5262.19 亿元，占全国总量的 64.65%。2016 年东盟在中国设立企业 1142 家，实际使用外资金额 423.53 亿元。其中，新加坡是东盟国家中在中国投入外资最多的国家，2016 年新加坡设立的企业为 684 家，实际使用外资 392.64 亿元，分别占全国的 2.45%、4.8%；其次是马来西亚，在中国设立公司 242 家，实际使用外资金额 14.17 亿元；增长最快的是菲律宾，在 2016 年东盟地区设立的企业实际使用外资下降的情况下，菲律宾在中国设立的企业实际使用外资同比增长 102.28%。2016 年日本在中国设立企业 576 家，实际使用外资 201.4 亿元；韩国在中国实际成立公司数 2018 家，实际使用外资 307.95 亿元，自 2012 年开始韩国对中国投资逐年增加，2015 年超过了日本。[①]

来自其他地区的外资相对于亚洲地区较少，具体来说，2016 年北美在中国投资企业 1623 家，实际使用外资 171.29 亿元。其中对中国投资最多的为美国，2016 年美国在中国投资企业 1238 家，占北美地区在中国投资企业数目的 76.28%，实际使用外资金额 154.07 亿元，占北美地区的 90.90%，从全国来看，美国排名第八，远低于排名第一的香港。此外，2016 年加拿大在中国投资增长，实际使用外资金额占北美地区的 9.91%。欧盟地区对中国投资 2016 年有所上升，主要投资国家有德国、英国、法国、意大利等。2016 年，中国在欧盟地区最大的外资来源地是德国，在中国投资企业 392 家，实际利用外资 173.83 亿元，实际利用外资占欧盟地区的比重是 31.16%；其次是英国，实际利用外资占欧盟地区的 15.56%。图 8.5 具体描述了来自欧盟地区的实际利用外资情况，可以看到，实际利用外资前三的地区分别是德国、卢森堡、英国。2016 年大洋洲在中国投资明显下降，新设外商投资企业 712 家，实际利用外资

---

① 商务部：《中国外商投资报告 2017》，见 http://wzs.mofcom.gov.cn/article/ztxx/。

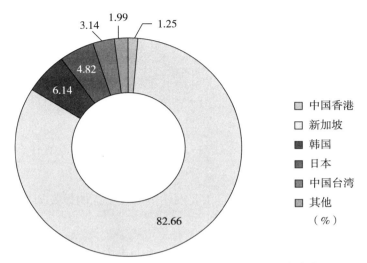

图 8.4　2016 年亚洲主要国家 / 地区在中国投资统计

资料来源：商务部外资统计。

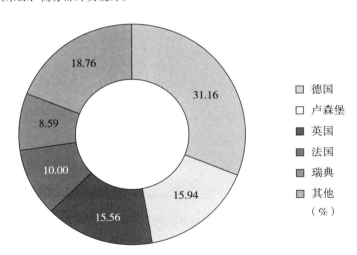

图 8.5　2016 年欧盟主要国家在中国投资统计

资料来源：商务部外资统计。

82.34 亿元，其最大的外资来源地是澳大利亚，投资企业 346 家，实际利
用外资 17.18 亿元。值得注意的是，2016 年"一带一路"沿线国家在中
国设立的企业 2886 家，同比上升 33.98%，但其实际利用外资为 440.43

亿元，同比下降 14.1%，其主要来源地是新加坡，其次是马来西亚。①

综合上述数据可以得到结论，中国对来自香港地区的资金依赖程度远高于其他地区，2016 年来自香港的投资占内地实际使用外资的 60% 多，而香港对外投资仅占全球的 4.3%，实际上，香港的对外投资逐年下降，但在内地却屡创新高。来自美国、欧盟、日本等地的外资虽然有所上升，但从长期看，20 年来，中国对这些地方的外资吸引力基本没有什么变化，特别是 2017 年上半年，欧盟和美国对中国投资都有所下降。总的来说，对香港的资金依赖程度较高，但是主要发达国家在中国的投资却持续下降。

（二）行业分布不均匀

随着中国产业结构的调整，外资进入的行业有所调整，第三产业吸引外资的能力逐步上升，特别是高技术服务业的增长最为迅速。虽然制造业吸引外资的能力逐步下降，但是先进制造业的外资进入却有所提升。同时，外商投资的行业也存在分布不均的问题。以三次产业划分来看，2016 年第三产业实际使用外资占比为 66.36%，第二产业为 32.13%，从 2014 年开始第三产业实际利用外资的比重逐年上升，第二产业逐年下降。②

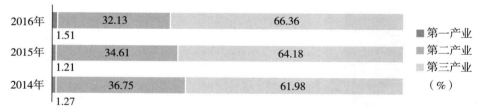

图 8.6 中国外商投资的三次产业结构分布

资料来源：商务部外资统计。

对各行业进行具体分析，制造业是吸引外资规模最大的行业，2016 年外商在制造业投资设立企业 4013 家，占全年新设企业总数的 14.38%，实际使用外资 2302.96 亿元，占全年实际利用外资金额总量的 28.32%。

① 商务部：《中国外商投资报告 2017》，见 http://wzs.mofcom.gov.cn/article/ztxx/。
② 商务部：《中国外商投资报告 2017》，见 http://wzs.mofcom.gov.cn/article/ztxx/。

房地产行业是吸引外资的第二大行业，但是 2015—2016 年有所下降，这与国内对房地产市场的调控有关。2016 年批发零售行业吸引外资最多，达 9399 家，实际利用外资 1011.09 亿元人民币。2016 年科学研究、技术服务和地质勘查业吸引外资的能力增幅较大，新设厂商同比增长 24.06%，实际利用外资额同比增长 49.74%。

高技术制造行业 2007—2016 年外商累计设立外商投资企业 14985 家，累计使用外资 6315.12 亿元，2016 年外商在高技术行业设立企业 798 家，实际使用外资 597.46 亿元。吸收外资规模最大的高技术行业是电子及通信设备，实际使用外资 400.23 亿元；其次是医疗设备等行业。

2007—2016 年，高技术服务业累计设立外商投资企业 27389 家，实际使用外资金额 3827.69 亿元。2016 年高技术服务业吸引外资能力上涨，外商新设立投资企业 4164 家，实际使用外资金额 974.96 亿元。其中吸引外资规模最大的是信息技术服务业，实际利用外资金额 544.56 亿元，占全年高技术服务业利用外资金额的 55.85%。[①]

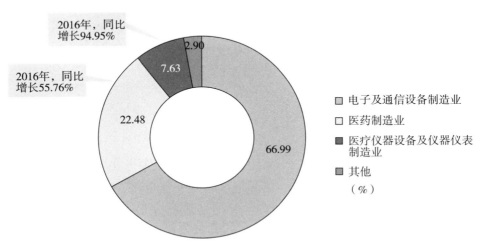

图 8.7　2016 年高技术制造业吸引外资统计

资料来源：商务部外资统计。

①　商务部：《中国外商投资报告 2017》，见 http://wzs.mofcom.gov.cn/article/ztxx/。

　　根据上述数据可以发现，总的来说，外资对服务业的拉动仍有待提高，服务业实际利用外资的行业集中度高，且还有很多行业没有外资进入。自 2010—2015 年，金融、批发和零售、房地产、租赁和商业服务业实际利用外资增长 15.6%，而其他行业共增长 1.3%，在教育、卫生、社会保障等行业几乎没有外资进入。① 就金融业而言，虽然金融业利用外资较多，但是多集中于金融信托与管理及金融租赁行业上，在银行和证券等传统金融行业却几乎没有外资进入。制造业的外资利用尽管占比最大，但是近年来却持续下降，外资利用也多集中在计算机、通迅和其他电子设备制造业等，行业集中度高。从全球价值链的角度来看，外商投资的企业多集中在加工贸易型企业，处于价值链低端。然而，随着中国人口红利的逐渐丧失，中国劳动力优势也逐渐丧失，加工贸易型企业吸引外资的能力下降，2005—2016 年加工贸易类行业占外资行业的出口比重逐渐下降，但是外资企业占中国加工贸易类企业的比重基本没有变化。这说明外资企业加工贸易出口比重下降主要是源于全球和中国经济形势变化，因而外资企业对中国产业结构优化和全球价值链地位提升的推动作用有限。同时，虽然高技术行业的实际外资利用数量在提升，但是外资企业的技术含量却还有待提高。

　　（三）地区分布不均

　　长期以来中国吸引外资的地区主要集中在东部地区，但随着"一带一路"、长江经济带和京津冀经济带的建设，中西部地区承接的外资逐渐增多。具体说来，北京、河北、天津、山东、上海等东部 11 个省市的外资吸引能力最强，2016 年，东部地区新设外资企业 25022 家，占全国的 89.68%，实际利用外资 7047 亿元，占全国的 86.7%。② 尽管东部地区不断扩大开放程度，东部地区的外资进入行业仍主要集中在制造业、房地产业、批发和零售业、租赁和商务服务业以及金融业。其内部结构近

---

① 商务部：《中国外商投资报告 2017》，见 http://wzs.mofcom.gov.cn/article/ztxx/。
② 商务部：《中国外商投资报告 2017》，见 http://wzs.mofcom.gov.cn/article/ztxx/。

年来有所变化，制造业、房地产的外资实际利用占比下降，而批发和零售等行业有所上升。中部地区主要包括山西、吉林、安徽、江西、河北、湖北等 8 个省，2016 年的外资设立企业 1648 家，占比为 5.91%，实际利用外资 458.3 亿元，占比为 5.6%，中部地区吸引外资的行业主要是制造业、房地产业等，其中制造业最高。① 西部地区包括内蒙古、广西、四川等 12 个省区市，2016 年西部地区外资投资企业 1230 家，占全国的比重为 4.41%，实际利用外资 626.9 亿元，占全国的比重为 7.7%。② 从区域发展的角度来看，2016 年，长江经济带实际利用外资 3940.79 亿元，占全国的比重为 48.46%，比 2015 年略有下降；2016 年，京津冀外商投资企业数 2341 家，投资总额 1967.17 亿元，占全国的比重分别是 8.39% 和 24.19%。③

　　根据上述数据可以得到结论，中国利用外资地区分布不均衡，东北部和中西部地区还有较大的发展空间。由于东部地区经济较为发达，有着便利的交通和优良的港口，一直以来有着强劲的外资吸引能力，但是中部、西部地区的外资吸引能力较弱。虽然东部地区吸引外资能力较强，但是行业分布不均，主要集中在制造业、房地产等几个行业，中部地区也存在这一问题。自从"一带一路"和各区域型经济发展中心提出后，其外资吸引能力显著提升，使外资向中西部地区转移，但是东部地区外资分布较集中、中西部分布较少的现实仍未改变。东北部和中西部的外资利用水平远低于地区生产总值占比，其外资发展仍有进步空间。

三、外资利用的完善方向

　　目前中国的外资利用面临着外资来源集中度高，行业地区分布不均等问题，使得外资对中国经济的拉动作用降低。在中国进入经济转型期

---

①　商务部：《中国外商投资报告 2017》，见 http://wzs.mofcom.gov.cn/article/ztxx/。
②　商务部：《中国外商投资报告 2017》，见 http://wzs.mofcom.gov.cn/article/ztxx/。
③　商务部：《中国外商投资报告 2017》，见 http://wzs.mofcom.gov.cn/article/ztxx/。

后，如何更好地利用外资促进经济发展，带动产业升级是一个亟须思考的问题。

（一）注重外资质量

根据商务部相关数据表明，外商投资占全社会固定资产投资的比重下降，1995 年外商投资占比为 15.65%，而到 2016 年仅占 1.34%。[①] 由此看来，中国经济发展的资金相对充足，因此根据资金利用特点，应更加注重外资的质量。那么什么样的资金属于高质量资金呢？显然能为中国经济发展注入活力、带动国内产业升级、产生技术外溢带动国内企业提升核心竞争力的外资属于高质量外资，从资金来源地看，这些资金更多来源于美国、日本、英国等发达国家和地区，即要加大吸引来自发达国家和地区外资的力度。

（二）重视知识产权的引进，通过外资引进提升自主创新能力

这依然要求中国引进先进的技术和机器设备，但是更要注重这些技术的消化吸收，使其转化为促进自身发展的动力。在引进先进外资方面，首要的任务是吸引先进外资企业进入，然后再考虑本国吸收问题，只有先进外资企业进入后，创新能力的转化才有可能。要注重知识产权的保护，只有外资企业的知识产权受到保护，这些企业的核心竞争力不受威胁，其才有进入的意愿，此外知识产权的保护不仅仅对外资企业有利，对未来国内企业的创新、技术的保护也有长远影响。注重学习，充分利用外资企业带来的技术溢出效应，在保护知识产权的同时提升自身研发能力。

（三）注重生态环保类外资的引进

近十年来中国外商直接投资比重急剧下降，但是中国经济正处于转型中，产业升级还未完成，还需外资的支持。同时伴随着经济发展的是环境的恶化，在外资引进过程中要注意吸引环保类外资。首先要注重引

---

①　国家统计局，见 http://data.stats.gov.cn/easyquery.htm?Cn=col。

进国外先进的环保设备和生态保护技术，比如德国先进环保的水泥烧制技术、污水处理技术，日本、英国等的垃圾处理技术等。其次注重环保类企业的引进，引进这类企业生产环保产品，一方面改善国内生态环境；另一方面通过学习吸收这类企业的先进技术与经验，发展自身的环保产业。此外，发挥自由贸易试验区的作用，在自由贸易试验区优先引进环保企业，达到环境标准的企业给予优惠政策，加大对环保企业的吸引力。

（四）加大第三产业的外资吸引力度

目前外商投资主要集中在第三产业，并集中在金融、房地产、零售批发等几个行业，产业分布不均衡，因此在未来要加大第三产业其余行业的外资引进力度。具体来说，水利、环境、公共设施等领域存在巨大潜力。举例来说，中国水污染严重，而发达国家具有成熟的污染防治系统，加大这些领域的外资进入会为中国环境治理注入一剂良药。扩大教育、卫生方面的开放程度，中国目前职业教育还不够完善，而日本和德国的职业教育体系成熟，吸引外资进入这些领域可以培养大量的优秀技师，有利于为中国技术进步、科技创新储备大量的人才；同时，中国卫生医疗领域的垄断程度也比较高，可以通过这些领域的开放引进先进企业，吸收先进的药物开发、实验方法，进而推动国内医疗体系发展，将有利于提高国内居民福利状况。

加大生产领域的服务业开放，近10年来，通信设备、信息技术等行业的外资进入在持续增长，但从世界大背景来看，信息技术的发展是各国科技发展的必争之地。中国经济正处于转型期，此类行业特别是云计算、互联网、实验中心、技术研究方面的发展将为中国经济转型起到重要的推动作用，尽管中国在互联网和云计算领域略有优势，但是与发达国家还有较大差距，因此还要继续扩大此类行业的开放程度，吸引优质外资进入，缩小中国与世界顶尖国家的技术差距。

扩大能源领域开放程度，2016年中国发电量占世界总发电量的

24.7%，碳排放占全球总量的 27%，国内生产总值占全球的 11.8%。[①] 相比于美国、日本、德国等发达国家发电量、碳排放量和国民生产总值占比相差无几的情况来看，中国在能源领域还有较大的发展空间，特别是清洁能源方面。德国已经实现家家用太阳能发电，国际上主要是发达国家清洁能源的发展已经较为成熟，风能、太阳能等利用效率高，这为中国在此领域的外资引进创造了条件，有助于解决中国再生能源进入电网的不稳定性问题，提升中国清洁能源利用效率，改善生态环境。

（五）完善外资利用政策

外资引进政策不是一个普惠政策，应根据自己的需要合理制定规划，比如对高新技术产业、环保产业的外资进入方面给予一定的优惠，一般企业和技术行业的外资进入不给予优惠措施。平衡地区发展，在准入条件一致的前提下给予中部、东部地区一定的优惠措施，与此同时还要考虑到西部地区脆弱的生态环境。

完善外资进入的法律法规，依法行政，设立准入原则、安全要求和责任，一切行为都有法可依，一切违法行为都应被依法进行处罚，同时简化审批程序，将行政审批转化为法律审批，可以在自由贸易试验区进行试点然后扩展到全国各行业。加强事中事后的监管，法律审批以后各部门应履行自己的监管职能，对监管缺失的行为予以惩罚，这有利于企业明确责任。此外，还应主动进行双边或多边投资协定谈判，这有助于完善投资体系的建立，解决在投资方面存在的问题；可以在国家间开展标准的互相认同，简化外资进入手续，吸引外资；开展同发达国家的投资谈判，引进发达国家的外资，完善本国投资体系，提升自主创新能力，促进产业升级。

（六）加大开放程度，加强中西部地区的外资引进

利用中国市场吸引先进外资进入，同时降低运输成本促进中部西部

---

① 商务部：《中国外商投资报告 2017》，见 http://wzs.mofcom.gov.cn/article/ztxx/。

和东北部地区的外资转移。由于东部沿海地区劳动力成本、环境资源成本上升，对外资吸引力减弱，同时中西部虽然离国际市场较远但是靠近国内市场，再加上"一带一路"等政策的实施和其本身具备的资源优势，中西部地区具有巨大的潜力，因此中国应进一步降低运输成本，增强中西部地区的外资吸引能力，将潜力转化为实力，同时在东部地区吸引高质量外资，形成合理的国内产业链布局。此外，支持人力资本型的外资进入，发挥中国的人力资本优势，向价值链高端攀升。中国目前人口红利逐渐丧失，但中国具有大专及以上学历的高素质人才的比例正逐渐上升，不过由于中国目前产业层次较低，迫使许多高素质人才从事技术含量较低的职业，同时高学历人才向高技术人才的转变具有很强的外部性，因而着重引进具有技术含量的人力资本密集型产业外资，一方面可以与中国人才素质更好地匹配；另一方面也将有利于中国高学历人才向高技术人才转变，进而有利于促进产业结构升级。

第九章 多边贸易体制下中国自由贸易区发展战略

第一节 世界贸易组织框架下全球自由贸易协定的发展

一、世界贸易组织框架下全球自由贸易协定的发展历程

自由贸易协定是指两个及以上的国家或地区为实现相互之间的贸易自由化在世界贸易组织规则下所达成的地区性贸易安排。近年来，自由贸易协定发展迅速并已成为区域贸易协定的主要形式。

（一）全球自由贸易协定兴起

区域贸易协定是多边贸易体制的重要组成部分，从国际法层面来看，签署区域贸易协定是世界贸易组织规则准许的行为。由于多边贸易体制和规则的准许，全球自由贸易协定得以快速兴起。如果考虑到同一个区域贸易协定可能会经过货物和服务等两次及以上通报的情况，截至 2018 年 6 月 12 日，据世界贸易组织统计，已签署生效的区域贸易协定有 305 个。其中，自由贸易协定形式有 252 个，占比超过 80%，这 252 个自由贸易协定不仅涉及绝大多数的发达经济体，而且广大的发展中国家也积极参与，各个国家建立的自由贸易区之间相互联系，迅速形成一张庞大重叠的自由贸易区网络；关税同盟形式有 29 个；诸边服务协议形式有 24 个。

（二）全球自由贸易协定发展浪潮

随着世界贸易组织在 1995 年 1 月 1 日正式开始运转，自由贸易协定

的签署生效速度显著加快，在 1995—2018 年期间，世界贸易组织平均每年签署的自由贸易协定数量超过 10 个。相应地，自由贸易协定也经历了两次发展浪潮：

第一次发展浪潮是在 21 世纪初期，在多边贸易体制受挫的情况下，区域贸易自由化开始兴起。20 世纪 90 年代以来，世界贸易组织主导的多边贸易谈判受阻，世界贸易组织成员数量众多导致很难达成一致赞成的提议，且在农业等敏感领域矛盾分歧太大，多边贸易体制运转失灵，主要体现为多哈回合迟迟不能结束。同时，欧盟和北美自由贸易区等先建立起来的自由贸易协定对促进国家经济发展起到了良好的示范作用，触发了自由贸易协定的"多米诺骨牌效应"，自由贸易协定数量激增。

第二次发展浪潮是在 2008 年国际金融危机爆发后，各经济体通过签订自由贸易协定来促进贸易和投资，自由贸易协定的数量在全球范围内快速增长。其中 2008 年在世界贸易组织框架下通报的自由贸易协定多达 26 个，2009 年也多达 18 个。不但地理位置毗连的国家积极促成自由贸易协定，比如秘鲁和智利之间签署的自由贸易协定，而且很多自由贸易协定突破了地域界限，比如秘鲁和中国之间签署的自由贸易协定。

（三）全球自由贸易协定的网络化发展

从 2010 年以来的数据看，全球自由贸易协定的签订生效速度有所下降，但仍然维持在每年近乎 10 个的数量。由于各国之间会基于自身参与的自由贸易协定形成自己的自由贸易区网络，自由贸易协定交叉重叠，呈现出网络化发展的趋势，交叉重叠的自由贸易协定构成了不同类型及规模的"轮轴—辐条"网络结构。

自由贸易协定的网络化发展引起了世界范围内的福利分配变化：首先，自由贸易区产生的贸易转移效应有利于成员国福利的增加，而不利于非成员国；其次，成员国形成的"轮轴—辐条"结构中，轮轴国的获益要多于辐条国。

二、全球自由贸易协定发展的原因及评价

（一）全球自由贸易协定发展的原因

1. 全球多边贸易谈判陷入停滞

以世界贸易组织为主导的多边贸易体制是贸易自由化和经济全球化的重要渠道，可是世界贸易组织成员众多（截至 2018 年 6 月有 164 个），每个成员的经济发展水平存在差异，成员之间的矛盾分歧和经济利益冲突使得全球多边贸易谈判自乌拉圭回合后难以取得成就、达成共识。在多边贸易体制陷入困顿的背景下，各成员开始寻求新的方式来促进贸易自由化，双边、区域签订的自由贸易协定则是解决这一问题的出路。

2. 自由贸易协定具有优越性

自由贸易协定的一大特点就是成员数量相较于世界贸易组织要少很多，这使得贸易谈判会更加灵活，矛盾易于协调，比较容易达成共识。通过自由贸易协定谈判，成员间的贸易利益可以在短期内得到实现：首先，自由贸易协定谈判内容的涵盖领域更广，除了世界贸易组织谈判内容外，还涉及了诸如环境保护、劳工标准、科技研发和文化交流等诸多领域。其次，自由贸易协定的签署为各成员创造出更好的贸易和投资环境，这对吸引外商直接投资和促进对外投资非常有利。

3. 自由贸易协定是大国战略的重要手段

自由贸易协定远非经济互助那么简单，它的签订通过更加有利的贸易、投资条件促进经济自由化，维护成员的政治安全利益。比如，2018 年特朗普曾提议希望在七国集团之间消除关税壁垒和政府补贴，提议建立的"七国集团自由贸易区"很大程度上是因为七国集团具有密切联系的政治安全利益。在多边贸易体制陷入逆境的背景下，由于自由贸易协定具有战略作用，政治安全利益一致的国家更容易达成共识，自由贸易协定在全球范围内得到了迅猛增长。

（二）自由贸易协定发展存在的潜在风险

1. 自由贸易协定的签署可能会增加贸易成本

自由贸易协定签订后，贸易成本的增加可能会基于以下几个方面：首先，自由贸易协定复杂的原产地规则使国际贸易更加昂贵和复杂，一些企业不能了解和掌握原产地规则，部分企业甚至不能正确使用合理的自由贸易协定优惠原产地证书，这降低了贸易效率。其次，自由贸易协定签署后会产生贸易转移效应，协定对缔约国以外的国家造成歧视，会使缔约国和非缔约国之间的贸易成本相对增加。

2. 自由贸易协定的经济效果未充分发挥

自由贸易协定在谈判时各成员都有各自的经济目标和预计的经济效果，但是预期的经济效果并没有得以实现，这可能基于以下原因：

一是目前自由贸易协定在谈判时更多地考虑到政治和安全利益，其经济功能考虑得较少。当前欧美等主要发达经济体在选择自由贸易协定伙伴时，往往会从利益共同体角度出发考虑到政治和安全，这会削弱自由贸易协定的经济功能；在区域贸易一体化进程明显快于多边贸易自由化的时代背景下，也会边缘化那些缺乏地缘政治优势的国家。

二是贸易自由化虽然能够激发创新和提升生产效率，但自由贸易协定形式的贸易自由化对效率提升效果不大。不同形式（区域和多边）的贸易自由化对促进创新的作用存在差异：多边贸易自由化会提升全部介入国家的整体研发水平和生产效率，而区域贸易自由化对边缘化国家生产效率改善不明显，而偏向于提升核心国家的生产效率。

三是自由贸易协定涉及的领域差异会排除部分产业，出现产业边缘化问题。在自由贸易协定谈判时，由于不同经济体自身国情及经济发展情况存在差异，可能会将农产品、部分制造业和服务业等产业排除在谈判之外。对这些产业进行保护的同时，付出的代价是产生了边缘性产业，这样不利于经济资源的全球有效配置，并导致产业的畸形发展。

　　3. 部分国家企业的自由贸易协定利用率偏低

　　企业是自由贸易协定的微观参与主体，也是协定的主要受益者，然而很多国家（特别是发展中国家）的企业对于自由贸易协定的利用率却比较低。例如，经有关调查，中国只有半数企业了解关于自由贸易协定的优惠政策，特别是中小企业过度重视生产环节，对于国家政策的调整变化重视不足，导致了对自由贸易协定相关信息的把握能力欠缺。与韩国企业相比，中国自由贸易协定利用率明显偏低，据韩国关税厅统计数据显示，2016 年韩国企业出口平均自由贸易协定利用率超过 70%。取得原产地证书是利用自由贸易协定优惠的前提，而中国企业对于自由贸易协定原产地规则的利用情况较差。企业在申领原产地规则时会面临手续繁琐、费用过高、服务网点少的困难。

三、世界贸易组织框架下全球自由贸易协定发展的特点

（一）自由贸易协定数量逐步增加

　　在多边贸易体制停滞和世界经济增长放缓的背景下，很多成员选择将多边贸易谈判资源转移到区域贸易协定谈判（很多是自由贸易协定谈

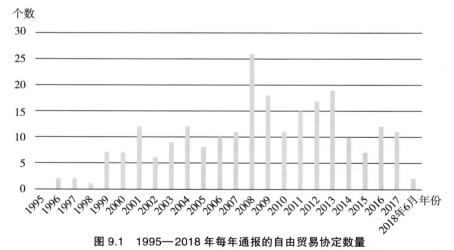

图 9.1　1995—2018 年每年通报的自由贸易协定数量

　　资料来源：根据世界贸易组织网站资料绘制，见 http://rtais.wto.org/ui/PublicAllRTA List.aspx。

判）中来，寻求通过区域合作更有效地去解决多边贸易体制尚没有解决的贸易自由化问题。如图 9.1 所示，在 21 世纪初期和 2008 年国际金融危机爆发后每年向世界贸易组织通报的自由贸易协定数量显著增加，自由贸易协定经历了两次发展浪潮。

（二）自由贸易协定延伸到服务贸易领域

这些年，自由贸易协定开始注重向服务贸易领域延伸，大多数自由贸易协定层次都在原来货物贸易领域的基础上升级到货物和服务领域。截至 2018 年 6 月 12 日，据世界贸易组织统计，一共有 252 个已生效的自由贸易协定，其中覆盖货物和服务贸易的有 141 个，其余 111 个仅涉及货物贸易。

表 9.1　按照涵盖领域分类的自由贸易协定数量

单位：个

货物领域（Goods）	111
货物和服务领域（Goods & Services）	141
合计	252

资料来源：根据世界贸易组织网站资料整理，见 http://rtais.wto.org/ui/PublicAllRTAList.aspx。

（三）欧洲是签署自由贸易协定的重点区域

从 2010 年以来的数据可以看出，自由贸易协定谈判地区主要集中于欧洲国家，特别是在 2017 年及 2018 年通报并生效的 13 个自由贸易协定中，6 个涉及欧盟或者欧洲自由贸易联盟，还有 2 个涉及乌克兰，涉及欧洲地区的自由贸易协定达到一半以上，其他的 6 个自由贸易协定涉及的国家和地区比较零散，包括中国、南美、北美等。

表 9.2　2017—2018 年新通报并且生效的自由贸易协定一览表

序号	自由贸易协定	通报日期	生效日期
1	中国—格鲁吉亚	2018 年 4 月 5 日	2018 年 1 月 1 日
2	南方共同市场—埃及	2018 年 2 月 19 日	2017 年 9 月 1 日
3	智利—泰国	2017 年 9 月 12 日	2015 年 11 月 5 日

续表

序号	自由贸易协定	通报日期	生效日期
4	加拿大—乌克兰	2017 年 9 月 13 日	2017 年 8 月 1 日
5	土耳其—马来西亚	2017 年 2 月 20 日	2015 年 8 月 1 日
6	中国香港—中国澳门	2017 年 12 月 18 日	2017 年 10 月 27 日
7	欧盟—加拿大	2017 年 9 月 19 日	2017 年 9 月 21 日
8	欧盟—加纳共和国	2017 年 4 月 3 日	2016 年 12 月 15 日
9	欧盟—南非发展共同体	2017 年 4 月 3 日	2016 年 10 月 10 日
10	欧盟—哥伦比亚与秘鲁—厄瓜多尔加入	2017 年 3 月 2 日	2017 年 1 月 1 日
11	欧洲自由贸易联盟—越南	2017 年 3 月 4 日	2016 年 10 月 5 日
12	欧洲自由贸易联盟—格鲁吉亚	2017 年 8 月 29 日	2017 年 9 月 1 日
13	阿塞拜疆—格鲁吉亚—摩尔瓦多—乌克兰	2017 年 4 月 3 日	2003 年 12 月 10 日

资料来源：根据世界贸易组织网站资料整理，见 http://rtais.wto.org/ui/PublicAllRTA List.aspx。

（四）全球主要大国都在积极推进自由贸易区战略

为了避免被边缘化的危险及为国家赢得更多的经济利益，世界上的主要大国都热衷于自由贸易协定谈判，截至 2018 年 6 月 12 日，据世界贸易组织统计，欧盟作为整体参与签署的自由贸易协定多达 37 个，美国（不包括北美自由贸易区）、日本和中国作为主体签署的自由贸易协定个数均超过 10 个。

表 9.3　全球主要大国向世界贸易组织通报的自由贸易协定数量情况

国家地区	个数
欧盟	37
美国	12
日本	15
中国	14
俄罗斯	5
印度	7

资料来源：根据世界贸易组织网站资料整理，见 http://rtais.wto.org/ui/PublicAllRTA List.aspx。

四、世界贸易组织框架下全球自由贸易协定的建设动向

（一）自由贸易协定区域特点较为明显

从区域特点来看，欧洲地区和亚太地区是全球自由贸易协定谈判的重点区域。欧洲地区是全球自由贸易协定"轮轴—辐条"结构的轴心地区之一，也是目前全球自由贸易协定谈判的集中区域；在2017、2018年通报并生效的13个自由贸易协定中，涉及到亚太地区的有5个，东盟的泰国、马来西亚和越南以及中国（含中国内地、香港和澳门地区）自由贸易协定的增长速度显著加快。由此可见，近年来自由贸易协定建设具有较为明显的区域特点。

（二）自由贸易协定签署的标准逐渐提高

自由贸易协定的领域由原先的货物和服务逐渐增加投资、知识产权、政府采购、环境、竞争、劳工等众多非传统贸易议题，自由贸易协定签署的标准在逐渐提高，而且各国都在升级原先的自由贸易协定，例如，截至2018年6月12日，中国已经通过新谈判升级了和东盟以及智利原本的自由贸易区协定。

关于自由贸易协定建设的高标准，以《跨太平洋伙伴关系协定》为例。2015年完成的《跨太平洋伙伴关系协定》谈判，制订了涵盖货物、服务、投资、电子商务、知识产权以及国有企业等多领域、高标准的区域贸易规则。同时，《跨太平洋伙伴关系协定》还引领了新一代高标准规则的发展。例如，国有企业和指定垄断规则规定成员国的国有企业应该遵循非歧视等基本原则；劳工规则要求成员遵循国际劳工组织的重要公约，包括自由结社和集体谈判权等；环境规则规定不得降低环境标准来促进贸易和投资，且要求成员国执行多边环境条约。此外，还有监管一致性规则、透明度和反腐败规则、竞争政策规则和电子商务规则等。这些规则从侧面反映出自由贸易协定谈判的标准在提高。

（三）自由贸易协定谈判阻力逐渐增大

2008年以后，全球自由贸易协定增长速度明显下滑，反映出自由贸

易协定谈判（特别是在欧美等发达国家）遇到的阻力不断增大。复杂的地缘政治和利益考量是影响自由贸易协定谈判的重要"变量"。当前逆全球化思潮的不断蔓延也使得自由贸易协定谈判面临诸多"变局"。2016 年11 月 9 日，特朗普当选美国总统后强力奉行单边主义和贸易保护主义政策，不仅《跨太平洋伙伴关系协定》被迫搁浅而且还挑起了中美贸易摩擦。作为世界第一经济大国的美国，其贸易诉求从多边和区域转到双边，这是逆全球化力量的体现，同时也加大了自由贸易协定谈判的阻力。

第二节   中国自由贸易区战略转变与发展历程

一、中国自由贸易协定的最新进展

中国在加入世界贸易组织前，在经贸领域把主要精力是放在世界贸易组织的谈判上，自由贸易协定起步较晚。近年来，在全球多边贸易谈判停滞和大国自由贸易区战略的刺激下，中国在继续支持并维护世界贸易组织多边贸易体制外，也明显加快了双边和区域经济合作的步伐。当前，自由贸易协定已经成为中国开展区域合作的主要形式。截至 2018 年6 月 15 日，中国已经签署的自由贸易协定有 16 个，此外有 11 个正在谈判的自由贸易协定和至少 11 个正在研究的自由贸易协定。

表 9.4   中国签署的自由贸易协定与最新进展

自由贸易协定的进展阶段	自由贸易协定
已经签署协议的自由贸易协定（16 个）	中国—马尔代夫
	中国—格鲁吉亚
	中国—澳大利亚
	中国—韩国
	中国—瑞士
	中国—冰岛
	中国—哥斯达黎加
	中国—秘鲁

自由贸易协定的进展阶段	自由贸易协定
	中国—新加坡
	中国—新西兰
	中国—智利
	中国—巴基斯坦
	中国—东盟
	内地与港澳更紧密经贸关系安排
	中国—东盟升级
	中国—智利升级
正在谈判的自由贸易协定（11个）	区域全面经济伙伴关系
	中国—海合会
	中日韩
	中国—斯里兰卡
	中国—以色列
	中国—挪威
	中国—巴基斯坦自贸协定第二阶段谈判
	中国—新加坡自贸协定升级谈判
	中国—新西兰自贸协定升级谈判
	中国—毛里求斯
	中国—摩尔多瓦

资料来源：根据中国自由贸易区服务网整理资料所得，见 http://fta.mofcom.gov.cn/。

　　此外，中国和巴布亚新几内亚、加拿大、孟加拉国、哥伦比亚、斐济、尼泊尔、蒙古国、巴拿马和巴勒斯坦等国家，以及与秘鲁和瑞士的自由贸易协定升级谈判都正在研究之中。由于世界贸易组织官网和中国自由贸易区服务网统计标准不同，具体的自由贸易协定数量会有差别，比如说已经签署的自由贸易协定，世界贸易组织统计只有14个，而中国自由贸易区服务网统计却有16个，是因为世界贸易组织没有将中国—马尔代夫自由贸易协定计入在内，没有计入中国和智利以及东盟的升级谈判，而且将内地与香港、内地与澳门的《更紧密经贸关系安排》视为两个自由贸易协定。

二、中国自由贸易协定的发展历程

（一）自由贸易协定发展的第一次尝试

中国在 1991 年加入亚太经济合作组织，进行了在自由贸易协定发展历程上的第一次尝试。成为亚太经济合作组织成员国后，中国一贯全面配合并积极参与组织活动，而且在 2001 年于中国上海举行了亚太经济合作组织中国年会。在促进经济自由化发展方面，中国在 2000 年全面参与实施和执行了《亚欧贸易便捷行动计划》和《亚欧投资促进行动计划》，加入亚太经济合作组织后，中国一直致力于加强成员间经济技术合作，促进亚太各地区的经济增长、合作、贸易和投资等，积极推进区域经济一体化和贸易投资自由化。

（二）首入实质性区域贸易协定

《曼谷协定》是中国初次加入的实质性区域贸易协定。为了促进亚太地区国家间的经济贸易合作和共同发展，很多亚太地区的发展中国家在 1975 年缔约签署了《曼谷协定》，通过这个协定缔约国之间给予彼此关税和非关税优惠。中国积极申请，并在 2001 年 5 月正式成为《曼谷协定》成员，被视为中国参与的第一个区域性多边贸易组织，在中国关税历史上《曼谷协定》占有很重要的地位。一方面，中国首次通过区域贸易谈判获得比世界贸易组织最惠国待遇更低的优惠关税；另一方面，中国也给予了《曼谷协定》其他成员国更低的优惠税率和非关税优惠。从《曼谷协定》开始，中国逐渐开始了自身的自由贸易区建设。

（三）更大范围推进自由贸易区战略

自从《曼谷协定》开始，中国正式开始了自身的自由贸易区建设。中国在更大规模上推进自由贸易区战略，有以下几个关键节点：一是《中国—东盟全面经济合作框架协议》在 2002 年得以签订，这是中国参加机制性区域经济一体化的开始；二是在 2003 年中国内地与香港、中国内地与澳门先后签署了《更紧密经贸关系安排》，这是内地第一个全面实施的自由贸易协定；三是在党的十七大报告提出了要实施自由贸易区战略，第一次将自由贸易区建设提升为国家战略。

表 9.5　中国向世界贸易组织通报的自由贸易协定进程情况

自由贸易协定	覆盖领域	通报世界贸易组织时间
内地—香港	货物与服务	2003.12.27
内地—澳门	货物与服务	2003.12.27
中国—东盟	货物和服务	2005.9.27；2008.1.26
中国—智利	货物和服务	2007.1.20；2010.11.18
中国—巴基斯坦	货物和服务	2008.1.18；2010.5.20
中国—新加坡	货物和服务	2009.3.2
中国—新西兰	货物和服务	2009.4.21
中国—秘鲁	货物和服务	2010.3.3
中国—哥斯达黎加	货物和服务	2012.2.27
中国—瑞士	货物和服务	2014.1.30
中国—冰岛	货物和服务	2014.10.10
中国—澳大利亚	货物和服务	2016.1.26
中国—韩国	货物和服务	2016.3.1
中国—哥斯达黎加	货物和服务	2018.4.5

资料来源：根据世界贸易组织网站资料整理，见 http://rtais.wto.org/ui/PublicAllRTA List.aspx。

（四）中国的自由贸易区网络雏形初现

截至 2018 年 6 月 12 日，据中国自由贸易区服务网统计，中国已经和 24 个国家和地区签订了 16 个自由贸易协定，中国自由贸易区建设网络的雏形基本显现。纵观已经签订的自由贸易协定，自由贸易区网络呈现出立足周边、辐射"一带一路"、面向全球的基本特点。

中国签订的 16 个自由贸易协定包含的 24 个国家和地区分别是：中国香港、澳大利亚、秘鲁、中国澳门、新西兰、冰岛、新加坡、东盟十国、智利、巴基斯坦、瑞士、韩国、马尔代夫、格鲁吉亚和哥斯达黎加。这些国家和地区大多位于中国周边，很多是"一带一路"沿线国家，中国的自由贸易区网络雏形初现。

三、中国自由贸易区建设的战略意义

毫无疑问，中国进行自由贸易区建设是具有战略意义的，具体体现为如下几个方面：

（一）顺应经济全球化新趋势，避免被边缘化

首先，在世界贸易组织多边贸易体制陷入困境、2008 年爆发世界金融危机的背景下，世界自由贸易区的发展经历了两次浪潮，而中国从进入 21 世纪才逐渐开始了自己的自由贸易区建设，是全球自由贸易区战略布局的迟到者。在该背景下，中国实施自由贸易区战略的意义体现在可以对多边贸易体制进行替代和补充，可以通过自由贸易区战略促进和主要伙伴国的自由贸易，提高自己在贸易伙伴国的市场份额。

其次，推进自由贸易区建设可以防止被边缘化。因为自由贸易区机制区别于世界贸易组织机制的一个主要方面，便是自由贸易协定的原产地规则仅对协定内的成员国实行优惠政策，而世界贸易组织的最惠国待遇对所有世界贸易组织成员实行统一优惠政策，这就导致了自由贸易协定签署后非成员国会面临被边缘化的风险。即签署自由贸易协定后，面对成员国之间给予彼此更加优惠的政策，而非成员国会面临着贸易转移的经济效应。中国要避免这一危险的发生，必须要出台自己的自由贸易区战略。

（二）以市场开放倒逼国内制度改革和企业竞争力提升

一方面，通过签署自由贸易协定，中国和更多的国家达成了自由贸易协定，进一步提高了对外开放水平；另一方面，自由贸易协定的签署

会以市场开放倒逼国内制度改革和企业竞争力提升。即自由贸易协定不仅会促进缔约双方贸易和投资的开展、更好地帮助中国企业开拓国际市场，而且会形成外部动力促进中国的制度改革。自由贸易协定的签署会对缔约国在贸易便利化、知识产权保护、服务业开放、"负面清单"的缩减等领域提出更高的要求，从而形成外部动力倒逼国内的制度改革。此外，自由贸易协定签署后还会提升企业的竞争力，比如说中韩自由贸易协定生效后，中国企业在高附加值产品领域会面临着更大的竞争压力，中国企业要想进入韩国市场或者在中国维持原有的市场份额就必须加大研发投入，增强创新能力，提高企业竞争力。

（三）提升中国在国际规则制定中的话语权

由于历史原因，中国过去一直是国际规则的参与者，随着中国经济的崛起，中国应该主动参与国际规则的制定。中国可以通过自由贸易区建设，提升自身的影响力和国际规则制定的话语权。自由贸易协定谈判议题可以作为多边议题的"试验田"，中国一直是多边主义积极的倡导者和践行者，尽管当前多边谈判受阻，但多边谈判的生命力犹在。因此，长期来看，双边议题势必会回归多边，由于双边谈判的灵活性和经济冲击的局部性，中国可以在自由贸易协定谈判中先行测试知识产权、劳工标准、环保等议题，并且在自由贸易协定谈判中提出更多的"中国方案"，这有利于提升中国在国际规则制定中的话语权。

第三节　中国自由贸易区发展的问题与未来策略

一、中国自由贸易区发展的问题

自从自由贸易区建设被确立为国家战略以后（特别是 2008 年世界金融危机爆发后）便得到迅速发展，中国的自由贸易协定发展迅速。目前，中国已经和世界上的 24 个国家和地区签订了自由贸易协定。尽管中国在自由贸易区建设中取得了一定的进展，但从总体上来说，相较于世界上蓬勃发展的区域经济一体化组织，中国自由贸易区建设还处于发展起步阶段，自由贸易协定对改善中国在激烈的世界竞争中的不利处境作用十分有限。在现在的自由贸易区建设中，中国还面临着如下问题和挑战。

（一）中国自由贸易区的研究和谈判机制需要进一步完善

尽管中国自由贸易区的数量在这几年里实现了快速增长，但是自由贸易区的建设水平相较于欧美国家仍然处在比较低的状况，研究和谈判机制需进一步改善。自由贸易协定从开始研究、进行谈判到最后的签署和执行，这是一个庞大的系统工程，并不是一件简单容易的工作，需要考量的东西特别多，需要一个专门的部门跟踪、研究和判断全球自由贸易协定发展态势，我们可采取以下措施来提高自由贸易的机制建设水平。

首先是要改善研究机制。自由贸易协定最终的签署执行，始于刚开始的研究工作。目前中国正在研究建立自由贸易区的对象国有巴布亚新几内亚、加拿大、孟加拉国、哥伦比亚、斐济、尼泊尔、蒙古国、巴拿马和巴勒斯坦等国家，还有一些已签署自由贸易协定的升级。做好可行性、如何签署、经济影响等的研究工作，可以使自由贸易协定的签署执行事半功倍，现在一些在自由贸易区建设中较有经验的国家或地区会考虑到优势互补、政治经济利益等，逐渐形成了一套属于自己的自由贸易区建设线路，中国可以借鉴这些经验来改善研究工作。

其次是要改善谈判机制。在自由贸易区的研究后，接下来是自由贸易协定的谈判签署，而自由贸易协定谈判涉及缔约国的博弈，我们要完善自己的谈判机制，既要维护好中国的经济利益，又要促进自由贸易区高效开展。中国要培养一批懂自由贸易区知识和谈判知识的专业人才，还要学习外国的先进经验，从各方面提升中国自由贸易协定的谈判能力。

（二）中国参加的自由贸易协定总体水平较低

在全球自由贸易协定浪潮和大国自由贸易区战略的刺激下，尽管中国自由贸易区得到了快速地发展，和很多国家都签订了自由贸易协定，可是从总体来看在规模和涉及领域等方面与欧美国家仍存在很大的差距，中国参加的自由贸易协定总体水平还比较低。

首先，中国自由贸易协定起步比较晚。虽然近年来发展迅速，但是数量仍然比较少。截至 2018 年 6 月 12 日，中国已报世界贸易组织并正在执行的自由贸易协定有 14 个，远远落后于欧盟 37 个的水平。而且中国由于经济发展水平还比较低，和发达国家存在一定差距，和欧美等主要的贸易伙伴并没有签订自由贸易协定，而且近期内也没有提上日程。

其次，自由贸易协定涉及的领域比较狭窄。中国的自由贸易协定中，大多数是在货物贸易的基础上发展而来，尽管有些贸易协定也涵盖了服务贸易和投资等其他领域，但核心内容都是贸易优惠安排，实施内容的涵盖面较窄。而且自由贸易区实施的效果也不明显。尽管在货物贸易取得了一定经济成效，相互之间的贸易额有了较快的增长，但在服务贸易特别是投资领域相互之间合作还处于非常低的水平。

（三）自由贸易协定产生的经济效应较为有限

自由贸易协定通过促进贸易自由化会产生一定的经济效应，不过中国自由贸易协定产生的经济效应较为有限。从自由贸易协定经典理论看，其经济效应主要包括贸易创造效应（由于缔约国之间取消关税，成员国间的贸易规模变大）和贸易转移效应两种。以贸易创造效应为例，中国并没有取得理想的经济效益，这其中很大一部分原因是中国自由贸易协定的合作对象大多是发展中国家，产业结构的相似性限制了中国出口规模的扩大和经济利益的取得；还有即使和一些发达国家签订了自由贸易协定，但中国和这些国家开展经济合作时，在国际生产环节生产的产品附加值较低，进而导致所获利润较少，在国际经贸的竞争和合作中，中国往往会处在一个不利的地位，当前自由贸易协定取得的经济效益较为有限。

（四）自由贸易协定谈判阻力增大

在当今自由贸易协定快速发展的背景下，自由贸易协定的合作更多地还会考虑到政治、安全、外交等综合国家利益，而且由于每个国家经济的具体发展水平也不尽相同，在技术标准、环保标准等领域会存在差异。

由于以上问题的存在，中国和欧盟、美国、日本等主要的贸易伙伴之间的自由贸易协定谈判遭遇到很大的阻力。首先，和欧美等国家自由贸易协定谈判时，对方可能会质疑中国的市场经济地位，进而提出一些不合理的要求，这会增加谈判的难度。其次，中国的经济水平还远远落后于西方发达国家，这使得双方在进行自由贸易协定谈判时在技术和环保等领域会提出不同的标准和要求，使得双方谈判难以进行。因此，欧、美、日等发达国家也并没有将和中国的自由贸易协定谈判提上近期日程，中国自由贸易协定谈判难度日趋增大。

二、中国自由贸易区发展的未来策略

2001 年的《曼谷协定》是中国加入首个实质性区域贸易协定，从此以后，中国开始了自己的自由贸易区建设。在中国自由贸易区快速发展的过程中，我们自身的自由贸易区建设仍然存在许多问题。如何尽快促进中国自由贸易区的进一步发展，我们可以在以下几个方面作出努力：

（一）建立自由贸易区政策专门机构，密切关注自由贸易区发展动向

针对目前中国的自由贸易区建设水平较低、机制运转有待完善的状况，中国可以学习欧美等发达国家，建立起自由贸易区政策的专门机构。首先，通过专门机构的建立，用专业分工完善研究和谈判机制。专门机构建立后，自由贸易区建设过程中必需的研究和谈判人才会相应增加，自由贸易谈判开展会更加高效。其次，专门机构可以对自由贸易区的整体发展做好规划。专门机构的设立是为了自由贸易区的更好发展，通过专门机构的建立明确自由贸易区建设的路线，有步骤、有计划地推动自由贸易区网络的建立。再次，专门机构建立后也能做好信息工作，通过对自由贸易区建设动向的把握促进中国自由贸易区的发展。全球每一个自由贸易区协定的签署，都要对它在全球自由贸易区网络中的地位和对

全球以及对中国的经济影响进行分析，进而采取相应对策争取在全球竞争中把握先机、赢得主动。

（二）提升参与自由贸易区的层次和执行效率

中国的自由贸易区建设还处于较低水平，需要在未来建设中逐渐提升自由贸易区的层次。当前，西方发达国家都在积极探索更高标准和更深层次的自由贸易区建设，他们几乎将技术、劳工和环境等所有议题都纳入自由贸易协定谈判中，调动一切资源全力推进自由贸易区战略。在国际竞争的压力下，中国必须要提高自由贸易区的层次和水平。首先，要逐步升级已经签署的自由贸易协定，逐步在环境保护、政府采购和竞争政策等议题上达成共识，提升参与的自由贸易区层次；其次，要和主要缔约国建立起沟通机制和争端解决机制，在面对执行时遇到的矛盾和分歧，要用合理的机制去解决，促进协议下双方经贸活动的正常开展和自由贸易区的良好运行。

（三）选择恰当的自由贸易区战略

在初级阶段，中国的自由贸易区战略具有试验性、重效率、较强的地缘政治等特点，我们要在建设中选择适当的自由贸易区战略，获得更多的战略利益。首先，我们要选择恰当的潜在谈判伙伴国。我们要完善和周边国家及地区的自由贸易区网络，加速建成东亚自由贸易区网络，并在世界范围内扩大自由贸易区布点；作为一个制造业大国，我们有必要选择和石油等能源出口能力比较强的国家和地区开展自由贸易协定谈判，促进互利互惠的双边经贸顺利开展。其次，我们要在自由贸易建设中，建立起产业政策支撑体系。纵观自由贸易区发展趋势，发达国家在自由贸易区谈判中越来越重视服务业和知识产权保护等，这些产业为他们攫取了高额的利润，中国应该重视国内服务业的发展和加强对科技研发的支持。

（四）营造良好的外部环境

由于自由贸易区建设过多地考虑政治安全利益，加之逆全球化势力增长，自由贸易区的发展确实是遇到了很大的外部阻力，我们可以通过营造良好的外部环境减少自由贸易区发展的阻力。第一，要倡导互惠共赢的经济贸易合作理念。国际贸易不是零和博弈，经济全球化和区域经济一体化也不能只看到利益主要流向发达国家和发达国家制造业衰落的不利面，不能忽视国家间开展经贸合作对各国经济发展的促进作用。要倡导合作共赢的经贸理念，绝不能因小失大，应该继续推进双边、区域和多边经济贸易合作的进行，为自由贸易协定谈判顺利开展营造一个良好的氛围。第二，要弱化自由贸易协定谈判的政治安全因素，更大范围促进各国之间自由贸易协定谈判的进行。在很多主要的经贸伙伴之间难以开展自由贸易协定谈判的一个很大的阻力便是，各国在谈判时会考虑到政治、安全和外交等诸多因素，自由贸易协定的经济功能反而被弱化了，这是本末倒置的行为。中国应该在全球自由贸易区建设中强化其经济作用，身体力行促进全球贸易的自由化进行，营造良好的外部环境。

第十章　中国在多边贸易体制中的地位与作用

第一节　中国在多边贸易体制中的地位变迁

　　加入世界贸易组织是中国改革开放的一个里程碑事件。中国在过去40年改革开放进程中所取得的成就是巨大的，尤其是在加入世界贸易组织之后的经济发展成就举世瞩目。2001—2017年，中国贸易规模持续扩大，进出口贸易总额由5096亿美元扩大至41045亿美元。[①]2009年起，中国由2001年的世界第六大出口国跃居世界第一大出口国，在全球贸易中占有举足轻重的地位。中国的经济规模也先后超过英国、法国、德国、日本，成为世界第二大经济体。中国加入世界贸易组织的影响毫无疑问是积极的，中国和世界取得了互利共赢的成果：中国通过融入多边贸易体制促进了经济体制改革，扩大了市场开放，实现了经济的高速增长。中国的经济发展和对外开放在世界范围内为其他成员提供了广阔的市场，为投资者带来了机遇，为世界经济的增长提供了强劲动力。[②]

　　与此同时，中国作为多边贸易体制的支持者与维护者，对多边贸易体制的贡献有目共睹。首先，中国加入世界贸易组织本身就有助于其成为一个更有代表性的国际组织。如果没有中国这个拥有10多亿人口和庞

---

　　① 数据来自 UN Comtrade 数据库和中国商务部统计数据。

　　② 陈泰峰、胡鞍钢：《加入 WTO 对中国的影响：基于国际收益的后评估》，《国情报告》2009年（上）第12卷。

大市场的成员，世界贸易组织将是不完整的。[①] 当大约五分之一的世界人口加入世界贸易组织并遵守和实施其规章制度时，世界贸易组织变得更具有代表性和权威性。一方面，中国加入世界贸易组织为其他发展中国家，特别是转型经济体加入世界贸易组织提供了重要的先例。继中国加入世界贸易组织后，越南和俄罗斯分别于 2007 年和 2012 年加入世界贸易组织。另一方面，中国积极参与多边贸易谈判，大力支持最不发达国家，非洲、加勒比和太平洋国家，非洲集团和其他发展中国家集团，使世界贸易组织更具包容性和合法性。自中国加入世界贸易组织以来，世界贸易组织的成员从 143 个增加到 164 个，其中大部分新加入成员都是发展中国家。[②] 以中国为代表的发展中国家的群体性崛起促进了其参与全球贸易治理的动力，使世界贸易组织的领导权在发达国家和发展中国家之间得到了更广泛地分享。

对于中国而言，自加入世界贸易组织以来，其角色和地位发生了重大转变。作为经济全球化的积极参与者、重要建设者和主要受益者，中国在世界贸易组织中地位的上升与其快速增长的经济实力息息相关。中国从多边贸易规则的学习者、追随者转变为规则制定的参与者、推动者，在世界贸易组织中的领导力不断上升。当然，中国在加入世界贸易组织初期面对的挑战是巨大的，这些挑战包括如何认真履行加入承诺、如何应对贸易摩擦、如何在多哈回合谈判中发挥积极作用、如何应对加入世界贸易组织协定中对中国的歧视性不利条款等。但经过十余年的努力，中国积极应对了以上挑战，开始承担更多国际责任，为全球经济治理贡献了重要力量。

---

　　① 　Zhenyu Sun, "China's Experience of 10 Years in the WTO", in Ricardo Melendez-Ortiz, Christophe Bellmann and Shuaihua Cheng (Eds.), *A Decade in the WTO: Implications for China and Global Trade Governance*, ICTSD Programme on Global Economic Policy and Institutions, 2011, pp.11–16.

　　② 　2016 年 7 月 29 日，阿富汗成为第 164 个 WTO 成员。

一、中国参与世界贸易组织决策机制的历程回顾：以多哈回合谈判为例

自加入世界贸易组织后，中国已逐渐适应了由"观察员"到"正式成员"的角色转变，全面、积极、建设性地参与了世界贸易组织多边贸易规则的制定。在中国加入世界贸易组织的同时，多哈回合谈判也正式启动。自多哈回合谈判以来，中国单独以及与其他成员联名提交的提案多达百份，在反倾销、争端解决机制、贸易便利化等议题上都积极发表了看法，引起了其他成员的广泛关注和较高评价。[①]总体来看，中国在多哈回合谈判中发挥了"促发展、求共识"的建设性作用，在坚持发展主题、积极倡导给予发展中成员特殊和差别待遇的同时，也表现出为推动谈判进展而愿意作出妥协的意愿。[②]

在多哈回合谈判初期，中国认真履行加入承诺，但鉴于加入世界贸易组织后国内政策的重新调整对脆弱产业造成的巨大压力，所以中国仍处于适应期；同时作为新成员，中国对多边贸易规则尚处于学习阶段，中国在此阶段将自身定位为富有建设性的参与者而非主导者，意味着中国将在谈判中作出与自己能力相适应的贡献。对此，商务部官员将中国的角色合理概括为：更少的要求、更低的义务、更长的过渡期、更迟的自由化。[③]同时，中国多次重申多哈回合的发展主题，呼吁发达成员应承担更多的责任，并考虑发展中成员的特殊需求，给予包括中国在内的发展中成员更多的政策空间和灵活性。在这一阶段，中国逐步积累经验、提高能力。2002年6月，中国向规则谈判工作组递交了一份有关渔业补贴的提案，这是中国作为正式成员提交的第一份提案。渔业补贴在多哈回合谈判中是一个全新的领域，此前没有相应的多边纪律。中国此份提

---

① 黎兵：《主动调适与全面参与——中国加入WTO十年来的行为评析》，《世界经济研究》2011年第12期。
② 刘宏松：《中国在WTO多哈回合谈判中的倡议行为探析》，《国际观察》2012年第3期。
③ 屠新泉：《"入世"15年：中国在全球贸易治理中的角色变迁》，《国际商务研究》2016年第6期。

案就渔业补贴涵盖的范围、发展中成员应享受的特殊和差别待遇等问题表明了态度，为中国以后更深入地参与相关谈判奠定基础。2003 年坎昆部长级会议上，中国第一次参与了"农业谈判发展中成员二十国协调小组"，与印度、巴西等发展中成员共同呼吁推动多哈回合农业谈判，要求发达成员削减扭曲贸易的农业国内支持，取消出口补贴，并采取有效手段实质性地改善对发展中成员农产品的市场准入。2003 年 9 月，世界贸易组织第五届部长级会议在墨西哥坎昆举行，中国代表团首次以正式成员身份出席了坎昆会议。中国在会上强调，"要承认新成员已经作出的重要贡献，在新一轮谈判中新成员的特殊关切必须得到有效解决，这样才能体现世界贸易组织公平公正的原则"。[①] 会后，新成员待遇的要求被写入坎昆会议部长宣言草案，也成为此后中国参与多哈回合谈判的要价之一。

随着中国在世界经济和贸易中的地位不断提升，其参与全球贸易治理的需求极大增强，其他成员对中国也有了更高期待。2005 年 7 月，中国在大连主办了世界贸易组织小型部长级会议，这是中国首次主办此类会议，标志着中国正在以一种更加积极主动的姿态参与多边贸易规则制定。2005 年 12 月，世界贸易组织第六届部长级会议在中国香港举行。作为此次会议的东道主，中国开始显著地在发达成员和发展中成员之间发挥协调者的作用。例如，在审议通过《香港部长宣言》的代表团团长会议上，委内瑞拉表示《香港部长宣言》中部分内容与其国内立法有冲突，不同意《香港部长宣言》的通过，古巴对此表示支持。为避免艰苦谈判的成果落空，在世界贸易组织总理事会主席的请求下，经过中国代表团的积极斡旋，虽然委内瑞拉和古巴表示对会议结果不满，但没有阻止《香港部长宣言》的通过，确保了香港会议的成功结束。香港会议之后，中国在多哈回合谈判中的地位被各方认可，在世界贸易组织决策机制中的

---

① 时任商务部部长吕福源在 WTO 第五届部长级会议上的发言。

影响力快速上升。[①]2008 年 7 月，中国代表团出席了在日内瓦举行的小型部长级会议。中国不仅出席了 35 个成员部长参加的"绿屋会议"，而且出席了仅由美国、欧盟、日本、巴西、印度、澳大利亚和中国参加的"七国集团"的小范围磋商，这标志着中国进入了世界贸易组织规则制定的"核心决策圈"[②]。虽然由于印度和美国之间不可磨合的分歧，此次会议未取得谈判突破，但中国在谈判中的表现引起了大家的广泛关注。中国逐渐从学习规则、熟悉规则、运用规则过渡到参与制定规则。

当前，多哈回合谈判的停滞不前使以世界贸易组织为核心的多边贸易体制面临重大挑战，中国为此能够作出的努力和贡献受到广泛关注。中国一直是多边贸易体制的坚定支持者，以务实的态度积极推进多哈回合谈判。2009 年 12 月，在世界贸易组织第七届部长级会议上，中国提出了"尊重授权、锁定成果、将 2008 年 12 月农业和非农主席案文作为谈判基础"的三项原则，[③]抵制了美国要求改变授权、进一步扩大市场准入范围的提议。2011 年以来，为使多哈回合谈判取得进展，中国在绿屋会议、贸易谈判委员会等谈判场所呼吁推动"早期收获"，认为应在尊重谈判授权和现有成果的基础上，寻求可行办法弥合分歧，直至最终达成协议；同时在谈判中解决发展中国家的利益关切。对于一些成员提出的多哈回合谈判新途径和新议题，中国总体上持开放态度，但对任何新途径和新议题的讨论都不应偏离发展宗旨，更不能以放弃多哈回合谈判为代价。[④]此外，中国积极推动《贸易便利化协议》的谈判与生效。2015 年 9 月 4 日，中国向世界贸易组织提交了关于《贸易便利化协议》议定书的接受书，成为第 16 个接受议定书的世界贸易组织成员。《贸易便利化协议》是中国加入世界贸易组织后参与谈判达成的首个多边货物贸易协议，是中国参与国际经贸规则制定取得的重要成果。

二、中国参与世界贸易组织运行机制的历程回顾：以争端解决机制为例

争端解决机制是多边贸易体制的核心支柱之一，在解决成员间贸易纠纷方面发挥了重要作用，是世界贸易组织对全球经济稳定作出的最独特贡献。在加入世界贸易组织后，随着中国对外贸易的增长以及运用多边贸易规则维护自身利益的经验积累，中国已经成为世界贸易组织争端解决机制的主要参与方之一。中国目前起诉的案件数量位列第十，被诉的案件数量位列第三（如表 10.1 所示）。如果考虑到中国在 2001 年年底才加入世界贸易组织，在 2001 年至今发起的 334 起争端案件中，中国参与的案件占比达 17.37%，仅次于美国和欧盟。

表 10.1　1995—2018 年 6 月世界贸易组织争端案件的主要申诉方和被诉方

前 10 位申诉方	案件数量	前 10 位被诉方	案件数量
美国	117	美国	145
欧盟	99	欧盟	84
加拿大	39	中国	41
巴西	31	印度	25
墨西哥	25	阿根廷	22
印度	24	加拿大	22
日本	24	巴西	16
阿根廷	20	韩国	17
韩国	20	日本	15
中国	17	墨西哥	14

资料来源：根据世界贸易组织官方网站数据整理，见 https://www.wto.org/english/tratop_e/dispu_e/dispu_status_e.htm。

中国在争端解决机制中的参与经历了从规则的学习者到使用者的阶

段。加入世界贸易组织初期，中国本着熟悉规则、积累经验、培养人才的目的，以第三方的身份积极参与争端解决案件。据统计，中国在加入世界贸易组织后的前5年①以第三方身份参与了63起案件，是最活跃的第三方之一。但在此期间，除2002年与其他成员共同起诉美国钢铁保障措施以外，中国未作为申诉方参与其他案件。由于中国加入世界贸易组织后的前5年处于"过渡期"，对世界贸易组织争端解决机制的运用还很陌生，基本上处于学习阶段，同时也缺乏相关的人才、知识、经验等，因此对提起争端持谨慎和克制的态度。其他成员在中国加入世界贸易组织之初也对中国履行承诺义务的情况持观望态度，因此诉中国的争端案件也相对较少。但随着中国作为第三方参与案件的经验不断积累，中国在争端解决机制中的表现开始变得积极。这是由于随着中国对争端解决机制的了解逐渐深入，储备了相关的人才、知识和经验，加之遭遇的贸易摩擦越来越多，提起争端的可能性和必要性已经具备。并且始于2008年的金融危机对全球经济产生了传导性影响，各国纷纷出台了各种经济救援计划，相应也带来了贸易摩擦的激化和升级，对中国对外贸易产生了直接影响，中国运用争端解决机制维护自身贸易利益的诉求有所增强。同时，随着中国在全球贸易中比重的不断上升，其他成员与中国的贸易摩擦伴随着经贸关系的密切而日益频繁，越来越多的世界贸易组织成员开始运用争端解决机制处理与中国的贸易纠纷。

截至2018年6月30日，在中国作为申诉方参与的17起争端案件中，2002年中国与其他成员就美国钢铁保障措施（DS252）在世界贸易组织起诉，该案成为中国在世界贸易组织中起诉的第一案。中国与其他成员经过专家组和上诉程序，最终取得了在世界贸易组织起诉第一案的胜利。2007年9月，中国就美国对来自中国的铜版纸征收初步反倾销和反补贴税提出争端解决机制下的磋商请求（DS368），此案是中国加入世

① 2001年12月11日至2016年12月11日。

界贸易组织之后首次独立诉诸争端解决机制的案件，反映了中国政府对运用争端解决机制态度的转变。随后，中国相继将美国和欧盟采取的反倾销和反补贴措施、美国和欧盟采取的禽肉进口措施、欧盟采取的影响可再生能源发电产业的措施、美国采取的乘用车和轻型卡车轮胎进口保障措施等诉诸争端解决机制。目前正在进行的中国起诉案件包括诉美欧反倾销调查中的"替代国"做法（DS515、DS516）、诉美国对中国进口产品实施的 301 措施（DS543），以及诉美国对进口钢铁和铝实施的 232 措施（DS544）。中国作为申诉方的 17 起争端案件均是针对美国和欧盟。究其原因，第一，美国和欧盟是中国最主要的贸易伙伴，其贸易政策及措施对中国的贸易利益影响最大；第二，美国和欧盟作为多边贸易规则制定的最主要参与方，其采取的贸易政策和措施对其他成员往往具有示范效应，通过争端解决机制处理相关贸易摩擦，将有利于阻止相关贸易政策措施在其他成员间的继续传导；第三，中国作为最大的发展中国家，为更好地维护发展中国家利益，在对发展中国家提起争端解决时持比较谨慎的态度。此外，美欧作为主要的被诉方也与其作为争端解决机制最主要参与方的总体情况相一致。[①] 总体来看，中国起诉的案件大多以胜诉结案，通过争端解决机制有效地促使美欧修改或取消其法律和措施，维护了自身的贸易利益。

在中国作为被诉方参与的 41 起争端案件中，美欧是大部分争端案件的申诉方。2004 年美国首次就集成电路增值税将中国诉诸争端解决机制。从 2006 年开始，美欧等世界贸易组织成员陆续就中国的汽车零部件进口措施，对国内汽车行业、纺织品行业、飞机行业等提供的税收或补贴措施，出版物和视听产品市场准入、金融信息服务、赠款、贷款和其他奖励措施，原材料出口限制、反倾销和反补贴措施，影响电子支付服务措施，农产品国内支持和进口关税配额、知识产权保护与执法等政策与措

---

① 杨荣珍：《中国参与 WTO 争端解决十年述评》，《国际贸易》2011 年第 12 期。

施诉诸争端解决机制。美欧作为主要的申诉方与其庞大的贸易规模和运用争端解决机制的丰富经验有关。作为世界上与其他国家具有密切经贸关系的成员，美欧必然特别关注其他国家的贸易政策和做法；并且作为多边贸易规则的主要制定者，美欧对于规则的运用具有娴熟的技巧和丰富的经验。总体来看，中国作为被诉方较好地执行了争端裁决，不仅加深了对世界贸易组织规则的理解，审视了国内法律法规是否符合世界贸易组织规则，完善了国内的法制建设；同时也积累了参与争端解决的宝贵经验，营造了"负责任的大国"形象。

第二节　中国作为发展中大国在多边贸易体制中的角色定位

一、中国的快速发展与世界贸易组织的权力结构转变

中国加入世界贸易组织加速了世界贸易组织中发达成员和发展中成员之间权力关系的调整。长期以来，世界贸易组织及其前身关税与贸易总协定是由美国和其他主要发达成员主导的"发达国家俱乐部"，而发展中成员被边缘化，其利益诉求得不到很好地满足。然而，随着中国和其他大型新兴经济体的快速发展，世界贸易组织的权力结构发生了重大转变。美国、欧盟、加拿大和日本"四国集团"的影响力逐渐减弱，中国和其他新兴发展中国家的力量不断增强。2003 年后，以美国、欧盟、巴西和印度为中心的一系列核心谈判小组取代了原先的"四国集团"。而中国在 2008 年 7 月举行的小型部长级会议上加入了谈判的"七国集团"，极大地改变了世界贸易组织核心决策圈中发达国家和发展中国家之间的权力平衡，挑战了美国和其他主要发达成员的传统优势。这种权力结构的转变促使美欧等原来占主导地位的成员将其注意力转移到世界贸易组织之外的区域和双边谈判上来实现其利益诉求。与此同时，中国不断上升的影响力也使世界贸易组织对如何妥善处理这种权力过渡提出了疑问，

因为像中国这样的发展中大国正在成为多边贸易体制中的重要参与者，这是史无前例的。由此引发的争论是，中国是否可以取代美国，在世界贸易组织中扮演领导者的角色，推动多边主义向前发展。尽管世界贸易组织的结构性变化反映出了向中国的权力过渡，但目前世界贸易组织呈现出的仍是以美国和中国为中心的多极化结构。然而，一方面由于美国在世界贸易组织中领导力的显著下降使其无法再左右多哈回合谈判进程，失去了主导多边贸易体制的意愿；另一方面由于中美双方在政治体制和经济需求方面存在巨大差异，在贸易自由化的深度和广度上存在分歧，双方在关键议题上很难达成共识，由此出现的世界贸易组织领导者缺位和共同价值取向的空白使多边贸易谈判缺乏推动力，从而陷入停滞。

二、中国特色与多边贸易规则的履行

中国加入世界贸易组织在某种意义上带来了全球贸易治理格局的变化，标志着发展中成员在世界贸易组织中的地位进一步提升。但中国作为一个发展中大国，无论是从经济发展模式还是发展路径来看，都有其显著的特殊性，而这也带来了中国在多边贸易体制中的角色定位以及履行多边贸易规则的问题。

（一）中国制度的特殊性

1. 中国国有企业的问题

与许多在改革初期进行大规模私有化的转型经济体不同，中国政府坚持社会主义市场经济的理念，其特点是以市场为基础的定价体系和混合所有制结构，以及大型国有企业占据主导地位。[①] 由此引发的第一个争论是中国国有企业问题。

当前，中国国有企业无论是从数量还是规模上都十分庞大。在改革开放与市场化的进程中，中国对国有企业进行了渐进式的改革。为了履

---

① 　Razeen Sappideen and Ling Ling He, "Reflections on China's WTO Accession Commitments and Their Observance", *Journal of World Trade*, No.4, 2009.

行加入世界贸易组织的承诺，中国逐步取消了三种补贴形式：对亏损国
有企业的补贴、以出口业绩为基础的贷款和外币贷款以及根据国产化率
为汽车生产商提供优惠关税。此外，中国政府逐渐放松了对国有企业的
控制，并对国有企业进行了重大重组。[①] 尽管中国加入世界贸易组织时接
受了国有企业的相关条款，并且中国政府采取了一系列改革措施，但中
国仍因国有企业改革不足而受到指责。中国与其贸易伙伴至今经常因为
国有企业问题引发争端，这也可以部分解释为何美国、欧盟、日本等主
要世界贸易组织成员不愿承认中国"市场经济地位"。

　　在世界贸易组织层面，关于中国国有企业的争端主要有两个方面：
第一是中国国有企业获得补贴的问题。美国曾在世界贸易组织争端解决
机制对中国提起诉讼，认为中国对国有企业提供各种出版物和视听娱乐
产品的贸易分销权违反了世界贸易组织规则。世界贸易组织争端解决机
制支持了美国的大部分主张，中国在此案中表示愿意执行世界贸易组织
的裁决。第二是中国国有企业作为补贴提供者的问题，引发了中国国有
企业是否能被视为"公共机构"（Public Body）的争论。中国就此问题在
世界贸易组织争端解决机制中向美国提起诉讼，认为中国国有商业银行
和国有企业不能被视为"公共机构"。对此，世界贸易组织争端解决机
制认为国有企业不能被自动认定为"公共机构"，而是要在具体案件中具
体分析。还有一个问题是关于"公共机构"提供的投入或其他收益是否
能够被视为财政补贴。由于国有企业的商业活动和公共活动的界限较为
模糊，建立关于国有企业提供的投入的市场基准较为困难，特别是在中
国特殊的经济环境下，很难界定国有企业提供的投入是否具有补贴性质。
因此，关于中国国有企业的争端可能会对世界贸易组织争端解决机制带
来更多的挑战，引发了现有规则是否能够解决诸如中国这样的转型经济

---

　　① 　Dong Zhang and Owen Freestone, "China's Unfinished State-owned Enterprise Reforms",
Economic Roundup, No.2, http://www.treasury.gov.au/PublicationsAndMedia/Publications/2013/
Economic-Roundup-Issue-2/Economic-Roundup/Chinas-unfinished-SOE-reforms.

体存在的国有企业现实问题的争论。①

2.非市场经济地位问题

中国制度的特殊性引发的第二个争论是中国的"非市场经济地位"问题。自中国加入世界贸易组织以来，"非市场经济地位"问题成为长期困扰中国政府和企业的一大难题，争取国际承认中国的"市场经济地位"，在反倾销调查中终止"替代国"做法，获得公平合理的待遇成为中国外交的重要议题和目标。根据《中国加入议定书》第 15 条的规定，在中国加入世界贸易组织届满 15 年，即 2016 年 12 月 11 日之后，其他世界贸易组织成员应在对中国的反倾销调查中终止"替代国"做法。但美欧等世界贸易组织成员并未如期履行这一承诺。中国与美欧的争议点在于是否将"非市场经济地位"与反倾销调查中的"替代国"做法挂钩。中国主张美欧应切实履行其在《中国加入议定书》第 15 条下的承诺义务，如期取消对中国反倾销调查中的"替代国"做法，而这与美欧国内法律是否承认中国是"市场经济国家"无关。美欧则认为若根据其国内法律无法判定中国是"市场经济国家"，则不能取消在对中国反倾销调查中采用第三国替代价格的做法。

而根据 2017 年 10 月 30 日美国商务部在铝箔反倾销调查中公布的关于"中国市场经济地位"问题的最新调查结论，中国仍然是一个"非市场经济国家"。② 美国商务部认定中国是"非市场经济国家"的结论是基于其认为中国政府在经济中占据主导地位以及市场和私营部门的关系对中国经济造成了根本性扭曲。根据美国《1930 年关税法》第 771（18）（A）、771（18）（B）项的规定，美国商务部在认定一个国家是否为"市场经济国家"时需考察以下要素：（1）货币可兑换的程度；（2）劳资双方进行工

---

① Zeng Ka, "China, America and the WTO", *The Diplomat*, 2013, http://thediplomat.com/2013/02/china-america-and-the-wto/.

② International Trade Administration of United States Department of Commerce, China's Status as a Non-Market Economy, October 26 2017, https://enforcement.trade.gov/download/prc-nme-status/prc-nme-review-final-103017.pdf.

资谈判的自由程度；（3）设立合资企业或外资企业的自由程度；（4）政府对生产方式的所有和控制程度；（5）政府对资源分配、企业的产出和价格决策的控制程度；（6）商务部认为合适的其他判断因素。

美国商务部对上述6项标准分别进行了说明：第一，中国政府仍然对资本账户交易进行严格的限制，并对在岸和离岸外汇市场进行大量干预。第二，中国政府禁止成立独立的工会来代表劳工权益，工人没有罢工的合法权利，劳资双方通过自由协商确定工资受到显著的体制限制，政府通过户口登记制度对劳动力流动进行限制。第三，中国对外国投资存在一些重要的限制，包括股权限制和本地合作要求、不透明的审批和监管程序、技术转让和当地含量要求；政府引导外资进入中国政府支持的部门和技术中，却限制外商在战略性行业中的投资，以维持中国政府在该领域的控制地位。第四，中国政府继续保有对生产领域的所有权和控制权，表现在：（1）在企业部门中广泛存在的国家投资企业，政府将资源分配给具有重要战略意义的行业，这些国家投资企业不会受到市场规则和供需关系的严格限制；（2）土地所有权和使用权制度。中国的土地属于国家财产，政府控制农村征地并垄断城市土地使用权的分配。第五，中国政府在资源分配中起着重要作用，国家计划（规划）仍然是中国产业政策的一个重要特点，这可以从计划的制定、分配和审查的官方机制，以及部门层面计划的范围和明细中得到证明，中国政府对其认为具有战略性的资源价格给予高度的控制。第六，中国的法律制度仍旧是中国政府和中国共产党用来确保各种经济成果、引导更广泛的经济政策并且追求产业政策目标的工具，个人和公司对于行政立法制定的独立参与以及质疑行政决策的能力受到限制。根据上述分析，美国商务部得出的结论是：中国是一个"非市场经济国家"。由于中国经济运行未能充分践行市场原则，为此美国商务部在对中国产品的反倾销调查中不能采纳中国的价格和成本进行反倾销调查分析。

欧盟表面上针对《中国加入议定书》第15条相关条款到期的问题，

试图通过修改法律来履行其应遵守的国际条约义务。2017 年 12 月 20 日，欧盟第 2017/2321 号法规（即反倾销基本法规修正案）生效。形式上，新的欧盟反倾销法规废除了之前对世界贸易组织成员关于"市场经济国家"和"非市场经济国家"的区分，而是引入出口国存在"严重市场扭曲"情况下确立正常价值的新反倾销方法。这一变化是欧盟针对《中国加入议定书》第 15 条相关条款到期所作的回应。但实际上，欧盟在新法规中以"严重市场扭曲"概念取代"非市场经济地位"仍是"换汤不换药"，欧盟仍可在"严重市场扭曲"情形下继续在反倾销调查中适用"替代国"做法，变相延续对中国反倾销调查的歧视性和不公平做法。而在欧盟委员会发布的中国市场扭曲报告中，认定中国存在宏观扭曲、生产要素扭曲和特定行业扭曲。（1）报告考察了中国经济的主要特征，包括社会主义市场经济的概念、中国共产党的作用、发布计划体系以及各级政府的执行、国有企业部门、金融市场、采购市场和投资审查制度，结论是中国经济的总体情况是"国家继续对资源配置和价格产生决定性影响"。（2）报告考察了中国土地、能源、资本、物质投入（如原材料）和劳动力的供应等各种生产要素，结论是各种生产要素的分配和定价受到中国政府的重大影响。（3）报告考察了中国经济中一些主要的特定行业情况（如钢铁、铝、化工和陶瓷），这些行业经常成为欧盟之前反倾销调查的目标，结论是每个特定行业都存在政府干预和重大市场扭曲。

　　针对美欧未如期履行其在《中国加入议定书》第 15 条下承诺义务的做法，中国于 2016 年 12 月 12 日在世界贸易组织争端解决机制中分别对美欧反倾销调查中的"替代国"做法提出质疑，要求美国和欧盟立即停止对中国反倾销调查中的"替代国"做法，切实履行其在世界贸易组织中的义务，而这与其是否依据国内法律承认中国"市场经济地位"无关。目前中国与欧盟的案件进入专家组审理阶段，与美国的案件仍在磋商阶段。世界贸易组织争端解决机制将如何重新审视《中国加入议定书》和反倾销协定的相关表述仍有待观察。然而，即使世界贸易组织和其他成员将中国视为"市场经济国家"，关于中国经济体制独特性的事实争论仍可能在世界贸易组织争端和中国与其他国家的双边经贸摩擦中占据显著位置。① 更重要的是，尽管中国在世界贸易组织中的主要关注点是针对中国反倾销调查中的"替代国"做法，但关于中国"非市场经济地位"的争论已经远远超出了反倾销规则领域。美国之所以承认俄罗斯、波兰和其他东欧国家为市场经济国家，但拒绝承认中国的"市场经济地位"，其根本原因在于美国与中国的巨额贸易逆差，以及对中国未能完全转型为市场经济体的指责。与美国一道，欧盟也表达了对中国出口产品竞争力的担忧，并寻求找到一种解决方案，以符合世界贸易组织规则的方式平衡各成员的利益。由于国际贸易和国内政治的相互作用，使得美国和欧盟对这一问题非常敏感，有关中国"市场经济地位"的争论将很难在短期内解决。而中国认为，《中国加入议定书》第 15 条相关条款的到期应完全限制在对中国的反倾销调查中放弃"替代国"做法，但不能扩大到对中国经济和政治制度的更广泛讨论。毫无疑问，将纯粹的贸易问题与中国的政治经济体制挂钩将很可能引发中国与其他贸易伙伴之间的争端，对多边贸易体制带来更多的不确定性。

　　但无论是中国的国有企业问题，还是"非市场经济地位"问题，都应在世界贸易组织多边框架下以符合中国实际发展情况的方式来审视和解决。当前，美国对世界贸易组织屡屡表达不满。美国贸易代表莱特希泽一再声称世界贸易组织体系不能应对中国的经济模式、产业政策和国有企业所导致的竞争扭曲，认为应在世界贸易组织框架外寻求通过双边谈判或单边制裁的方式来迫使中国改变其所谓的"重商主义"政策。但首先，自中国加入世界贸易组织以来，世界贸易组织所倡导的非歧视、透明度、公平竞争等基本原则已经融入中国的法律法规和有关制度中。中国的加入条件是所有加入成员中最严格和最全面的，并且中国在履行

---

　　① Mark Wu, "The 'China, Inc.' Challenge to Global Trade Governance", *Harvard International Law Journal*, No.2, 2016.

加入承诺方面的表现得到了广大成员的认可。中国加入世界贸易组织后的三任世界贸易组织总干事——麦克·穆尔、素帕猜和拉米先生，都充分肯定了中国所做的巨大努力和取得的成绩。拉米先生曾对中国加入世界贸易组织的意义作出评价，"中国加入世界贸易组织是载入史册的重要事件，是开放、竞争和经济一体化带来双赢的典型例子"[1]。其次，毋庸讳言，全球贸易中会有许多新问题不断涌现，世界贸易组织需要适应情势变迁，调整或拓展其现有规则，比如国有企业、补贴规则等。但这必须基于协商一致的决策机制，由全体成员共同谈判来最终达成，而不是完全取决于美国等成员的价值偏好和利益诉求。[2] 并且，在未形成新规则的情况下，中国应坚决抵制其他成员采取单方的、超越现行规则的措施制裁或限制中国相关产业政策的运用。

（二）中国经济的特殊性

中国经济发展的不充分、不平衡表现在中国经济规模与发展水平之间的不匹配。中国有着可以与发达成员比肩的经济规模，但却有着与发展中成员类似的发展问题。尽管中国已经成为世界第一大出口国和第二大经济体，但其平均收入仍远低于发达经济体。正是由于这种经济发展的矛盾，使其他成员对于中国应在世界贸易组织中扮演何种角色的期望不相一致。中国究竟是发展中国家的盟友，还是基于其长期利益更偏向于发达国家？[3] 中国一直坚持发展中国家身份。然而，对于中国的发展中国家身份，没有在中国加入世界贸易组织的文件中得到明确承认，很多发达国家也不认同。由此引发的讨论是中国究竟应该在世界贸易组织中发挥怎样的作用、承担多大的责任。对于中国这样一个特殊的发展中大国，是否应该像发达成员一样作出贡献，还是仍适用于发展中成员的特

---

① 孙振宇：《中国入世 15 年从新成员到进入核心圈》，《中国经济周刊》2016 年 12 月 26 日。

② 屠新泉：《美国抛弃 WTO，却甩锅给中国》，《环球时报》2018 年 3 月 19 日，见 https://m.huanqiu.com/r/MV8wXzExNjc0MjQ4XzM3MV8xNTIxMzkzOTYw。

③ Jing Gu, John Humphrey and Dirk Messner, "Global Governance and Developing Countries: The Implications of the Rise of China", *World Development*, No.2, 2008.

殊和差别待遇？对此，美欧等成员曾在不同场合多次宣扬中国是多边贸易体制和多哈回合谈判的"最大受益者"，借机要求中国在谈判中承诺超出自身经济发展水平的义务，甚至将多哈回合的停滞归咎于中国，认为由于中国不愿按照其经济和政治影响力的比例来承担全球责任，因而造成了多哈回合谈判的僵局。同时，美国多次在世界贸易组织中针对特殊和差别待遇条款提出建议，希望区别应用对发展中国家和最不发达国家的特殊和差别待遇，[①] 对发展中国家区分"体现不同能力的有区别的责任"（Differentiated Responsibilities that Reflect Different Capabilities），尤其是对大型新兴经济体。[②]

实际上，中国至今已经较好地履行了加入世界贸易组织的承诺，在部分领域达到甚至超过了世界贸易组织对发展中成员的要求。例如，在履行降低关税承诺方面，中国关税总水平已经由加入世界贸易组织时的 15.3% 降至 9.8%。如果考虑到贸易结构的因素，中国实际的贸易加权平均税率只有 4.4%，已经非常接近发达成员，美国贸易加权的实际进口关税税率是 2.4%，欧盟是 3%，澳大利亚是 4%。[③] 对于中国而言，应在坚持发展中国家地位的前提下，履行大型新兴经济体的责任，致力于在世界贸易组织的特殊和差别待遇规则上，达成具有可操作性和实效性的条款，切实维护发展中国家的利益。但对于美国提出的对发展中国家进一步分类的建议，应主张一事一议，即在特定议题上确定某一成员应当拥有的权利和应当承担的义务。因为发展中国家的特点之一就是发展的不平衡，一个发展中国家在不同领域、产业上的发展水平是不均衡的，不宜一刀切地按照一个标准来确定权利和义务。因此，每个成员的义务水平应当

---

① USTR, "2017 Trade Policy Agenda and 2016 Annual Report of the President of the United States on the Trade Agreements Program" ,2017.

② Robert Lawrence and Robert N. Stavins, "What the WTO can Learn from Paris Climate Talks" , 2015, https://piie.com/commentary/op-eds/what-wto-can-learn-paris-climate-talks.

③ 《中国认真全面履行了入世各项承诺，商务部称中国关税总水平已达到并超过 WTO 要求》，《法制日报》2018 年 3 月 30 日第 006 版。

根据特定议题的情况通过互惠谈判来确定。并且，从中国自身的承诺义务履行和经济发展水平来看，当前中国在多大领域和多大程度上继续扩大开放，只取决于国内政策空间和自身发展的现实需要，不受其他国家意志的左右。中国不会逃避多边承诺义务的履行，也不会承担过高的与其实际国际地位不相称的责任和义务。

第三节　多边贸易体制的危机与中国的革新方案

自世界贸易组织成立二十多年来，世界经济和贸易快速发展，世界贸易组织被认为在其中发挥了重要的体制性作用。2008 年全球金融危机之后，世界贸易体制依然保持总体开放，而不是重蹈 20 世纪 30 年代大萧条的覆辙，充分展现了世界贸易组织作为世界贸易稳定器的作用。然而，在保持现有贸易自由化成果方面成就显著的世界贸易组织，在进一步推进贸易自由化进程方面却进展甚微。除了在建立之初达成了金融、电信、信息技术产品等部门协议之外，世界贸易组织于 2001 年发起的多哈回合谈判至今依然深陷僵局。特别是近年来，在世界贸易组织框架外兴起的《跨太平洋伙伴关系协定》[①]《跨大西洋贸易和投资伙伴协定》等巨型区域贸易安排大有取代世界贸易组织成为新一代国际贸易和投资规则制定者之势。而多哈回合自发起以来始终无法取得实质性突破，究其原因，是受到世界宏观经济、政治环境以及世界贸易组织自身体制机制等诸多因素影响的结果。无论是世界贸易组织自身存在的制度性问题，还是全球经贸环境的不确定性为世界贸易组织带来的外部挑战，这些问题若不及时解决，都将影响世界贸易组织的正常运行，且破坏多边贸易体制下的规则体系，对国际贸易造成严重干扰。

---

① 自美国退出 TPP 后，由日本主导、其他 10 国参与的《全面先进的跨太平洋伙伴关系协定》（CPTPP）于 2018 年 3 月 8 日在智利首都圣地亚哥举行签字仪式，新协定预计最快在 2018 年年底或 2019 年上半年全面生效。

一、当前多边贸易体制面临的多重挑战

（一）当前世界贸易组织面临的宏观环境挑战

当前，全球贸易正处于发展与变革并存的时期。首先，全球贸易治理结构发生深刻变化。当前多边贸易体制面临新的权力真空，这在很大程度上是由于缺乏美国的政治支持和谈判动力。作为一直以来全球化的主要倡导者，美国现在却带头对以世界贸易组织为核心的多边贸易体制提出了质疑，转向单边和双边主义。由此带来的现实问题是，在没有美国倡导的情况下，欧盟、日本或中国之间的力量组合能否填补世界贸易组织的权力真空，推动多边贸易体制向前发展？而在美国消极参与的多边贸易谈判中，是否能够达成任何协定，如果可能，其结果是否会因不符合美国利益而受到阻挠？

其次，区域经济一体化的兴起使世界贸易组织面临强大的外围挑战。区域主义的兴起使各成员的注意力发生了转移，对区域贸易协定谈判的关注削弱了其对多边贸易谈判的兴趣，使世界贸易组织在全球贸易治理和规则谈判中的中心地位受到了挑战。并且，当前区域贸易谈判议题的广度和深度不断拓展，超越了世界贸易组织现有贸易自由化的水平。例如《跨太平洋伙伴关系协定》和《跨大西洋贸易与投资伙伴协定》等所谓巨型自由贸易协定的出现，实际上是深入参与离岸外包和全球价值链的部分成员对现有边境后规则的部分多边化。然而巨型自由贸易协定并不能很好地替代世界贸易组织框架下的多边体系，并且将建立一个迥异于世界贸易组织的具有分散性和排他性特征的国际贸易体系。

最后，单边主义和贸易保护主义的兴起使全球贸易环境面临更大的不确定性，破坏了世界贸易组织多边贸易规则的基石。美国最近依据其国内法律发起的"232""301"调查等单边主义行为是对以世界贸易组织为核心的多边贸易体制的重大挑战，其依据"301"调查结果单方面对中国产品加征关税的行为动摇了世界贸易组织的基石——最惠国待遇原则，也公然背弃了美国曾经作出的关于301条款实施必须严格遵循世界贸易

组织规则的承诺，削弱了多边贸易体制的稳定性和可预见性。

（二）当前世界贸易组织存在的内部制度性问题

当前，世界贸易组织这一全球贸易治理机制的确面临重大困难，其根本在于世界贸易组织存在的深层次制度性问题，即现有治理机制和规则框架难以有效协调和平衡各成员间的关系。当前，世界贸易组织在多边贸易谈判、争端解决机制、贸易政策审议以及特殊和差别待遇方面都面临着重大挑战和一些亟待解决的问题。

1. 世界贸易组织谈判功能面临的问题

世界贸易组织的谈判功能主要体现在两个方面：一是为世界贸易组织成员在执行《建立世界贸易组织协定》各附件所列协定遇到问题时提供谈判场所，以解决有关的多边贸易关系问题；二是为世界贸易组织成员进行新议题的谈判提供场所。当前，多哈回合谈判的停滞不前反映了世界贸易组织多边贸易谈判功能面临的巨大挑战。

在谈判成员方面，与关税与贸易总协定时期美国主导多边贸易体制不同，当前世界贸易格局正朝着多极化的方向演变。新兴经济体作为发展中国家的崛起，一方面造成了发达国家地位的相对衰落，另一方面也使发展中国家的国际影响力极大提升。在这一过程中，发达国家和发展中国家的利益诉求差距逐渐扩大，在经济发展战略上存在显著的分歧。发达国家强调对外开放是经济发展的必要前提，而发展中国家则担心过度开放有损自身利益，特别是新兴发展中大国都处于工业化初期或中期，仍然希望通过贸易保护政策或产业政策来实现自身的经济发展，在经济发展和贸易政策理念上与发达国家存在较大分歧。而在某些敏感领域如农业问题上，既有发达成员与发展中成员之间的尖锐矛盾，也有农产品出口国与进口国的根本冲突，还有老成员与新成员的利益博弈，[①] 各成员发展理念与利益诉求的差异使世界贸易组织面临难以调和的谈判格局。

---

① 朱满德、程国强：《多哈回合农业谈判：进展与关键问题》，《国际贸易》2011 年第 6 期。

　　在谈判议题方面，随着全球生产网络和离岸外包带来的全球价值链发展，国际贸易领域发生了重大变化，如今的贸易议题已不再局限于关税及市场准入等传统的边境前规则，而是包括技术发展、服务贸易和数据保护等新问题，因此非关税壁垒、特定投资条款、不同的知识产权制度和有差别的竞争规则等诸多边境后规则变得越来越重要。此外，气候变化、环境保护等非贸易问题也对贸易环境产生了重大影响。这些新议题的提出，一方面体现了议题本身对全球经贸规则的需求。新议题具有高度的复杂性和融合性，涉及成员内部的政策、立法乃至执法。因此，如果成员就这些问题对世界贸易组织抱以期待，并希望世界贸易组织可以继续提供相关规则的话，那么世界贸易组织需要其成员的更多支持与配合，特别是更多地通过制定或调整国内政策和立法予以配合，尽管这是经济全球化深入发展的必然结果，但在多边层面对相关新议题进行谈判的复杂性却史无前例。另一方面，这也表明发达国家将新兴经济体分享国际贸易规则制定权的诉求视为对现有体系的挑战，因而希望通过引入新议题来维持其对贸易规则制定的垄断性权力，维持其在国际竞争中的优势地位。尽管新兴经济体有参与规则制定的意愿，但对新议题的谈判多持谨慎态度，因此在多边贸易谈判的议题选择方面，发达国家和发展中国家的意见并不统一。

　　在谈判原则方面，由于多哈回合谈判的停滞不前，部分成员对世界贸易组织决策的"协商一致"原则存在不满，认为这导致了世界贸易组织决策的低效。"协商一致"在很大程度上意味着任何成员都对世界贸易组织的重要决策具有否决权，这就导致任何一项决策都需要反复进行磋商。这种决策方式在成员数量较少、议题范围较小的情况下运行良好。然而目前世界贸易组织的正式成员已达 164 个，且各成员在经济发展水平、政治、文化等方面差异较大，要想通过全体一致达成最终协定实属不易。正如世界贸易组织前总干事拉米所言，"完成多哈回合谈判的一个困难是，目前讨论的话题数量是过去几轮的 3 倍，参与的成员数量则是过去的 5 倍"。在各成员集团化且分歧严重的条件下，反复磋商的结果是难以达成谈判共识，令世界贸易组织在国际贸易重大决策和规则修订方面的缺陷更加显露。各成员对此颇感失望，不仅导致大量游离于多边贸易体制之外的双边或区域性自由贸易协定如雨后春笋般涌现，从而进一步削弱了世界贸易组织的多边谈判机制；而且世界贸易组织对于国际金融危机爆发后盛行的贸易保护主义，由于不能果断决策，并未形成有效遏制的集体行动。此外，世界贸易组织实行"协商一致"原则，似乎体现了各成员之间的平等，但实践却不尽然。所谓世界贸易组织"四国集团"长期主导世界贸易组织决策，后续的"绿屋会议"也是由少数主要成员先行磋商决定、再使其他成员接受，这导致广大发展中成员对世界贸易组织决策的合法性和透明度产生了质疑。

2. 世界贸易组织争端解决机制面临的问题

世界贸易组织争端解决机制是多边贸易体制的主要支柱，其被视为有史以来最完善的国际争端解决机制之一。但通过多年的实践，争端解决机制在执行规范和程序以及具体应用过程中，也暴露出了一些不足之处。一方面，世界贸易组织作为国际组织，大部分情况下还是作为协调成员利益的场所，其权力由成员赋予，并不具备超国家权限，因而争端解决机制的应用范围有所局限；另一方面，作为争端解决法律基础的各世界贸易组织协定本身存在内生缺陷，限制了争端解决机制的应用效果。

第一，争端解决机制的制度设计不够清晰。争端解决机制是乌拉圭回合谈判最后阶段的产物，而当时许多世界贸易组织协定正处于起草初期，为了早日通过关于争端解决机制的议程，协定中保留了很多一般化和模糊化的表述，这为争端解决机制的运转制造了很多障碍。其一，在实践过程中，各个协定条款存在的漏洞不可避免地要求专家组秉持司法能动主义的价值理念，对相关条文进行解释。虽然世界贸易组织规定了专家组和上诉机构所作出的各项建议和裁决不得增加或减少各涵盖协定规定的权利和义务，但这些解释却由于得不到世界贸易组织作出的有效

"立法回应"（Legislative Response）而缺乏有力的法律依据。各成员对于"法官造法"的权限及结果也提出了不同程度的质疑。而设立上诉机构是为了强化争端解决机制的司法性和解决纠纷的能力，但上诉机构的职责权限存在很大的约束，只能对专家组报告中涉及的法律问题进行审查，无权关注案件的事实问题。其二，世界贸易组织的争端解决机制虽较之于关税与贸易总协定有所改进，但执行力仍然有限，成员自身的实施能力和行为影响着争端解决机制的运行效率。有时争端解决机制的时间限制并未被严格遵守，中间环节给被诉方的拖延行为提供了机会，且争端解决机制对于法律技术支持和其他资源有更高的要求，报复能力的不足令发展中成员无法有效防范与惩罚发达成员违反世界贸易组织协定的行为。这些因素导致争端解决机制带来的收益无法为所有世界贸易组织成员充分、平等地共享，限制了成员对争端解决机制的充分使用。

第二，争端解决机制的程序效率和公正性有待改善。从成本—收益的角度来看，世界贸易组织争端解决程序耗时较长、投入较大，专家组和上诉机构的裁决及其执行具有不确定性。争端解决程序过长的流程以及程序超期拖延的情况往往会耽误有效时机，使制裁难以起到理想的效果。并且在世界贸易组织各协定之间的适用关系尚未明确的情况下，申诉方为保证其申诉能够在最大程度上得到专家组的支持，在设立专家组请求中会尽可能地罗列所涉争议措施可能违反的所有协定及相关条款，这样的普遍做法在一定程度上降低了争端解决机制的效率。同时，虽然世界贸易组织明确规定专家组应对有关事项进行客观评估，但评估标准不够明晰，评估结果存在不确定性。对于小型发展中国家而言，其能力和财力的限制决定了其依靠自身力量远不能充分利用争端解决机制，而历史数据也表明，这些国家在争端中获胜的可能性较低。虽然世界贸易组织会对小型发展中国家提供一定的法律和技术援助，但从现实情况来看对其支持的水平仍然不够。此外，从法律形式和审理程序上看，争端解决机制确实树立了国际法的典范，体现了相当高的独立性、完备性和强制性。然而，在执行裁决并涉及各成员切身利益时，成员对规则的遵守最终仍然取决于对自身利益以及力量的判断，而不是对于国际法的尊重或敬畏。争端解决机制并没有超越以权力政治为基础的国际关系，规则导向与权力导向并存是争端解决机制面临的现实问题。①

第三，对结果有效性的疑问可能削弱成员利用争端解决机制的意愿。从救济措施来看，世界贸易组织争端解决机制除了要求违约方取消违反规则的措施外，仍然缺乏其他有效的救济手段。尽管在违约方不执行裁决的情况下，受害方可以要求报复，但其作用依然有限。交叉报复理论上增强了程序的有效性，但其实际效果却比较有限。即使交叉报复可以在实践中广泛实施，其本身需要经济体量的支撑，而小国由于经济和贸易体量较小，其对大国的报复能力显然不足。同时，报复措施同样会损害施行报复成员的进口商、进口产品销售商以及国内消费者，这也令各国慎于贸易报复。

第四，争端解决机制解决不断出现的新领域问题的能力捉襟见肘。在世界贸易组织成立最初几年，争端解决机制处理了大量案件，一些较易发生争议的法律问题得到了澄清，已通过诉讼被规则化。但与此同时，一些新领域发生的新类型的争议无法在现有的世界贸易组织体系中找到相应的规则，从而使应用争端解决机制产生困难，国际贸易中的环境、劳工、气候变化等问题便是这类新领域问题的典型。当前，世界贸易组织协定涵盖的范围决定了争端解决机制的应用范围。环境和劳工问题仍然游离于世界贸易组织规则体系之外，无法纳入争端解决机制。尽管世界贸易组织上诉机构对《1994 年关税与贸易总协定》第 20 条（一般例外条款）的解释说明在解决环境争端中援引其他有关环境保护的国际协定的做法已经为世界贸易组织所接受，然而问题在于环境这一概念本身及其与贸易关联的标准不够明晰，这导致争端解决机制在处理相关问题上

---

① 屠新泉：《WTO 争端解决机制：规则与权力并重》，《世界经济与政治》2005 年第 4 期。

的能力捉襟见肘。再如，就贸易和劳工问题，发达国家和发展中国家一直立场迥异，成员之间关于劳工与环境标准始终不能达成一致，这甚至促使一些发达国家转向区域贸易协定等途径寻求解决。世界贸易组织在争端解决中对于环境、劳工等多边规则之外的问题态度不甚明朗，这在一定程度上限制了争端解决机制处理相关问题的能力。

第五，现有机构人员配置难以应付庞大的案件审理需求。作为全球最繁忙的国际司法机制之一，世界贸易组织争端解决机制需要处理的案件数量庞大，且案件本身趋于复杂化。根据世界贸易组织官方数据，自1995 年至 2018 年 6 月，争端解决机制已受理 553 起争端案件，平均每年超过 23 例。但另一方面，世界贸易组织秘书处、技术支持人员以及专家组、上诉机构的成员数量都较少，由此，案件审理的拖延情况越来越严重。而当前美国阻挠上诉机构新成员的遴选更是为争端解决机制的运行带来了严重阻碍。根据《争端解决规则与程序的谅解》第 17 条，上诉机构应由具有公认权威并在法律、国际贸易和世界贸易组织具体协定上具有公认专门知识的人员组成，成员任期 4 年，经所有世界贸易组织成员一致同意可连任一次。上诉机构成员遴选工作由成员集体决策，遴选程序必须得到世界贸易组织所有成员的一致认同才可启动，上诉机构成员还应有普遍代表性，并考虑地域、发展水平和法律体系等因素。① 截至2018 年 6 月，定员 7 人的世界贸易组织上诉机构中有 3 位法官任期已满：韩国籍法官金铉宗于 2017 年 8 月 1 日辞任，回韩国担任政府高级职务；拉美籍法官拉米雷斯（Ramierez）的第二个也是最后一个任期于 2017 年6 月 30 日结束；欧洲籍法官范登博斯（Van den Bossche）的第二个任期于 2017 年 12 月 11 日到期。因此，上诉机构中的正式法官已经由定员 7 人下降为 4 人。② 虽然拉米雷斯与范登博斯得到授权，在任期届满的

---

① 雷蒙：《WTO 成员上诉机构成员遴选引发体制性担忧》，《WTO 经济导刊》2016 年第 6 期。
② 第一财经：《美国百般阻挠，WTO 上诉机构面临瘫痪》，见 http://baijiahao.baidu.com/s?id=1590459808896311824&wfr=spider&for=pc。

情况下继续完成未完成的案件审理，但是世界贸易组织上诉机构最低工作人数要求为 3 人，如果不能及时启动世界贸易组织上诉机构遴选程序，补充任命新的上诉机构法官，世界贸易组织的仲裁功能面临瘫痪的风险。

3. 世界贸易组织贸易政策审议面临的问题

世界贸易组织贸易政策审议机制的产生与发展是为了促使成员提高贸易政策和措施的透明度，更好地遵守世界贸易组织规则，履行其承担的义务，从而使多边贸易体制更加平稳、有效地运行。这一机制对成员的贸易政策进行客观和独立的评价，为成员提供了一个对政策进行解释和讨论的场所，从而使世界贸易组织更好地了解成员的政策措施，针对成员共同关注的问题采取友好的方式解决。该机制在增加成员贸易政策的透明度、强化多边贸易体制的监督作用以及加快贸易自由化进程等方面起到了良好的促进作用。但总体来看，机制本身的设计还存在一定的局限性，在日常运行中也面临不小的挑战。

首先，贸易政策审议机制缺乏与其他职能机制的紧密协作，作用效力有限，直接导致贸易政策审议结果缺乏必要的强制约束力。多边贸易自由化依赖于世界贸易组织的贸易谈判、争端解决以及贸易政策审议三大职能机制共同实现。三大机制目前所采取的是一种平行运作方式，各自都有其相对独立的工作领域和重心。由于这三大机制之间缺少联系协作，自身的运作潜力不能得到充分发挥，导致世界贸易组织的整体运作效率也难有更大的突破。尤其是贸易政策审议机制在对多边贸易体制的维护和制衡作用方面本身就逊色于其他两个机制，在缺乏多边谈判机制和争端解决机制支持的情况下，现行贸易政策审议机制在协调和纠正各成员贸易政策与多边规则偏离方面的作用极其有限。贸易政策审议报告只是对受审议方贸易政策信息的发布及对政策实施情况的简要评价，报告的内容有待深入和细化；虽然报告较好地达到了政策信息公开透明的目的，但对受审议方并不具有约束性和强制性，报告既不能作为对成员施加强制性约束的基础而被单独引申至各协定或争端解决程序，也不能据此让成员履行新的承诺，审议结果对各成员的影响完全建立在自觉自愿的基础上。并且，贸易政策审议机制对各成员贸易政策及其实施情况的监督仅局限于事后监督，至多也只是一些质询、批评、谴责行为，无法对成员的贸易政策和贸易实践形成有效约束。

由于贸易政策审议机制的作用效力有限，一些发达成员背离或偏离规则的贸易政策并没有因对其进行贸易政策审议而得到根本的改善。在这些贸易政策的支配下，这些成员对多边和单边协定中规定的义务也未能完全有效地履行，从而阻碍了世界贸易组织的规则建设。以美国为例，自 1989 年关税与贸易总协定首次进行成员贸易政策审议至 2016 年，美国共接受了 13 次审议，是接受贸易政策审议次数最多的成员之一。但从其当前的贸易政策构成来看，一些单边性、歧视性的贸易保护、贸易制裁政策和立法（如"301 条款"等）并没有因为贸易政策审议和其他成员的严厉谴责批评而有所动摇，有时还变得愈加肆无忌惮。可见，由于三大机制之间缺少相互支持，贸易政策审议机制在实践中的制衡效力明显不足。

其次，秘书处人力资源不足，无法确保按照既定周期完成贸易政策审议。目前面临的一个较为突出的问题是世界贸易组织秘书处的人力资源与贸易政策审议庞大的工作量之间的冲突。产生这一冲突的主要原因是世界贸易组织成员数量不断增加。目前世界贸易组织成员数已经达到了 164 个，而按照贸易政策审议周期的要求，每年需要接受审议的成员超过 20 个，这意味着秘书处需要频繁安排审议会议、完成繁重的审议工作。2016 年年底世界贸易组织通过的改革方案将审议周期拉长，有助于审议工作深入、有效地进行，但整体来看审议工作量仍然很大。此外，虽然自世界贸易组织成立以来，其所涵盖的规则领域并没有出现大范围扩张，但对审议内容和发布报告的要求越来越深入，秘书处需投入更多精力和资源来处理政策资料，在人员配给方面还存在很大的缺口。举例来看，国际货币基金组织在对美国进行类似的政策审议时，会安排 10 名左右的员工用超过一年的时间完成报告；而世界贸易组织秘书处则最多安排两名员工在 8—9 个月内完成覆盖内容更广、专业性更强的政策审议报告。此外，潜在的新议题意味着未来需要审议的内容还有可能进一步增加。

综上所述，当前世界贸易组织面临的几大核心问题为：一是世界贸易组织多边谈判功能的停滞，体现在部分既有议题的谈判进展缓慢以及各成员对新议题谈判的态度存在分歧；二是世界贸易组织运作机制的阻碍，如美国对世界贸易组织争端解决机制上诉机构新成员遴选的阻挠、世界贸易组织贸易政策审议的有效性不足等；三是世界贸易组织面临的宏观环境挑战，如世界贸易组织对于应对国际贸易中不断涌现的新问题的能力捉襟见肘、日益兴起的区域贸易协定对世界贸易组织构成强大的外围挑战，以及单边主义和贸易保护主义的回潮等。而解决这些问题的根本在于，需要各成员重塑对多边贸易体制的信心，愿意在多边层面进行沟通与合作，维护稳定发展的国际贸易环境，形成推动世界贸易组织改革的共识。

二、中国推动世界贸易组织革新的建议与举措

当前，国际上对于世界贸易组织改革的必要性有着广泛共识，但对于世界贸易组织改革的思路和方案意见不同，并且在如何推进改革上面临很大的阻力和困难。以美国为首的单边主义和贸易保护主义的兴起，更是给以世界贸易组织为核心的多边贸易体制前景带来了挑战。当前，中国应在多边贸易体制中发挥更具建设性的作用。对于中国而言，世界贸易组织是最有利的全球贸易治理平台。一是中国是一个具有全球贸易利益的国家，从贸易的角度来说是一个全球性大国，目前中国已经成为100 多个国家和地区的最大贸易伙伴，而世界贸易组织是唯一的全球性贸易组织，是维护中国利益的最重要平台。二是世界贸易组织的成员结构相对平衡，有较为完善的谈判和争端解决机制等，能够确保比较公平、

开放的贸易体制，这对中国而言非常有利。在科技、金融、军事等领域，中国的实力要追上美国还颇费时日，但在贸易和制造业领域，中国已经具备与美国共同领导世界的实力和能力。[①]中国作为多边贸易体制中的重要一员，当前有能力也有必要发出"中国声音"，提出"中国建议"，继续推动多边贸易体制的稳定发展。

对于多边贸易体制目前面临的危机和挑战，需要各成员通力合作，拿出具有建设性的方案。对此，中国作为加入世界贸易组织的巨大受益者和世界主要经济体，应更好地发挥引领和示范作用，通过对中国经济发展与加入世界贸易组织制度改革经验的分享，呼吁各成员继续将多边贸易体制作为制定与执行国际经贸规则的核心平台，并对世界贸易组织改革提出具体的工作方案，短期目标在于维护世界贸易组织的正常运转，继续推动现有多哈回合谈判的进展，加快启动世界贸易组织上诉机构新成员遴选程序；长期目标在于加强多边贸易体制的包容性和代表性，渐进性地推动世界贸易组织在新议题上的规则调整或拓展。

（一）中国应在多边贸易谈判中发挥关键引领和推动作用

首先，对于世界贸易组织多边谈判功能的停滞，关键在于要使各成员重回谈判桌前，就彼此关心的议题开展实质性的谈判。对此，中国应继续加强与核心成员的沟通与合作。当前中美贸易正处于关键时期和交叉口，如何妥善处理与美国的贸易纠纷，确保在世界贸易组织多边规则体系下解决分歧十分重要；同时，中国应与欧盟等核心成员在关键问题上达成共识，共同发挥领导力；继续利用二十国集团、亚太经济合作组织、金砖国家、世界经济论坛等高层会晤机制和治理平台，呼吁各方形成合力，在贸易议题方面继续通过世界贸易组织加强全球合作，建设开放性世界经济。

其次，可以考虑在谈判原则方面引入更多的灵活度。对于"协商一致"

---

① 屠新泉：《"入世"15 年：中国在全球贸易治理中的角色变迁》，《国际商务研究》2016年第 6 期。

原则，其最大优点在于通过谈判与调和的方式扩大各方参与，在各成员间创造一个真正的磋商和讨价还价的机会，鼓励各成员就各项议题充分表达观点，平衡实力不对等的发达成员与发展中成员的权利和义务，预防决策中的绝对垄断情况。但面对多哈回合谈判举步维艰的困境，国际上对于"协商一致"这种"成员驱动"型的决策机制存在质疑，认为这种决策方式降低了世界贸易组织的谈判效率。但贸易谈判涉及了成员的权利和义务，如果不是协商一致的结果，也很难强制成员履行。并且"协商一致"不仅在多边层面适用，在双边、区域和诸边层面的谈判中也采用了这种决策机制。此外，部分观点认为当前世界贸易组织成员数量众多，因此很难用"协商一致"取得谈判成果。但当前多边贸易谈判的低效更多反映的不是谈判成员数量庞大的规模问题，而是谈判成员间利益分歧巨大的结构性问题。倘若放弃"协商一致"原则，就等于放弃了世界贸易组织这个"成员驱动"型组织的核心要义，削弱了世界贸易组织民主参与和决策正当性的保障。并且，即使放弃"协商一致"原则，也不能解决世界贸易组织谈判的核心问题。因此，中国应呼吁坚持"协商一致"原则，尤其在直接涉及成员权利和义务的问题上，如新协定或新规则的谈判；但在涉及世界贸易组织运作效率的程序性或事务性问题上应当呼吁放开"协商一致"的要求，适度引入投票表决制，例如总干事、各机构主席、上诉机构成员的任命、预算的使用、会议的安排等。这样既可以确保世界贸易组织作为一个"成员驱动"型国际组织，不向成员强加任何权利或义务，又可以提高世界贸易组织作为一个机构的运作效率。

同时，在保留"协商一致"原则的前提下，可以考虑适当放开"一揽子"的协议要求。"一揽子"协议在乌拉圭回合中得到成功运用，其将各谈判议题有机结合，尤其是所谓发达国家和发展中国家之间的"讨价还价"，为谈判各方在不同议题上的利益交换创造了可能，为各方的妥协和让步提供了更大的灵活性。但"一揽子"协议可能由于少数成员在某个议题上的坚持立场而使整个谈判陷入僵持状态。这种成员间的利益平衡或互惠很难计算，也很难获得。在当前缺少一个拥有主导地位的领导者的情况下，多哈回合谈判实际上已经打破了"一揽子"的方式，比如"早期收获"方式的提出以及《贸易便利化协议》的达成。

　　而从目前来看，诸边谈判是保持多边贸易体制对新议题及时反应能力的最可行方式。因此，世界贸易组织及其成员应对诸边谈判采取更加开放和鼓励的态度。一些发展中国家对诸边谈判的担心在于会被排斥在外，从而被边缘化。对此应客观分析，一是诸边协定的最终目的还是实现多边化，例如东京回合谈判的很多守则最后都基本实现了多边化；二是以《政府采购协议》为例，非缔约方既不享受权利，也不履行义务，实际上受到的负面影响有限。而当前改革的重点在于如何将诸边谈判更好地纳入世界贸易组织多边体制的框架。一是诸边谈判对各成员的开放和最惠国待遇的适用。从理论上而言，适用于无条件最惠国待遇的诸边协议对于贸易规则多边化和非缔约方而言更为有利，但很可能会存在"搭便车"问题。对此建议根据不同类型的诸边协议有条件地适用最惠国待遇。例如，对于主要涉及市场准入的议题或部门，如《环境产品协议》，应当坚持协议包含尽可能多的成员参与，实现关键多数并按照最惠国待遇原则适用最终成果，在谈判中给予发展中国家过渡性或差别待遇；对于主要涉及规则制定的议题或部门，建议采取《政府采购协议》的模式，即协议仅适用于签署的成员，其他成员既不承担义务、也不享受权利，同时开放谈判进程，让其他成员更好地了解协议内容，从而为未来的扩展做好准备。二是世界贸易组织关于诸边谈判的制度性设计。目前在世界贸易组织体制下缺乏关于诸边谈判的特定规则或框架来界定诸边谈判的机制和模式，而是采取"一事一议"的方式推进诸边谈判。在早前的东京回合谈判，包括最近达成的《信息技术协议》，都没有清晰的框架推进诸边谈判，这样带来的问题是缺乏可预见性。建议可以讨论制定一个发起、开展和执行诸边谈判的工作程序，设立诸边谈判的专属委员会或工作组，明确非参加方的权利、明确诸边协议与争端解决机制的关系等，将诸边协议作为未来一个时期推动世界贸易组织进程的主要谈判方式。

对于中国而言，应对建立新贸易议题的治理机制持开放心态。在多哈回合谈判之外及之后，对于美国等发达国家感兴趣、有利益的新贸易和投资议题，中国应以开放的心态对待，支持采取诸边的方式进行谈判。这样可以避免新议题完全由美国等发达国家操纵，同时又可以展现中国积极开放的决心以及获得制定国际贸易规则的权利。尤其是目前中国已经提出申请的《服务贸易协定》谈判，中国应当力争尽快加入，以中国有吸引力的出价改变美国的态度，说服美国放弃对中国的戒备，同时也要积极鼓励印度、巴西等其他发展中大国的参与。

最后，可渐进性地推动世界贸易组织在新议题上的规则调整或拓展。由于多哈回合谈判的停滞，世界贸易组织未能完成旨在应对 21 世纪涌现的新型贸易和商业行为的规则谈判和更新，对既有多边规则体系的调整和拓展是未来更加长期的世界贸易组织改革目标，但仍然必须基于"协商一致"的决策机制，由全体成员共同谈判来最终达成，这是多边贸易体制的基石，而不是基于美国等部分成员的价值偏好和利益诉求。目前，中国已经率先提出了投资便利化、电子商务等新议题，获得了其他成员的积极响应，但立即达成多边成果的难度仍然较大，未来仍需积极推动相关议题在世界贸易组织中的讨论，争取其他成员的支持，凝聚多方共识。

（二）中国可对世界贸易组织运行机制改革提出可行性的策略建议

1. 加快启动上诉机构新成员遴选及其他程序性改革

面对美国阻挠上诉机构新成员遴选的问题，中国应予以强烈谴责和抵制。上诉机构在保障世界贸易组织规则的一致性方面一直扮演着举足轻重的角色，如果美国一味抵制上诉机构新成员的任命，整个争端解决机制将会陷入瘫痪，这本质上是美国企图绕开世界贸易组织从而实行单边主义和贸易保护主义的行为。对于美国多次提出的对争端解决机制的关注，中国应在世界贸易组织框架下积极参与相关问题的讨论与协商，但坚决反对美国将其关注与上诉机构新成员遴选挂钩；联合其他成员积极呼吁启动上诉机构新成员遴选程序，以保障争端解决机制的正常运作。

同时，对于被美国诟病较多的"法官造法"现象，即专家组和上诉机构在案件审理过程中对法律条文的解释超出了原本的法律范围，可以考虑对争端解决机制进行适当改革。按照世界贸易组织协定的规定，对多边协定的解释权应在成员而不是法官。鉴于这一问题，可以考虑在成员对上诉机构的法律解释存在质疑的情况下，适用"票决一致"原则，即通过全体成员投票的方式审议上诉机构提出的对具体法律条文的解释。至于具体适用"全票通过"还是"多数票通过"的表决机制，可视具体情形而定。实际上，在1994年签订的《建立世界贸易组织协定》中，对于"票决一致"原则已经进行了规定。例如，凡是《建立世界贸易组织协定》及其各子协定的任何条款的解释，均需要世界贸易组织成员的3/4多数票表决通过。

2. 增强贸易政策审议机制的成员参与度

贸易政策审议机制是世界贸易组织对各成员的贸易政策进行监督的重要途径。但当前贸易政策审议机制的形式大于实质，尤其是在利用贸易政策审议推动成员贸易政策改革方面作用不明显。其原因之一是贸易政策审议的工作都在日内瓦进行，对成员国内的影响很小，公众及相关方的关注度和知情度不够。建议可以考虑在成员的首都开展贸易政策审议工作，一是可以让更高级别的官员和能够对政策制定负责的官员直接面对其他成员的提问，有更直接的交流；二是可以让被审议成员的商业团体、媒体、公众有更直接地了解本国贸易政策的机会，也有更好的互动机会；三是让最高层的政府官员能够更直接地了解其他成员对自身贸易政策的关切，弥补世界贸易组织没有峰会机制的缺陷。当然，审议工作的安排应基于自愿原则，由成员自行选择是否在本国开展审议，其他成员可以委派当地外交使馆官员参与审议，而不必从本国派遣官员，从而节约成本。

3. 增强世界贸易组织各委员会的作用和效率

如在适当情况下放开"一揽子"协议的要求，更多地开展单个议题的讨论或谈判，那么世界贸易组织的各个专门委员会应当发挥更大的作用，包括审议、解释、修正或制定一些新的条款。可以首先由委员会发起，然后到总理事会批准。应提高委员会的工作效率，在一些人事任命上提高效率，比如委员会主席、上诉机构的成员等，不必追求"协商一致"的任命方式，而是可以通过投票方式。过分的"成员驱动"，比如每年轮换委员会主席的形式没有必要。

4. 增强商界和学术界的参与

商业部门和学术界的参与对于多边贸易谈判的推进和世界贸易组织的建设具有重要意义。当前，跨国公司参与多边贸易体制的意愿下降，主要是因为当前在世界贸易组织框架下的货物关税减让幅度极其有限，而日益兴起的区域贸易协定为跨国公司提供了应用服务贸易、投资和知识产权等规则的平台；并且世界贸易组织磋商的慢节奏特别是多哈回合谈判的停滞使跨国公司感到不满，认为世界贸易组织不能有效地回应商业部门的关切，使世界贸易组织对跨国公司的吸引力显著下降。对此，世界贸易组织应加强与商业部门的联系，建立正式和非正式的机制，促使世界贸易组织与商业部门间更加系统、有效的互动。可联合国际商会或世界经济论坛等其他国际性组织，提供不同利益群体充分沟通、交流的机会；并借助世界贸易组织年度公共论坛以及其他活动，促进学术机构的有效参与，确保贸易规则回应商界、学术界以及其他公众的关切和期望，为世界贸易组织的改革积累策略建议。

5. 增强秘书处研究和技术援助的能力

世界贸易组织秘书处应更好地发挥作用，继续提升研究和技术援助的能力，特别是面对不断出现的新议题，需要通过相关交流、培训和技术援助活动，让各成员尤其是发展中成员更好地理解现有议题的谈判进展和新议题的现实发展。如果在各成员未提出相关议题提案的情况下，可授权秘书处有更大的权限自行提出提案供成员们讨论。

6. 强化各成员执行通报和透明度义务

增强透明度是多哈回合规则谈判的重点议题。在现有框架下，可以考虑增加成员不履行通报要求的声誉成本，例如各个委员会应当在世界贸易组织网站甚至主流媒体上发布各成员执行通报和透明度义务的情况，在部长会议上也专门发布各成员履行通报要求的情况，从而敦促各成员将国内的政策措施及时向世界贸易组织进行通报。

第四节　中国积极参与全球经济治理，提升国际经贸话语权

当前，世界经济在深度调整中曲折复苏。全球贸易增长进入低迷时期，贸易保护主义持续升温。美国特朗普的上台、英国脱欧、欧洲右翼政党的崛起、部分国家民粹主义思潮的泛滥，都表明全球经贸环境的不稳定、不确定因素明显增多。与此同时，全球经济格局在加快演变，发达经济体占全球经济的份额逐步下降，而新兴经济体，尤其是中国的比重明显上升。为重塑在全球经济治理体系中的领导力和领先地位，发达国家加快主导全球经贸规则重构，试图通过制定经贸新规则来打造 21 世纪贸易和投资新标准，强化以美欧等发达经济体为核心的贸易集团，并向中国、印度等新兴经济体施以制度改革的外部压力，进而在未来多边贸易体制中继续维持"中心（规则制定者）—外围（规则接受者）"的格局。

中国作为快速崛起的发展中大国，面对当前以强硬的贸易保护主义和资源要素流动壁垒为特征的逆全球化困境以及内外部制度性改革的压力，应积极参与全球经济治理，在全球经贸规则重构进程中贡献关键性力量，提出建设性改革方案。一方面，美国等发达国家加速推进适应其战略目标的全球经贸规则重构，为中国开放型经济发展带来外部压力；

另一方面，中国经济进入转型升级期，有更强的参与全球经济治理的诉求和动力，有能力也有必要在全球经济治理中发挥积极作用。无论是面对全球经济环境疲软和国际规则重构带来的双重压力，还是中国通过开放促改革、促发展、促创新的内在需求，均需要中国积极参与全球经济治理，贡献中国智慧，提出"中国方案"，掌握与中国经济体量相匹配的制度性话语权，这是中国经济发展和国际地位提升的客观需求和必然结果。

一、积极倡导全球和区域性治理平台建设，提升全球经济治理话语权

中国十分重视二十国集团、金砖国家、亚太经济合作组织等全球性和区域性的治理平台建设，不断积累国际经济治理经验；本着"共商共建共享"的理念，稳步推动国际经济治理平台改革，逐步提升中国在全球经济治理中的话语权。[①]

（一）推动二十国集团机制化建设，凝聚共识破解经济全球化困境

二十国集团的主要成员有中国、阿根廷、澳大利亚、巴西、加拿大、法国、德国、印度、印度尼西亚、意大利、日本、韩国、墨西哥、俄罗斯、沙特阿拉伯、南非、土耳其、英国、美国以及欧盟，涵盖了世界主要发达经济体和发展中国家。自 2008 年二十国集团升级为峰会机制以来，已经成为国际经济合作的首要平台。近年来，中国在二十国集团中逐渐发挥引领作用。2016 年 9 月，中国首次举办二十国集团杭州峰会，以创始国和主席国的身份主动参与全球经济治理，推动取得了一系列丰硕成果，包括发布了《二十国集团领导人杭州峰会公报》，通过了《二十国集团创新增长蓝图》和全球首个多边投资规则框架《二十国集团全球投资指导原则》。在会上，中国重申了反对贸易保护主义，继续坚定支持多边

---

① 陈建奇、张原：《中国在国际经济秩序中的定位及战略选择》，《国际贸易》2015 年第 1 期。

贸易体制。同时，作为发展中国家的代表，中国强调将发展理念贯穿于所有贸易投资议题，在恢复全球贸易增长、推动全球价值链和加强全球贸易投资合作等领域特别关注了发展中国家的利益诉求。[①] 这表明中国作为一个发展中大国，不但成为全球经济发展的重要贡献者，也成为全球经济治理机制变革的重要参与者，体现了中国在国际上领导力与话语权的提升。

当前，世界经济面临的诸多挑战使二十国集团需要重新激发活力、凝聚共识，在未来世界经济前景更加复杂和多变的局面下，切实发挥多边协调平台与政策指导的作用。无论是美国特朗普上台和贸易保护主义的回潮，还是各国经济曲折复苏和国内政治压力的加剧等，都给二十国集团成员达成进一步共识和执行现有成果带来了困难。而对此，中国可发挥建设性的重要作用。

首先，中国应当在全球经济治理中坚持中国自信、贡献中国力量，不仅要提供物质上的公共产品，还要提供理论和观念上的公共产品。面对当前经济全球化的现实挑战，要从制度和机构层面适当提出改革方案和措施。

其次，中国应在二十国集团内部推动现有成果落到实处。中国要通过二十国集团这一平台，要求国际货币基金组织和世界银行等尽快落实二十国集团已经通过且获得全部二十国集团成员政府（行政和立法）批准的改革方案，并制定国际金融机构进一步改革的方案。[②]

最后，中国应主张把二十国集团打造成"21世纪的大国协调"（The 21st Century Concert of Powers）机制，凝聚共识，破解当前经济全球化困境，推动多边贸易体制发展。这不仅体现各国在反对贸易保护主义方面需统一立场，切实遵守现有多边经贸规则；而且反映各国不仅在财政政

---

①　盛斌：《G20杭州峰会：开启全球贸易投资合作新时代》，《国际贸易》2016年第9期。
②　人民网理论频道：《G20与全球经济治理转型》，见 http://theory.people.com.cn/1/2016/0810/c40531-28626388.html。

策、金融政策等宏观经济政策上的协调，还应当囊括各国安全政策的协调，保障各国经济安全、金融安全，甚至保障全球新兴议题上的安全。

（二）加强金砖国家的有效合作，提高发展中国家的话语权

虽然 2008 年金融危机席卷全球，给世界经济贸易带来了巨大冲击，但作为金砖国家的新兴经济体却实现了强劲的经济增长。2008 年至今的 10 年中，金砖五国经济总量增长 179%，贸易总额增长 94%，城镇化人口增长 28%，对世界经济增长贡献超过 50%。[1] 其中，中国、印度保持了较快的经济增长水平，甚至成为全球经济增长的主引擎。[2] 中国在金砖国家合作机制中发挥了重要作用。无论是在应对各种国际挑战方面还是推进全球治理方面，中国都提出方案、发挥引领作用，展现出中国在金砖国家合作中的使命与担当。

尽管中国的经济规模远远超过其他金砖国家，但中国在金砖国家合作中坚持平等合作精神、注重加强团结、照顾彼此关切，是国际关系民主化的实践者，主要体现在：一是坚持集体领导机制，体现公平公正原则。中国在金砖国家合作机制中与其他国家共商共享，不垄断领导权，并积极实践治理机制创新，例如金砖国家开发银行的股权分配采用了一种新型机制，不与各国经济实力直接挂钩，是国际关系民主化在金融领域的尝试。二是尊重主权，不将经济问题政治化。例如金砖国家开发银行在贷款审批过程中并不附加任何政治条件。三是注重协商引领，并体现大国担当。在金砖国家应急储备安排中，中国承诺的出资额大大超过其他四国，体现出一种大国的责任与担当。[3]

未来，金砖国家在合作过程中不仅要聚焦金砖国家内部的优惠贸易

---

[1] 习近平：《共同开创金砖合作第二个"金色十年"——在金砖国家工商论坛开幕式上的讲话》，见 http://paper.people.com.cn/rmrb/html/2017-09/04/nw.D110000renmrb_20170904_1-02.htm。

[2] 罗来军：《人民日报新论：全球治理凸显"金砖"力量》，见 http://opinion.people.com.cn/n1/2017/0711/c1003-29395712.html。

[3] 闫亮：《乘风破浪潮头立——中国在金砖国家合作中的担当》，见 http://world.huanqiu.com/article/2017-08/11190282.html。

和自由贸易安排，还应聚焦整体经济的包容性增长和宏观经济的结构性改革，协调各国的经济政策、产业政策和金融政策。在全球经济治理中贡献发展中国家的智慧和方案，通过实施中国倡议的"金砖+"合作模式，建立更广泛的金砖合作伙伴关系，为全球经济治理贡献"金砖方案"。同时，作为发展中国家的代表，金砖国家应共同努力维护发展中国家的利益，将发展中国家和最不发达国家的诉求更好地纳入多边贸易体制和区域经贸合作中，建立发展中国家的互援互助机制，实现世界经济的包容和联动式发展。

（三）推动完善亚太经济合作组织等区域合作平台，发挥中国重要引领作用

当前，中国坚定支持并积极维护以世界贸易组织为核心的多边贸易体制，在世界贸易组织改革方面献计献策，推动多边贸易体制发展；同时，助推各类区域经济合作平台，为世界经济增长注入动力。亚太经济合作组织是中国加入的第一个区域经济合作组织。在特定的历史时期，亚太经济合作组织为中国顺应经济全球化趋势、积极融入亚太区域经济一体化合作进程打开了一扇大门。而作为亚太经济合作组织最大的发展中成员，中国经济的快速增长也对亚太经济繁荣起到了重要的拉动作用，为广大亚太经济合作组织成员提供了巨大的商机和广阔的市场。[①] 中国提出的新倡议、新理念，也为亚太经济合作组织注入了新动力。2014年中国主办的亚太经济合作组织北京峰会通过了《北京纲领：构建融合、创新、互联的亚太——亚太经合组织领导人宣言》和《共建面向未来的亚太伙伴关系——亚太经合组织成立25周年声明》两份重要成果文件，批准了《亚太经济合作组织推动实现亚太自由贸易区北京路线图》、《亚太经济合作组织互联互通蓝图》等文件，对亚太经济合作组织未来的发展，特别是亚太自由贸易区的路线图与其他国家和地区达成了共识，另外还

---

① 人民网：《APEC是中国参与全球经济治理的有效渠道》，见 http://politics.people.com.cn/n/2015/1116/c1001-27821750.html。

提出了亚太地区的互联互通等，这些都是中国将亚太经济合作组织成员的理念、愿景转变为具体行动的实际贡献。当前，中国应积极维护亚太经济合作组织的经贸成果，保持亚太区域经济合作势头，不断推进亚太示范电子口岸网络、跨境电子商务便利化合作框架、服务业政策环境指数制定，有力推动亚太地区的互联互通，切实提升亚太经济合作组织各成员间的经济一体化水平。

二、大力推进"一带一路"建设工作，引领全面对外开放新格局

2013 年 9 月和 10 月，习近平主席在出访中亚和东南亚国家期间，先后提出共建"丝绸之路经济带"和"21 世纪海上丝绸之路"的重大倡议，一经提出就得到了国际社会的广泛关注，也得到沿线国家或地区的大力支持。"一带一路"以政策沟通、设施联通、贸易畅通、资金融通、民心相通为主要内容，不仅致力于全方位推进务实合作，还致力于打造政治互信、经济融合、文化包容的利益共同体、命运共同体和责任共同体。党的十九大报告专门就"一带一路"作出论述，一是作为区域协调发展的战略；二是定位为中国坚持对外开放的基本国策。这充分反映了"一带一路"建设对中国发展和世界发展相辅相成的双重意义。从国际层面来看，"一带一路"体现了中国对国际合作以及全球经济治理模式创新的积极贡献，符合国际社会的根本利益。[①] 从区域层面来看，"一带一路"提倡多元化的合作模式，不仅涉及制度化的自由贸易区，而且还有形式多样的非制度性合作方式，如次区域合作、经济走廊、国际大通道、产业园区及国际产能合作等，构建了包容开放的合作关系。从国内层面来看，"一带一路"是统筹国内国际两个大局的重要抓手，是中国参与全球经济治理的顶层设计，彰显了中国的大国责任，引领了全面对外开放新格局。

---

① 张宇燕：《全球治理的中国视角》，《世界经济与政治》2016 年第 9 期。

当前，中国"一带一路"建设开局良好。第一，中国与沿线国家双边贸易发展迅速。2017年对"一带一路"沿线国家进出口总额为73745亿元，比2016年增长17.8%；其中出口43045亿元，增长12.1%；进口30700亿元，增长26.8%。第二，中国对沿线国家的直接投资大幅增长，2017年对"一带一路"沿线国家直接投资额144亿美元。第三，中国已经成为沿线国家的最大工程承包商。2017年中国对"一带一路"沿线国家承包工程业务完成营业额855亿美元，增长12.6%，占中国完成营业总额比重的50.7%。[①] 这些数据都实实在在地反映了中国为沿线国家推进"一带一路"建设带来的收益，也为低迷的世界经济注入了新的活力。

未来中国应积极推进与"一带一路"沿线国家的自由贸易区建设和多边合作，实现与沿线国家共建"一带一路"的经贸合作政策协调，建立成熟稳定的区域经贸规则网络。此外，应建立完善的风险评估机制。"一带一路"沿线地区的文化多元化以及地缘政治不稳定等问题不容忽视。地缘政治的不稳定来源于复杂的社会矛盾，政权更迭、文化鸿沟、宗教冲突、种族歧视、经济差异等，使得一些地区和国家尚未建立稳定的发展环境。因此，中国与沿线各国政府应当对本国及周边区域的风险进行全面、客观地评估和判定，在风险萌芽时期联合预警、及时防范、减少冲突、规避风险。这些都需要中国在推进"一带一路"建设过程中做好顶层布局、完善政策设计、落实机制保障。

---

① 中国国家统计局：《中华人民共和国2017年国民经济和社会发展统计公报》，见 http://www.stats.gov.cn/tjsj/zxfb/201802/t20180228_1585631.html。

参考文献

1. 安德鲁·F. 库珀、阿加塔·安特科维茨：《全球治理中的新兴国家：来自海利根达姆进程的经验》，上海人民出版社 2009 年版。

2. 本·斯泰尔：《布雷顿森林货币战》，符荆捷、陈盈译，机械工业出版社 2014 年版。

3. 曹普：《当代中国改革开放史》，人民出版社 2016 年版。

4. 陈甬军、张小京、庄尚文：《中国现代市场体系建设三十年》，《社会主义经济理论研究集萃——纪念中国改革开放 30 周年》，2008 年。

5. 陈泰锋：《中国对外开放新进展：基于 WTO 承诺履行的视角分析》，《国际经济合作》2008 年第 5 期。

6. 陈泰峰、胡鞍钢：《加入 WTO 对中国的影响：基于国际收益的后评估》，《国情报告》2009 年（上）第 12 卷。

7. 陈宗胜、高连水、周云波：《基本建成中国特色市场经济体制——中国经济体制改革三十年回顾与展望》，《天津社会科学》2009 年第 2 期。

8. 陈德铭：《中国为多哈回合作出实在贡献》，《国际商报》2011 年 12 月 19 日。

9. 陈建奇、张原：《中国在国际经济秩序中的定位及战略选择》，《国际贸易》2015 年第 1 期。

10. 常修泽：《中国建立社会主义市场经济体制进程的基本判断及思考》，《改革》2002 年第 4 期。

11. 崔新健：《中国利用外资 30 年：历程、成效与挑战》，《经济与管理研究》2009 年第 1 期。

12. 戴臻、魏磊：《实施 FTA 战略的潜在风险及中国的防范策略》，《亚太经济》2013 年第 1 期。

13. 耿凤英：《全球 FTA 浪潮与中国 FTA 发展》，《中国商贸》2010 年第 11 期。

14. 邓慧慧、桑百川：《FTA 网络化发展中的"轮轴—辐条"模式：福利效应和中国的参与战略》，《财贸经济》2012 年第 7 期。

15. 董银果：《WTO 多哈回合：各方分歧、受阻原因及前景展望》，《国际商务研究》2011 年第 3 期。

16. 杜飞进：《继续发展中国特色社会主义的纲领性文献》，《哈尔滨工业大学学报》2013 年第 1 期。

17. 鄂德峰、周立春：《多哈回合农业市场准入谈判现状盘点及前景展望》，《国际贸易》2010 年第 6 期。

18. 樊勇明、贺平：《中国是多边贸易体制的积极建设者》，《复旦学报（社会科学版）》2006 年第 6 期。

19. 付丽琴、刘青林：《2003—2013 年我国收入分配制度改革回顾及启示》，《经济研究参考》2013 年第 29 期。

20. 格林沃尔德：《现代经济词典》，商务出版社 1981 年版。

21. 葛光前：《论社会主义市场经济理论的由来与意义》，对外经济贸易大学学术报告会论文集，1992 年。

22. 国家发改委宏观经济研究院课题组：《我国国民收入分配格局：变化、原因及对策》，《经济学动态》2010 年第 5 期。

23. 国家统计局：《从基尼系数看贫富差距》，《中国国情国力》2001 年第 1 期。

24. 国家税务总局税收科学研究所：《社会主义市场经济中的中国税制改革——1992 年以来中国税制改革的回顾与展望》，《经济研究参考》2004 年第 2 期。

25. 龚培河、俞伟：《历史规律研究逻辑困境与波普尔两个论断的启示》,《长白学刊》2017 年第 6 期。

26. 龚培河、万丽华：《化解全面深化改革阻力的原则和对策》,《理论月刊》2018 年第 2 期。

27. 郝璐：《中国对外贸易制度研究》, 吉林大学, 博士论文, 2017 年。

28. 黄凯锋：《历史与现实的交响：改革开放三十年专题研究》, 学林出版社 2008 年版。

29. 黄建辉：《新时代国企改革的意义与策略》,《中国金融》2018 年第 5 期。

30. 黄志雄：《WTO 多哈回合谈判与中国的多边外交探析》,《国际论坛》2008 年第 6 期。

31. 贺婷婷：《入世五年来我国金融服务业的开放与竞争》,《对外经贸实务》2007 年第 9 期。

32. 金春明等：《彻底否定 "文化大革命" 十讲》, 解放军出版社 1985 年版。

33. 匡增杰：《全球区域经济一体化新趋势与中国的 FTA 策略选择》,《东北亚论坛》2013 年第 2 期。

34. 雷蒙：《WTO 成员上诉机构成员遴选引发体制性担忧》,《WTO 经济导刊》2016 年第 6 期。

35. 雷蒙：《WTO 十年中国过渡性审议机制终结》,《WTO 经济导刊》2011 年第 12 期。

36. 冷溶、汪作玲：《邓小平年谱：1975—1997》, 中央文献出版社 2004 年版。

37. 李计广：《世界贸易组织多哈回合谈判与中国的选择》,《世界经济与政治》2013 年第 5 期。

38. 李连仲：《党的十六届三中全会关于经济体制改革有哪些重大突

破和创新》,《党的建设》2003 年第 11 期。

39. 李晓西:《中国是发展中的市场经济国家——解读〈2003 中国市场经济发展报告〉》,《求是》2003 年第 17 期。

40. 李元勋:《上世纪 70 年代末实行改革开放的背景》,《兴义民族师范学院学报》2018 年第 3 期。

41. 李永:《我国关税调整与对外贸易发展问题研究》,《税务与经济》2000 年第 2 期。

42. 黎兵:《主动调适与全面参与——中国加入 WTO 十年来的行为评析》,《世界经济研究》2011 年第 12 期。

43. 廖富洲:《试论十八届三中全会关于经济体制改革的创新》,《中共郑州市委党校学报》2014 年第 1 期。

44. 廖奕、张伟:《中国"复关"、"入世"历程回顾及其反思》,《桂海论丛》2000 年第 4 期。

45. 梁仁洁:《恢复中国 GATT 缔约国地位是我国改革和开放的必然》,《制造技术与机床》1992 年第 8 期。

46. 刘畅然:《我国实行改革开放的背景与基础》,《黑龙江史志》2009 年第 23 期。

47. 刘光溪:《入世——"改革开放"到"开放改革"的重大转折》,《管理与财富》2001 年第 8 期。

48. 刘宏松:《中国在 WTO 多哈回合谈判中的倡议行为探析》,《国际观察》2012 年第 3 期。

49. 刘先春、王小鹏:《新时期全面深化改革的动力困境与对策探析》,《思想政治教育研究》2014 年第 5 期。

50. 刘佐:《中国税制改革 50 年》,《当代中国史研究》2000 年第 5 期。

51. 罗伟:《利用引资新优势促进外资高质量增长》,《国际经济合作》2017 年第 9 期。

52. 马克思、恩格斯:《马克思恩格斯全集》第 23 卷,人民出版社

1995 年版。

53. 尼古拉斯·R. 拉迪：《中国融入全球经济》，经济科学出版社
2002 年版。

54. 牛根颖：《深化经济体制改革，应对入世挑战》，《经济研究参考》
2002 年第 19 期。

55. 潘宏、陈戈：《论中国对外贸易体制改革的 60 年历程》，《管理学
刊》2009 年第 22 期。

56. 桑百川：《30 年对外开放促进经济改革的路径》，《国际贸易》
2008 年第 8 期。

57. 石广生：《中国加入世界贸易组织知识读本》，人民出版社 2002
年版。

58. 石广生：《历尽坎坷直面挑战——关于我国加入世贸组织的基本
情况》，《时事报告》2001 年第 12 期。

59. 石广生、汪文庆、刘一丁：《中国"复关"和加入世贸组织谈判
回顾》，《百年潮》2009 年第 7 期。

60. 宿景祥：《中国申请恢复"关贸总协定"缔约国地位的背景和前
景》，《现代国际关系》1993 年第 5 期。

61. 苏戎安：《当代国际政治概论》，广东经济出版社 1999 年版。

62. 盛斌等：《入世十年转型：中国对外贸易发展的回顾与前瞻》，
《国际经济评论》2011 年第 5 期。

63. 宋泓：《中国崛起与国际秩序调整——以中国参与多边贸易体系
为例》，《世界经济与政治》2011 年第 6 期。

64. 盛斌：《G20 杭州峰会：开启全球贸易投资合作新时代》，《国际
贸易》2016 年第 9 期。

65. 孙振宇：《中国入世 15 年从新成员到进入核心圈》，《中国经济周
刊》2016 年 12 月 26 日。

66. 孙振宇：《中国入世十周年之际的回顾与展望》，《国际经济评论》

2011 年第 4 期。

67. 田丰：《多哈小型部长会议的中国元素》，《中国海关》2008 年第
9 期。

68. 田丰：《中国与世界贸易组织争端解决机制》，《世界经济与政治》
2012 年第 1 期。

69. 屠新泉、刘洪峰：《WTO 20 年：未来趋势与中国贸易战略选择》，
《国际贸易》2015 年第 8 期。

70. 屠新泉：《美国抛弃 WTO，却甩锅给中国》，《环球时报》2018 年
3 月 19 日。

71. 屠新泉、庞超然、刘斌：《TPP 搁浅对我国的影响及对策》，《求
索》2016 年第 12 期。

72. 屠新泉：《WTO 争端解决机制：规则与权力并重》，《世界经济与
政治》2005 年第 4 期。

73. 屠新泉：《"入世" 15 年：中国在全球贸易治理中的角色变迁》，
《国际商务研究》2016 年第 6 期。

74. 王程：《社会主义市场经济观念生成的逻辑理路与价值寓意——
基于改革开放 40 年实践的经济哲学反思》，《云南社会科学》2018 年第
1 期。

75. 汪海波：《改革的成就、经验、意义——纪念中国经济体制改革
40 周年》，《经济与管理研究》2018 年第 2 期。

76. 吴继锋：《改革开放国内背景研究》，《中国外资》2011 年第 19 期。

77. 吴继锋：《改革开放决策出台的国际背景研究》，《商品与质量》
2010 年第 SA 期。

78. 吴昕春：《区域协调发展战略的历史演进》，《池州学院学报》，
2008 年第 6 期。

79. 徐崇利：《中国的国家定位与应对 WTO 的基本战略——国际关系
理论与国际法学科交叉之分析》，《现代法学》2006 年第 6 期。

80. 杨冰：《当前利用外资存在的问题及政策调整分析》,《中国国际财经》2017 年第 11 期。

81. 杨帆：《从 GATT 到 WTO: 加入国际规则符合中国国家利益》,《中国国情国力》1997 年第 4 期。

82. 杨荣珍：《中国参与 WTO 争端解决十年述评》,《国际贸易》2011 年第 12 期。

83. 杨圣明：《论大力发展生产要素市场》,《经济论坛》1996 年第 4 期。

84. 杨圣明：《新两番论兼论"十六大"经济理论创新》,《中国工商管理研究》2003 年第 1 期。

85. 张汉林：《WTO 主要成员贸易政策体系与对策研究》, 经济科学出版社 2009 年版。

86. 张汉林：《张汉林解读中国入世》, 经济日报出版社 2002 年版。

87. 张莉：《入世十年我国服务贸易发展成就及未来取向》,《中国经贸导刊》2011 年第 11 期。

88. 张维：《从无限政府到受限政府，入世推动中国政府转型》,《法制日报》2011 年 11 月 1 日。

89. 张向晨、孙亮：《WTO 后的中美关系：与美国学者的对话》, 广东人民出版社 2002 年版。

90. 张建平、宋懿达：《中国应积极参与世界贸易新规则构建》,《中国外汇》2018 年第 7 期。

91. 张磊：《中国参与世界贸易组织决策机制的实践与策略：以多哈回合谈判为例》,《世界经济研究》2011 年第 12 期。

92. 张宇燕：《全球治理的中国视角》,《世界经济与政治》2016 年第 9 期。

93. 赵晓雷：《中国现代经济理论》, 上海人民出版社 2001 年版。

94. 郑兴刚、王凤娥：《从十八届三中全会看党推进改革开放的决心》,《攀登》2014 年第 6 期。

95. 中国世界贸易组织研究会编:《继往开来话开放》,中国商务出版社 2011 年版。

96. 朱满德、程国强:《多哈回合农业谈判:进展与关键问题》,《国际贸易》2011 年第 6 期。

97. 邹东涛、欧阳日辉等:《中国经济发展和体制改革报告第一卷:中国改革开放三十年》,社会科学文献出版社 2008 年版。

98. 竺彩华、李锋:《上海自贸区建设的主要成就与问题分析》,《亚太经济》2016 年第 1 期。

后 记

2018 年是中国改革开放 40 周年。40 年以来，中国共产党以极大的勇气，带领全国各族人民在经济建设、政治体制、文化繁荣、社会民生及生态文明建设等方面锐意进取，不断扩大对外开放，高举中国特色社会主义伟大旗帜，完善了中国的社会主义制度体系，解放和发展了社会生产力，提升了中国的综合国力及人民的生活水平，取得了举世瞩目的伟大成就。

自 1978 年起，中国历经了改革的启动和目标探索阶段、社会主义市场经济体制框架初步建立阶段、社会主义市场经济体制完善阶段、"五位一体"全面深化改革新阶段，在此过程中，中国与多边贸易体制的关系也逐步由接触多边贸易体制、融入多边贸易体制向适应多边贸易体制、影响多边贸易体制转变。

加入世界贸易组织是中国改革开放的一个里程碑事件。通过加入世界贸易组织，中国与世界贸易组织成员开展多种形式的经贸合作与竞争，充分发挥了国内、国际两个市场在配置资源方面的积极作用，极大地促进了中国经济贸易的发展。同时，中国经济发展和对外开放也为世界其他各国提供了广阔的市场和机遇。实践证明，融入多边贸易体制与中国经济改革的目标一致，与中国对外开放一致，是中国改革开放的重要途径。

2018 年，国际政治格局动荡，世界经济形势不稳，大国经贸关系紧张，多边贸易体制受挫，单边主义趁势兴起。同时，国内经济发展进入新旧动能转换时期，改革进入攻坚期和深水区。在此关键时期，国内开始出现中国已过度对外开放的声音，认为进一步对外开放已没有必要。实际上，对外开放是推动中国经济改革的宝贵经验，是实现中国经济快速发展和现代化的重要手段，是促进中国综合国力提升的重要途径，而非某种教条的标准，达标后就是终点。

因此，作为多边贸易体制的支持者、维护者和受益者，在现阶段多边贸易体制面临多重挑战的情况下，中国应如何继续维护多边贸易体制，坚定不移地以更大的勇气推进对外开放，以更大的决心实施顶层设计的开放模式，通过对外开放带动对内开放、以对内对外开放的互动为改革不断注入新动力，实现改革动力可持续、内生化，成为当今时期面临的重要问题。这就需要我们对中国改革开放40年以来的改革进程进行回顾和总结，对中国与多边贸易体制的关系变迁进行全面梳理，以探索未来中国在多边贸易体制中应如何更好地发挥作用。

本书共分导论、上篇和下篇三个部分。其中，导论部分重点阐述了改革开放是决定中国命运的关键抉择，融入多边贸易体制是改革开放的重要途径。上篇为第一章至第四章，回顾了中国改革开放40年的进程中中国与多边贸易体制关系变迁的四个阶段：探索改革开放目标时期开始接触多边贸易体制、建立社会主义市场经济体制时融入多边贸易体制、完善社会主义市场经济体制时期适应多边贸易体制以及全面深化改革时期积极影响多边贸易体制。下篇为第六章至第十章，具体介绍了多边贸易体制与中国市场经济体制建设、多边贸易体制与社会主义法制化建设、多边贸易体制与中国全方位的对外开放、多边贸易体制与中国利用外资、多边贸易体制下的中国自由贸易区战略以及中国在多边贸易体制中的地位与作用。

在改革开放40周年之际，作为教育部人文社科重点研究基地重大项目"多边贸易体制70年发展历程回顾与思考"（16JJD790008）的阶段性成果，《改革开放40周年：中国与多边贸易体制的关系变迁》很荣幸能与读者见面。本书由对外经济贸易大学中国世界贸易组织研究院院长屠新泉教授领衔，具体参与撰写人员如下：导论为李杨，第一章、第二章为屠新泉、刘颖、王乃嘉、顾聪、蒋捷嫒、娄承蓉，第三章、第四章为李杨、唐克、高嫒、贾瑞哲、车丽波，第五章为杜映昕、陈小双、杜雨晗，第六章为杨荣珍，第七章为周念利、张玉萍、周晓丹、王星丹，第八章为吕越、李雅薇、包雅楠、石晓婧，第九章为刘斌、甄洋，第十章为李思奇。

在撰写过程中，本书得到人民出版社、对外经济贸易大学有关部门领导和专家的大力支持，在此表示衷心的感谢，同时也感谢编著过程中所有帮助过我们的朋友们。由于时间仓促，本书编著过程中出现纰漏之处在所难免，还请学界前辈同仁指正。